THE TAMING of the SAMURAI

Honorific Individualism and the Making of Modern Japan

名誉と順応

サムライ精神の歴史社会学

池上英子＝著

森本 醇＝訳

NTT出版

母、池上清子に

THE TAMING of the SAMURAI
Honorific Individualism and the Making of Modern Japan
by EIKO IKEGAMI

Published by arrangement with Harvard University Press
through Tuttle-Mori Agency, Inc., Tokyo

叢書「世界認識の最前線」刊行によせて

二〇世紀最大の天才的革命家、レフ・トロツキーは「人は革命や戦争を予見することができる……だが秋の野鴨射ちの成果については、予見することは不可能である」と言った。しかしながら、そのトロツキー自身、革命や戦争を予見しえたとは思われていない。それは結局のところ、彼の生きた二〇世紀前半は本質的に不安定で不可測だったからではないか。

それは二〇世紀後半についてもいえる。二〇世紀前半に戦争と革命で世の中は乱れ、ひっくりかえった。二〇世紀は一九〇〇年までの人類史上戦死者累積数を一世紀で凌駕する戦死者を記録した。二〇世紀後半は成長と交易で地球が大きく、しかも一つになった。経済の年成長率はかつてないほどの高い数字を記録し、交易はさらに高い数字を示した。それは一見、平和のようでありながら、変化の速度では人類史上かつてないものであった。その意味で絶えることのない変動に翻弄された半世紀であったといえよう。軍事兵器の死傷力の極大化、化石エネルギーの極限的使用、電子通信の爆発的発達はどれをみても、前代未聞のものばかりである。

二〇世紀に生まれ、世界を論じてきた集団のひとつに、かのダニエル・ベル教授も中心人物の一人であったニューヨーク知識人たちがいる。世界はどのように変わってきているのか、世界をどのように捉えたらいいのか……これが彼らの年齢をこえたいつも同じ問題意識であった。このような問題意識は知的な人間ならば、ごく自然に問いかける類のものである。人は生まれ、人は悩み、人は死ぬ。その短い人生のなかでも、ただただ世界を議論する人は後を絶たない。なぜならば、それは知的人間の宿命だからである。過去を振り返りながら、未来を展望しようという賢者の書物を本叢書として編んだ所以である。

叢書最初の賢者の書物は池上英子教授の *The Taming of the Samurai : Honorific individualism and the Making of*

Modern Japan. である。本書は世界のほとんどの一流学術誌（社会学、歴史学、日本研究など）で最近二五年間で最も挑戦的な作品のひとつとして取り上げられた。

本書は日本で歴史のエリートを形成した武士階級が、どのような心性やエトスを持ち、それが日本の国家形成やアイデンティティーとどのように結合してきたかを、後期中世から初期近代にかけての大きな変動期の武士階級に焦点を当てて、解剖したものである。日本社会が無歴史的に集団主義的、同調主義的といった特徴づけでは明らかにしきれない豊饒な複雑性をもって、今日に到るまで強くその基盤を作っていることを、地球的歴史的視野をもって明晰に、説得的に展開した議論である。土地所有から切り離され、屈辱的な武装解除を余儀なくされた武士階級が、「名誉」をよりどころとして、いかに自分達のアイデンティティーを保持しつづけようとしたのか、そしてその帰結はいかなるものであったかについて、思索を巡らし、文書を渉猟し、解剖した成果が展開されている。

日本社会で日本史ほど読者をよく獲得できる分野はない。とりわけ歴史的な人物の伝記となると敵うものはあまりない。それほど良く読まれる。しかし、伝記は人生訓として、経営指南として読まれるものがほとんどで、その人物が所属する集団、たとえば武士階級がどのように形成され、再生産されたか、後世にいかなる影響を及ぼしたか、について多くの知識と現代世界への示唆を与える書物は意外に少ない。本書は全くの例外である。記述平易、議論明快、しかし、安易な思索と執筆から生まれたものではない。願わくば読者諸氏が本書に対し著者に劣らぬ集中力を発揮されれば、編者の喜びこれに過ぐるものはない。

二〇〇〇年一月　猪口孝・邦子

日本語版への序文

本書は、英語圏の読者の関心を想定して、日本文化についての分析を通じていくつかの比較歴史社会学的理論に貢献することをめざして書かれている。社会理論学者として人間社会の関わり方に関する分析のフレームを提供したいという意図が一つ。そしてその理論を日本という「具体」――欧米から見れば知的辺境とも見える――の歴史分析から抽出したいというもくろみがまた一つ。また一方で、なにしろ、英語による武士の発生から変転までの一貫的な歴史研究がまったくないという現状のなかで、日本における厚みの深い歴史研究の蓄積を十分に生かしながら、しかも社会学的比較分析として一貫したものに仕上げたいという目標。これらのゴールにどれほど本書が到達したかはとうてい自信がないけれど、この幾重かの文化的翻訳装置を濾過した思索の結果が、日本の読者の方にとってはなじみ深いはずの武士の世界に、新鮮な視点を持ちこむことができれば幸いである。

本書の焦点の一つである名誉（honor）という言葉は、社会学的用語として再定義して使っているので、日本語の名誉とはやや語感が違うという感じをうけられる読者の方もいよう。いうまでもなく、この本でねらっているのは、日本人はいわゆる名誉を重んじる――などということを主張することではない。どのような社会であっても、個人がいったいどんな状態、またどんな行動をしたとき社会から賞賛され、また本人も誇りに思うかについて暗黙の了解のようなものがある。つまり、どんな行動や生き方を名誉と考えるかは社会の関わり方と距離を計る絶好の体温計である。この体温計を使って日本社会の歴史における個人と社会の距離と関係のとり方を探ってみようというのが、本書の社会学的「作戦」である。そして、この関わり方の距離の問題は、人間の自立と個人性とはいったい何なのか、という問いに結びつく。人間の自立とは孤立ではなく、他者 - 社会との関係性のなかにこそ築かれる。中世武士の鋭い戦十としての名誉と個人性は、統治者つまり領主＝所有者として、社会との関係のなかに意識された自己に対する誇りにつながっていた。その所有の感覚から、自らの肉体、命を自らが支配し、そして究極的には自分の道徳的行動的決断に責任を持つという名誉文化が生まれた。本書のなかで、名誉型個人主義という造語を行ない、欧米流の世界観にもとづく近代的個人主義だけが個人性を称揚する価値観とはいえない、と主張したのもそうした認識にもとづく。

さて、そうした明らかな目的の奥に、本書には実はもう一つの隠されたテーマがある。それはオーケストラがかなでるシンフォニーの低音部に流れるテーマのようなもので、日本人としての私の現代日本が直面する課題に対する問題意識にもとづくものだ。それは日本社会における「暴力」と「所有」の飼い馴らしの形態の問題である。武士たちが日本の政治の主役になるのは、彼らが武装した領主——つまり暴力を活用して、土地資源を所有する——になったからだった。この双子のテーマを低音部において武士の歴史を読みなおしてみたいと思ったのは、それがいま日本が直面する極めて現代的な問題であると同時に、また人にとって自立とはいかなることか、アイデンティティーとはなにか——という時代を超えた課題とも通底するからである。

最近の防衛をめぐる議論は、国家の組織的強制力すなわち暴力の使用に関する問題とみることができる。平和になれた日本人は、平和は暴力をただ非難・規制し撲滅することをめざすことによってのみ達成されるのではなく、よく飼い馴らされた暴力によって護られている側面があることを忘れがちだ。一方平和ボケ日本を声高に批判する人びとのなかにも、いったいいかなる暴力も制度的に絶えざるコントロールを行なわない限り有効な力とはなり得ないことに対する認識がかけているように思われる。またサイバースペースのなかで巨大な金融資本が地球をボーダレスに踊り回るなかで起こったリストラの嵐によって、「会社」はそこに属するみんなの「所有」するものとする、戦後日本資本主義のあいまいな所有観念の神話が過去のものになりつつあり、米国流の、株主が会社を所有するという株主利益中心のコーポレートガバナンスへと移行しつつある。端的に言えば現在の日本では、暴力と所有の双方で戦後的やり方が行きづまりつつある。つまり今の日本はひとつの歴史的な転換点を迎えていて、「暴力」と「所有」という両方の人間の飽くなき情熱を掻き立てる二匹の危険な暴れ馬が、新しい方向へ暴走しようとしているとも言える。

現代日本の会社制度におけるあいまいな仲間主義的所有の観念は、いかにも伝統的に見えるが、こうした組織文化は必ずしも日本の太古からの伝統に繋がっているわけではない。中世の武士は自らの所有を護ることにかけては、現代の米国企業家以上に貪欲で戦闘的であった。こうした問題意識に立つと武士の歴史が新しい視点から見えてくる。武士の歴史にこそ、この暴力と所有の社会関係における日本的発展のあり方がもっとも鮮明な形で現われているのではないか。武士の歴史は、そもそも「一所懸命」という言葉に象徴されるように、命がけの闘争により、自らの所有を護る武者たちによって切り開かれてきたのだから。そしてその所有と暴力への誇りは武士の名誉文化を支える基盤でもあった。武士の歴史は、この暴力と所有の観念が深いところで人間の欲望、権力への情熱、統治の戦略と絡み合うこと、それと同時に、皮肉にも人と社会の尊厳と自立を支えるエネルギーの根っこと関係することを教えてくれる。日本の現代における所有と暴力の問題を突きつめると、それは武士の歴史にたどりつく。武士の歴史を離れて国家としての日本は語れない。

所有を拡大しようとの欲望は時に醜いものであるが、しかし所有への情熱は人びとから計り知れぬエネルギーを引き出す源でもある。それはなによりも所有という観念が、深いところで、人の「自立」という観念と結びついているからかも知れない。しかし、どのような社会も暴力と所有への危険な情熱をそのまま野放しにしては成立しない。暴力と所有への情熱はただほっておけば、それをより多く持つことに成功したものがあまりにも不公正に他を支配するだろう。だからこそそれぞれの社会はさまざまな形で――倫理、法律、などさまざまな政治文化制度をつくり上げることで――魔性の力を手なずけ飼い馴らしてきた。

例えば暴力の飼い馴らしについて考えてみると、日本は何と言っても、歴史上すくなくとも三回の「刀狩り」を経験している。最初は、有名な豊臣秀吉の刀狩りをはじめとする一連の天下統一への動きである。明治維新と国民国家の創設は、これに対して、二番目の「刀狩り」だった。そこでは、侍たちは帯刀（かれらの暴力を行使する軍事身分を象徴するもの）を禁じられ、この集団の特権をことごとく否定され、これからは国家のみが、その政府機構、軍と警察力の装置を通じて、正当な強制力を行使するものとされた。これは暴力の国家への集中過程をすすめたものといえるが、その暴力をどのようにコントロールするかという制度的省察に欠けていた。その制度的破産が次の第三の「刀狩り」を招いた。第二次大戦後の米国による占領と平和憲法の制定である。そこでは国家すら正当な暴力を行使する主体とは無条件では定められていない。この三度の刀狩りの徹底はユニークな歴史的体験だったし、その経験は政治軍事制度のみならず、日本人の文化、感性にも大きな影響を与えた。

これに対して、米国では一人ひとりの市民が武器をおびる権利——開拓時代以来の自力救済の伝統と市民の政府への抵抗の権利として——を今もってすくなくとも憲法上否定していない。いわば米国は第一段階の刀狩りすら十分に終えていない。これは日本人から見れば大層野蛮にさえみえるのだが、米国にはそれなりの私的暴力飼い馴らしの制度上の工夫の歴史がなかったわけではなく、政府という巨大な暴力強制制度への不信にもとづく市民の側からのコントロール機構は日本以上に発達している。というより、もともと信頼の制度というものは、実は不信を基盤に成り立っている面がある。つまり、人間は（そして人間によって運営される政府や団体は）間違いや約束とは違うことをしがちなものだという認識にたって、三権分立、シビリアンコントロールから情報公開までさまざまな信頼性を高める方法をこれでもかというほど積み重ねている。米国の市場制度もまたしかりで、所有の権利を最大限に保障しながらも、人間は何をするか分からない、という前提にたって、市場行動の信頼性を高める制度を幾重にも張り巡らしている。それは、一寸先は闇というより、いつ何をしでかすかわからない人間という信頼できぬ存在を、それゆえにこそいくらでも信頼性を高めるためにつくられた諸制度なのだ。つまりどのような社会でも、およそ文明の名に値するなら何らかの制度的暴力と所有の飼い馴らし方をつくり上げてきたものだ。

実は武士の世界も、もともとはそれに劣らぬ不信の現状、つまり政治的軍事的現実があったからこそ、お互いの信頼性を高めるようなさまざまな複雑な文化・制度——たとえば名誉や忠誠の強調といった文化——がつくられていったと私は考える。もともとは自前の武力を持ちまた自立の経済基盤を持っているのが武士だったから、その勝手な行動を押え信頼を高めるには、並々ならぬ駆け引きと組織的工夫が必要だったわけだ。わたしはこの本で、武士たちの組織文化の中核構造、いわゆる主従制度をこのような一種の信頼保証制度とみて、その主従組織構造の展開が、ついに近世にいたって統一国家の組織構造にまで発展する歴史を追った。武士組織が直面した信頼性の問題は、終身雇用の崩壊に見られるように、さまざまな分野で、戦後的な信頼の構造がくずれつつある現代日本の社会・国家そして市場の組織構造の問題と深いところで共鳴しているはずである。

ここで私が強調したいのは、最近の一部の論調のように、日本の国家と暴力の関係は世界の国々でのあり方と違っているから「おかしい」と言うのではなく、また日本の少々変わった会社法人と所有の観念が、いわゆるグローバルスタンダードでないからいけない、と言っているのでもないということだ。また戦後日本のあり方が、日本古来からの伝統に繋がるものであり、欧米流の押しつけはよくない、と言うつもりもない。私はまた、所有という観念が人間の独立と大きく関わっていると考えるが、米国流の市場経済にもとづく所有の形のみがそれを達成できる唯一の方法とは思っていない。この両方とも、わたしにはやや短絡的と見える。日本も米国も歴史的に常に大きく変わってきているのである。その変わり方の道筋、言葉を変えていえば、暴力と所有という悍馬を飼い馴らすやり方の歴史を認識することから議論がスタートするのではないか。歴史社会学の営みはこうして現代の問題と斬り結ぶ。

日本の歴史における暴力と所有の飼い馴らしということを考えるとき、そこに潜在する心理的、文化的意味にも思いを致さずにいられない。中世の武士たちの荒々しいが生き生きとした誇りと決断ある姿は、人としての自尊の心に満ちている。そしてその自分のことは自分で決着をつけるという自己責任の態度は彼らの「所有」と「暴力」の地平と密接に関わっていて、ついには切腹という極端な習慣——身体を所有してその死の瞬間をコントロールするものこそが自己を所有するという神話的儀式——を生むにいたった。われわれは、ここで野蛮と魔性にみちた暴力と所有の次元が、人間として何か貴重な奥底のものとどこかで繋がっているという歴史から目をそむけることはできない。とはいえ、このような中世武士文化は、暴力と所有の結びつきの「なま」な形の表われといえる。そこで次に問題になるのは、暴力と所有の制度的規律化が進んだ時、より「なま」な社会経済的な環境に支えられて伸びてきた個の自立の精神を涵養する文化は、文明化とともに消えざるをえないのだろうか、という問いである。

本書後半の焦点が、直接的な土地所有から切り離され泰平のなかを生きた徳川武士の文化変容にあてられたのもそのためである。徳川時代の武士はその精神まで飼い馴らされつくしたのか。これについては、本文でも縷縷のべたが、ここでは、とりあえず、もしそうだったとしたら、明治維新はあのような形で武士たちによってなされることはなかったのではなかろうか——とだけ指摘しておきたい。まれに見る平和の時代を、所有という観点でも経済的独立を失い、武力も使う機会のないなかで生きなければならなかった徳川の武士の文化的ジレンマ。サムライは飼い馴らされたのか——この問いは、日本が米国流の全き市場経済や国家暴力に対する態度を採用しないで、個人の独立と自己責任を深める精神文化を再構築できるかといった現代的問題と、どこかでつながっているはずだ。

武士の歴史をその目で見直すと、いま日本社会が直面している歴史的転換の選択が、政治経済の上だけでなく、文化的、価値的、心理的にどのようなコストを払うものであるかに、考えがいたるであろう。そして私は本書がそうした歴史的転換への議論が深い次元で喚起されることを願っている。本書が日本の読者との対話の機会を得たのも、この本の英語版を見いだし日本に紹介する機会をつくってくださった東京大学の猪口孝教授、上智大学の猪口邦子教授とNTT出版の島崎勁一氏のおかげである。心から御礼を申し上げたい。また森本醇氏は、注や引用にいたるまで懇切丁寧、熱意を込めて翻訳にとりくんでくださった。まことにありがたく、深く感謝の意をささげたい。〔原文日本語〕

二〇〇〇年一月

New York にて　池上英子

謝辞

これまで私がお世話になった方がたや組織をすべて掲げることはとても不可能なので、ここではその一部を簡潔に記すだけにとどめなければならない。私の出発は日本の筑波大学だったが、フルブライト奨学金のお陰でハーヴァードの大学院を修了することができた。PhD取得の後、研究が最も重要な段階にさしかかったちょうどその時期に、ハリー・フランク・グッゲンハイム基金からの寛大な研究補助金によって私は日本へと旅することができた。さらに幸運なことに、私はプリンストンの高等研究所の研究員《フェロー》に任ぜられて、一九九一年には本書の第一稿にとりかかることができた。この経験が私にとって刺激に満ちたものだったのは、書くことに集中できたからだけではなく、この研究所の学際的な知的コミュニティーのお陰で研究の対象範囲を拡大することができたからである。私がとりわけ感謝しているのは社会科学学部の教授の方がた、クリフォード・ギアーツ氏、アルバート・ハーシュマン氏、ジョーン・スコット氏、マイケル・ウォルツァー氏らのご厚情と温かいご支援に対してである。さらに私は、イェール大学で教鞭をとるようになってから受けたさまざまな奨励金への謝意を申し述べたい——それらは社会科学学部奨励金、ホイットニー人文科学センター研究奨励金、および東アジア研究カウンシルからの住友奨励金である。

私自身の文化的成育からはまったくかけ離れた環境のなかで、なんとか自分に適した居場所を見つけようと苦闘しつつ、本書執筆中はしばしば孤立感に襲われたのだったが、多くの人びとが私を支え、導いて下さった。それらの人びとのなかでまず第一に、私の学位論文指導に中心的な役割を果たされるとともに絶えず助言と励ましとを与えて下さったハーヴァード大学社会学部のオーランドー・パターソン氏にお礼を申しあげたい。彼は私が論文を書き上げた後も、この研究計画の成り行きに盛んな興味を持ちつづけて下さった。名誉という観念一般についてはもとより、日本とヨーロッパの個人主義や土地所有エリート層の名誉文化に関して彼と交わした活発な議論に対して、私は特に感謝している。

私がハーヴァードで蓄えることができた知的財産の大事な部分は、現在はフィレンツェのヨーロッパ大学研究所におられるアレッサンドロ・ピッゾルノ教授に負っている。教授は権力と規律の問題について、私を広い視野へと導いて下さった。彼は日本のさまざまな側面に関して鋭い質問を浴びせかけることで私を鼓舞して下さり、日本が経験したことが社会学理論の中身に何を付け加えるのかを詳細に考究するよう、私を促したのである。私の学位論文審査委員会の第三のメンバーであったエズラ・ヴォーゲル氏は、近代日本社会に関するその該博な知識と、文化の障壁を乗り越えて対話するその能力とによって、爾来私にとって絶えずインスピレーションの源となって下さった。

さまざまな友人や同僚たちが、いろいろな段階で私の原稿の一部を読み、親切なコメントで私の思考を研ぎ澄ます手助けをしてくれた。そのなかにはデイヴィッド・アプタ、マーティン・コルカット、デボラ・デイヴィス、ポール・ディマジオ、マイケル・ドネリー、トム・アートマン、カイ・エリクスン、クリフォード・ギアーツ、ジョン・A・ホール、エドワード・カーメンズ、スーザン・ケラー、ヘルマン・オームス、チャールズ・ペロー、アルバート・ライス、デイヴィッド・リースマン、シーダ・スコチパル、アマルティア・セン、コンラッド・トットマン、ヴァレリオ・ヴァレリの諸氏が含まれている。ウィリアム・ケリーとヘンリー・スミスには特別の感謝を捧げたいのだが、それは彼らが原稿全部を読み通すという英雄的行為によって詳細かつ有益なコメントを私に提供し、そのお陰で私は多くの部分で誤りを犯さずにすんだからである。私に重大な知的影響力を発揮して下さったもう一人の方はチャールズ・ティリー氏で、彼の刺激的なエッセイ「組織犯罪としての戦争遂行と国家建設」は大学院生当時の私の社会学的想像力を揺さぶったのだった。彼は後にこの研究に興味を示して下さり、その激励は私の大いなる精神的支えとなった。

日本での学部、大学院時代の早い段階で私が受けた刺激やインスピレーションの重要性もまた、ここに銘記しておきたい。東京のお茶の水女子大学の学部専攻科目で、浅井清教授と堤精二教授から日本古典文学を教えていただいた。お茶の水女子大学の国文学四年間集中プログラムを修了したお陰で、私はサムライの世界を社会学的に読み解く手立てを身に付けたが、当時はまだあまりに年若くて十分にその学恩を理解していたとは言えない。当時筑波大学におられた綾部恒雄教授は私を初めて人類学的思考の世界へと導くとともに、海外での研究を終える間もありがたいお励ましをいただいた。早稲田大学法学部の杉山晴重教授からは、一九八六年に最初の論文を準備している際に日本法制史の分野でご指導をいただいたのだが、それは後にこの研究の構成を支える重要な柱となった。

多くの友人がさまざまな形で私を支援してくれたが、私が使う英語から異国臭を取り除こうとしてくれたこともその一つである。この点に関して私が特別に幸運だったのはベッツィ・フレイの支援を受けたことで、彼女の辛抱強く聡明な編集ぶりなしではこの本は成り立たない。ハーヴァード大学出版部のリンゼイ・ウォーターズ、アリスン・ケント、クリスティーン・ソースタインソンの諸氏から貴重な助言と編集上のご支援をいただいたことを感謝する。

最後に、私の人生にとって最も大切な二人の個人への感謝の気持ちを表わしたい。母、池上清子へは感謝の言葉もない。母は絶えざる支援と愛情で私を包んでくれるばかりでなく、理性と感情とを厳しくしかも優しく兼備するという日本的修養の鑑を私に示してくれるのである。夫、ピート・ハットへの感謝の言葉は山ほどあるのだが、ここでは簡潔に、彼しかできなかったこの研究への知的・心情的助力に対して、ありがとう、と言おう。

名誉と順応

サムライ精神の歴史社会学＊目次

図版提供＝西村博物館・静嘉堂・徳川黎明会・東京国立博物館・善峯寺

名誉と順応

サムライ精神の歴史社会学

造本装幀　間村俊一

I

社会学的アプローチ

はじめに

欧米の眼から見ると、「日本の謎」は次のような疑問に要約できる――「国民に集団主義の考え方と現状維持の態度を何よりも重んじて、個人主義と大胆な革新は軽んずるように奨励している社会が、工業化と企業経営の分野でどうしてあれほどの成功をおさめることができたのか？」これと対照的に、欧米における成功例を語る際には、高度な達成を成し遂げるのに不可欠とされている諸要素の筆頭に、個人の創意が挙げられるのである。それなら私たちは、日本と欧米先進諸国と二つの同じような資本主義経済のサクセスストーリーが示す結論として、相異なる深層構造から機能的に同一の結果が生まれると考えなければならないのだろうか？　それとも歴史を探究してゆけば、初めは比較的小さかった違いがやがて大きくなってゆく、その分岐点を明らかにすることができるだろうか？

本書において私は、日本のサムライの文化的発展の分析を通して、これらの問題にアプローチする新しい視点を提供したいと思う。サムライの文化的変容過程のなかに、近代はもとより過去数世紀にわたる日本の歴史のなかでつづいてきた個人性と集団主義の間の対立と緊張を、深く理解し正しく認識する鍵が隠されている。欧米の日本研究は最近になってようやく個人と集団の対立と緊張に目を向けるようになってきたが、これまでの日本研究はややもすれば日本の集団主義や特異な組織構造のあり方、いかにもエキゾチックな価値観といった外見上異質な諸パターンに目が注がれがちだった。しかしながら、日本社会という織物の編み目を注意深く解きほぐしてみると、一人ひとりの日本人が、それぞれの時代のなかで、個人の立場と尊厳を守りぬこうと苦闘し、彼らの文化が要求する集団的規範に時には抵抗していることが分かってくる。

この対立と緊張を探ってゆくことで私たちは、いわゆる「日本の謎」――競争と協調の逆説的綜合――と言われるものの核心部分にたどりつく。私たちは日本の会社の支社支店それぞれの内部はもとより、会社同士の相互関係、会社とさまざまな政府機関との相互関係、要するに今日の日本社会のすべてのレベルで、この二重性を見出す。この緊張は、より小さなスケールで、市民一人ひとりの心情と精神のなかにも見出される。彼らは昔ながらに家族や会社から求められている順応と、次第に強まってゆく欧米型個人本位主義とをなんとかバランスさせようと努めている。しかしながら、近代日本における個人への願望は欧米化だけがもたらしたものだ、と考えるのは正しくない。私の研究結果が明らかにするのは、日本人は個人存在を表明するための自前の文化の源泉を持っているということ、日本の近代以前の文化のそれぞれの時期を通じて、個人の願望と順応すべき規範との緊張関係の存在がつきとめられる、ということである。

日本人には個性が欠如しているとはよく言われることだが、それでは彼らが時として見せる柔軟な対応力や、過去の歴史のなかで見せてきた大胆な動きを十分説明することができない。日本が新たに先進工業諸国の指導的立場に参画するようになった今、世界市場での競争力の強さを理解するには、従順で無個性なハタラキバチが巣に群がっているイメージを思い浮かべるだけではだめなことがはっきりしている。日本社会の発展を理解するにあたって、今こそ私たちは「個人」と「変化」の概念を取り入れなければならないのだ。この種の広範な理解への手がかりを探していて、私はサムライのエリート文化の研究へとたどりついた。

サムライの歴史から現われ出るのは、領地を持つ武人という社会的立場から醸し出された、自分の運命は自分で決めるという確固とした自己所有の意識である。自己決定の覚悟を持つことからくるそうしたエリート的感覚が日本にも存在したことを指摘したとて、私はここで人間の行為を限りなく単純化する還元主義者の方法を支持するつもりはないし、個人としての日本人が、選択の最適値を合理的に追求する点で例えば個人としてのアメリカ人と同じタイプだなどと言っているのでもない。そうではなく、日本の社会的発展とサムライ文化を検討するなかで私が強調したいのは、日本人はこれまで幾世紀にもわたって、個人の存在と社会的要請・社会的責任とをなんとか調和させようと努めてきたということである。

日本のいわゆる集団的・協調的文化というものは、永劫の過去からずっとつづいてきた固有の価値パターンの反映などではないし、個人を表現したいという願望が日本人に稀薄だということを示しているのでもない。そうではなくて、それは歴史のなかで現われ発展して出来あがったイデオロギー的産物の一つである。その歴史においては、さまざまな行為者たちがそれぞれ相異なる制度を模索し、放っておけばすぐ散り散りになってしまう個人を結集してその信頼性を高めようとしてきた。この意味で日本の協調的文化の源泉は、逆説的に、闘いと競争の歴史に結びついているのだ。したがって集団的文化の研究は、その淵源や根底を究めようとすれば、相争う個人、集団、運動に光を当てて、それらが意図せずして「協調的集団文化」の形成を促進してきたことを明らかにしなければならない。サムライ文化の発展と変容の歴史をひもとく時、この逆説的な文化発展を促した原動力が明瞭になる。そもそも集団的文化の魔力が最も有効に作用するようになるのは、普通、そのような文化の起源や系譜が覆い隠されて見えなくなり、そうであるのがあたり前のことになった段階である。したがって歴史社会学者に課せられた仕事は、近代日本社会の深部に埋もれている文化の源泉の歴史的生成過程を跡づけ、その覆いの下にあるものを明らかにすることなのである。

そこで本書が行なうのは、社会の深部に埋め込まれている自己意識の活性化を通してサムライたちに強くしなやかな個人意識を形成させた文化の源泉がどのように発展したのか、その社会的プロセスの探究である。この目的をめざして、私はいささか普通とは違った進路をとっている。今日の「日本の謎」へと迫るのに、私は近世における国家形成――中世封建社会からヨリ集権的な国家への移行――の過程を考察してゆく。私の結論は、日本におけるサムライの名誉の概念は、概ねは予測しがたい出来事が歴史的に合流した結果出来あがったものだが、その概念の文化的発展こそが、近代日本独特の競争と協調の文化的混合を生み出した社会的プロセスの決定的に重要な要素だ、というものである。日本文化を「歴史化」して把らえようとするこの試みが、日本の「伝統」をめぐる欧米のジャーナリスティックな記事論説に対するカウンターバランスとなることを私は望んでいる。不幸なことに、これらの記事論説は、禅や茶道からサムライのさまざまな武芸にいたるまでの前近代日本文化の諸要素を手当たり次第にちりばめた万華鏡的イメージ集であって、日本文化について色彩豊かではあっても全体としてはむしろ平板なイメージしか与えてくれず、現在とのつながりを知るには役立たない。

私が分析の焦点をサムライの名誉文化に定めることを選んだのは、彼らの名誉の観念こそが集団主義的思考と個人主義的思考との間の対立・緊張関係と相互関係とを最もうまく照らし出してくれるからである。私がここでいう「名誉」の概念は実に複雑かつ多元的なものである。近年、文化人類学が明らかにしつつある世界のさまざまな「名誉本位型」とでもいうべき諸文化に共通して見られるのは、社会的な評判や体面への強いこだわりである。ところがその一方で、「名誉」は自尊心やパーソナルな自己尊厳の感覚にも深く根を下ろしている。にもかかわらず「名誉」とは結局のところ社会集団の内部におけるその集団の構成メンバー個々人に対する評価に関わっているから、不可避的に社会的概念とならざるを得ない。それゆえそれらの集団や集団の占める空間が社会的・組織的に変容すれば、パーソナルな個人感覚としての「名誉」もまた確実に影響を受けると言えよう。このような理解の上に立って、サムライの名誉意識の変容を通して、この研究は、日本文化のなかで集団主義的思考と個人主義的思考の一対の逆説的緊張関係が、サムライ階級自体の発展過程および彼らの政治権力組織過程とのダイナミックな関わりのなかでどのように形成され、変容したかを明らかにする。さらにはまた、サムライの名誉文化に焦点を当てることで他の社会とりわけ、荒々しい名誉文化を飼い馴らすという同じ歴史的経験を経た社会との比較点を提供する。

当然のことながら、私はサムライ階級が日本の名誉文化を体現する唯一の階級だという説を支持しているのではないということも、ここで強調しておこう。あるいは、文化に対するサムライの貢献がそれ自体として非サムライ階級——農民、漁民、狩猟民、手工業者、商人といった人びとの貢献よりも有意義なものだ、と考えているのでもない。しかしながら、支配階級としての数世紀にわたる歴史を踏まえて、サムライたちの日本文化への貢献の重要性は明白である。この点からしてサムライ文化は、近代日本社会の最も重要な構成要素として徹底的に考察してみる価値がある。

この三十年の間に、日本の制度史について数多くの専門的研究が欧米数カ国の言語で発表された。欧米でのこれらの研究の多くはそれぞれ特定の時期、特定の地域に関して有益かつ興味深い問題提起を行なったけれども、日本の歴史をつらぬいてサムライ階級が果たした役割の全体像はまだ提示していない。これらの専門的研究は今日の歴史学の高い水準を示してはいるけれども、そのほとんどが歴史の変化過程の長期にわたる連続性を見えなくしてしまうという避けがたい傾向を持っている。その結果、古代の起源から徳川体制下での変容にいたるサムライ階級の興亡と社会‐文化的な発展を長期的・総合的に展望する、英語で書かれた学問的な著述は皆無に等しい。さらに言えば、サムライたちの発展は未だ比較社会学的観点からの検討の対象となっていない。そこで私は、この総合サムライ史と比較社会学分析という二つの必要性を心におきながら、名誉を尊ぶ文化を持つ荒々しい階級が出現し、発展し、そしてその後の幾世紀にもわたる国家建設事業を通して飼い馴らされていった社会的プロセスを探究してゆこう(1)。

　サムライの名誉意識の研究がすぐに直面するのは、現代人の歴史的想像力の限界の問題である。特定の社会集団によって保持されるエリート名誉文化は、今日の世界では極めて稀なものとなりつつあるので、名誉文化の往古の姿を想像して再構成することはなかなか困難である。私たち現代人は名誉というものを、ただ自己にとって外的な、空虚な社会的カテゴリーだと思いがちである。私たちがサムライ文化を研究するにあたっては、現代のこうした観念を彼らサムライたちに押しつけることがないよう注意を払わなければならない。このような一般的な問題に加えて、サムライ文化の研究は二つの点で戦前の歪みを背負っている。第一に、サムライを表象する慣用句《イディオム》は、戦前の過激な日本ナショナリストたちが彼らの政治目的のためにさんざん利用した。サムライの英雄的イメージを鼓吹する一方で、自己犠牲の精神、克己心《ストイシズム》、忠誠心が強調された。特に忠義を重くみるこの表象再解釈の効果は、一九四五年を過ぎても現代日本人の集団的記憶のなかにそのまま残留しつづけた。第二に、まさしくこうした戦前の一方的偏りに対する反動として、戦後日本の進歩派《リベラル》の学者と左翼学者たちは、サムライ文化を真正面から考察することを避けがちになり、政治制度史の文脈に位置づけることでどちらかと言えば醒めたサムライ像を強調することを好んだ。私の考えでは、この研究方法は近代の合理的な個人像をそのまま初期のサムライにまで投影し、自分の利益の極大化のみを動機として行動する経済人モデルを当てはめることが正当であるという前提に立っているかに見える。こうした傾向の当然の結果として、サムライ文化の外見上非合理的な諸側面は、真面目な歴史研究に値しない二次的現象として放棄されたのである。

　サムライへの私の接近方法とこれら前二者の観点とを、私ははっきり区別しておきたい。サムライ精神に関する戦前の研究は、サムライたちのイデオロギー的著作はもとより原初的な叙事詩までも額面通りに受けとる傾向があったが、それと違って私は、文学に書きとめられている言葉と行為の両方が表現している表象の意味や心性《メンタリティー》の深層を読み解こうと努めた。サムライの常軌を逸した行動とそれに照応するサムライ知識人の過激な著作とが重要なのは、それらが普通のサムライを代表しているからではなく（そうでないことが多い）、そうした資料の分析によって彼らの把らえにくい「民俗的心性」と彼ら内部の隠された権力抗争とを知る手がかりが得られるからである。ストイックなサムライという戦前イメージとは対照的に、サムライ文化における忠誠心の重視が顕著になったのは家臣制度の発展と変容を経た比較的後の時代のことなのである。

サムライの名誉文化を簡明なコードで定型化できないという事実は、社会的なコードが存在しないことを意味するのではない。どの名誉文化であれその生きた形というものはいつでも、定型と不定型の間の非決定の中間状態にとどまっている。ある部分、それは社会によって決定され、ある部分、個人によって規定された。もっと正確に言えば、サムライの名誉の定義には暗黙の社会的同意が常に存在したけれども、その定義は特定個人の意思や、体力や、名誉ゲームにおいて彼が採る戦略によって解釈し直されたのである。初期のサムライ心性研究がストイシズムに重点をおきがちだった理由の一つは、それら研究者たちがとりわけ依拠していた政治的・イデオロギー的著作が家臣としてのサムライを規制する目的で書かれたものであったことによる。こうした文書は当時は思想史の文脈で分析されていたけれども、その本質においてはコード化された定型、すなわちサムライの名誉意識の化石化された側面にすぎない。

私もまた名誉文化のイデオロギー的諸側面を解明するためにこれらの著作資料を参照するが、こうした思想化された著作だけを切り離して検討するのではサムライの名誉意識の生きられた形に近づくのに不十分であると信じている。私は個別具体的なエピソードに表われた名誉感情を調べてみることで名誉文化の生きた形とその飼い馴らし過程の大筋を把らえ、その時出現しつつあったヨリ集権的な国家から課せられる束縛に個人としてのサムライがどう反応していたのかを明らかにしたい。

幸いなことに私は、戦前イデオロギーの遺産に挑んだ幾人かの日本人学者の仕事に支えられ、彼らの多くから恩恵を受けている。この人たちは過去を研究するのに民族誌的方法を適用し、把らえにくく消え去りがちなサムライ文化の諸相をすすんでとり上げることによって、生き生きとしたサムライ像をさまざまに提示しようとした。千葉徳爾が行なったサムライの戦闘慣習や死の儀式の狩猟民文化との比較研究と、氏家幹人が行なった徳川期サムライの規律と紛争解決慣例の調査は、それらのうちの二例である。しかしながら、こうした民族誌的研究は、サムライの心性を日本政治史という大きな視野に位置づけることには関心を示していないように思われる。私は社会学者として、表象の意味の詳細な研究はもとより、サムライ文化成立の条件をなすとともにその影響をもこうむった社会的諸力が何であるかをつきとめることにも関心がある。サムライとは結局のところ日本の支配階級であって、政治劇場の中央舞台を幾世紀にもわたって支配していたことに注目することが重要である。彼らの文化は不可避的に、時代の大きな政治状況の色合いを帯びていた。したがって、ここで求められているのは相補い合う二つの観点である――研究者は叙事詩から哲学的著作にいたるさまざまな資料をためらうことなく参照してサムライ的心性の理解しにくい諸側面の解読に務める一方、サムライたちの生活と奮励努力の背景をなす大規模な政治的・制度的領域のなかに彼らの表象的産物を位置づけなければならない。

今日では、日本社会を研究した社会科学者たちのほとんどすべてが近代日本の「伝統的」根源について論じている。その際彼らが歴史に言及するとしても、大部分の場合その意図は限られている――つまり近代日本を理解するための背景的知識の供給である。こうした全般的な傾向のなかにあって、一九五〇年代後半に出たロバート・ベラーの『徳川の宗教』は、「近代日本の文化的根源」への直接的な探究として、欧米における日本研究のなかで今も比類なき位置を占めている。この研究のなかでベラーは、徳川期の宗教的・思想的伝統の分析を通して当時の価値体系の「構造」を考察した。『徳川の宗教』の出現以前には、歴史家は別として、欧米の社会科学者たちが本気になって日本の近代以前の伝統を研究することなどなかった。したがって、日本を専攻する研究者一同はベラーの先駆的仕事に多くを負っている。

日本文化に関してベラーが抱いた関心と問題意識は私も共有しているけれども、私の方法論は彼とは明らかに違っている。機能主義の方法に拠っている彼は、徳川社会の諸価値を、時間の流れの止まった過去の静的なパノラマとして提示した。ベラーの仕事からは、徳川時代の宗教的諸価値はすべて社会秩序維持の機能を果たしていた、という印象を受ける。これと対照的に、私は文化の伝統が創られた歴史的起源とダイナミックな政治的プロセスに焦点を当てる。私はまたサムライ意識内部の緊張、すなわち順応と個性発揮の両方に対する同時的な願望から生ずる深刻な対立に注目する。ベラーが日本の文化的伝統の意味について述べようとした時、彼はおそらくマックス・ヴェーバーの有名なテーゼに強く影響されていただろう。その結果、ヴェーバーのテーゼが社会と宗教の関係をめぐる西欧キリスト教モデルに根拠をおいているという事実を見落としつつ、ベラーは日本文化のなかにいわゆるプロテスタントの労働倫理と同じ機能を果たすものを探し求めていたのだ。ヨーロッパでは、キリスト教――コンスタンティヌス帝以後の教会――が強大な公的制度を形成して、普遍的真理の究極的所有者をもって任じたのみならず、その制度的権力を十分に発揮して世俗的支配者たちと渡り合った。ところが日本では、国家と拮抗する独立の公的権力を体現し得るほど強力な宗教が一つもなかった結果、宗教的な諸価値が社会的・政治的目的達成の手段として使われる傾向が広まった。ベラー自身は後年、自分の研究にこうした弱点があることを率直に認めている。彼の表現によれば、彼の仕事は「目的と手段の取り違え、あるいは手段を目的に変えようとする試み(2)」によって痛手をこうむっているのである。

ピューリタンの宗教、とりわけカルヴィニズムを資本主義の精神の源とするヴェーバーのテーゼ自体が、理論的にも経験的にも、多くの学問的批判の対象となってきた。仮にこのテーゼが欧米の近代資本主義文化発展の説明として本質的に正しいとしても、この方法を非欧米社会に適用することは重大な疑念を惹起する。それぞれの社会はそれぞれに異なる社会的発展をめざして、自分にとって適切な社会‐経済的条件と時機の範囲のなかで利用できる独自の表象的源泉が持つ論理を発展させてきた。ヴェーバーの仮説を異文化に対して厳格に適用することは、ある特定の表象的源泉の論理の本質をそれ自体の言葉でヨリ精確に考察することを妨げ、その歴史的根源を不分明にしてしまうであろう。非欧米社会のマイナーな要素に対して、その文化的同類項がヴェーバー・モデルでは例えば「合理化」とか「超越的価値」といった鍵となる役割を果たしているというだけの理由で過大な意味が与えられてしまうと同時に、ヴェーバーのテーゼでは強調されることのない文化の慣用形《イディオム》――日本の名誉文化もこれに含まれる――が見落とされてしまう可能性がある。私たちは非欧米社会をヴェーバー・モデルの細目一覧表と照らし合わせるのではなく、それぞれの社会の文化の中心的主題をその文化自体の言葉で、それ自体の歴史的起源に即して解明するよう努めなければならない。

ヴェーバー・テーゼの機能主義的理解の限界をはっきりと認識しつつ近代日本の社会構造へと向かう私の方法論は、根本的に「歴史的」であらざるを得ない。私が考察の対象に選んだ時期は古代後期におけるサムライ時代の始まりから一八六八年の明治維新まで、サムライ支配の数世紀である。この時期以後は身分としてのサムライ集団は解体消滅してしまったので、サムライの心性はその後は慣用的表象という、より見えにくい経路を通してのみその影響力を発揮しつづけた。こうした展開についても私は時おり触れるつもりだが、本書の研究の範囲では委細をつくすことはできない。

　サムライ階級の文化的発展の特質を示すのは二つの大きな文化的主題――「統制《コントロール》」と「変化《チェンジ》」である。サムライの武人文化はその発端から、誉れある戦士が長期的な目標を達成するために短期的な欲望を統制《コントロール》できるよう、自己規律というものを重視した。その後の日本の歴史におけるサムライ飼い馴らしの社会‐政治的プロセスは、個人それぞれの自分意識を公認の社会目標・社会責任に調和させようとする気質を、この自己規律の伝統から導き出した。しかしながら、サムライ飼い馴らしの同じプロセスは、中世戦士文化における領地を持つエリート武人層としての至上の誇りに源を持つ彼らの攻撃的な独立心を保持しつづけることも可能にした。私が「名誉型個人主義《オリノフイック・インディヴィデュアリズム》」と呼ぶものへと向かうこの逆作用は、個人・社会両レベルで変化《チェンジ》をうながす原動力となった。なぜならこの強烈な個人意識は、順応すべき規範に対し敢えて違反行為を冒して変化を引き起こす潜在的な力を持っているからである。文化の源泉としてこれら二つの主題が生まれ出たことは、文化の発生と再形成作用が本質的に経路依存的《パス・ディペンデント》、つまり歴史的に行なわれることを明らかにすることで、十分理解可能になると私は考える。協調と競争の両方において名誉が果たす中心的な役割は、日本において中世封建社会からヨリ集権的な国家へと移行した、その目ざましい変容の仕方と関連している。

　私は、日本の伝統文化の諸側面をすべて例外なく国家形成の次元で理解すべきだ、と主張しているのではない。しかしながら、サムライの名誉はエリート集団の規律の表われだったのだから、当時の政治の主導権をめぐる状況を探究することなしに文化発展のダイナミズムを十全に認識することはできない。主な歴史の足どりとそれに対応するサムライ文化発展の社会的背景を跡づけることで、私の研究は他の研究者たちのアプローチ、さまざまな宗教がサムライの規律に与えたインパクトを重くみる研究者たちのアプローチを補完している。

　私がこの仕事を始めて、サムライが日本文化に遺したものの根源をつきとめようとしてたどりついたのが、半自律的戦士から飼い馴らされた官僚へというサムライの変容が引き起こした文化再形成の研究である。明らかに名誉の問題で危機に立ちいたった一七世紀のサムライの例を、私は数多く調べてみた。その調査で分かったのは、たとえわずかでも自律性と個人性を保持したいというサムライたちの抵抗が、徳川歴代将軍の下での大きな文化的変容過程で重要な役割を演じたということである。また徳川のサムライは自らの不服従行動の正当性を示すために、中世のサムライ伝統の表象的源泉に頼ること甚だ大であったことも分かった。

こうして私は、サムライの武人的で断固たる名誉の定義の起源をつきとめるべく、サムライ精神の起源そのものへと、自分の探究範囲をできる限り拡大しようと決意した。そこで私は、まず流浪する武装集団が日本の農地を占拠して定住の軍事専門家に変容する過程で、そして後に国の大半が内乱へと突入した戦国時代において、実質的にどのような変化が起こったかを総括した。その結果として今度は、サムライ主導の国家形成過程を規定したサムライ世界の組織の変容の研究へと立ちいたった。

サムライの名誉の慣行においては、文化と政治の領域は分かちがたく結びついている。戦士の自決の儀式から主従関係における名誉倫理の確立まで、名誉の表象となる慣行は前近代日本の政治過程のなかにしっかりと組み込まれていた。彼らはなぜあのようなやり方で名誉文化の慣行を確立し、そして変容させたのか？　この疑問は私たちに政治的・制度的変化のダイナミクスの考察を迫る。それというのも、名誉の概念は、さまざまな形の行為に対してその名誉上の価値を規定する社会・文化上の諸制度の存在を前提としているのである。言い換えれば、エリート名誉文化が生まれるか否かは、個々のメンバーに対して規律の内部基準を強制できる社会集団が生まれるか否かにかかっている。それにつづく論議の重要な部分は、したがって、中世から近世までの日本の国家形成パターンの解明に当てられるであろう。このような概念規定の練り直しなしには、私たちはサムライ名誉文化の起源、慣行、そしてそのダイナミックな変容を理解することはできない。実のところ、ベラーの古典的研究に対する私の方法論的な不一致は、単に私の史料理解やさまざまなイデオロギーへの重点のおき方に関わってのことではなく、支配的な文化の起源に関して彼には十分な歴史的説明ができない、ということからくるのである。

私の研究の重要な側面の一つは、中世封建制から初期近代《アーリー・モダン》世界への移行過程に関する比較歴史研究の文脈のなかで日本のケースがどのような意味を持っているかという問題である。それはバリントン・モア、チャールズ・ティリー、ペリ・アンダーソン、ダグラス・C・ノース、イマニュエル・ウォーラーステイン、そしてマイケル・マンなどの比較歴史社会学者たちが提起してきた問題についての私なりのささやかな解答でもある。これらの研究者たちの仕事のなかで、ヨーロッパが経験したことをよりよく理解するための決定的なテストケースとして時おり日本が使われるのだが、それはまさに日本がその時期に外見上同じ移行を経たからである。私は日本を専攻する者として、日本が経験したことの意味の、両者比較の上での正確な理解を提示する責任を感じている。

中世から近世を通じての日本の国家形成は、日本の制度史の専門研究者の間ではこれまでも論議の中心課題であった。しかしながら社会科学者の観点から見て、日本が経験したことの理論的重要性は、日本のケースに関心を持つ非専門家が比較社会学的分析を進めるに際して役立つよう十分に定式化されているとは言いがたい。今こそ日本の歴史とこの二十年間に興隆してきた比較歴史社会学の成果との本格的対話を再開すべきではないだろうか。念のために言っておけば、私はここで日本が経験したことを欧米モデルにしたがって解説すべきだ、などと言っているわけではない。ただ私は最近の比較歴史社会学的研究が提起している問題をたいへん重く受けとめている。欧米の社会学者たちはヨーロッパの近代化の経験を説明する理論を構築するために、その比較基準点として日本、中国、そしてオスマン帝国のケースを用いてきた。それと同じように、私は日本の社会発展の特質を際立たせるため、時に応じて比較モデルを参照するという戦略をとることにする。日本の国家形成に関するこの分析が、国家形成の比較をめぐるいっそう活発な知的討論に貢献できることを、私は希望している。

私の分析の焦点は、サムライ支配期を通じての政治・文化両領域の込み入った相互連関である。そのために私は、サムライの歴史的発展を二つの相補い合う観点から説き明かしていこう。私は言うなれば望遠レンズを用いて、いくつかの実例において個別の文化的な分析の詳細を提示しよう。さらに私は広角レンズを用いて、サムライの文化的慣行をより大きな歴史政治学的な文脈に位置づけよう。ここで最も重要なのは、私の分析がこれらのスナップショットをつなぎ合わせて、サムライの社会的発展を示す一つの首尾一貫した画像をまとめ上げることである。

1 名誉、国家形成、社会理論

古代日本が歴史にその姿を現わしたのは、東アジア文明の周縁部であった。やがて八世紀には中国の法と政治制度をモデルにして、天皇統治による複雑な中央集権国家の組織をつくり上げていた。しかしながら、一二世紀後半にサムライによる最初の準中央政権が成立して（天皇は依然として京都の宮廷で生き延びていた）、日本の社会-政治的な発展のパターンは中国のそれと決定的に異なるものとなった。一二世紀後半以後一九世紀後半まで、サムライ、すなわち領地を持つ武人階級が日本社会の最も重要で最も強力な政治主体となった。

東アジア圏で戦士階級によるこれほど長い統治を経験した社会は他にどこにもない。中国を例にとれば、紀元前一〇〇年前後の帝国の成立以後、封建制への移行は時おり見られただけで、中央集権官僚国家による帝国の支配が二千年つづいたのである。中国においても軍隊という存在が変化を引き起こす重要な刺激剤であったことは確かだが、中国の武人たちは日本のサムライ階級のような世襲的支配者身分とはならなかった。何段階もの厳しい国家試験によって選びぬかれる中国の中央集権官僚組織は、すでに近代の初めにその制度が確立していたので、明を滅ぼした異民族満州族（清王朝）による軍事征服もこの制度の実質を変えることはなかった。(1)李王朝の朝鮮では、官僚機構のなかで文官武官を占有する特権を持つ世襲のステータスグループ「両班《ヤンバン》」が成立した。しかしこの両班官僚も儒学の国家試験を通った者が任用され、そのなかでも軍事官僚登用試験の重要性は文科官僚のそれと比べてはなはだ低かった。(2)こうして中国においても朝鮮においても、儒者官僚は武人よりも上位に立つとされるのが普通であった。この意味で、中世日本におけるサムライ階級の勃興と政治支配の確立は、東アジアにおける政治発展の主流をなすパターンからの際立った逸脱であった。書き言葉にはともに漢字を使用することが示す通り互いに文化的伝統を分かち合い、儒教と仏教という共通の精神的・思想的影響下にありながら、日本は近隣の中国と朝鮮から、その社会‐政治的構造においてはっきりと分岐したのである。サムライの影響力は日本社会に深く浸透した。明治期日本（一八六八―一九一二年）の日をみはるばかりの迅速で徹底的な近代国家建設作業も、主としてそれを遂行したのはかつてのサムライたちであり、そうでない者も、サムライ的修養を学んで自己訓練を積んだ者たちであった。だからこそサムライの歴史の社会的・文化的特質を把握することは、伝統的日本のみならず現代日本の成り立ちを理解するために極めて重要なのである。

数世紀にわたるサムライ階級の支配は、工業化以前の日本に一つの複合的な社会・文化制度をつくり上げた。サムライの名誉文化の変容過程を探ってゆくと、中世と近世（徳川）の二つのタイプのサムライをつなぐ数世紀の文化的変動の様相がつぶさに見えてくるばかりでなく、関連する多くの重要な問題への手がかりが得られる。二つのタイプのサムライは社会的にはたいへん異なった存在だが、戦士階級という社会的アイデンティティーの中核には一貫して「名誉」が現われる。

名誉をめぐる比較論的問題

名誉と恥の観念にもとづいた文化は、今日の日本でも生きつづけている。ところが地中海社会の一部やヨーロッパ中世の騎士社会、南北戦争以前のアメリカ南部社会などを含む幾つかの名誉文化に関する文化人類学的・歴史的資料文書が示す通り、名誉の文化は多くの場合、社会秩序を維持することよりも暴力をあからさまに発揮することと密接に結びついている。ある男の名誉は、現実のものであれ想像上のものであれ、加えられた脅威に対して彼が立ち向かって戦い守りぬいてこそ保つことができる。ところが現代日本がつとに有名なのは、一人ひとりが鋭敏な名誉意識を持つのだが、そこに秩序と調和があるからなのである。

この社会学的難問をさらに複雑にする歴史上の問題がある。アルバート・ハーシュマンが『情念と利害関係』(3)で述べている議論では、栄光への激しい希求の情は中世戦士の名誉文化と結びついているのだが、西欧における近代資本主義の勃興がそれを飼い馴らし方向転換させる作用をした、というのである。一般的に観察されるところからは、名誉感情の遺産とそこから生まれる暴力は、工業化のおくれた社会ほど強く残っていると考えられている。しかしながらここアジアの縁にある現代日本は、高度に工業化され、秩序と社会的調和を保つことに腐心する一方で、名誉意識の遺産を文化のなかにしっかりと織り込んでいる——これは奇妙な変わり種だ。この独特の文化形態を、いったいどう説明すればいいのだろうか?

現代日本文化における名誉と恥の本質が何であり、それがどう表現されているかは、それ自体徹底的な調査と分析を要する複雑な問題である。しかしながら紙数の関係でここではとりあえず、現代日本の名誉文化の比較論的特徴を二、三指摘しておくことにしよう。現代日本語の「名誉」が、やや文語的ではあるが、英語honorに最も近い唯一の相当語である。口語では、人の評判に関する感性的表現は幾つかの語を文脈ごとに精密に使い分けてなされる——「名」、「恥」、「面目」、「恥辱」、「意地」、「世間体」など。名誉への関心はまた「みっともないから、よしなさい」といった口語的言い回しでも表現される。「名」という語は古代文学にも見られるが、中世のサムライが仲間から良い評判をとりたいという欲望を表わす時にしばしば使われた。「名」と「恥」はともに名誉が問題になる際の表現として、今日まで一貫して使われている。しかしながら、現代日本語の語彙には、名誉への希求を語るよりも恥を避けることを述べる語のほうが多い(4)。名誉と恥、「名」を求めて「恥」を避けることは、評判への関心という点でコインの表裏である。名誉を求める感情は攻撃的で競争的だが、恥を避けたいという思いは順応的である。現代日本語では名誉よりも恥を表わす語彙のほうが多いという事実それ自体が、日本社会における名誉文化の飼い馴らしと再形成の歴史的結果を反映しているかも知れない。

一六世紀からこの方、日本社会を外部から観察した人びとは、日本人の行動の特異性と、名誉と恥の文化に関連する慣用句《イディオム》とについて報告している。最も有名なのがルース・ベネディクトによる記述で、日本人の道徳上の行動に「恥の文化」というレッテルを付けた(5)。日本人学者たちは彼女の戦時下に書かれた状況での自民族中心主義や方法論や文化に対するアプローチの仕方全般には異議を唱えたが、多くの人びとは彼女が名誉と恥を重要視したことを刺激的で洞察に富んでいると評価した。例えば精神科医・土居健郎はベネディクトについて「日本の文化を恥の文化として特徴づけることによって、何かある非常に大事なことをのべている[6]」と言っている。日本人社会科学者たちは、恥への鋭い感受性と良い評判や名誉への気づかいとが相呼応して日本人の日常生活の重要なファクターをなしている、と考える点で概ね一致している[7]。日本人が恥の問題に敏感なのは、タキエ・リーブラによれば「もともとは彼らの地位への志向からくる」、もっと正確に言えば「彼らには自分の地位を見せびらかす傾向があり、それによって他の人びとも地位確認がしやすくなる[8]」からである。とりわけ、「世間」の目に映る自分の地位に思いをめぐらせた時の社会的体面についての強烈な関心が、現代日本人の名誉意識の中核にあると思われる（「世間」とは人の評判を決めている想像上《イマジンド》の文化《・カルチュラル》共同体《・コミュニティー》である）。しかしながら名誉への関心は、必ずしも地位の外面的な見かけに限定されているのではない。個人の名誉の最も重要な側面は他でもなく、周囲の状況に対するその人の調和の仕方と社会からの期待に応える能力であって、人びとはそれによって「世間」の評判を保っている。「世間」では通常はなばなしい攻撃行動が誇示されることはなく、社会的認知と名誉を求める個人たちは、どちらかといえば控えめで行儀のよい、しかし陰ではたいへんに激しい競り合いを繰りひろげるのである。

　日本の社会関係のこれらの特色は、見るからに「伝統的な」地方農村ばかりでなく都会地域でも、とりわけ最先端の現代企業においても観察される。集団順応性、恥の回避、そして競争を通しての名誉と威信の追求とが互いに相強め合いながら、日本のビジネス企業組織の文化のなかで「名誉ある協調」と「名誉ある競争」と私が名づける特徴的な複合物をこしらえ上げるのである。この精神的資源はこれまで、日本のビジネスが世界市場で並はずれた成長を遂げる過程で徹底的に活用されてきた。換言すれば、現代日本における名誉文化は、日本資本主義の機能ぶりと密接に関連しているのである[9]。

　この関連は、日本的組織構造の特色が日本文化の特異性の産物だということを意味するのではない。日本的組織と経営の独特のスタイルの起源は、それなりの経済的・政治的観点から説明しなければならない。私はまた日本は対立のない協調的社会だなどと言っているのでもない。もちろん現代日本においても、時として暴力の激発がある。しかしながら、日本の組織が内部対立をうまくコントロールしているケースを観察すると、名誉と恥の文化はグループの求心性を強める一方で、組織の成長のための献身競争へと従業員を駆り立てる作用をしていることが、よく見てとれる場合が少なくない。

　名誉文化のスタイルは社会によって異なる。例えば地中海地域では、名誉の主要な決定要素が社会的地位なのかそれとも女性の純潔なのかについて、専門家の間に議論がある。名誉度を上げる基準が地域社会ごとにこのように違ってはいるけれども、さまざまな名誉文化の研究者たちもジュリアン・ピット゠リヴァーズによって数十年前に提案された次のような定義を概ね承認している。名誉の概念とは「一つの心情、この心情を表明する行為、この行為に対して他の人びとが下す評価すなわち評判、のことである。それは当該個人にとって内面的であるとともに外面的である——その人の感情と、行動と、その人が受ける扱いの問題である。(10)」ここで共通しているのは、社会的評価を下すための固定した道徳的ないし経済的基準ではなく、前もって存在している期待に恥じない行動をやり遂げることができる能力への関心である。したがって、評判こそが共通テーマであることは明らかだ。名誉というものの多面的な本質と、その中核をなす心情としての評判への関心とが、名誉をめぐる定義の核心であり、この点はすぐまた後で述べよう。

社会的な期待に恥じない行動をするとはどういうことか。幸いなことに、日本の名誉文化の特徴を明らかにする上で、研究蓄積の厚い地中海地域の文化が、人が名誉を証し立てるとはどういうことかという有益な対比基準を提供してくれる。地中海地域の文化においては、社会の期待に沿うよう絶えず自分を調節しているというのでは、普通、名誉ある人間の定義としては不十分である。名誉はある程度まで生まれ、富、徳行に付随するものだが、その時どきの言動によって主張され立証されなければならないのだ。地中海社会の膨大な研究文献のどれもが生き生きと描いているのは、抗争と暴力をともなっての名誉文化である。名誉が奪われそうになったら、人は自ら肉体を賭して守りぬかねばならない。アントン・ブロックがシチリア・マフィアの研究で書いていることだが、シチリアの農村社会でマフィアのメンバーたちは「名誉ある」「尊敬すべき」「特別な」人びとだと考えられていた。「暴力で評判をとった」男、「自分で始末をつけられる」男だけが尊敬を勝ち得る。(11)アルジェリアでも、ピエール・ブルデューによれば、「完璧な男は片時も油断なく、どんなささいな挑戦にもすぐ立ち向かえなくてはならない」、彼は「名誉の守護者である。(12)」もちろん、すべての地中海社会が名誉文化の根底に暴力を据えているわけではない。例えばマイケル・ハーツフェルドがギリシアでの個別農村調査で報告しているところによれば、「ペフキオット(13)」の住民たちは争いを極端に避けたがり、あからさまに攻撃するより密かに悪意を抱くほうを選ぶという。このようにさまざまな違いがあるにもかかわらず、地中海地域式の名誉の立て方は、現代日本のそれよ

りも闘争的であるように思われる。(14)

暴力的な名誉文化が地中海社会の専売特許でないことは確かだ。南北戦争以前のアメリカ合衆国南部における名誉志向文化は、この地域にはびこった暴力を是認した責任を指摘されている。(15)私の議論の目的からすれば、中世ヨーロッパの戦士社会の名誉文化が、サムライの名誉文化と年代的にパラレルであるがゆえに、極めて興味深い情報を提供してくれる。ハロルド・バーマンが言うように、ゲルマン社会は「戦い合う神々や敵意に満ちて抗いがたい運命が支配しているこの世での栄光を勝ち取る手段として、名誉というものに高い価値をおいていた。名誉はゲルマン人にとって『仕返す』ことを意味していた。彼は仕返すことによってのみ、自らの命をとり囲む暗黒の力を征服できるのである。(16)」キリスト教の影響が広まるにつれて、教会はこの野蛮な戦士文化をキリスト教的騎士道の形につくり変えようと試みた。しかしながら教会に可能だったのは、文化のほんの表面を変えることだけだった。中世ヨーロッパにおける名誉と徳行の騎士道的理想は、血なまぐさい戦いと切り離すことのできないものであった。実際、マーヴィン・ジェイムズによれば、初期チューダー朝イングランドにいたっても、名誉ある人士の間での私的な争いは「たちどころに剣の言葉へと翻訳されたのである。(17)」

暴力は必ずしも名誉文化を成り立たせる中心的要素である必要はないけれども、比較対照となる名誉文化についての文献では暴力がおおいに強調されているから、現代日本の名誉文化はどうして非暴力的スタイルを示すのだろうと問わずにはいられない。この問題に対しては非歴史的なアプローチでは不十分であって、現代日本がどのようにして出現したかは、さまざまな思想や条件や制度的発展が歴史上の一時点で結合した結果として理解しなければならない。

日本の名誉文化の現代的形態とはまったく対照的に、中世のサムライは自己主張の鮮明な、個人主義的な名誉文化を表明し保持していた。同時期のヨーロッパにおけると同様、日本においても名誉の価値は元来、自ら武装した戦士や領主たちの心情態度の表われだった。名誉はとりわけ戦場において重要だった。臆病だという評判は領主の権力争いには致命的だった。西欧文化における戦士階級の伝統がそうであったように、サムライの伝統は名誉のための暴力と攻撃性という付帯物とともに日本文化に入り込み、その形成に与ったのである。ここで暴力というテーマが決定的に重要なのは、名誉の唯一の基準が肉体活動だからではなく、必要とあらばいつでも戦える力とやる気とが、至尊至高の個人の名誉を示す最も効果的な証であり、その伝達手段だったからである。名誉とは領地を持つ武人たちの力を示す社会的インデックスであり、このような志向から、封建領主の地位や肉体的な自己防衛能力とともに自己所有の意識が生まれてきたのである。サムライ階級にとっての危機は中世から徳川時代への移行期だった。サムライの文化的変容の顕著な特徴は、日本の近世における国家形成の道筋と密接に関連していた。大名あるいは徳川将軍のいずれかに仕える家臣としてのサムライは、ゆるぎない、たいていは世襲である地位や収入と引き換えに、かつてとはおおいに異なった、規制の多い条件を受け容れなければならなかった。徳川のサムライがサムライとして十全な地位に昇ったと正式に見なされるのは、領主の家に「家中《かちゅう》」（字義は「家の中」）として組み入れられた時のみであった。サムライは城下町で暮らすことを強制され、通常、自分の土地への直接支配から切り離されてしまった。そして彼らの社会的な役割は、自立した気力旺盛な馬上の戦士から謹直な役人へと、大変容を遂げた。徳川のサムライ文化において名誉と秩序との間に部分的にせよ調和が成り立ったことは、現代日本文化特有の精神風土の形成に重要な役割を果たした。それというのも、名誉ある個性発揮と名誉ある順応という、二通りの希求の間の対立と相関がここから発生したからである。

名誉と権力の理論

これまで行なってきた名誉を基盤とするさまざまな文化の比較検討から、名誉は人と人との関係を規定するがゆえに「権力と深く関わっている(18)」という結論に私たちは導かれる。名誉の本質が闘争的なのは、まさにこのような脈絡からである。こうしてジョン・デイヴィスは、名誉の究極的な定義として「階層を形成するシステム」と言ったが、その意味は、名誉はその個人の地位に適った行動を指示する(19)、ということである。文化と社会の階層形成とが切り結ぶこのような戦略的重大局面においてこそ、社会構造の変化が名誉と文化の複合体を変容させることができるのである。

文化複合体としての名誉

サムライたちの名誉文化を変容させたメカニズムについて検討するまえに、名誉というこの複雑な概念の意味を手短かに吟味しておかなくてはなるまい。名誉の概念は幾つかのレベルで同時並行的に機能する。例えば、名誉はある文化に属するすべての人びとが共通に持っている心情であり希求であると同時に、低い地位の人びとを排除して上層にだけ授けられる特権をも示している。名誉はそれぞれ個人が感じ個人が主張するものであるとともに、家族なり職業集団なり部族なり国家なり、集団のものとされることがある。さまざまな社会、さまざまな集団、そして歴史的にさまざまな時期の名誉文化に、それぞれ異なった特徴や型の違いが見られるのである。ピット＝リヴァーズも言うように、名誉とは、一つの文化的・言語的地域の内部でも「相互に関連し合ってはいるが、年齢、性別、階級、職業その他もろもろの異なったステータスグループごとで使われ方の違う観念の集合体である。[20]」名誉文化の持つ複雑さはこれだけにとどまらない。名誉文化は観念や価値観でつくられるばかりでなく、儀式（例えば決闘）、好み（例えば衣装）、エチケットやマナー、さまざまな習俗、民話など、意味や心情の表出媒体から成り立っている。名誉観念そのものは明らかに汎文化的に存在するが、社会によっては、その社会の支配的な表象複合体として、ヨリ精緻でヨリ高度な名誉関連文化の慣用形《イディオム》を持っているものがある。歴史的に日本はまさにそのような社会なのである。以下の分析で、私は「名誉」という語をこのような文化複合体の意味で用いる。

日本のサムライの名誉とは、さまざまな時期のさまざまな言葉や形式や行動で表現された文化複合体である。広範な歴史的時期にわたって変化するさまざまな意味合いを一語に込めることのできる日本語がないので、社会学的な用語としてこの文化複合体を私は端的に「名誉の文化」と呼ぶことにしよう。そしてこの文化複合体の中身が時とともにどう変化したかを説明しよう。[21]日本的名誉のある側面が特に別の語と照応している時には、私はその語の意味を明確に提示して言及しよう。

名誉のスタイルの変容

名誉の概念は本質的に多面性を持つということが、私の議論にとって重要な出発点となる。名誉文化はさまざまな概念の集合体であるがゆえに、構成要素は同じでも時間的・空間的にその組み合わせが異なれば、名誉文化の異なった型が出来あがる。記号的な意味や表現の組み合わせは、ある特定の名誉、すなわち文化の「スタイル」をつくる。文化のスタイルはそれに特有の意味のパターンを構成し、それが表象複合体の枠組みとなる。あるスタイルを構成している要素はそれ一個として個別に伝達され得る（もともとの背景が失われても何世代にもわたって受け継がれる民話の場合のように）が、ヨリ可能性が高いのは、文化のスタイルが一つの複合体として後世に伝達されることである。しかしながら、複合的なスタイルがある程度正確に伝えられた場合でも、受け手の側は必ずしもその通り正確に複製するわけではない。スタイルというものにはさまざまな記号的な意味や表現の工夫が込められているがゆえに、その全体を受容しようとすればどうしても高度に個人的な表現となってしまう余地が生ずる。名誉型複合体の一要素を別の要素に置き換えることもできれば単に弱めることもでき、それでも名誉型文化そのものは存続する。しばしば人びとはこの文化複合体に新しい要素を付け加えることで、新たな社会的・制度的な束縛をつくり出す。私はこのプロセスを「焦点移動《リフォーカス》」と呼ぶ。評判というものへの深い関心は何世紀にもわたって存続したが、サムライの名誉文化はこの焦点移動のプロセスによって明らかな変容を遂げたのである。

名誉のスタイルはどのように変わったのか？　日本的名誉の文化複合体が焦点移動したのは、いかなるメカニズムによってか？　必要な理論的検討は名誉というものの本来的な二元性から始まるが、この二元性は自己にとって外部的と内部的と両方の観念を包含している。ベネディクトは日本の名誉文化を、西欧の内部化された「罪」の文化と比較して外部志向的と考えたが、今日の日本および西欧の学者たちはともに彼女とは異なって、名誉は内部的と外部的の両局面を持っているという点で概ね一致している。(22)おもしろいことに最近になって、やはり名誉を重んじたことで知られる初期のギリシア人には道徳的行為の源泉としての個人という観念がなかったという通説にも限界があることが、バーナード・ウィリアムズによって示された——すなわち「ギリシア人も前五世紀後半までには、単に世論が決めるだけの恥と内部のパーソナルな信念を表明している恥とを、彼らなりに区別していた。(23)」名誉の観念は自分の社会的評価への気づかいを表明しているだけではなく、尊厳や自尊心やアイデンティティーと深く結びついている。名誉とは社会という鏡に映る自分の姿であり、この姿がその人の自尊心や行動を左右する。まさにこのような本質のゆえに、名誉は個人の希求と社会の判断との仲立ちとなるのである。

名誉が評価されるのは抽象の世界ではなく、名誉ある人びとが所属する具体的な名誉の共同体においてである。サムライの場合は、階層構造を持つこの共同体がまず最初に名誉を算定し、しかる後それを特定の個々人に授けたのである。サムライの名誉共同体は権力構造と深く結びついてはいたが、同時に、名誉のコードと文化的慣用形《イディオム》を共有する一つの象徴的領域としても存在していた。名誉はこの共同体の階層を表示する記号であるとともに、名誉共同体への参入あるいはそこからの排除の基準としても機能する。象徴領域と社会構造領域とのこうした相互関係から、次のような重要な理解が導かれる――この共同体における構造変化は不可避的にその名誉のスタイルに影響を及ぼす。集団の一員としてのアイデンティティーとパーソナルなアイデンティティーとは名誉のさまざまな慣用形《イディオム》と連結しているがゆえに、自分もその一員だと思っている象徴的な準拠集団における構造変化はその個人の名誉心情に影響を及ぼす。それと同時に、名誉は人の自己認識の最奥の深部に鎮座しているがゆえに、こうした集団の構造変化が直ちに文化の自律的変化をもたらすことは決してなく、どちらかと言えば、絶えざる改定のやりとりという形になる。

名誉、権力、社会構造

こうしたやりとりを通じた変容過程の中心をなすのが権力と名誉の関係である。近代社会理論家のさきがけの一人トマス・ホッブズは、国家に関する政治社会学の書『リヴァイアサン』のなかで権力と名誉の関係に注目した。「力があるという評判こそまさに力である」[24]と述べて、ホッブズは名誉が権力を授けるものであることを認めた。彼は一七世紀初頭からの激しい政治闘争やイギリスの国家形成において、中世戦士精神の遺産として当時もなお力強い生命を保っていた名誉型文化が与えたインパクトのことを鋭く認識していた。ホッブズはさらに「心にとって有害なもう一つの病は……名誉と尊厳を欲しがることである。すべて人間は本質的に名誉と栄達をめざして奮闘する」[25]ことを理解していた。実際、栄光への熱望は平和に対する無限の妨げとなる。ホッブズによれば「争いの主な原因は三つある。第一に、競争。第二に、不信。

第三に、栄光。」(26)これらの諸要素が一気に表面に躍り出たのが、テューダー朝、エリザベス朝から内戦期イングランドを通じての暴力的で名誉に駆られたマキアヴェッリ流の権力政治であった。人間はその本性からして放っておけば名誉をめざして無限に争うものだという観察結果から、ホッブズはその政治理論のなかに強力な規制力としての主権国家の必要性を組み入れたのであった。

マックス・ヴェーバーも名誉と権力の関係について深い洞察を示していて、文化と社会構造の歴史社会学で名誉についてしばしば言及している。『古代文明の農業社会学』で、彼は「名誉堅持（fides）という観念が保護者《パトロン》と被保護者《クライアント》の関係を支配した」(27)と書いている。例えば保護者（君主）と被保護者（臣下）の封建関係では、被保護者である臣下は自立しようとする傾向があった、「それというのも臣下は独立の騎士あるいは自前で武装した諸公だった」からであり、それでも主人である保護者は、さまざまな手段を使って支配力を保持したのである。名誉のコードはこの力関係の本質とダイナミクスとを反映している。

ヴェーバーはさらに、さまざまな社会の名誉のエトスが、それぞれの社会の保護者《パトロン》－被保護者《クライアント》関係の社会構造の違いによってどのように異なるかの比較を行なった。『経済と社会』のなかで彼は、中国のマンダリン官吏の場合――そして一般的に地位が支配者からの引き立てだけに依存しているすべての場合――は、官吏たちが支配者の意思に完全に依存しているので、主人との関係において自主的に「名誉ある」行ないをしようという内面の規範を創り出しにくかった、と述べている。(28)対照的に、西欧における封建君臣制度は「見かけ上非常に相矛盾する要素、すなわち一方で純粋にパーソナルな忠誠、他方で権利義務の契約関係を、非常に発展的な形で」結合させたのであり、この制度によって臣下たちは自分の所有物について構造的な自律性を保持することができた。(29)依存する者たちが独自に財産を所有した場合にだけ、名誉型の自律性と名誉型の他律性が共存する可能性が生まれたのである。こうして、騎士の行ないの型がつくられたのは「封建制名誉観によってであり、またこの名誉観のほうも臣下の忠誠観によって(30)」形づくられたのである。ヴェーバーは議論の冒頭で「名誉と忠誠の結合は、これまで見てきたように、西洋の封建制と日本の『家臣』封建制においてのみ認められる(31)」と断言している。

主君に対する戦士の強烈な忠義を賛美する文化の慣用形《イディオム》は、日本のサムライのエトスの、歴史的に一貫した特徴であった。しかもサムライ文化はまた、名誉という同じ名目の下に、精神的自律性を示す自己主張の行為を高く評価していた。しかし君臣制度のヒエラルキー構造と名誉文化の本質との複雑な関係がここで終わるわけではない。例えば、保護者（君主）への服従の行為は、なぜ被保護者（臣下）に名誉を授けることになるのだろうか。この問題に答えるだけでも、われわれはヴェーバーの図式を越えてゆかねばならない。保護者‐被保護者の関係において、被保護者の服従が保護者に対して常に権力と名誉を与える、ということは容易に理解できる。実際、被保護者が名声高く強力であれば、彼が捧げる服従の値打ちはそれだけ高い。しかしながら、君臣制度のような自発的な形の追従の場合は、被保護者もまたその自発的な服従によって名誉を獲得する。彼は奉仕と引き換えに、主人が属している一段高い名誉共同体に参入することになる。このような形の関係は、奴隷や捕虜といったような被保護者がおかれる屈辱的な服従とは明白に違っている。オーランドー・パターソンは彼の奴隷の研究のなかで、「強力な保護者と自由に締結した依存関係は、同位者に対する名誉上の優位を主張する有力な根拠となり得る」(32)と指摘している。こうして、君臣制度のシステムにおける名誉の価値の媒介作用によって、もともとは互いに独立していた社会の行為者たちが結びつけられ、上下階層間の連携システムが出来あがったのである。

もちろん、封建制臣下の地位は名誉の給付によってのみ繋ぎとめられていたのではなく、社会‐経済的な絆によっても繋がれていた。例えば、普通「主従関係」または「御恩と奉公」と呼ばれている日本のサムライ君臣制度では、臣下のサムライはしばしば新しい領地か、すでに所有する領地への権利の確認を主君から受けていた。両者はともに「御恩」とされ、「奉公」によって埋め合わせるべきものと考えられた。君臣制度はこのような相互給付の基盤の上に成り立っていたのだが、主君にとって自立した社会‐経済的基盤を持つ臣下たちの遠心分離的傾向を押さえ込むのは、いつも容易なことではなかったのである。

「信頼」をめぐる二つの問題――確実さと有能さ

永続的な交換関係の形成をめざす同盟の常として、サムライの君臣制度はまさにその本質によって、トマス・ホッブズが「時間の経過」(33)と呼んだ問題の存在を絶えず示してきた。ある人がある時点である領主に忠誠を誓い、将来必要な時にはある特定数の兵士を提供すると合意したとしよう。主君の側は、臣下がその義務を忠実に遂行しつづけると、どうして信じられよう？　あるいは臣下の側も、自分が戦さで勇敢に戦ったとして主君が十分に報いてくれると、どうして確信が持てよう？　人は長き時間にわたって同じ意思を持ちつづけることができるのだろうか？　私の考えでは、自由な意思で締結された保護者－被保護者関係の社会学的記述は、信頼に関して二つの重大な問題を常に包括していると思う。一つは関係の確実さの問題であり、二つ目は有能さの問題である。

長期間にわたる行動の一貫性は、良き臣下を計る最重要の基準である。君臣制度の真髄は、緊急事態において臣下が忠実にその軍事的務めを果たすことを想定しての軍事同盟であるから、その関係は時間次元での信頼の上に築かれていた。しかしながら周知の通り、政治世界の実態といえば、裏切りあり共謀ありというのが競争的戦士社会特有の真実である。したがって、永続的で信頼のおける関係というものが、サムライ君臣制度の重要前提条件であった。その関係はさらに、臣下は危機に際して必要とされる軍事力を供給できるという前提に立っていた。簡単に言えば、もしも臣下が弱すぎるか臆病すぎるか、あるいは能力に欠けている場合、その忠義ぶりが賞賛すべきものであっても、望ましき臣下ではなかった。とりわけ、いつ果てるとも知れぬ権力争いという歴史状況においては、競争に勝ち残ろうと願う主君は最高の戦士たちの信頼を獲得しなければならなかった。こうして確実さと有能さはともに、主君－臣下関係を理解するための重要な原理なのである。

しかし臣下サイドの信頼のこの二つの原理は、いかに緊密に結び合っていようとも、やはり互いに排斥し合う傾向があった。戦士が有能であればあるほど――例えば戦闘能力に優れているか、あるいは大規模な軍事力を動員できる資力があるかによって――彼は信頼できなくなる可能性が高まる。つまり彼は十分な自立性を備えているので、さらにもっと旨味のある保護者を選ぶことができるのだ。こうした選択の自由は、さまざまな地方的権力が最も望ましい臣下を求めて互いに競い合っていた中世後期の全般的な政治的雰囲気を背景とする日本の状況のなかで、とりわけ有効に行使された。軍事的能力を認められた者たちは、容易に主君を変えることができたのである。

君臣制度には「時間の経過」に耐え得る信頼という重大な問題があるという事実から、私たちはサムライ名誉文化の核心へとたどりつく。名誉の文化は、君臣制度の持つ二つの相矛盾する要請を調和させようとして、意識的かつ無意識的に倫理的基盤に立って利用され、構築された。言い換えれば、名誉文化は、臣下と主君の行動や意図の予測可能性を高める内面的原理を提供することにより、主従関係を支えるイデオロギーとして機能したのである。名誉の原理を吹き込まれた戦士の行動はそれだけ予測しやすくなり、したがって信頼性は増すであろう。彼が忠義立てなどやめて短期的利得のために評判や名誉を手放してしまう可能性は、少なくなるだろう。同時に、名誉意識に敏感な男なら、危機の最中にあってこそ主君に役立とうと努める可能性は高い。挫けそうになっても、彼なら戦場を逃げ出すことはないだろう。この意味で、名誉は信頼に応えきること、あるいは評判通りの力を発揮して見せることの積み重ねによって得られた。さらに重要なのは、名誉の感情が戦士たちを駆り立てて、直接的な金銭報酬のみならず死後の栄えある評判のために勇敢に戦わせたことである。名誉へのこの気づかいは、長期的な目標をめざす際の内面の原理を提供した。このような意味づけを獲得したことで、名誉はこの後しばしば主君側にとってのイデオロギー的道具となり、彼らはこの主従関係の構造を巧みに操作したのである。

これまでの社会学的分析から私の中核的な所見が導かれる――すなわち、一九世紀後半にまでいたる日本の君臣制度の歴史は、確実さと有能さというこれら二つの特性を調和させようとする絶え間ない努力の結果と考えることができるのだ。調和へのこうした努力は名誉文化複合体の内容にもその影響を及ぼしたのだが、それは次のような問いに答えようとしてのことであった。自由な精神の持ち主である戦士たちからなる軍団に対して将軍が厳格な軍事規律を課そうとする時、どうすればうまくゆくだろうか？　徳川の将軍たちが臣下の社会‐経済的な独立を奪おうとする時（臣下を「出口なし」状況におくことで君臣関係の確実さを高めようとしてのことだが）、どうすれば臣下の士気を保ちつづけられるだろうか？　君臣制度の構造に由来する緊張関係は、ここにおいて、その構造の文化的・イデオロギー的表現、すなわちサムライの名誉礼讃を発展させたのである。

長期的な交換関係システムとしての君臣制度を社会学的に記述することによって、私たちは日本的集団規律の中心的な特徴の一つを明確にすることができる。私が主張する説は、日本における君臣関係の組織論的システムの歴史的経験が、交換と義務の長期的関係を血族関係の外側でも保ちつづけるよう日本人を訓練した、というものである。こうした日本の歴史的・組織論的経験は中国のそれとは対照的で、中国においては大規模家系制度（氏族）が持つ永続的な権力と中央政府のマンダリン・エリート官僚の支配力とが、その際立った特徴であった。

これに対し日本では、君臣制度の長期的交換システムが交換関係を結ぶ当事者たち双方の不確実性を前提としていたということから、現実には、信頼を築き上げるための複雑で手の込んだ社会制度の発達が促進されたと考えられる。反対の例を考えて見よう――つまり、メンバー個々人の生活が他のメンバーからの絶えざる監視にさらされている、小規模で孤絶した共同体のケースである。私たちはこの共同体の場合、長期的交換関係の安定性確保のために社会的信頼を築き上げる洗練されたシステムが必要だとは思わない。他人の信用度に関して絶対的な確かさを求めることが論理的に不可能な状況においてこそ、私たちは人間の行ないの予測可能性を高めるべく、さらに複雑な社会的、法的、組織的な制度を模索するのである。実際私が見たところでは、日本における君臣制度の組織論的経験は、社会的に自律性を持っている武装戦士たちをヒエラルキー構造を持つ軍事同盟に組織したのだが、このことが信頼に関する社会的・制度的システムを発展させた。こうした背景のなかで、日本人の名誉文化は根づき、繁茂したのである。

この点で、中世から近世にかけての日本の国家形成プロセスは、この君臣制度の改定・改編の繰り返しだったと強調しておくことが重要である。したがって君臣制度の経験それ自体は、引きつづくサムライ政治体制の組織的基盤として本来サムライ階級だけに限られたことであったが、それは日本の社会と文化に深く広範な影響を及ぼした。サムライ名誉文化は、この君臣制度の重要機構を動かすダイナミクスを反映するとともに、それに影響を与えて日本的組織の伝統的特質を形成したのである。

マクロ構造的解釈の焦点

サムライ君臣制度とその名誉文化の発展とは緊密に結びついていたと私は主張するけれども、名誉文化自体一つの複合的な現象であって、単一次元で理解することはできない。サムライ階級のダイナミックな文化的創造性を十分に理解するには、サムライの生き方に関して少なくとも四つの異なる側面を考慮に入れなければならない。彼らが名誉というものに包括しているのは、①君臣制度のイデオロギー、②「家」に対する統治権者的誇り、③武人文化、そして④サムライ階級としての集団的アイデンティティー、である。

名誉と社会の本質をめぐるこれまでの議論を踏まえ、私はこれら四つの焦点をとり上げて、これから行なうサムライの社会的変容の歴史的説明の議論を組み立ててゆこう。これら四点が一体となって、サムライの名誉意識の文化変動を引き起こした社会的環境の特質を表わしているからである。

第一の、そして最も重要な点は、サムライの保護者《パトロン》－被保護者《クライアント》関係、すなわち君臣制度の変容に関わっている。サムライ戦士間の政治ネットワークの発展は、名誉文化がイデオロギー次元で出現したことと密接に関連しており、また名誉文化の出現がさらにサムライの間のネットワークを変質させた。大領主たちが中央集権化と強力かつ長期的に組織された軍隊の編成とによってサムライ臣下たちを支配しようとした時、名誉の文化が貴重な精神的資源――死後の名声への欲望と個人の栄光を求める情念――を提供して、臣下たちが自ら進んで主君の望む通りに行動することを奨励したのである。中世後半期を通じて君臣制度のシステムがつくり変えられ統制が強化されるにつれて、サムライの権力はまず各地で、次いでもっと広い地域で統合された。私はサムライたちの連合とヒエラルキー化の形態に影響を及ぼしたダイナミックな変化を分析し、さらにそれらの変化と名誉文化の結びつきを検証しよう。

第二点は、サムライ名誉文化の発生は、領地を持つ武人であるサムライたちがその権力の具体的な社会基盤としての「家」を持つ新しい社会階級として出現したのと時を同じくする、という事実に関係する。サムライの名誉観の重要な特徴の一つである権力志向は、社会的に自立した土地所有エリート層であることを示す指標としての「家」という「主権統治者的地位」にその源がある。中世期、サムライの各「家」はある程度「一国」の地位、つまり政治的自律性を保持していた。「家」はまた競争相手に対抗して自らの統治権と経済的利益を守るべく、武力介入が必要となれば激しく攻撃した。

このような自立した土地所有エリート層が集合して名誉共同体を構成し、そこで彼らの社会的評判が判定評価されたのである。私はこうして名誉文化の検証を、サムライの「家」の構造とその政治経済の発展・変容の分析から進めてゆく。

第三点は、サムライの生き方の軍事的次元、すなわち軍隊組織と合戦の構造の問題に関わっている。サムライは暴力行使の能力に自らの名誉を賭けたプロフェッショナルな戦士階級だった。とは言っても、肉体的な強さだけがサムライの名誉の源というのではない。肉体的勇気と軍事的熟練とは訓練で鍛え上げられた行動を通してのみ効果的に発揮されるのだから、いざという場合に強く自分をコントロールできることを示すことが名誉ある勇気の証と考えられた。このように、サムライたちの間で名誉のコードは、軍事的熟練や力や修練に関する彼らの明確な社会意識を反映していた。折から進行中であった日本の国家形成のなかでサムライの軍隊は再組織され、サムライの暴力とそれに照応する名誉コードの変容と統制に向かって決定的な第一歩が新たに踏み出されたのである。最高の名誉は戦場で戦闘技術を最も効果的に活用した者に与えられるのが普通だが、ということは時代によって戦闘の方法や軍事技術が変化すれば、名誉ある者を規定するコードも変化せざるを得ない。こうした軍事技術や戦法の移り変わりは国家形成という大きなプロセスのほんの一部にすぎなかったが、軍事上の変化それ自体が文化の領域に対して独自のインパクトを与えたこともあった。

第四点は、階級としてのサムライと他の社会的勢力や集団との関係に関するもので、この関係がサムライの名誉文化に決定的な影響を及ぼしたのは、サムライたちが名誉を彼ら独自の集団的アイデンティティーの源と考えていたからである。サムライの名誉文化は、マックス・ヴェーバー言うところの「身分《ステータス》の名誉」が彼らの集団全体に付与されたことを象徴的に表わしていた。これは集団的名誉の一つの形態であって、ヴェーバーの定義によれば、「複数の人びとが分かち持ついかなる特性とも関連しており、もちろん、階級レベルにまで組み上げられる。」(34) サムライは集団としての自らを非サムライ階級から区別して、名誉のために潔く死ぬ者と規定していた。名誉の文化はまた彼らの軍事的威信を増大させ、領地を持つ戦士階級である彼らが名誉共同体に属さない人びとを排除して政治的・イデオロギー的優位を確立するのを促進した。サムライはその歴史を通じて、名誉文化を放棄すれば必ず他の階級に対する彼らの文化的優越の正当性が危うくなったのである。こうした理由から私たちは、サムライ特有の文化スタイルの形式やコードや変容を理解するためには、サムライを中心としたさまざまな社会集団間の政治状況に特別な注意を払わなければならないのだ。

サムライの名誉文化を多次元的な視野から考えることが重要である。具体的に一例を挙げれば、成熟した形のサムライ名誉文化というのはヒロイックな武人的感情を表現するということではない。対照的な雇われ兵士のケースを考えてみよう。傭兵たちは実戦では戦いのプロとしての名誉意識にしたがわぬ行動をとってみせるかも知れないが、サムライ階級と違って、平時における克己という内面的次元を重視する名誉文化のスタイルを生み出すことなどありそうもない。さらに、もし私たちがサムライの名誉観を軍事的な能力基準や訓練の副産物とだけ考えるならば、徳川幕府の下での二世紀半の平和の間もそれが重視されつづけてきたのはなぜか、理解できない。名誉文化はサムライたちのステータスグループとしての集団的優越性を示す文化的表現だったという事実が、この進展を促したことは確実である。ここまでざっと述べてきたような、名誉の多次元的な相互作用から生ずる複合的な社会的しがらみを理解することなしに、私たちはサムライ名誉文化の内面のダイナミクスを十分に認識することはできない。

サムライの生き方のこれら四つの次元は密接に連関し合って、日本の国家形成過程において相互に大きな影響を及ぼし合った。なぜならそれぞれの次元における変化は、支配階級がその政治的ヒエラルキー構造を組織し直す社会的プロセスを意味していたからである。ここに挙げた私の研究の四つの焦点はサムライ変容の基本的な要素を構成するのだが、これらの組織的・階級的権力がその後にどのように相異なる国家統治構造へと翻訳されたかにも特に注目する必要がある。これらの国家構造が今度はサムライ階級の組織的・文化的特徴にはね返るが、そのプロセスがまた国家形成のさらなる進展に影響を及ぼした。こうした関連性があるからこそ、日本の支配エリートの名誉文化を国家形成の文化的次元と考えなければならないのである。

国家形成の文化的次元

比較国家形成論は、目下歴史社会学の最も活発な分野の一つだが、ヨーロッパ初期近代《アーリー・モダン》の国家建設と、後にそこから分岐した幾つかの西欧社会の発展パターンにさまざまなヴァリエーションがあることを強調する。[35] この分野の研究者たちは、国家建設が包含する政治的、経済的、社会的意味を説明すべく、幾つかの理論を提出している。といっても国家形成が文化の発展に与える影響が検討されたのはごく最近のことであって（一つの例外がノルベルト・エリアスの古典的研究『文明化の過程』[36]であるが）、さらに今後の精緻な理論的・経験的研究が要請されている。[37]

確かに、明示的な国民国家イデオロギーの移り変わりは、これまでずっと学問的関心を惹きつけてきた。最近では、国家の倫理《モラル》・道徳の統制機能は現代社会学研究の中心的テーマの一つとなっている。マルキストの学者たちはもともと歴史的変化を説明する場合、社会変化を引き起こす主要な動因として物質的・政治的要素に焦点を当てるのが伝統だったが、その彼らも今では、支配的イデオロギーの理論[38]といった概念装置を用いた文化分析法を採用している。このようなネオ・マルキストの文化研究はアントニオ・グラムシの理論に負っている部分が大きく、したがって文化的覇権《ヘゲモニー》が政治的合意形成に影響を与えることを重視するといった視点をとることが多い。

しかしながら私が国家形成の文化的次元で問題の中心に据えるのは、精神統制を行なう直接責任者としての国家の役割だけではない。封建国家の通例として、日本の近世国家も一般民衆との直接接触や統制のための（警察や教育制度のような）基礎的社会統制手段は弱かった。その結果として私たちは、一般民衆の文化的再編成を成し遂げるメカニズムを解明するには、ミシェル・フーコーの言う「権力のテクノロジー」をそれなりの把らえ方で確認しなければならない。近代以前の国家もしばしばモラル改造の直接的遂行者として機能したことを私も認めるけれども、本書ではもっと広い観点を提起する――すなわち、国家形成のあり方は文化の領域に対してヨリ大規模、ヨリ複雑、そしてしばしば予想外の影響を及ぼすものである、と。国家というものの特質は、一般民衆の生活にさまざまな影響を与える諸制度を創設し維持する能力にある。個々の制度自体は必ずしも何か特定の精神的・イデオロギー的目的に奉仕するよう企図されているとは限らないが、それら多数の制度が全体として一つの環境を形成すると、個人の意思決定に深い影響を与える制度的な領域《フィールド》を形成するのである。国家建設に起因する新たな制度的束縛の形成は、決定的かつ予見不可能な仕方で、社会の広範な文化的環境を変容させるのである。

西欧で発展した近代国家の平凡でありふれたイメージには、幾つかの公的機関ないしは統治のための法制度といった狭い定義が与えられるが、近代以前の政治形態の分析にはこれでは不十分である。近代以前の政治システムでは、私的と公的、民間団体と公的機関の間の境界線がはっきりしないのが普通であった。というよりも、近代以前の国家は通常、小規模ながら国家らしき形態を見せている人間集団のネットワークに支えられていた、と言うべきであろう。中世のサムライの「家」は、それ自体の領土と武装兵を持っていたことで、そのころよくあった無数の「国家的存在」、私的集団だが国家と似た機能を持つ社団と言うべきものだった。強制力を行使するとともに領地の民衆から歳入を取り出す能力があるという意味で、それらは限定つきの国家形態を自らとっていた。これらの国家的存在は、社会学的にいえば領地の民衆に対して歳入と引き換えに保護を与える能力があることで成り立っていたといえる。この時代の中央国家の権力は、こうした実質的な自律集団を取りまとめ、彼らの間で時おり勃発する紛争を調停する機能を効果的に発揮することで成り立っていた。

マックス・ヴェーバーも書いていたように、国家の形成はもともと武力行使の特権を独占してゆくプロセスと連結している。国家形成の初期段階では、多くの集団が暴力行使の権利を競う。国家が成長するにつれて、その影響範囲は広がり、機構は集権化され、下位の構成グループから権力が取り上げられる。チャールズ・ティリーが言うように、私的に暴力に頼ることは「非合法」「犯罪的」と考えられる一方、戦争や法による死刑の執行という形の暴力を国家が実施することは「合法的」とされるのである。(39) かくして、国家が復讐その他の私的紛争解決手段を非合法化して暴力行使権を独占しようとする時には、もともとパーソナルな暴力行使と連動していた名誉観は影響を受けざるを得ない。

ティリーの言う「組織された犯罪としての国家建設」――力による保護と歳入との交換――というこのモデルが、近代以前の日本の歴史ほど的を射ているところは他にない。サムライ階級出現以後の日本の歴史は、集団としてのサムライが他の人びとに対して平和的に行動するよう強制できる優越的立場を合法化するプロセスだった、と要約できよう。彼らはそれに関連して、土地領有者として民衆から収入を取り上げる新しい方式を導入し、強制した。と同時に、サムライはお互い同士絶えず戦って上下関係の変更を繰り返し、そのことを通して最強のリーダーたちは自らの地位の正当性を獲得した。サムライ集団間のこうした競合のプロセスは、現代の組織犯罪「ファミリー」の殺し合いの抗争と基本的に異なるものではない。しかしサムライの場合、最強の個人は通常朝廷から将軍の称号を受け、自動的に国の事実上の支配者と正式に認められたのである。正当性承認のメカニズムがこのような特徴を持つがゆえに、サムライの暴力を「名誉あるもの」とする文化の再編成と概念の再構成——つまり、サムライ名誉文化の創造と維持——が、政治的に重要になったのである。

中世サムライの名誉文化の決定的側面は、それが社会的に自立を遂げた土地所有エリートの主権統治者的地位の表明だったことである。封建制土地所有に加えて、自ら所有するものを護ることのできる軍事能力をも持っていた結果、サムライ階級はその力と独立の文化的表現として名誉感情を発達させた。彼らの独立の基本原理は、自分の身体と精神の究極の所有者たる個人、という暗黙の認識へと翻訳された。死や自死に対するサムライ特有の態度は、究極的に、個人存在と自己決定についてのこうした認識から生まれ出たのである。暴力を効果的に行使することや抗争を自らの手で解決する能力を持つことが重要なのは、暴力が名誉の唯一正当な表現だったからというだけではなく、サムライの統治権力を維持するために不可欠の手段だったからである。

中世サムライ文化におけるこうした統治権者的要素の確認は、社会学的に重要な問いを導き出す——中世サムライ文化において独立や自律性に対して高い社会的価値がおかれたのだとするなら、こうした特徴を含む中世日本の封建制度が日本にもっと民主的な伝統を育む文化基盤を生み出さなかったのはなぜか？　この問いにはいくらか説明が必要かも知れない。現代の観点から見て私たちはあたり前のように、ヨーロッパ的形態の中世封建制が人間性抑圧の時期だった、と思っている。こうした通例の解釈は、領地を持つ武人階級に強制的に従属させられていた大部分の民衆にとって、確かに真実である。しかしながら、土地所有エリートの視点から見れば、封建社会はある程度の社会的自由と自律性をもたらしたのである。彼らが君主の干渉から自由になれたのは封建制土地所有にもとづいてのことだったから、西ヨーロッパの各地の土地所有エリートは中央権力に対して自らの独立、諸権利、諸利益を護りぬこうと絶えず腐心していたのである。

おもしろいことに、後期の封建制ヨーロッパで発達した政治的・文化的諸制度は、民主的諸制度をつくり上げるための建築ブロックだったという論議が学界でしばしばなされる。例えばハロルド・バーマンは中世封建時代の法の発展を分析し、臣下たちに上位領主への上訴権が護られていたことを強調した。初期ヨーロッパの諸法典は、いつ暴力に訴えるやも知れぬ社会的に自立した土地所有エリート間の異議申立の調整や抗争解決の必要から生まれたのである。[40] こうして、騎士たちが獲得した司法上・行政上の不可侵・免除特権と、また彼らが臣下の礼をとったのは彼らの自由意思によるものだったこととは、上位者に対するこれら臣下たちの相対的な社会的自律性を保証した。[41] さらに加えて、民法典や刑法典のみならず中世に始まる議会制度も、封建社会生活の軍事的次元にその起源を持っていた。[42] ここでまたもやマックス・ヴェーバーだが、彼はこの点に関しても深い洞察を示して、西欧における自前の武装戦士の勃興はこれらの個々人にある種の軍事的自律性を与え、それが次には彼らの政治的自律性の象徴ともなり増大にもつながったと指摘した。[43] 最近ではブライアン・ダウニングが、地方政治のかなりの自律性をともなう分権的政治組織の存在や議会制度、立憲主義、自由と独立を貴ぶエリート気質といった中世後期ヨーロッパ国家が示す諸特徴の多くが、西ヨーロッパの歴史を世界の他の地域から分かつとともに、リベラル・デモクラシーの発展へと方向づけたと論じている。[44]

ヨーロッパと日本はともに封建制度の歴史的発展を経験したが、その権力構造は、相対的に独立した社会集団の間で服従と保護とを交換し合う君臣制度のシステムで成り立っていた。およそ一六世紀頃、日本もヨーロッパもともに打ちつづく内戦と社会的騒乱状態という大規模な社会再編成局面に立ちいたり、その結果ついには中央政府による権力掌握と全国平定がもたらされたのであった。このような比較的観点から、日本の社会発展の道筋に関して興味ある問題が提起される――すなわち、もし中世ヨーロッパの封建制がさまざまな形で民主制の揺籃になったとするならば、中世日本のサムライによって生み出された文化や諸制度にも、その後の日本にもっとリベラルでデモクラティックな方向をとらせたかも知れぬ幾つかの要素が含まれていたのではないか、と。[45]

まず第一に、中世サムライ社会は、中世日本で発達していた権力関係と社会制度の独特な組み合わせに依拠しつつ、非集権的国家における土地所有エリートの社会的自律性に高い価値をおいていた。この文化は中世ヨーロッパを特徴づける典型的な法による政治体制、例えば正規の代議制議会や法治主義の原理などを発達させることはなかったが、領地を持つ武人エリートと当時出現した水平的同盟の新しい形態（一揆）には、民主的諸制度の発展へとつながったかも知れぬ幾つかの原型組織的特徴を鮮明に表わしたものもあった。中世後期を特徴づける高度な村落自治は、もっと水平な社会関係の構築を促進したかも知れなかったのだが、その理由は、日本の村落がすでに領主たちの全き支配に抵抗できる十分な力の基盤を獲得していたからである。(46) このように見てくると、日本の中世的社会で培われた社会組織と文化的諸制度がどうして近世以後、さらにヨリ水平的民主的方向に進まずヨリ垂直的な社会秩序に価値をおくようになったのか、その理由を問わずにはいられない。この問いは私たちを、日本における中世から近世（徳川）政治体制への移行過程の再検証へと導くのである。

初期近代《アーリー・モダン》ヨーロッパの政治的経験の多様性に関する歴史社会学の最近の議論は、そこで生起した国家形成のさまざまな道筋や構造に焦点を当てながら、比較理論上の幾つかの洞察を提供してくれる。この文脈で多くの注目を集めたのは、軍事技術が果たした役割と戦争への財政的・人的動員が与えた影響であり、これらを理論的・実証的に検証したのがチャールズ・ティリー、アンソニー・ギデンズ、マイケル・マン、ジョン・ブルーアー、サミュエル・ファイナーなどの仕事である。彼らの研究が示唆するのは、国家間の戦争の結果ヨーロッパの国家順位において各国の地政学的《ジオポリティカル》地位に明らかな影響が見られたのみならず、統治構造や財政機構やさまざまな社会構成単位間の力関係の成り行きを決定的に方向づけたのが国家の軍事活動だった、という点である。(47)

例えばジョン・ブルーアーのイギリス国家についての分析によると、一七世紀後半と一八世紀におけるイギリスの軍事進出は、結果としての兵力増強と相俟って、国家の財政・軍事活動遂行に専念する大規模な公的行政機構の編成を必要不可欠とした。その結果イギリスに、ブルーアーが「軍事・財政国家」と呼ぶものが出現したのであった。(48) 国内の社会組織構造を根底から変えた軍事・財政マシーンとしての初期近代《アーリー・モダン》国家というこの概念は、日本の近世国家がそれとはおおいに異なるイメージを提起するがゆえに、本研究にとってとりわけ重要である。近世の日本国家は統治行政の仕事のための比較的複雑な機構をつくり出すことがなかった。しかしながら、中世後半に日本を巻き込んだ長期の内戦は、社会組織論的に見て等しく重要な、しかし明らかに異なる結果を生み出したのである。

中世から近世にかけての日本の国家形成の独特の道筋を理解するために、私は相互に連関し合う三つの命題を提起したいと思う。すなわち、①近世日本の国家形成はサムライ階級の間での権力の垂直的な軍事統合（君臣制度の再編成）の結果として実現し、その過程では、②この縦のサムライ軍事統合がさまざまな水平的同盟体を押しつぶし、さらに、③国家形成過程において非サムライ民衆を強制的に非武装化して服従させたこと、これらが一体となって近世の将軍政治が説明されるのである。これらに加えて領地を持つ武人階級の集団的勝利を確かなものにしたもう一つの要素がある。権力の強制的垂直統合が行なわれた一六〇〇年頃の状況として、組織的商業権力を支える社会的基盤が比較的に見て弱かったという事実がそれだ。これには比較的に見て都市の未発達と商人階級の政治組織の欠如という二つの理由があった。この後に徳川サムライ文化のヒエラルキー志向型文化への編成替えが可能だったのは、近世の日本の国家形成がこのような垂直形の発展コースをとったからであった。

これまで日本の国家形成の特質に重点をおいてきたけれども、これはサムライ名誉文化の変容がある特定の社会構造上の変化から自動的に出てくるものだということを意味しているのではない。文化はいったんある形で制度化されると、もともとそれを生み出した社会的条件が消滅した後でもその形が持続することがしばしばある。国家形成の文化次元の研究が、文化変容と文化持続という二つの傾向のたいへん複雑な事態へと私たちを導き入れるのだが、これは歴史的文脈を詳細に検討することでのみ正確に説明できよう。それらは順次以下の章で述べていこう。

歴史は沸き立つ渦のように偶発と履歴のなかから「現象するもの《エマージング・プロパティ》」だが、その複雑系を解き明かす一つの鍵となる所見がある。変化とそれに対する抵抗の動きが錯乱して見えるさまざまなミクロの歴史現象のうねりがあるが、その混乱を解く鍵は、一方の社会構造の変化ともう一方のサムライ文化の変容との間には一つの「関係」がある、ということに注目することだ。この最重要の関係は、変化しつつある社会構造と観念のなかの名誉共同体すなわちサムライの象徴的準拠集団とをダイナミックに連結させることで、その姿を現わすのである。

一般的に言って名誉は、集団内のしかじかの個人に名誉を授ける準拠共同体の存在を前提にしている。この名誉共同体には実在的《アクチュアル》と架空的《ヴァーチュアル》な側面、そして公式的《フォーマル》と非公式的《インフォーマル》な側面がある。名誉共同体は制度上正式に名誉を授与し、恥を背負い込んだ者を叱責あるいは懲罰することで、公式的かつ実在的になることができる。この意味で名誉共同体は、名誉の基準を強要する現実の力を持っているという点で、社会の公式の権力構造と密接に関連している。

しかしながら、サムライ名誉共同体をこの側面だけに限定することはできない。サムライが熟慮して「名誉ある」と思われる基準で自らの行動を規制する時、彼の胸中にあって彼の評判や社会的尊厳を支えているのは観念のなかの共同体、すなわち象徴的な準拠集団である。名誉共同体のこの側面が発揮する力は、究極的にそれが各人の主体の内部にある限り非公式的・象徴的である。したがってそれは、公式的側面より力が劣ることは決してないにせよ、架空的な存在なのである。日本の名誉文化において名誉共同体のこの架空的な観念の側面は、中世期以来いつも「世間」という言葉で言い表わされてきた。私たちは理論的には、名誉共同体の実在的・権力的構造と架空的・象徴的構造とを分離して考えることができるのだが、実際上二つの側面は相互に作用し合い、影響し合っている。とは言うものの、名誉の象徴的・架空的次元と社会的・構造的次元とを機械的に同一視することはできない。

私はこの章の初めのほうで、名誉という概念そのものの本質とそのダイナミックな作用の多様な哲学的側面を分析したが、名誉は当の個人に対する社会の評価のみならず彼の自尊心に根づいている限りにおいて、個人と社会とを結びつける橋でもある。私たちはこのような名誉に固有の特質をあたかも望遠鏡のように用いることで、サムライの政治的発展の道筋におけるサムライ文化変容のダイナミックなプロセスで果たした個人の役割にも、焦点を定めることができるのである。

文化、構造、人の力

社会学者たちはこれまで、個人と社会との関係の複雑さが提起する興味ある理論的問題にいつも惹きつけられてきた。私たち近代人は自分のアイデンティティーの中身の主成分として「自由意思」という考えを大事にし、自分たちそれぞれの人生の主人は自分たち自身だと思っているが、一方日頃は、非人格的な束縛の図柄に織り込まれた見えない糸の、しがらみの網目の存在も経験している。社会学者たちはこれまで必死になって、私たちの日常生活を左右している隠された「構造」をつきとめ、分類しようとしてきた。それと同時に、社会関係のミクロな行為を詳細に調べる観察者は、人間は社会的束縛を受動的に受け容れて機械的な反応をするだけの存在ではないことを認めている。それどころか、人間は目標を設定し、それを達成するために行動し、創造し、自らの社会的関係をかなりの程度変えてゆく能力を与えられている。人間が行為するこの能力すなわち、社会学者たちのお気に入りの術語を使えば「能動性《エイジェンシー》」と、私たちが束縛されていると感じているその「構造」との関係は、現代社会理論の中心的課題の一つである。

特にこの理論的問題は、一九三〇年代以来ノルベルト・エリアスの研究の主要関心事であって、彼は近代の自己規律や自己意識の源泉の探究において、一方的な社会決定論にもいわゆる方法的個人主義《メソドロジカル・インディヴィデュアリズム》にも、ともに反対した。[49] しかし個人と社会の関係の問題は、ここ二十年あまりの間に、アンソニー・ギデンズの「構造化《ストラクチュレイション》」の理論[50]やピエール・ブルデューの「ハビトゥス」の概念のような有力な概念の枠組みを通して、新鮮な刺激を受けてきた。(「ハビトゥス(habitus)」とは、ブルデューの言う「心的性向」と「物の世界」とが出会ってしばしの間の持続的構造を築く文化実践《プラクティス》の場である。) 社会変化のプロセスのなかでの自己と社会との関係は本書にとっても重要な問題だが、それはサムライ名誉文化の実践行為の詳細な研究が私たちをその方向に導くからである。

徳川名誉文化の実践の詳細な分析と徳川以前の社会‐政治的・文化的発展の研究とを通して、私には徳川のサムライが生きていた世界の複雑さがよく分かるようになった。二つの相競う心的パラダイムないしは「構造」が、徳川サムライ文化の再編成に影響を与えた。一つのパラダイムは徳川の国家形成から生まれた新しい制度の分野から出現し、もう一つはサムライ自身の定義による中世の武人的「伝統」から出現した。「構造」の前者のほうは臣下のサムライを垂直に秩序立てられしっかりと統制されたシステムに閉じ込めるほうへと進んだが、このシステムのなかでサムライの多くは確固たる世襲の特権と引き換えに土地の直接的所有からは切り離され、主として官僚としての収入を得るようになった。しかしながら、こうして典型的封建制の社会的基盤を失ったにもかかわらず、自前の武装戦士という中世の伝統的観念は、武人の誇りという形で文化のなかに生きつづけた。これらの二つの構造は徳川のサムライをそれぞれ異なる方向へと引っ張ろうとした。したがって、文化のダイナミックな変化の最も重要な源が位置していたのは、これら二つのパラダイムが交差する地点であった。

徳川のサムライ世界の内部矛盾はこれだけに終わらない。これら二つの主要構造は明らかに相異なる方向性を持っていたということに加えて、解釈がどのようにも可能な雑多な象徴の源泉と結ばれていたのである。まず第一に、サムライの中世的伝統それ自体が、サムライをただ一つの進路へと導くモノクロな存在物では決してなかった。実際に中世の君臣組織の戦士文化のなかには、名誉ある忠義と名誉ある個性発揮との間の烈しい緊張が組み入れられていた。第二に、後期徳川の国家システムも、複雑な象徴の源泉を包含していた。徳川の国家はサムライ階級の集団としての勝利の上に築かれたものなので、平和の後も戦士社会のあり方を完全に否定できず、したがって徳川国家の組織論的な構造は官僚制と主従制という互いに矛盾する組織論的原理の結合の上に出来あがっており、サムライ個々人に対して絶えずその入り混じったシグナルを発していた。その結果、協和しない二つの構造が存在するばかりか、束縛の構造それぞれがまた、内部的に矛盾したメッセージにおかまいなくそれぞれ自分の象徴と制度とを押しつけたのである。しかしながら、これらの矛盾の構造に埋め込まれている意味の多様性は、個人としてのサムライに文化的・知的創造のための有益な資源を供給した。言葉を換えて言えば、徳川のサムライを鍛え上げてゆくプロセスは高度に争論的な地勢のなかで発展したのであり、したがって逆に言えば、サムライ世界のこうした複雑さが文化の再編成におけるサムライの主体的な取り組みを可能にしたのである。

徳川の名誉文化におけるダイナミックな変化を理解しようとして、私は人間の能動の力と社会構造からくる強制の問題の核心に迫ることになった。生きた名誉文化は常に具体的な形で実際の時の流れのなかに一連の行動として現われ出るもので、形なく見えざるものあるいは単なる一般的な公式としての名誉を、その行動を通して実際の名誉へと変換していくのだ。サムライ同士が喧嘩して名誉に関わる事態となり、その名誉が仲間たちの評価の目にさらされている時、最も重大な問題は当の主人公自身の判断と戦術であった。もちろん、もしも彼がしかるべき社会的な指針と規則にしたがわない場合は、彼は自分の行動をその戦術によって名誉の行為に変えることはできなかった。しかしながら、そのような慣習ないし客観的な規則というものは、当の個々人たちの具体的な行為や言葉に移され実践されるのでなければ「死んだ」知識と同じだ。逆に、同じような社会的文脈のなかで名誉が繰り返されると、そこには一時的に文化的実践の安定した現場が出現することになる。コード化された名誉の社会慣習は、個人の実践や慣習化によって強化され、更なる「構造」を勝ち取るのである。[51]

行為者と構造とによる文化的実践は、構造が行為者を束縛するという一方通行的因果関係で理解することはできない。もしも個人を構造に依存するものと見なすなら、変化をつくり出す人間の能力を理解することなど、どうしてできよう？アンソニー・ギデンズは「構造」の概念を再解釈して、人の行為の成り行きを抑制もすれば同時に活気づけもする力、とするよう提起している。[52] このようにして、彼の「構造化」の概念は「構造と能動性《エイジェンシー》との相互依存関係を表現する。[53]」構造は個々人の行為に影響するのみならず、行為者による実践のさまざまな手段や媒体を提供し、これらがまた構造を再構成してゆく。構造に内在する二元性というギデンズの考えによれば、一連の「規則《ルール》と資源《リソース》が……行為者によってとり上げられて相互作用が生まれるが、そのような相互作用を通して構造の再構成も行なわれるのである。[54]」ウィリアム・スーエル・ジュニアはこの点について詳しく論じて、構造の二元的側面はギデンズの構造化理論の最も役に立つ部分だと主張した。「規則《ルール》」としての構造をスーエルは「図式《シェーマ》」と呼びたがっているが、これは社会生活上の諸規制のことを指し、「文化人類学者たちの研究で明らかになったさまざまな文化的図式のすべてを含んでいる——すなわち、ある社会の基本的な思考手段となる二項対立の配列のみならず、さまざまなしきたり、レシピ、シナリオ、動作の基本、話し方、そしてこれらの基本手段でつくられる仕草、など。[55]」

対照的に「資源《リソース》」のほうは、人びとが権力を行使するための主なる手段であって、人びとはこの手段としての資源をある時は自己の目的を達成するために使い、またある時は他人を支配する道具としてなり変化をつくり出すためなりに、柔軟に使用していくのだ。私の意見では、文化の実践が行なわれる際には、「図式」と「資源」とは明確に識別できるというよりは互いに重なり合う術語である。にもかかわらず「構造の二元性」の概念が役に立つのは、私たちがその視点のおかげで、変化に役立つ要素のみならず持続的・規則的な要素をも包含している「構造」の、ダイナミックな本質について明瞭に語ることができるからである。

過去のサムライについての私の研究は、この力学の実例を提供する。例えば、近世日本文化の慣用形《イディオム》を綿密に調べれば調べるほど、社会の体制に逆らう個人がサムライ心情の中世的伝統を「資源《リソース》」として用いて自分の非順応的動機をいかに活気づけたか、私にはよく分かるようになった。例えば理性的であるはずの徳川時代の儒者が心の奥深くに武人の倫理と魂を抱いていて、それが彼の独立不羈《ふき》の魂を支えているのを見ることは、興味深くも意味深くもあった。

この研究は社会理論的には、日本の国家形成の特質とその軌道との関係の解明と、エリート規律の文化的発展のメカニズムの解明をめざしている。しかしながらまた、こうして国家とサムライの文化的発展とに焦点を当てることは、日本社会における名誉、個性、自己意識の領域へと問題を広げることでもある。サムライ文化における名誉というテーマは、サムライにとって極めて重大な個人の自覚と密接に繋がっていた。そもそも、私たち近代人がなぜサムライ文化の研究などに心惹かれるのだろう？　なぜ日本人は、今日も繰り返し、サムライのイメージをさまざまな文化媒体を通して再生産しつづけるのだろう？　私の意見では、大衆文化でのこのような関心の持続は過去の栄光へのノスタルジックな賞賛以上のもの、もっと正確に言えば、自立と個性発揮へのサムライの情熱、またその情熱を集団のアイデンティティーと調和させようとする彼らの苦闘が、現代日本人の文化的想像力を刺激するのだろう。

名誉の観念は個々人をもっと大きな集団としての、あるいは組織としてのアイデンティティーに明確に結びつけると同時に、名誉の心情は自己の社会的次元に完全には還元し切れない、自尊心の次元を含み込んでいる。しかし、個人アイデンティティーの形成は社会化を通してのみ可能なのであり、社会化とは詰まるところ自己イメージの絶えざる改定であるから、もしこの社会化過程が構造的に変化すれば究極的には個人アイデンティティー、すなわち自分の値打ちについて私たちが持っているイメージに影響せざるを得ない。分析の行きつくところ、私たちの自己アイデンティティーの形成は、私たちの集団としての目標や要求にまったく順応することなしには不可能だったに違いない。この意味で、日本の国家形成のプロセスは、密やかにしかし切実に、日本における自己アイデンティティーの歴史につながらざるを得なかったのである。

名誉、構造、自己の間の相互連結の、このように込み入って複雑な関係には、サムライの心性をその個別の歴史的状況のなかで緻密に分析することを通してのみ迫ってゆくことができよう。では、初期のサムライ社会から始めよう。

Ⅱ

サムライの起源と暴力

2　サムライの出現——古代世界における暴力と文化

平安朝天皇政府の宮廷貴族たちが京都で洗練された文化的生活を楽しんでいた九世紀一〇世紀に、武力を持っていることを特徴とする集団が出現した。彼らは「つわもの」「もののふ」「武士」「さぶらい（侍）」など、さまざまな名称で呼ばれた。「さむらい（侍）」という語は「さぶらい」が転訛したもので、貴族に仕えていた男たちを指していた。(1)

サムライとは元来スペシャリスト、すなわち彼らの軍事的技能で支配階級に奉仕する職能集団であった。(2)これらサムライについていつも思い浮かぶイメージは、弓矢、刀を携えて馬に乗り、人家の疎らな日本の平野を疾駆してゆく姿である。彼らこそ軍事のスペシャリストとして明確な自己アイデンティティーを持つ、日本最初の社会集団であった。一一世紀の半ばまでに、サムライの家は世襲されると見なされるようになり、明確な社会組織的基盤と文化を持つ、新しい社会的「身分」として確立されていった。

このことはサムライの勃興以前に、古代日本に軍人がいなかったというのではない。実のところ、古代国家の歴史において、軍人は常に重要な役割を果たしてきた。幾つかの有力な古代豪族はその武勇で名を馳せ、自らの力を誇っていた。しかしサムライが特徴的なのは、その軍事技術がより専門的であることと、彼ら独特のヒエラルキー組織およびプロの戦士としての自覚を持っていることであった。サムライは成熟してゆくにつれて、雇われ兵士として仕えるだけではなく、他の社会集団に対する全き軍事的優位によって、圧倒的に農業社会であった当時の最も貴重な経済資源である農地にその支配の手を伸ばしていった。

凋落しつつあった天皇の、古代社会に連なる権力構造が崩れてゆくにつれ、サムライ階級の地位上昇は日本の中世の発展そのものとパラレルに進行する。サムライは土地を所有する領主となり、さらに徴税と防護の役目を通して旧来からの貴族の土地（荘園）をも侵蝕していった。こうしたサムライの忠誠を勝ち取った連中が「棟梁」、すなわち彼らの主人となった。こうして一一世紀頃になると、サムライ戦士たちは独自のヒエラルキー的政治組織を構築するようになったが、この組織は京都の朝廷における保護 - 被保護関係を支えた構造や文化風土とは明らかに違うものだった(3)。

日本の中世世界の特徴はその二重権力構造、すなわち、新たなサムライ権力と旧来の朝廷権力の二重存在である。この基本構造は、サムライが通常「幕府」つまり将軍政府と呼ばれる半集権的政治体制を確立した時に、公式に制度化された。一二世紀後半の鎌倉幕府に始まって一六世紀までの日本中世史は、次第に拡大してゆくサムライの権力とそれに照応する公家貴族の没落によって特徴づけられる。

日本のサムライ戦士階級が、政治的には弱体化しつつあったが社会的・文化的には彼らよりはるかに優っていた支配階級である京都貴族の存在を背景に出現して、その権力基盤や文化やアイデンティティーを築き上げたことが重要である。朝廷の日本貴族は自らが戦士貴族階級に変身することはなく、サムライも公家貴族に変身することはなかった。一九世紀後半にいたるまで両者は相並んで二つの身分として存続した――もっとも朝廷のほうは一五世紀以降辛うじて政治の末端に位置するにすぎなかったが。正式には朝廷が伝統的な名目上の権威を保っており、その時どきの最強の軍事力保持者を国の合法な支配者として認定した。国の事実上の軍事指導者は普通、朝廷から「征夷大将軍」という称号を下された(4)。この称号が示す通り、サムライが国を統治する権限を与えられたのは、その優れた軍事力と平和維持能力のゆえなのである。

こうした日本の社会的・文化的発展のパターンは、明らかに東アジアのなかでは独特のものである。中国と朝鮮は通常「武」（軍人）よりも「文」（学者）を高く畏敬していた。これと対照的に、日本のサムライは国の支配者になった後でも宮廷貴族、あるいは他の東アジア国家の士大夫階級のように完全に文明化された社会的エリートに変身はせず、また、そうすることができなかった。サムライにとって暴力は、自分たちの支配領域を拡大するだけではなく社会的存在を正当化してゆく手段であった――つまりサムライは他の日本社会からは、争いを解決して平和を維持する力を持つ人びとと理解されたのである。

武家の棟梁を頭目とする自らの政治的ヒエラルキー（つまり主従制度）のネットワークがはっきりと出来あがってくる

につれ、サムライは一つの階級として、朝廷を取り巻く旧来の貴族に対する覇権《ヘゲモニー》を獲得していった。こうして初期のサムライの名誉文化は、日本の新興軍事エリートとしての彼らの社会的存在を表現し、体現するものであった。「貴族の戦士」という言葉がサムライの記述としてしばしば西欧の文献に出てくるのだが、こうした視野から見ると不適切な誤称である。後の時代の上級のサムライは洗練された「貴族的」ライフスタイルを維持し享受することも望めたが、公家貴族とサムライとの間には日本の全歴史を通じて、「身分」と文化の差異について明確な意識があった。

日本で独特の名誉の文化が興ったのは、こうしたサムライ階級の発展があったればこそであった。当時の文献資料を見れば、普通「名」という語で表現される名誉への言及が、サムライの出現とともに突然増えていることがはっきりしている。(5) このことはサムライの出現以前の日本に名誉の心情がなかったことを意味するわけではないが、古代日本では「名」は普通一族の名誉と結びついていた。「名」という言葉は、日本最古の詩歌集である八世紀の『万葉集』の幾つかの歌に、作者が名のある一族のメンバーであることを誇る表現として出てくる。(6) しかしこのような例も稀である。古代日本の名誉意識は、名誉は強者に威信と権威を授けるという、世界中どこにでもあるごく普通の形として存在するにすぎなかった。後のサムライの名誉文化の場合のように、階級文化の中心的価値であったり独特のものであったりすることはなかった。

サムライ階級の歴史舞台への登場とともに状況が変わった。サムライの名誉の文化は日本文化に対して、四つの重要な次元を付け加えた。第一に、サムライは名誉を独特の文化スタイルと集団アイデンティティーの基盤にした。サムライはしばしば「恥ある者」と呼ばれた。名誉に駆られて行動する文化の一員としてのサムライの定義は、他の社会集団——貴族と、名誉の信条というようなもののために命をかけるはずのない農民たちの両方——から彼を区別した。こうして名誉はサムライの存在価値《レゾン・デートル》を宣言するものとなった。第二に、サムライは戦士としての共同体内部の相互依存関係の規約を、名誉の語彙語法《イディオム》を用いて作成した。名誉は主従の関係を統制するがゆえに重要なのであり、サムライの社会的・政治的生活の大事な要素であった。第三に、世襲身分としてのサムライの発展とともに、名誉はサムライの「家」が持つ自立権力を示す指標と考えられた。一家の名を上げようという強い欲望が、競い合う行動の背後で戦士たちを突き動かしていた。

最後に、サムライは名誉と武人の感性とを結合させた。名誉は「武者の習い」の中心的要素と考えられ、したがって肉体的な強さと武人としての優秀さにしっかりと結びつけられた。

日本の名誉文化はサムライ階級の出現によってのみ、豊富な象徴的・規範的な内容とそれを表現する独特の慣用形《イディオム》とを兼ね備えた複雑な「文化スタイル」へと発展した。ある文化的資源がある社会における主要な象徴のスタイルとなるのは、支配的な集団、あるいは少なくとも有力なマイノリティー集団がそれを守り育てる時であり、ある文化が制度として確立されるのはそれを支える社会基盤あってのことである。確かに、個々人の名誉の主張は究極的には象徴領域に関わり、名誉の構造は常にイデオロギー的かつ文化的であるがゆえに、ある個人の名誉の主張はその社会的立場と切り離すことができる。しかしながら、例えば自立の名誉を主張するには、自立のための経済的資力を持ち合わせているほうが容易、かつ受け容れられやすかろう。さらに、名誉の自律性はその本質的に集団的側面のゆえに通常限られたものとなる。名誉が成り立つには名誉を権威をもって評価し、共同体の内部であれ外部であれ名誉を主張する人びとにそれを認定してやることのできる共同体の存在が前提となる。自分だけの基準を持ち出して独自の名誉を主張する人が現われるとしても、その言い分を共同体が受け容れるかどうかは不確定である。名誉の諸規約《コード》や、名誉の共同体の構造や性能は、相互に密接に関連し合っている。したがって、サムライ名誉文化の出現をよりよく理解するために、私たちはまず初めにサムライ階級形成の政治的・経済的諸側面と、彼らの文化の初期の特徴の背景となった構造的環境とに焦点を当てよう。

サムライの出現

サムライの完全に発展した形態は、土地を領有する武人であった。すなわち彼は、土地と農業生産物を支配することを経済基盤とする戦士だった。サムライのこのような成熟形態が、その特徴的な経済的・軍事的側面の結合によって日本の歴史で中心的役割を担うようになったのは、ようやく平安時代後期（一一世紀中頃と一二世紀）のことである。この時期に先立つサムライ階級の起源は、今もって議論の絶えない学界のテーマである。これから述べてゆくように、私はサムライの起源と進出についての従来の説明の説得力にいささか疑問を抱いている。経済的要因を強調するこれまでの説明はサムライの起源の重要な部分に触れてはいるが、それだけではこれほど特色のある社会階級の出現の説明としては不十分のように思われる。純粋に軍事史の視点からだけの新しいアプローチも、十分とは思えない。

従来の学問的解釈はサムライの出現を何よりもまず経済発展の文脈で眺めて、サムライの土地領有者としての役割を強調した。(7)この解釈の線でゆけば、サムライの出現は古代後期における農業発展と土地保有形態の変化とに起因する、古代地方農村社会の階層分化の進展に結びつけられる。

サムライ階級の発展に先んじて、七世紀後半から八世紀前半にかけて、日本は大宝律令（七〇一年）が示す通りの、唐の法律（律令）(8)と官僚制とをモデルにした中央集権的国家統治システムを確立した。この国家システムの発達以前、日本社会の社会的・政治的基盤は「氏《うじ》」と呼ばれる地方氏族であった。これら地方豪族の権力を抑え込もうと、朝廷は中国から統治モデルを輸入し、氏族を基盤とする支配に代えて天皇支配下の中央官僚政府を設置したのである。この新制度の下ですべての土地は公式に天皇のものとなり、あらゆる自由民は個人として登録されるとともに政府から土地を割り当てられた。その代わりに各個人（公民）はさまざまな税を支払い、労役を提供することを義務づけられた。

やがてすぐに、八世紀の中頃、国家は重要な政策変更を行なった。税収を増やす方策として律令国家は新たな規定を制定し、もともとは課税の対象であった新規の開墾地を私有財産として保有することを認めたのである。こうした法的基盤の上で宮廷貴族と宗教機関は、開墾地の新規定のみならずさまざまな免除特権を主張して、精力的に私有地を拡大していった。一方、地方豪族と農民たちも開墾による私有地化を図った。こうして、地方に開墾地の領主（開発《かいほつ》領主）あるいは村に在住する私有地所有者（在地領主）が出現した――標準的な解釈によれば、この階級がサムライになった。

宮廷貴族と宗教機関は、古代の政治構造のなかで強力な地位を占めていたから、土地の私有化については地方の開発領主よりはるかに有利な立場に立っていた。貴族や寺院が私有化した広大な土地は「荘園」と呼ばれた。初期の荘園保有者たちは政府の徴税免除を受けようと骨折ったが、これには政府の公式認可が必要だった。この段階における地方開墾地の所有権はまだ不安定であり、旧来の法的枠組みに縛られていたから、地方の開墾地所有者のなかには京都の有力者に自分の土地を「寄進」して保護を求める者も出てきた。こうして地方の実際の所有者は、土地の支配権のみならず地方政府からの免税特権をも獲得することができたのである。その結果一〇世紀までには、本来の開発領主である地方荘園の監督者と、その荘園の法的所有者である京都の有力貴族とを結ぶ複雑な土地所有の重層化が起こった。一一世紀から一二世紀にかけて、この荘園制度は免税特権を確保することで法的・社会的な成熟形態に到達した。土地の管理は「職《しき》」（任務あるいは権利）[9]を持つ幾人かの個人に分配されたが、この「職」によって「荘園ヒエラルキー各階層の税収分担（取り分）」の細目が決められた[10]。こうして盛んな開墾と増大する土地私有化とが、地方社会においてますます重層化してゆく社会関係をつくり出した。

古代末期に土地の私有化が進むにつれて新たな農地がつくられ、地方の村落に住む一部の農民は他と比べていっそう自立的かつ富裕になった。サムライ出現の従来の経済的説明は、サムライはもともとこの富裕な農民から進化してやがて「在地領主」、すなわち村住まいの領主になった、とする。とりわけ、平安朝政府が私有を認めたのは本来新たに獲得された土地だけだったから、サムライは土地を開墾した人びとの階級から発展した——すなわち「開発領主」である、とする。京都貴族の大半が不在地主だったのと反対に、彼らは緊密な地域ネットワークをつくり上げ、農業を直接監督した。地方での社会的統制が緩んできたのと、平安後期における幾たびかの大反乱や暴動とが重なったため、これら開発領主たちは土地と財産を護るために自ら武装した。一部の学者が論ずるところでは、平安時代を通じて開墾農地の全面積は着実に広がった。確かに貴族や僧侶を含むさまざまな社会集団が、この時期に土地開墾に着手することで農地の拡大に貢献した。しかしながら一一世紀、一二世紀を通じて、サムライの土地開墾活動のレベルは目を見はらせるものとなった。土地開発プロセスに活発に加わったことで、サムライは明らかに土地領有階級として出現したのである。

土地領有者であることは成熟したサムライ階級の重要な社会基盤であるが、以上述べてきたような純粋に経済的なアプローチは、初期のサムライをめぐる幾つかの核心的な問題に答えていない。次から次へと土地を蓄積していったからとて、それで自動的に戦士=領主という新型が生まれるわけではない。中国の郷士階級の例を考えてみても、彼らは戦士階級にはならなかった。中世日本社会もそのような非武人の土地所有階級が支配してもよかったはずである。なぜ、どのようにして、古代後期の日本でこのような歴史的「飛躍」が起こったのだろうか？　経済の成長は必要要因ではあっても、十分要因ではなかったことは明白だ。

考慮に入れなければならない大事な一つの要因は、古代国家の軍隊の変質である。天武天皇およびその妻・持統天皇の治世（六七三年—六九七年）に行なわれた重要な軍事改革以前の天皇軍の組織構造・運営や徴兵については、資料不足に妨げられて歴史家たちにもまだわからないことが多い。改革以前の天皇政府の権力と権威は競合にさらされていて、それぞれに首長を戴き民衆に祭祀権を揮っていた地方豪族と、権力も権威も限られていた朝廷との関係は微妙なバランスの上に成り立っていた。七世紀に古代日本国家が中国の中央集権制モデルを導入しようとした時、朝廷はまた地方豪族の軍事力を弱めようとして、徴兵による強力な国軍を創設しようとした。六八五年に天武が私的軍事力を非合法化しようとしたことは、こうした意図を物語っている。

このような国内での問題に加えて、天皇たちの目標は予想される海外からの侵略に対する防御だった。七世紀、太平洋の北東の一角は国際紛争の場だった。この緊張をつくり出したのは、それまでずっと分裂状態だった中国に強力な中央集権国家が出現したことであった。隋王朝（五八一—六一八）の勃興とそれにつづく唐王朝（六一八—九〇七）の出現とが東アジアの勢力バランスを激変させてしまったが、それはこれら新体制の中国が積極的に軍事進出を行なったからである。日本の朝廷は朝鮮に対する政治的影響力を失ったのみならず、日本本土に対する中国からの侵略の可能性を恐れなければならなくなった。この国際的脅威と地方氏族の力を制御したいという国内的な必要とが相俟って、中国式軍事組織の日本への導入が加速された。天皇の新しい軍隊は歩兵と騎馬射手隊とで編成された(11)。

ところが日本が国際的な勢力争いから最終的に撤退したことと、八世紀半ばから九世紀にかけて唐王朝支配者たちの攻撃性や野心が弱まったことによって、中央集権的軍隊システムのさらなる発展は挫折してしまった。加えて、朝廷は地方氏族の軍事力を圧倒するほど強力ではなかった——地方豪族の多くは今もなおその私的軍隊を保有しており、そのなかには熟練した騎馬戦士も含まれていた。こうして、八世紀以前も以後も古代国家の支配者たちは、自己の軍事力を強化するため地方の騎馬戦士を徴募していった。サムライの原型が地方氏族によって集められたこれらの兵士にあったことは、あり得ることだ。しかしまだこの段階では、これら古代の私兵たちは氏族の境界や敵対関係を横断する社会的カテゴリーになってはいないのだから、彼らを階級としてのサムライと見なすことはできない。

サムライ出現の謎は完全に解かれるにはいたっておらず、その詳細は依然として歴史家たちの間で議論されている。ウィリアム・ファリスとカール・フライデーの最近の研究は、鎌倉期以前の軍事発達の詳細な調査をまとめた欧米における文献で、長く待ち望まれていたものである。[12] 二人の歴史家はともに、サムライの起源を基本的に経済のカテゴリーで把らえてきた英語圏の学者たちの研究への批判から始めている。この観点に異議を唱えるべく、二人は合戦と軍事技術の歴史にも同じように重点をおき、サムライの登場は古代日本国家の軍事政策や改革に付随して起こっただけではなく、一連の戦争と技術革新の結果としても理解できると主張している。

私はサムライ支配を経済史の文脈だけでは把らえられないという意味で、また古代国家の軍事発達と政策とがサムライの発展に重大な役割を演じたという意味で、サムライ出現をめぐるこの軍事理論に同意するけれども、複雑な社会現象を一つの次元に収斂させようとするこの二人の傾向には同意できない。日本における土地保有制度の変化という複雑な問題や、階級関係の力学や、一一・一二世紀のサムライと古代戦士とを比べての組織的・文化的な違いなどは、二次的なことと考えられている（ファリス）か、あるいは分析されてもいない（フライデー）のである。ファリスは日本の兵士について、紀元五〇〇年から一三〇〇年頃までの連続的な発展を強調する。実際、八世紀以前の日本の軍隊は騎馬射手を含んでいたし、八〇〇年頃にはサムライの合戦の基礎技術の多くは天皇軍側も利用できた。こうして、ファリスによれば、一一・一二世紀のサムライ階級は日本の古代戦士の持続的発展以外の何ものでもなく、また、「中東とステップ地帯で優勢だったアジア型騎馬射手の一変種にすぎない」[13]のであった。しかしながら、こうした連続性の側面があるからといって、これら古代の兵士たちがすでにはっきりした社会的「身分」を形成してサムライとしての集団アイデンティティーを意識化していたわけではない。ある社会における社会発展は常に連続と非連続が綾をなして展開する。連続性の糸目を明らかにすることが、階級としてのサムライの出現が日本社会にもたらしたはっきりした変化をぼかしてしまうようなことがあってはならない。軍事的な発達を跡づけるだけでは、階級としてのサムライが発揮した政治的、経済的、組織的、文化的な力に対して不十分な説明しかできない。

　このような学説展開の状況を踏まえて今求められているのは、問題を社会学的概念を使って組み立て直すことだと思う。問題を解きほぐしてゆくための重要な第一歩は、サムライの権力掌握についてその比較文化論的に明確な特徴をもっと正確に説明することである。中国においてもヨーロッパにおいても、プロフェッショナルな騎馬戦士たちが中世日本のサムライと同じような特別の世襲的社会カテゴリーを形成することはなかった。私たちはヨーロッパ封建時代の騎士と日本のサムライとの重要な社会的違いに注目しなければならないが、それは軍事力としての騎兵の発祥年代の一致が日本とヨーロッパの状況の違いの重大性をあいまいにしてしまうことがよくあるからである。モーリス・キーンが言うように、中世ヨーロッパのフランスの騎士《シュヴァリエ》とは「貴族身分、おそらくは先祖も貴族であることを意味しており、彼はいったん声がかかれば戦闘用の馬と騎兵の重装備を自前で調達することができ、何らかの儀式を経て今の地位についている——すなわち騎士身分に『叙せられて』いる[14]」のである。こうして騎士の文化は、社会的・宗教的観点からある意味で西欧独特のものだが、「騎馬戦士の軍事の世界から切り離すことができず、騎士たちは通常古い家柄の出であるがゆえに、貴族からも切り離すことができない。[15]」ヨーロッパにおいて封建騎士階級の出現は、既存の社会的カテゴリーである貴族からの完全分離を意味しなかったのである。

　これと対照的に、中世日本におけるサムライの勃興は、馬に跨った戦士階級の出現のみならず、朝廷に付随する貴族とはは っきり区別される明確な社会的カテゴリーとしての武人を意味していた。サムライの文化、ライフスタイル、経済的利害は、古代日本国家の名門貴族と違っていた。日本と違ってヨーロッパでは貴族と騎士のアイデンティティーが重なっており、その結果、騎馬戦士たちには世襲貴族の封建制という既存の枠組みに挑戦したりする理由はまったくない。これと対照的に中国では、騎馬射手が中国皇帝軍の枠組みを越えて動いたことは決してなく、したがって別の土地所有階級へと発展することもなかった。なぜ日本の騎馬射手は、他のアジアの場合とは異なって、雇われ兵士のカテゴリーから脱却することができたのか？　彼らはどのような社会的、政治的、文化的強さによって独特の社会的カテゴリーを形成し、ついには宮廷貴族との覇権争いに勝つことができたのか？　これらの問題を探求してゆけば、サムライ出現の特異性とそれが日本の社会的発展に与えた影響とをもっとよく理解できるようになるだろう。

要するにサムライの権力掌握は新しい社会的カテゴリー（身分）の出現と考えられるべきものであり、逆にここから一連のはっきりした経済的、政治的、軍事的、社会組織的、そして文化的な変化がもたらされたのである。こうした特徴は彼らと旧来の宮廷貴族とをきっぱり分けるものだった。したがって、問題に向かって満足のゆくアプローチをするためには、複雑な諸制度と社会的諸条件との間の「相互作用」を、文化の変化それ自体からのフィードバックも含めて、歴史的文脈のなかで考察しなければならない。私はこの章で、古代の日本社会における暴力の効果的行使が持つ、政治的、社会的意味に焦点を当てよう。つづく第**3**章では、サムライの政治的進出の要因となったサムライ主従制度における組織上の革新について論じよう。第**4**章では、サムライ名誉文化の諸慣行、とりわけ死に対する特異な態度が与えた衝撃が、社会変化を促す触媒としてどの程度のものだったか、計ってみよう。サムライの出現過程において文化の果たした役割はこれまでの研究文献のなかで十分に評価されていないので、私はこの次元に特別の注意を払おうと思う。

初期サムライの非農業的背景

サムライ勃興の問題は、平安時代の社会における暴力の重要性の考察へとつながる。暴力をプロフェッショナルに行使することはサムライの世界観に特有のことであった——これは平安中期の宮廷文化と鋭い対照をなしていた。京都の宮廷貴族はまた、文化的にキヨメ（浄め）とケガレ（穢れ）の観念に取り憑かれてもいた。当時は血のケガレを危険なものと考え、殺された者の魂の怒り（御霊《ごりょう》）が生者に危害を加えようと戻って来ると信じていた社会であった[16]。こうした文化的慣行から、平安朝廷は八一〇年から一一五六年にかけて死刑執行を止めさえしたのであった[17]。この平安の宮廷文化は、血を持ついかなる生き物も殺さぬことを含む農耕文明的価値観による、農業民のライフスタイルの延長として理解できるであろう。こうして平安期を通じて、ある種の軍事上のポストを中流以下の貴族の特定の家の世襲の地位として確保するという傾向が生まれた。実のところ、これらの武将は軍事出動から帰ってきても、まずキヨメの儀式を受けなければ首都京都に入ることができなかった。[18]平安中期の支配的な宮廷文化は武人の文化と、このように鋭い対照を示していたのである。

最近進んできた日本史への社会史的アプローチは、初期のサムライについてさらに生き生きとしたイメージを打ち出している。例えば高橋昌明は初期サムライの背景をなすものとして東国の狩猟民、西国の海の民のなかに存在した軍事的側面の重要さを強調している。[19]大石直正は、騎馬戦士たちの故郷であり「馬と鉄と巫女（シャーマン）の三者が一体として」優勢だった古代東日本の地域的特殊性が、サムライ階級の勃興に重要な役割を演じたと主張する。[20]こうした最近の問題提起によって現在では、初期のサムライたちの全部とは言わぬまでも多くは、非農業的背景を持っていたと一般には受けとめられている。

初期サムライの非農業的起源を主張するこうした議論はまた、後の時代の成熟したサムライ文化がたくさんの狩猟民風の慣習を保持していたという説によっても支持される。一例として狩りのゲームは、伝統的にサムライにとって大事な活動だった。鎌倉幕府の初代将軍源頼朝は大規模な狩りの催しをしばしば行なったことで有名だった。こうした遠出の催しはレクリエーションのためだけではなく、自らの力を示すとともに家来たちの武人としての技を磨く儀式的行事でもあった。一一九三年の有名な巻狩《まきがり》で、頼朝は主な家来のほぼ全員を富士の裾野に招集した。選ばれた家来たちは馬上から、勢子によって山から平地へ追い立てられた獲物を射た。当時一二歳だった嗣子の頼家が鹿を射とめた時、頼朝は息子のために山の神を祀る儀式を行なった。石井進の分析によれば、「武士の子弟らが狩に参加してはじめて獲物をしとめることは、いわば現実の成人式であり、その武芸の証明であるとともに、またかれが山の神によって獲物をあたえられた、すなわち神によって祝福されたものであることのあかしと考えられたのであろう。[21]」競技は単に娯楽と考えられていたのではなく、サムライたちを狩猟民としての伝統に結びつける宗教的次元をも持っていたのである。徳川期の多くの将軍や大名も狩りのゲームを楽しんだ。千葉徳爾は日本の狩猟文化に関する民俗歴史学の広範な研究を行なったが、サムライの習俗・慣習は伝統的な山岳狩猟民のそれと極めて似通っていると結論している。[22]

初期サムライの非農業的背景に関するこうした発見は、西欧の封建制の研究者にとっては驚くほどのことではないであろう。西欧における騎馬戦士の階級は、牧畜生活と農耕生活とが併存し、狩猟文化の伝統が生き生きと残っていた社会に出現したからである。ところがこれまで普通には、近代以前の日本は主として農業的だと考えられており、そのため非農業的伝統はマージナルだとされてきたから、この種の社会史的発見には新鮮な含蓄がある——サムライの出現は、単に土地保有形態の変化の帰結として特定一部の農民へと富が拡大したのだ、とはもはや考えられないのである。そうではなくて、サムライ階級の発展は日本文化の主流のなかに、ある新しい社会的・文化的要素をもたらしたのである。

もしそうであるとするなら、この非農業的・狩猟民的サムライ文化の源はどこにあったのだろう？　ここで私たちは辺境地域——特にこれまでずっと日本のサムライの揺籃の地とされてきた東北・関東地方——の特殊な状況を考えなければならない。七九四年以来京都に定められていた古代国家の中心と比べて、この地域は「東《あずま》」と呼ばれて、政治的反乱と狩猟民反体制文化のゆえにいつも文明の圏外あるいは辺境と考えられていた。「東」の最北部には「蝦夷《えみし》」と呼ばれる不服従の東方狩猟部族が住んでいたが、その熟練した騎馬射手は天皇政府を悩ましつづけていた。残念なことに、古代の東北地方に関する歴史文献は極めて乏しく、「蝦夷」が正確に何者なのか、歴史家たちは未だに決しかねている。かつては「蝦夷」を単に今日の「アイヌ」の先祖と考える歴史家もあった。「アイヌ」はモンゴル人似の大多数の日本人とは人種的に違う。(23)しかしもっと最近の考古学的・歴史学的説明では、「蝦夷」を単純に「アイヌ」と見なすことはできないという。なぜなら「蝦夷」は人種的に今日の日本人と違ってはいないからである。もしそうであるなら、「蝦夷」という言葉は「アイヌ」の一部をも含む、「東」地方に住むさまざまな辺境部族グループを包含していたのである。(24)

対照的に、より中央に近い「東」は、それだけ二面性をもつ辺境だった。後になってしばしば「坂東《ばんどう》」あるいは「関《かん》東《とう》」と呼ばれるが、この地方は長らく一一・一二世紀とそれ以後のサムライ軍団の揺籃の地と考えられてきた。一般に「東」は古代を通じて、日本南西地方の農業的社会に比べて良馬を出すことでよく知られていた。東日本で飼育された馬は常に、首都に住む富裕な貴族に高い金を払わせた。(25)本書の目的にとってもっと興味あることは製鉄技術の発達であるが、これは九・一〇世紀に「東」地方で出現したのであった。言うまでもないことだが、鉄の生産は馬の牧畜はもとより、武器の製造には決定的に重要であった。(26)

原住民「蝦夷」と朝廷軍との軍事衝突が、八世紀後半から九世紀にかけて増えていった。実際、七世紀の国際危機がおさまり、その結果八世紀には唐の膨脹政策が弱まった後では、「蝦夷」との国境戦争の継続が天皇体制にとって最重要の軍事課題であった。

「蝦夷」と中央政府軍との再三にわたる小競り合いの結果、「蝦夷」と非「蝦夷」住民と古代国家が動員した軍隊の三者の間に複雑な相互関係が生まれた。例えば、「蝦夷」とこの地域の地元住民との間で儲けのいい非合法私的交易の形態が生まれ、両者間の相互関係を増進した。古代国家は周辺の「夷狄」（未開人）どもは皇帝権力への服従のシンボルとして貢ぎ物を捧げるべきだと考える中国式の帝国観を採用していたから、朝廷としては正式な朝貢関係を維持するために「未開人」とのすべての私的交易を禁じようとした。この政策がもたらした経済的な効果の一つは、首都京都で引っ張りだこだった馬、皮革、毛皮といった「蝦夷」産人気商品を国家が独占したことだった。とはいえ「蝦夷」との私的交易をすべて規制することは実際は不可能だった。かくして八世紀後半、軍事対決が頻繁になるにつれ、東北地方における「蝦夷」との密貿易が盛んになったようである。他の闇取引の場合も同じだが、「東《あずま》」におけるこの私的違法行為がどの程度のものだったのかを正確に突きとめることはとても無理である。残存しているさまざまな文書資料から推測すれば、地元農民、非定住の無法者、それとおそらく天皇軍から一部の将兵が加わって密輸活動を行なっていた。(27)

「蝦夷」とのこうした軍事的、社会‐経済的相互関係は「東」の各地で社会的、文化的にどっちつかずの風土を生み出した。「東」の逸脱しがちな軍事的・無法地帯的要素をつなげていた求心力は、もともとこの狂暴な地域を平定すべく朝廷から派遣された軍隊であった。一般的に認められているところでは、初期サムライの首領たちは下級・中級貴族の出身であり、彼らの一族はその軍事的職務を世襲として割り振られていたのである。最近の一致した見解を義江彰夫はこう要約している――「生成期の武士……（の）核となる部分は中下流の貴族で特に蝦夷《えぞ》や海賊を鎮圧する特別扱いの軍事指揮官（軍事貴族）の出であった。その下に狩猟・漁撈を生業とする集団や、殺害などの理由で非法者とみなされて伝統社会から追放された者が集められて手足となっていた。(28)」

初期の形態のサムライの起源、少なくともその一部が、非農業の土着民と密接な親近性を持つ東方戦士たちの勇猛な集団と関連していることは明らかである。そもそも初期のサムライが農業世界からは狂暴なアウトサイダーと考えられていたのだとすれば、いったい彼らはどのようにして農業社会を支配することができるようになったのだろうか？　得られる文書資料が断片的かつ曖昧なので、この問いに簡潔に答えることはむずかしい。地域的、時間的な変異もあるので、共通するパターンを描くことも困難である。しかしながら、原サムライが持っていた力強さのみならず、現地の農業共同体の社会的条件も手伝って、領地を持つ武人という新たなシステムが確立されたのである。

伝承のなかの初期サムライ

初期サムライの文化を垣間見させてくれる史料は極めて限られていて、これら原型的サムライについては僅かに手に入る文書のなかにごく間接的に述べられているだけだ。さらに、後になってサムライ自身が思想を書き残した場合とは異なり、古代後期世界の戦士たちは自分の思想や行動の多くを書きとめることをしなかった。したがって初期サムライ文化の社会史はサムライ像を合成するために、非サムライによって書かれた当時の文学的諸作品から多くを借りてこなければならない。『今昔物語』のような説話集や『平家物語』のような戦記文学は、初期サムライのイメージを精巧に織り上げているがゆえにとりわけ貴重である。

例えば『今昔物語』では「猿神《さるかみ》退治」と呼ばれる話が語られているが、これが象徴的に物語るのは初期サムライのマージナルな本質が旧い共同体秩序の魔術を打ち破ってゆく、その狂暴なプロセスである。[29]『今昔物語』は一一二〇年頃、京都か奈良で書かれた。三一巻から成り千を越える物語を収めている。著者あるいは編者は不詳だが、源隆国に関係のある人物あるいは集団と考えられている――隆国は京都の貴族で、彼が著者と考えられていた時期もあった。[30]およそ七百の物語は仏教説話だが、サムライ、芸術家、盗賊、恋人たち、貴族などあらゆる階級や職業の人びとをめぐる生き生きした話もある。物語の出処はさまざまで、語り伝えも含まれている。

以下は猿神の物語のアウトラインである。

今は昔、一人の僧が山中で道に迷った。山の下道を通って、彼は不思議な隠れ里に着いた。「郡殿《こおりのとの》」と呼ばれるその村の年老いた首長の命令で、僧は裕福で大きな家の客となった。男はそこで思いもかけぬ温かいもてなしを受け、ついにはその家の娘と結婚するよう請われる。彼は結婚し、髪を結い烏帽子も着けて普通の俗人になった。

ところが、祭の季節がやってきた時、秘密が明かされた。その家は地元の神への人身御供として娘を差し出すよう命じられていたのだった。家族は娘の夫を身代わりにしようと企んだのであった。男は自分の運命に同意したが、泣き悲しむ妻に向かって良い鉄でつくった刀を捜してくるよう頼んだ。

祭の当日、男は大きなまな板に裸で寝かされ、ひとり社に置き去りにされた。やがて一匹また一匹と巨きな猿が現われ、うち一匹が包丁で男を切りさばこうとした。男は股の間に隠し持っていた刀を取り出し、それで猿を脅しながら言った、「もしおまえが神なら、この刀はおまえを切れぬだろう。ためしにその腹を切ってみようか?」彼がこう言うやいなや、猿は叫んで手を合わせ始めた（屈服のジェスチュア）。そこで男はすばやく全部の猿を縛り上げてしまった。社に火を掛けた後、男は猿たちを綱で引いて家に帰り、サムライ装束に身を包み弓矢を着けた。

男のサムライ姿と振舞いを見て、舅をはじめ家の者たちは敬意を示し、手をすり合わせながら言った、「これからはあなた様を神とあがめ、あなた様にすべてをお任せし、あなた様のご命令通りにいたします。」それから男は年老いた「郡殿《こおりのとの》」（郡の首長）の屋敷に入って行った。年老いた殿は土下座をして屈服の意を表わした。サムライは猿をそれぞれ二十回ずつ殴りつけてから放してやった。そして彼は里人をみな呼び集め、社の他の建物も燃やすように命じた。この後、サムライはこの里の長となり、里人を治め支配した。この里にはもともと馬も牛も犬もいなかったのだが、男は時どき山のあちら側へ戻ってはこれらの動物をつかまえ、里へと持って行った。(31)

神話と儀式が支配する旧い村落秩序の魔術を打ち破るのは、外部世界からの侵入者（僧である訪問者）である。僧侶から普通の庶民へ、裸から弓矢を携えたサムライ姿へと、その外観の変化がしきりに述べられるが、これはこのよそ者意識を象徴する。年老いた首長「郡殿《こおりのとの》」（彼には実権がない）と猿の神たちの組み合わせは、古代の共同体秩序を体現している。この物語を解釈して、入間田宣夫は「村人に代ってなしとげるべき紛争解決の請負人」と結論づける。つまりサムライは、古代村落構造の崩壊にともなうさまざまな村の紛争に決着をつけられる人だった。そうした紛争は、古代地方権力が神話にのみ頼っている限り、既成の村落システムの内部では解決不可能なのであった。サムライであることの真髄は戦士としての周縁性《マージナリティー》と両属性《アンビヴァレンス》で、これによって調停者として登場できたわけだが、これこそ彼らに暴力を行使する能力があることの結果だった。[32]

人身御供を阻止する勇敢な男というこの民話の原型的ヒーローは、確かに、世界の多くの地域で見られるものだ。アウトサイダーが新しい社会秩序を創るというのも、民話ではありふれている。しかしながらこの物語は古代後期の日本の状況に特有な幾つかの要素を示している。『今昔物語』は他にも、猿神から女を救う猟師の話を収録している。この話は生贄にされる女の両親が、なすすべもなくその悲劇的な運命を嘆き悲しむようすを描いている。しかし猟師はよく仕込まれた猟犬に助けられ、勇敢にして合理的で、決して猿神の神話に惑わされることはない。これら両方のケースで、共同体の住人は魔法にかけられた世界に対して無力であり、強い力と利口な頭を持ったアウトサイダーだけが村人を魔法から解放できる。単刀直入で実践的な行動をとるサムライの精神は、長くつづいてきたタブーを勇敢に打ち破ることで、この時代の文学で一再ならず賞賛されている。例えば『今昔物語』には、仏の力でも鎮まらなかった極悪の霊の話が載っている。その悪霊は結局は弓の力で打ち倒されるのだが、これはサムライの武力を象徴しているのである。[33]『今昔物語』にはもう一つ、人間を生きたまま食べる鬼の話があるが、この鬼は刀を揮う若きサムライの闘争精神で退治される。[34]

耕地が次第に私有化され、公の土地を自由な農民個人に分け与えることが実施されなくなるにつれ、地方村落ではさらなる階層化が進行していた。村人を内部で繋いでいた旧い紐帯は共同体に伝わる宗教儀式で支えられていたのだが、私有化の進行がそれを脅かし、豊かな農民の比較的少人数の集団の手に富を集中させていった。また「荘園」制の導入は地方村落を、新しい土地保有の複雑な網の目に絡めとるとともに、究極的には京都の権力者との結びつきを確立することになった。こうした制度的な変化が既成の地方豪族の権力を弱体化させていたのだが、この権力を体現していたのが「郡造《こおりのみやつこ》」あるいは「郡司《ぐんじ》」、すなわち「郡の首長」だったのである。「こおり」あるいは「ぐん」とは小さな地方行政単位であり、「郡の首長」はすべて古代中央国家によって任命されていた。しかし通常彼らは官僚ではなく、地方の共同体を支配していた旧来の豪族の首長であった。

古代律令国家は朝廷を中心として、高度に中央集権化された政治体制の外観を保っていた。しかしながら、現実の権力構造は、旧来の土着の政治勢力との妥協の形態をとっていた。中国式の中央集権律令国家のうわべの下で、地方民衆は基本的に地方豪族が支配しつづけていた。共同体の、神話が支配する秩序は地方豪族の首長にとって重要な権力基盤であって、彼らは民衆に大きな権威を揮っていた。土地私有化の動きはこうして中央国家の権力基盤のみならず、新しいタイプの武人領主に転身できなかった郡の首長たちのような、旧来の地方権力の基盤をも掘り崩したのである。猿神の話に登場する「郡殿《こおりのとの》」という人物は、その権威の基盤が古代共同体の信仰と儀式で成り立っていたこの旧来型の郡長の政治的無能力を反映しているのかも知れない。対照的に、ヨリ攻撃的な武人文化を吸収して現実の強制力を身につけた地方実力者へと転身できた地方氏族は、「サムライ化」への道を切り開いたのかも知れない。武力そのものに全き確信を持っていたがゆえに、原《プロト》サムライたちは神秘的な信仰を正当性の根拠にしていた既成の地方秩序をしばしば打ち破り、破壊することができたのである。平将門は九三五年、朝廷に対する最初の大反乱を起こしたサムライだが、自ら天皇として振舞い、次のように宣言したと言われている——「今ノ世ノ人ハ、必ズ撃チ勝テルヲ以テ君ト為ス（今の世は戦さに勝つことのできる者が支配者となる）。」(35) これは実力と卓越した軍事技術とが社会構造を変えてゆく新時代の始まりを雄弁に告げるものであった。

地方社会における政治経済学

地方軍の再組織

日本の民話が示唆しているように、武装した強い男たちが村の内部で保護者や紛争調停者として活躍したことがあったにしても、彼らは常にそう見られていたのではなかった。平安時代の多くの文書や公式年代記は、当時の社会混乱を流民の暴力的集団の仕業と非難している。これらの狂暴なアウトサイダーは、当局からも農民からも「不異夷狄、猶如豺狼(野蛮人と少しも違わず、野犬か狼のよう)[36]」だと見られていた。いつも武器を携え他人に危害を加える者たちは「屠児《とじ》」、すなわち猟犬の餌にするため動物を殺す者、あるいは単に「異類《いるい》」と呼ばれたが、こちらは異なった秩序の人間世界を意味している[37]。

初期のサムライは「広域暴力団的な在地領主」として振舞い、「犯罪者の素質を持(つ)……荒っぽい男たち」の忠義を保持していた[38]。サムライがプロのギャングのように振舞うことは、中世の日本にとっては重大事であった。『男衾三郎《おぶすまさぶろう》絵詞《えことば》』と呼ばれる当時の絵巻物は、男衾三郎という名のとりわけ野蛮なサムライを描いているが、彼の屋敷には常に荒くれ兵士が群れ集って武術の稽古に励んでいた(図1)。男衾は家来たちに屋敷を人間のトロフィーで飾るよう命じてこう言った、「馬庭のするゐになまくびたやすな、切懸よ(生首を狩って馬庭の垣根に常に懸けておけ)、此門外とをらん乞食修行者めらハやうある物ぞ(門の外を通る乞食や修験者は不要な連中だ)、ひきめかぶらにてかけたて〱おもの射にせよ(鏑矢で射てしまえ)[39]。」詞に付けられた絵には、男衾の家来に捕まってしまった不運な幾人かが描かれている。確かにこの絵は後の時代(一二九五年頃)のもので、虚構的なサムライを描いたものである。しかしながら、この時代の稀な絵が、荒々しくも野蛮な地方サムライの生活の一側面——新型の武人領主集団として成長過程にあるサムライの避け難く狂暴な側面を反映しているというのは、あり得ることだ[40]。こうした攻撃的な階級から生まれ出た名誉の文化は、仮にサムライが農業的共同体のなかで単に「エイリアン」「ギャング」のままであったとしたら、日本社会における「対抗文化《カウンター・カルチュア》」にとどまっていたに違いない。地方の武人たちに地位と威信を与えたメカニズムとは、いったい何だったのだろうか?

八・九世紀の日本古代国家における軍制の構造的な不備という前提条件があって、地方の武人に公務につく道が開かれた。これまで見てきたように、古代律令国家の軍隊は本来中央が行なう農民の徴兵で集められた。騎馬射手隊もあったとはいえ、国家への労役義務の一部として動員される農民兵士の軍事的質は高くはなかった。人里疎らな地域に勃発したさまざまな反乱で極に達した深刻な社会動乱によって、中央当局には従来の地方軍制では新しい事態に十分対応できないことが明らかになった。機動力のある敵との戦闘においては、高度に訓練され熟練した騎馬戦士のほうが、もともと歩兵と

図1） 中世のサムライの屋敷。この絵巻の詞書は、在地のサムライ屋敷の主である男衾三郎が家来たちに下した命令をこう伝えている――「なまくびたやすな、切懸よ、此門外とをらん乞食修行者めらハやうある物ぞ、ひきめかぶらにてかけたてかけたておもの射にせよ。」画面の左側では、庭で一人の家来が武芸の訓練に励む傍ら、奥の間では他の家来が鎧や矢を広げている。画面右側では、不運な男が男衾の家来に捕まっている。『男衾三郎絵詞』1295年頃）

して徴兵された農民よりはるかに優れていた。八世紀後半から、国家は地方軍組織の改革を試みていた。徴兵に依存するのをやめ、地方からより有能な兵士を選抜した（健児《こんでい》制、七九二年）。しかしながら、盗賊の略奪によって引き起こされた遠隔地の社会的混乱が増大するにつれて、現地の私兵を地方管轄の公的軍隊に編入することがますます必要となった。とりわけ地方軍兵士の馬と弓矢の能力は当局にとっては極めて役に立つ援軍で、それまでの伝統的な国軍には貧弱な騎兵しかいなかったのである。騎兵の重要性は熟練した猟民騎兵として名をとどろかせていた「蝦夷《えみし》」との戦争で認識されていた。現地の騎馬射手を地方駐屯部隊に組み入れようという改革は、こうした脈絡のなかで始められたのである。(41)

九世紀後半の公文書はしばしば、狂暴で無法な「党《とう》」（団）の存在に言及している。例えば八六一年、政府はさまざまな地方に軍機関を設置したが、それは「凶猾《きょうかつ》党を成し、群盗山に満(42)」ちて混乱が引き起こされたからである。これらの盗賊団はしばしば税の運搬者を襲い、中央政府当局者にとって重大問題となった。後には東日本地域ではさらに組織化された凶暴な盗賊が現われ、地方の政府機関にしばしば攻撃を仕かけた。九世紀後半から一〇世紀にかけての東日本には「僦馬《しゅうば》の党」（「僦」は「雇」の意）として知られる活発な略奪集団があった。これら移動性騎馬集団は時には自ら組織を組んで合法的で儲けの多い仕事を行なった——例えば彼らは、主要道路の運送業を営むことができた。しかし彼らはしばしば強盗を働き、そしてさらに悪いこと——地方の反乱を引き起こしたのである。(43)

これらの攻撃的な集団は非定住民や逃亡農民などマージナルな民衆を吸収しており、地方豪族によって組織されて古代政府の徴税に対して一種の納税者の反乱を起こした。「党」はまた、地方に定着していた中・下流京都貴族の末裔によっても率いられていたらしい。これらの暴力的集団の中核は通常「肥馬」に乗った武人であり、地方の非行者を庇い村人に対しては暴威をふるっていた。(44)「肥馬」に乗った男たちに率いられた一味のような暴力的集団が、この時点でプロの戦士としてのサムライの特徴を十全に打ち出したわけではない。彼らにはあらゆる種類のはみ出し者、不平分子が混じっていたのだ。しかしこうした準軍事的集団をめぐる当時の記述から、一一世紀のヨリ職業的専門的武力と己の職能に対する明確な自覚とを持つサムライ団が、こうした暴力の土壌から出現したと考えられる可能性が開けるのである。

サムライ階級形成の初期において、地方政府機関（国衙《こくが》）が重要な役割を演じた。(45)この結びつきは、当事者それぞれの利害を考えれば、奇妙に思われるかも知れない——初期のサムライは土地の私的な支配権を広げようとしていたし、税収を最大にしようとする政府機関とは多くの点で異なる意図を持っていた。しかし実際には、これら二つの勢力は機能的な協力関係を築こうと努めていた。地方政府機関でサムライに割り当てられた重要な役割の一つは、集めた租税を地方から京都へと運ぶ輸送者の護衛だった。公道といえばあらゆる種類の盗賊・強盗が住みついていたから、地方でその名をとどろかせた「兵《つわもの》」はこの大事な仕事にはうってつけだと考えられた(46)。加えて時にサムライは地方機関の代理収税吏として雇われた——もっとも彼らはしばしばその権限を悪用し、公の収入で私腹を肥やしたのだったが。こうして幾つかの違った道筋を通って、地方のサムライは政府の公的組織に組み入れられるようになった。その結果、地方政府機関は現地サムライから正式の政府軍への編入を行なったのみならず、一部有力サムライを地方政府機関に任用し、公式の名誉階位を与えたのである。

独自の階級として発展してゆく過程で、サムライはまた彼ら自身の同盟のネットワークをつくり始めた。この点で地方で「サムライ化」された軍事貴族が重要な役割を担った。京都貴族の有力者たちは一般的に職業としての武人を見下していたから、軍事を監督する貴族は普通、中・下流の位階に限られ、しばしばその位階を世襲したのであった。地方に定着した軍事貴族はしばしば自らの私兵を編成し、それによって地方サムライ団の中核を形成した。

日本の東部と南部の遠隔地で九三五年と九四一年の間に勃発した二つの大反乱は、こうした指導者の下で成長しつつあった地方サムライの存在を示すものだった。平将門はこれらの反乱の一つを組織したが、サムライの指導者になるまでは軍事貴族の一部であった。この引き金となったのは地方政府機関から現地のサムライ集団に加えられた圧力だったが、反乱は政府の地方機関を奪取して新たな地域機関を樹立しようとした。承平・天慶の乱は最後には天皇軍に鎮圧されたが、こちらもすでに地方サムライ勢力の一部を組み入れ始めていたので、地方で出現しつつあった統制なき軍事集団に太刀打ちできる強さを持っているのは、ただサムライのみであることが明らかになったのである。

サムライ階級の成長は、地方における土着武装勢力発展の単なる延長として起こったのではなく、古代国家当局の活発な介入によっても勢いづけられたのであった。サムライを公権力のネットワークに編入したことは古代国家がサムライと調和できたことを意味するのではなかった――まったく逆である。サムライ階級のその後の発展は、サムライが「国衙」における縁故と職務を利用して地方政府に対する影響力を内側から増大できる政治状況を、しばしばつくり出したのであった。

暴力の政治経済学

サムライが武力を効果的に行使したこと、そして地方政府機関である国府政庁を次第に掌握していったことは、彼らの経済的影響力をも増大させた。それを説明するために、ある荘園の歴史を検証してみよう(47)。この荘園は平景正というサムライによって一二世紀前半に東日本地域で開かれた。景正はその戦闘記録の示すところ腕力で名を馳せているが、やり手の不動産ディベロッパーでもあったことを歴史は示している。彼は非定住労働者の労働力を使ってその地方の広大な土地の開墾計画をつくり、その土地を「荘園」として認めさせるべく、天皇の祖先を祀る伊勢神宮に寄進した。景正は国府政庁に開墾の申請をする文書に、当該の地は彼の一族の「先祖以来相伝の所領」であると主張した。実のところ、開墾プロジェクトの土地のすべてが景正一族の中心領地だったのではなく、そこには既に人が住んでいた部分が含まれていた。新しい荘園の創造が景正の領土拡張計画の一環だったことは明らかである。それにもかかわらず、地方長官（国司）は彼の申請を承認し、当該地に一時的免税措置を講じた。景正は長官に圧力をかけつづけて、ついには永久免税措置を獲得したのであった。書類上この荘園の所有者は伊勢神宮だが、荘園からは遥かかけ離れたところにそれはある。景正は形式的には荘園の監督者にすぎなかった。しかし伊勢神宮には毎年わずかな支払いをするだけで、景正とその子孫たちは荘園を有効な私的支配の下においたのである。

景正にとって彼の支配する現実の武力と政府当局とのコネを組み合わせることなしには、広大な開墾地を獲得することは不可能だっただろう。彼の軍団をもってすれば、開墾を進めるのに十分な労働力をたやすく動員できただろうし、この計画で今持っている土地が呑み込まれてしまう村人たちが現地で起こすかも知れぬさまざまな反対も粉砕できただろう。そこでは恐るべきサムライ団の首領としての景正の名声が、彼が大領主になるのを援護した。このように圧倒的な農業社会では、耕地が富の最も価値ある源泉であった。軍事のプロフェッショナルとしてのサムライ権力の増大が、土地の支配権を拡大しようという彼らの攻撃的な企てを大いに助けたのである。開墾による土地私有化こそは凶暴な兵士たちを制度上の土地保有領主へと変身させ、経済構造上重要な部分たらしめた決定的な条件であった。「荘園」を通してのサムライの土地私有化は一一世紀から一二世紀にかけて顕著に増加した。ことに一二世紀後半は、石井進の言によれば「この（東国）地方の大開拓時代」となった。[48] しかしながら農業部門におけるサムライ権力の前進は、既成勢力からの不可避的な反発と干渉を招いた。一般に地方政府機関は、サムライに課税しようとした。さらには、荘園の究極の法的所有者が通常は現地のサムライ自身ではなかったことが、政府からの干渉に対するサムライの立場を弱いものにした。サムライ領主は普通、荘園の権利の一部を「職《しき》」という形で分有することで土地を保有していた。こうした状況で現地のサムライは、彼らに共通の経済的利益のために、新しい保護者を求めた。最初のサムライ政府である鎌倉幕府の成立という出来事は、一二世紀を通じてのこうした政治的・経済的関心を共有した集団としてのサムライ階級の成熟によってのみ可能となったのである。

初期の「家」とサムライ集団の構造

サムライの土地所有が拡大するにつれ、サムライ自身はその軍事的主導権の一部として、特別な型の社会組織を発展させ始めた。サムライ集団は通常一つの「家《いえ》」の下に結合しているが、これは軍事機能と経済機能を合わせ持つ血族関係本位の組織体であった。「家」の中核は血族からなっているが、そこには家臣（老中《ろうじゅう》）、召使、その他部下の者が含まれており、彼らも通常は世襲で「家」の主人に仕えていた。主人と兵士との間の強い絆で結ばれた軍事組織は、「家」の自立のために必要かつ十分な条件であった。戦士たちは自分の土地を一致団結して敵から護ったから、「家」の内部には強烈な連帯意識が育った。

サムライの集団の実際の物質的外観を、もっと細かく見てみよう。サムライ領主の住まいは「館《やかた》」と呼ばれたが、普通周囲は濠あるいは土塁で囲まれていた。内部には主人一族が住む母屋と家来従僕のための別棟、厩、それに畑が少々含まれていた。「館」の内側、あるいは「館」に接している畑はサムライ領主の直接の監督下にあって直属の家来が耕作しており、サムライの経済生活の基礎をなすとともに通常は税を免除されていた。これらの畑の外側に配下の村々があって、農民が耕作していた。(49)

家来とともに住み、「館」の近辺で彼らに戦闘訓練をつけながら、サムライ領主は支配をその中心地域からできる限り拡大しようと図った。彼は村を護り、紛争に決着をつけ、税を集めた。農民のなかには家臣に組み入れられ、「家」の一員として戦う者もあった。こうして「館」は農業生産の基地であるとともに、軍事組織の兵站地《へいたん》でもあった。「家」の発展は、サムライの名誉文化発展の上での重要な一歩であった。一人の戦士としてなら戦場で自分の名声のために勇ましく戦えばいいが、「家」の出現によって彼は今や、命を懸ける根拠として自分一個の名声以上のものを持った。「家」の財産はサムライそれぞれの子孫に受け継がれるであろうし、その目的のためにサムライ一族全体としての評判が維持されなければならないのである。

「家」は真に名誉文化の揺籃であった。当時の戦記物『源平盛衰記』はこの発生期の精神を次のように描いている――「弓矢の名絶なん事、当時一身の歎のみに非《あらず》、先祖の将軍が威を失はん事、大なる耻也《はぢ》。(50)」血統の継続意識とそれに対する誇りとが、サムライとそれより下層の階級を分ける特徴だった。「家」の血筋の連続性とその財産の保護とが「家」のメンバーにとっての重大関心事となり、「家」の名誉は、先祖代々の家系を永続させたいというこの欲望と密接に繋がっていたのである。

サムライの地位の世襲制が確立した正確な時期は分かっていない。しかし一一世紀から以後の文学その他の文書資料におけるさまざまな言及が、サムライが独自のライフスタイルと世襲家系を持つ明確な社会的カテゴリーを構成したことを示唆している。

要するに、サムライ階級の出現を説明する幾つかの、それぞれもっともな理論が私たちの前におかれている。彼らは周囲の狂暴な非農業的住民から軍事行動的な要素を取り込みつつ、地方村落共同体の内部から生まれ出てきたのかも知れない。あるいは、幾人かの学者が論じているように、サムライはアウトサイダーとして村に入ってきた可能性もある。さらに三つ目の可能性として、地方豪族がこれらのアウトサイダーを雇い、しかる後にその軍事技術とライフスタイルとを吸収して新しい型の指導力を発展させたとも考えられる。古代日本の地方社会におけるサムライの起源はさまざまな歴史的可能性を示していて、なお不透明である。さらに、問題となる決定的な時期に関して、地方レベルの文書記録が比較的に見て不足しているということがある。将来の学問的論議の決着がどのようであれ、この時期の農業部門をサムライが支配することを可能にした重要な社会学的要因は、①彼らは暴力を専門的に行使する能力を持っており、その点で既存の社会秩序とは違う独自のものを持っていたこと、②古代日本国家には特に軍事技術・軍事組織の領域で構造的な問題があり、このことがサムライ権力の伸張にとって有利な前提条件となったこと、そして、③新しい社会勢力の出現にとって有利に働く経済条件の変化の結果である社会的諸条件が地方に存在していたこと、である。

サムライの地位が社会的身分カテゴリーとして出現するプロセスを検証してみると、暴力行使技術の熟練が彼らのアイデンティティーの核心であり、彼らを他の社会から区別していたことが明らかになる。猿神の民話のなかで僧＝サムライが言った言葉を思い出してみよう——「もしおまえが神なら、この刀はおまえを切れぬだろう。ためしにその腹を切ってみようか？」この物語が象徴しているのはサムライ階級が、強い力を持つほうがどんな抵抗にも打ち勝てるという単純かつ率直な信条によって、停滞し神話に絡めとられた権力構造を打破してゆく社会的プロセスの一側面であろう。サムライは地方共同体の構造を大改造し、暴力を用いた公然・非公然の威嚇によって紛争を調停し、そして最終的には農業社会から強制的に収入を手に入れる新しい方法を確立したのである。

名誉文化の興隆

一一・一二世紀に、サムライは明確な社会的カテゴリーとして出現したが、そこには二つの重要な役割が組み合わされていた——土地領有者と戦士とである。この形成期を通じて、彼らは後の歴史上の子孫たちの豊かで複雑な文化の源泉が自分たちであると主張することはまだできなかったが、すでに一連の生き生きとした、独自の文化的特色を鮮明にしていた。土地を領有する武人階級として、サムライはもはや社会一般から「屠児」や「よそ者」とは見られなくなった。公共機関との繋がりや農業社会における定住によって、彼らは周囲の文化にとっても受け容れやすいメンバーとなったのである。

平安後期にサムライ階級が政治的に成熟するとともに、サムライの名誉文化もはっきりした形をとった。第一に、サムライの武人としての自尊心が、戦いを名誉の表現として称揚する一連の規則を生み出した。単純な身体的な強さと武技とが彼らの自尊心の基盤でありつづけたけれども、幾つかの規則と慣用形《イディオム》とがその強さを表現するのに役立った。第二に、彼ら独特の主従関係（君臣制度）の発展が、サムライの名誉文化の内部に新しい次元をもたらした。後の鎌倉におけるサムライ政権の形成と関連する政治的ヒエラルキーとサムライ連合の出現は、名誉共同体を成立させた。この共同体において、戦士の名誉は公に評価され、授与された。平安後期から鎌倉時代にかけてのこの社会的プロセスを通して、私たちは一人のサムライであることからくる自尊心や集団としてのサムライの自覚が、独自の文化スタイルとなる最初の兆候を見てとることができる。

以下の話は『今昔物語』のなかでも名誉ある戦士たちの振舞いとして最も初期の、最も賞賛すべきイメージを伝えている。[51] この説話はサムライのライバル二人、源 充《みなもとのみつる》と平 良文《たいらのよしぶみ》についてのものだが、彼らは名誉を賭けて決闘する。話のアウトラインはこうである——

二人のサムライは武の技を競べ合っていた。両方とも自分のほうが強いと信じていて、ついには大きな野原で正式の合戦をしようということになった。約束の日が来て、二人のサムライはそれぞれ血の最後の一滴までも戦う覚悟の、およそ五百人から六百人の兵を動員した。両部隊は盾を構えて整列した。それぞれが兵を送って宣戦布告を交わした。戦闘は通常、両軍の使者がそれぞれの部隊に帰り着くと同時に弓の一斉射撃で始まる。しかしながら開始直前、良文はもう一人の使者を充のところへ遣わしてこう言った、「今日の戦さが部隊同士の射撃で終わってはおもしろくなかろう。われわれの意図はただ二人の武術を試すことだけだ。兵を連れての戦いはやめて、二人の間で弓の腕前を競う一騎打ちにしようではないか。」

即座にこの申し出を受け入れると、充は盾の行列から一歩進み出た。良文は家来たちに手助けせぬよう命じてから進み出た。家来の一団が見守るなか、二人の首領は馬上で戦った。二人のサムライはまず馬に拍車をかけ弓に矢をつがえた。両者とも相手にまず射させようとした（勇気を示す）。二人は馬に拍車をかけて繰り返し繰り返し駈けちがいに矢を放ったが、二人とも巧みに相手の矢をかわした。長い戦いの後、良文が言った、「二人とも正確に的を射ることができる。互いの腕前は分かった。われわれ二人は先祖伝来の敵ではない。もう止めようではないか。」充は答えた、「互いに腕前は知った。止めよう。いい戦いだった。」決闘を見つめ、主人がいつ射られるかと恐れていた双方の家来たちは、二人の決着に喜んだ。この戦いの後、良文と充とは大いに仲良くなった。

関東平野の陽光きらめく広大な空間の下、二人のサムライ首領の決闘は旺盛な名誉心に溢れていた。二人のサムライが兵の面前で戦ったのは、その自尊心が許す名誉ある成り行きとしてこれ以外はあり得なかったからである。この話はサムライの間で騎士道的心情が発生したこととともに、おのが名誉を証す方法として戦いを推奨する幾つかのルールが存在していたことを示唆している。二人の首領が互いに先に射させようとしたことに関する委細が、その一例である。物語はまた、戦闘開始の正式通達を届ける使者の名誉ある行動や態度に関して、どのような了解があったかを描いている。宣戦布告を交わした後、使者たちはそれぞれ自分の陣営に馬を急がせずに戻らねばならなかったが、ゆっくり堂々と敵に背中を向けるほど十分な自信を持っていることを、こうして示したのである。この説話集のなかで作者は勇敢、素朴、単刀直入なサムライ文化に深い賞賛と共感を示している。これは、サムライが強烈な名誉意識に根ざした戦いのルールをつくり出していたことを示唆する、最も初期の文学的例証の一つである。

当然のことだが、歴史研究の拠り所として民話集を用いることには用心が必要だ。これら二人のライバルのサムライが、一〇世紀半ば頃の東日本に住んでいた歴史上実在の人物だという証拠がある。したがって『今昔物語』が書かれた一二世紀初めからすれば、この事件はおそらく一五〇年以上も前に起こったことになるから、この物語を歴史上の出来事の正確な反映と見なすことは困難である。

とは言え、私たちがこの描写から汲みとるべきは、一二世紀初期にとってのその象徴的な意味である。前にも述べた通り、『今昔物語』は一二世紀初めの制作で作者不詳であるが、彼（ら）は京都の僧か貴族かだった。私たちに想定できるのは、おそらく当時の人びとの間に広く流布していたこの物語を編者が聞き取り、名誉ある戦士の理想のイメージを示している点で信頼がおけるものと見なしたということだけである。サムライ文化は明らかにこの時点で、非サムライである『今昔物語』の編者に好意的な印象を与え得るような段階に到達していたのである。対照的に、これより前の平安中期ではサムライは必ずしも敬うべきものとはされておらず、実際、宮廷文学はしばしばサムライを文化的には粗野で、したがって育ちの良い貴族に劣る筋肉人間として風刺的に描いている。

この間にサムライのある部分、とりわけ京都から遠く離れたところで豊かに暮らしていた連中は、自分たちの武人としてのライフスタイルにますます自信を持つようになった。そして軍事専門家としての自覚に根ざす彼ら独特の文化が、首都の人びとに好印象を与えることもあった。彼らの礼儀作法は素朴で洗練されてはいなかったが、名誉の文化を持つこれらサムライたちは、少なくとも悪賢くて陰険な宮廷政治家どもと比べれば、信念のある男たちだと思われた。

サムライ文化の重要な資産として武人特有の業績重視志向があるが、これはサムライの武人としてのプロフェッショナリズムを通して古代後期の日本にもたらされたものである。これと対照的に、朝廷を中心とする古代日本は、手本とした中国とは違って、エリートを補充するための業績主義システムを十分には実施しなかった。その代わりに政府高官の地位は、貴族のなかでも限られた血筋に生まれついた者に占有されつづけたのである。これとは逆に、サムライの家もまた概ね世襲と考えられてはいたが、武人プロフェッショナリズムの本質上、武人としての実力を絶えず証明かつ向上させることを求められるので、サムライはその世襲の地位を万全と思うわけにいかなかった。

『今昔物語』は全体としてサムライの「館《やかた》」(52)の生き生きした雰囲気の描写をたくさん含んでおり、暗にこれを京都貴族の精彩のない、受け身の生活と対比させている。サムライは通常、戦士としての令名を守るためには死をも辞さぬ、ややこしいところのない、エネルギッシュな、単刀直入な男たちとして描かれた。例えばこれも『今昔物語』だが、普通余五《よご》と呼ばれている平維茂《たいらのこれもち》という強いサムライが不意打ちに遭って今にも負けそうになったのに、家来の忠告通り山中には逃げなかった時のことを語っている。余五は家来たちに「そんなことをすれば我が子孫の恥だ」と言って、決意をこめてすっくと立ち上がった。思いも寄らぬ彼の反撃で敵は追い散らされてしまった。余五はその後名声を高めて、東国最強のサムライと謳われたのであった(53)。

サムライ集団の首領たちは、有能なサムライの信頼を勝ち取ることが自らの成功のために決定的に重要であり、ややもすれば御しにくい戦士たちの信任を保つには、恐れられる名声を持つことが大事であることをよく理解していた。臆病の烙印を押された者は、この権力争いでは重大な不利益を被ることになった。逆に、名誉こそ成功の手段であった。余五が敵から逃げようとしなかったのは、本能的に計算ずくの行為だった。もし逃げていたら、彼には生き延びる可能性がもっと増していただろうが、サムライ集団の首領としての名声は諦めなければならなかったであろう。名誉ある男たちは、戦士としての令名を損なわぬためには、名誉の戦場で片時も油断しない競争者でなければならなかった。良き名声を保つことへのこうした強烈な衝動は、非サムライの観察者の目には、サムライ文化の最も印象的な側面の一つであった。

しかしながら、戦いのルールの制定と騎士的精神の涵養とをあまり強調しすぎてはなるまい。こうした理想化されたイメージはさて措き、一二世紀における日常の名誉追求は、これまで紹介した物語が示すほどには真面目なものではなかったかも知れない。当時の戦記文学は、目的のために合戦のルールを破ることなど、サムライには普通のことだったことをも示唆している。

『平家物語』からの以下の有名なエピソードがその一例となる。宇治川の合戦で二人の戦士が突撃一番乗りの名誉争いをしていた——これは源氏と平家の間の大事な決戦であり、一番乗りは通常、戦闘における最も大胆かつ最も名誉ある行為の一つと考えられていた。源義経率いる源氏側が宇治川にやって来た。橋という橋は引き上げられ、「白波おびたゝしうみなぎりおち」ていた。源氏部隊の二人の戦士、梶原源太景季と佐々木四郎高綱は、われこそ最初に川を渡ろうと川中に乗り込んだ。遅れた高綱が景季に向かって叫んだ——

「此河は西国一の大河ぞや。腹帯ののびてみえさうぞ（おまえの鞍帯は弛んでいるようだ）。しめ給へ」といはれて、梶原さもあるらんとや思ひけん、左右のあぶみを〔ふみ〕すかし（景季はあぶみに掛けた両足を踏ん張って）、手綱を馬のゆがみにすて（馬のたてがみ越しに手綱を投げ）、腹帯をといてぞしめたりける。そのまに佐々木はつとはせぬいて、河へざ（ッ）とぞうちいれたる。……（向こう岸に着いた時）佐々木あぶみふ（ン）ばりたちあがり、大音声をあげて名のりけるは、「宇多天皇より九代の後胤、佐々木三郎秀義が四男、佐々木四郎高綱、宇治河の先陣ぞや（一番乗りだ）。」(54)

おもしろいことに『平家物語』の不詳の作者は、佐々木四郎が突撃一番乗りという武人の手柄を手に入れようと競争相手を騙すことまでしたのに、その行動を批判してはいない。実際のところ公正な戦いのルールに対するこの種の違反行為は、当時の戦記物のサムライの間では、めったにないことではなかった。

強い戦士として名を上げるために戦いのルール破りをすることが大目に見られることはしばしばあったが、それは当時の人びとが、殺戮や闘争を「武者の習い」と考えていたからであり、戦場での雄々しさや卓越性を誇示することは騎士的な礼儀正しさより重要だった。そうした行ないはさらに、サムライ君臣制度の発展によって、公的な領域でも正当化されるようになった。サムライ主従関係の成熟とともに、戦闘参加による戦士の私的利益――経済的報酬への期待――は、君臣制度と結びついた信頼の道徳原理によってしばしばカモフラージュされた。戦士個人が戦闘に加わるのは、命令に従っていつでも武力を捧げますという、主人との約束を果たすためであった。こうして、勇敢に戦い軍功を上げることは、単に私的利益のためだけではなく、主従関係の基礎をなす根本原理となったのである。

その上、サムライの政治的権力が増すにつれ、合戦はしばしば公の大義として行なわれるようになった――すなわち戦さは朝廷の命令か、あるいは後に将軍の権威が確立した後では将軍からの直接命令で行なわれた。戦さに対して権威ある上層が責任をとるなら、そしてサムライの軍事行動が公共の善への貢献と見なされるなら、戦士個人のルール破りはその分大目に見られるだろう。武人の名誉と君臣制度との密接な結びつきをこのように理解した上で、私たちは次章でサムライ君臣制度の検討へと向かい、その検討を通して、サムライ特有の文化が出現した社会組織論的な脈絡をいっそう明確にすることができるだろう。

3　君臣制度と名誉

組織革新としての君臣制度

日本における最有力階級としてのサムライは、彼ら自身がつくり上げた縦の互恵関係のヒエラルキーのネットワーク、つまり君臣制度の発展とともに出現した。忠誠心など稀薄だった平安宮廷社会の保護者《パトロン》-被保護者《クライアント》関係とははっきり違って、一二世紀後半からのサムライの主君-臣下関係は、戦闘に命を懸けるほどのやる気を出させる強力かつ堅固な絆をつくり上げた。保護-被保護の関係におけるこれほど濃密な連帯は、日本における同類の協調関係では未だかつて見られないものだった。しかしながらここで注意しておかねばならないのは、サムライ君臣制度の強みは、かつては自立していた臣下たちを単に服従させたことだけにあったのではなく、サムライを長期的に互いに利益をもたらす協調の形へと成功裡に組織したことにあった、ということである。主従制度という組織的革新あってこそ、サムライは自らを平安支配エリート層の軍事使用人から自前の最有力階級へと変身させることができたのである。

鎌倉幕府の成立以前の一二世紀後半に、サムライは三種類の保護-被保護関係のなかにおかれていた。第一に、幾人かの有力なサムライは京都貴族の直接の被保護者となった。京都では、サムライは貴族と皇居の警護の奉仕をした。その見返りとして、サムライは自分の権力を増すために貴族の影響力を使おうとする傾向があった。第二に、多くのサムライは荘園の経営と監督の仕事を通して、荘園所有者とのコネをつくり上げた。最後に、大方の地方サムライは、後にサムライ階級全体として典型的な大規模互恵組織へと発展する、地域の有力サムライとの保護-被保護関係——君臣制度——を持った。サムライたちは自分の領地を確保するために幾人かの保護者を持つこともしばしばあったので、サムライ君臣制度が平安後期における保護‐被保護関係の唯一の形態ではなかったことに留意することが重要である。こうして、サムライ君臣制度と旧来の権威によるヒエラルキーの網目とが併存していた。サムライは財産確保のための打ちつづく闘争において、このように複雑に重なり合う保護‐被保護関係の網目に捕らえられていたのである。

サムライ・ヒエラルキーの出現

平安時代後半に、軍事貴族の子孫たちは地方でその影響力を広げた。彼らはいわゆる高貴な血の要素を幾分かとどめており、古代日本の国家組織のなかで正当な武人としての地位を保持していることが多々あった。彼らはその血統ゆえに高く敬われ、中央政府にも繋がっていたので、地方サムライの連帯の核をつくり上げることができた。サムライ君臣制度の発展はこれら「棟梁《とうりょう》」と呼ばれるリーダーたちが中心となって進められたが、彼らは古代国家でのしかるべき社会的・政治的地位を保持していた人びとであり、そのことがサムライを歴史の中央舞台に登場させることになった。こうした階級間の連携によって、サムライは高度な政治的賭けに乗り出す本気の競技者へと変身を遂げたのである。(1)

氏族・源《みなもと》(「源氏《げんじ》」と呼ばれる)と氏族・平《たいら》(「平氏《へいし》」あるいは「平家《へいけ》」と呼ばれる)とは、ともに皇族の血をひくと主張する軍事貴族の家柄で、戦士たちの最高のリーダーとして出現した。一二世紀の日本で打ちつづいた合戦は、実際には、これら二つの氏族のリーダーを巻き込んだものだった。まず初めに一二世紀半ば、平氏が一時覇権を握って、京都に家政的政府機関を設置した。しかしながら平氏は、信頼のおける家臣の数が比較的少なく、そのため後白河院の権力を抑えることができなかったので、朝廷の律令政治から脱却したサムライ主導の政府を確立することはできなかった。(後白河院は譲位した天皇だが、「院」という立場で朝廷で実権を揮った。対照的に、この時天皇のほうは実際にはまったく無力になっていたのである。)一一八〇年、源氏の嗣子・源頼朝に率いられた東国一帯の有力なサムライ連合によって、平氏に対して戦端が開かれた。頼朝は一一八五年に平氏軍を破り、独立したサムライ支配による最初の政府、鎌倉幕府を開いた。(2)

彼の成功は、自分たちの土地領有を正当化しようとする東国サムライ集団から強く支援されていた。平氏の体制とは違って、頼朝は天皇の政治秩序に引き入れられることを拒否し、京都から一二日の距離にある鎌倉で独立した政府機構を徐々につくり上げていった。

頼朝はサムライのヒエラルキーのなかでの政治的最高位を要求した。京都における朝廷の存続が中世の日本国家に二重構造をつくり出す結果になったことは確かであり、したがって京都貴族や朝廷の法規で守られている宗教機関など荘園保有者とのサムライの繋がりもまた、新サムライ体制の正式発足後も存続したのである。しかしながら、鎌倉軍が天皇軍を破った一二二一年の戦さの後は、明らかに幕府のほうが強くなった。

鎌倉体制は慎重にも、朝廷文化の中心である京都からかなり離れた鎌倉にその政治の首都を置いた。鎌倉期のサムライは自分が武人であるという意識に強烈な誇りを培い、文化的劣等感を克服しようと懸命であった。彼ら独自の軍事同盟形態であるサムライ主従制度の発達は、明らかに、彼らの権力基盤と文化的自信とを拡大する重要な第一歩であった。鎌倉のサムライは一方で貴族的な高度な文化を強く讃仰し、朝廷儀式や詩の嗜みとしての「和歌」など貴族に特徴的な礼儀作法を学ぶこと、しばしばに及んだ。サムライは自分たちが持っていないような芸術的洗練を持つ朝廷文化に強く魅かれていた。しかし他方で、サムライのなかでも政治的に俊敏な連中は、この洗練された朝廷ライフスタイルで競り合うことの危険な側面を十分に承知していた。こうしてサムライたちは、朝廷文化の高度な芸術文化を嗜みながらも、武人的価値のなかに自らの誇りを築き上げようとしたのである。

鎌倉幕府とその直属の家来たち

幕府の直属の家来（御家人《ごけにん》）となることができたサムライ領主たちは、地方社会の内部で決定的な強みを手に入れた。鎌倉幕府は将軍頼朝と個々の家来との間の個人的な信頼関係を基盤として形成された。

サムライの主な領地はもともと彼、あるいは彼の祖先が開墾して耕地化したもので「本領《ほんりょう》」（「本来の領地」の意）と呼ばれた。(3)幕府はこれらの領地に関する彼らの所有権を確保・公認し、地方政府機関と京都の荘園領主に向かって御家人の権利を擁護した。サムライたちは依然として所有権確保に苦闘していたから、本来の領地に対する所有権の公認は将軍から獲得できた最大の特典だった。幕府の権力を背景に、御家人たちは荘園制を侵蝕しておおいに支配力を伸ばすことができた。この面で御家人はまた、いまだ幕府の直属の家来になっていないサムライに対して、決定的な優位を獲得したのである。

加えて、将軍による国家づくりの過程で行なわれた幾つかの征服の結果として、将軍の敵方の広大な土地が家来たちに分配された。この贈り物は、屋敷や農地・領地に付随するさまざまな役職や特権である「職《しき》」という形で行なわれた。こうした特権を受けとることは「新しい恩義」と考えられ、その土地は「恩領《おんりよう》」(恩義に結びついた土地)と呼ばれた。本来の領地を確保してもらったサムライも、同様に将軍に対して恩義(御恩《ごおん》)を負っていた。これら両タイプの恩義に対するお返しとして、家来たちは奉仕義務(奉公《ほうこう》)をしなければならなかったが、これは将軍の命令があった時はいつでも自前の費用で軍団を提供する義務、という形だった。サムライ君臣制度の基本的な組織原則は単純だった——恩義と奉仕の交換、つまり「御恩」には「奉公」を。

鎌倉幕府は東国の主要なサムライ領主の同盟を基盤に成立したので、特に頼朝の主だった家来たちは鎌倉時代の初めにおおいに独立精神を発揮した。しかしこうした自立への動きは有力御家人だけに限られたものではなかった。大方の御家人サムライは自力で出現したから、すなわち、彼らは自分の土地(本領)を自らの開墾と武力とで手に入れた連中だったから、将軍に対する相対的な独立性が鎌倉将軍‐御家人関係の顕著な特色をなしていた。

通常サムライの家の長——「総領《そうりよう》」が臣下に加わると、彼は自分の「家」だけでなく、彼に従属する小さな「家」のメンバーをも代表する者となった。「総領」は自分の「家」のメンバーに対する広範な自律的支配権(これは鎌倉幕府の公式規定で定められた)を認められた。その代わりに彼は直属の家来として、将軍に対する自家の軍事義務を負うことになった。鎌倉幕府の直属臣下の集合体には、騎馬の戦士を出すといっても家族のうちからせいぜい一人か数人がやっとの小さな土地の保有者から、騎馬武者幾百人を擁する大サムライ氏族までが含まれていた。この大きなほうの集団には通常、血筋を同じくする者の他に本来の血縁外の者も含まれていた。後者は集団の長と君臣関係を結んだが、この長は通常大きな氏族の「総領」であった。御家人そのものが将軍に対して相対的に自律的であったから、一般にこれら陪臣たちには、原則として「主君の主君（つまり将軍）は我が主君にあらず」という態度が生まれた。

幕府はサムライの「家」の内部問題に干渉することはできず、「家」の長の権限に属する相続問題などを扱うことができなかった。鎌倉幕府はサムライが指名した相続人や父親の意向による継承を承認はしたが、たとえ幕府が承認した後でも、父親が気持ちを変えて別の相続人を指名することができた。[4] サムライ各家はこうして、将軍の調整力の下に他家と同盟・結合した、事実上は独立の組織であった。実際のところ、鎌倉政府の機能は、これら独立の社会組織間の「国際関係」を統制し調停することであった。

君臣制度における自律性と他律性

鎌倉時代の御家人たちは、その社会‐経済的な自立の反映として、しばしば公然たる反抗宣言の語彙語法《イディオム》に名誉の心情を吐露した。畠山重忠は鎌倉幕府の有名な臣下だったが、幕府に対して陰謀を企てたと疑われた時、誇らかにその矜持を述べ立てた――「重忠がごときの勇士は、武威を募り人庶の財宝等を奪ひ取り、世渡の計とするの由、もし虚名に及ばば、もつとも恥辱たるべし（私は武力で人びとを脅して富や財宝を奪い、それで生計を立てていると噂されてきた。この評判が中身のないものだったら、不名誉であろう）。」重忠はつづける、「謀叛を企てんと欲するの由風聞するは、かへつて眉目《びもく》といひつべし（サムライにとっては謀反を企んでいるとの評判が立つのは常に名誉なことである）。[5]」次の例で私たちは、保有資産は少ないが勇猛狷介な戦士として評判の熊谷直実が、こと戦士の敏感な誇りに触れる時には敢然と我を通す振舞いをしているのが分かる。

『吾妻鏡《あづまかがみ》』（幕府の年代記）によると、文治《ぶんち》三年（一一八七）、幕府の公式神社である鶴岡八幡で毎年恒例の「流鏑馬《やぶさめ》」が催された。儀式の間じゅうたくさんのサムライにそれぞれ違う仕事が割り振られ、熊谷直実は的を持って立つよう頼まれた。彼はこの割り振りに激怒して言った、「御家人は皆傍輩なり（幕府の家来はすべて平等な仲間である）。しかるに射手は皆騎馬なり。的立の役人は歩行なり。すでに勝劣を分つに似たり（上下の隔てがあるやに見えた）。かくのごときの事においては、直実厳命に従ひがたし[6]……」

サムライ社会のなかでは、馬に乗ることは地位の指標として重要だった。騎馬の戦士だけが真のサムライと考えられていた。将軍頼朝は直実を宥めようとして的の管理は射ることに劣るものではないと言ったが、直実は仕事を拒んだ。直実は将軍の命令を拒否したので、彼は財産の一部を没収されてしまった。[7] この狷介なサムライにとって将軍の家来同士の平等という観念は、妥協を許さぬ名誉意識の一部であった。このエピソードはサムライ名誉の不屈の精神が、いかに独立と自尊の意識に結びついていたかを、生き生きと伝えている。中世の君臣制度において従者が主張する社会‐経済面での相対的自立はサムライ文化の心情的基盤をつくり出したが、そこにはあくまでも個人として、力と権力の名声を追い求める心情が含まれていたのである。

以上るる述べてきたが、中世初期の臣下たちの自律的次元のみを強調すれば誤解を招いてしまうだろう。と言うのは、忠義の次元もまた明らかに存在するからである。当時のサムライ文学のかなりの部分は、主君と運命をともにすることを選択した忠義のサムライの死を感動的に描いている。例えば、敗色濃厚な戦闘のなかで一人の年老いた戦士は言った、「我レ守《かみ》ニ仕《つか》ヘテ此年既ニ老ニ至ル（この年齢になるまで私はこの主君に仕えてきた）。守亦《また》若キ程ニ不在《あ(ら)ず》ラ（主君ももはやお若くはない）。今限ノ剋《とき》ニ及テ何ゾ同ク不死《しなざ》ラム（主君が生涯の最期に臨んでおられるのに、どうして私たちがともに滅びずにおられようか?）。」[8] そして彼は敵中へと馬を駆った。この老戦士と彼の主君とは、恩義と奉仕の計算ずくの交換ではなく、親密な人格的絆で結ばれていると描かれている。「死なば一所で死なむ（私たちは同じ場所で死ぬと誓ったのだ）」というのが戦記文学にたびたび登場する戦士のモットーであり、こうした不動の忠義と友情の表明はこの手の文学の最も感動的な部分である。[9] サムライは君臣関係と武人としての職能的義務に立脚する際立った心性、情緒のスタイル、そして自己犠牲の精神を培ったのである。

戦場で潔く死のうという戦士の思いを十分に理解するには、サムライの主従関係の発展について考察しなければならない。朝廷をとりまく貴族階級の間にも、保護 - 被保護関係のさまざまなネットワークがあったことはもちろんである。しかし貴族による愛顧は常に計算ずくの態度を特徴としており、命を捧げるに値するような情緒的・人格的な絆を生むことはあまりなかった。主君とその従者たちからなるサムライ集団の強固な連帯は、それ以前の日本人が知っていたものとはまったく異なる種類の社会的絆であった。主君と従者とは利害の交換――これがその関係の基礎であるが――によるだけではなく、情緒や人格的な絆によっても結ばれていたのである。当時の他の社会的同盟関係や保護 - 被保護関係の形態と比較してみても、サムライの君臣関係には男たちを動員して喜んで死ぬまで戦うよう献身させる力があるという点で、際立った強みがあった。

確かに、忠義の行為というものは戦士文化からただ自然に生まれ出たのではなかった。そこには将軍の行ないへの意図的・イデオロギー的賞揚という側面があって、それは『吾妻鏡』の幾節かにも明らかである。例えば、将軍頼朝が奥州の藤原氏を攻撃した時、藤原泰衡の家来・河田次郎は主君を裏切って泰衡の首を将軍の司令部に差し出した。次郎は期待した褒美にありつけなかったばかりか、「後輩を懲しめんがために」処刑された。(10) 河田次郎の行ないが恥ずべきこととされたのは、彼は藤原氏の世襲の家来として忠義の義務を果たすべきだったからである。この例が示すように、鎌倉幕府は忠義のイデオロギーを導入することによって、サムライ臣下たちの遠心的・独立的傾向を統制しようと必死だった。主君から「恩」を受けた者は「奉公」で返さなければならぬということが規範となったのは、この時代である。「恩」を受けたにもかかわらず主君に不忠を表明した者は「弓馬の道」、すなわちサムライに相応しい行ないから逸脱したと考えられたのである。

鎌倉時代の臣下たちの社会関係において何が名誉と考えられたかについては明らかに混乱があって、それこそ真に私が強調したいところだ。自分の名誉や評判を護りぬき飾り立てることはサムライ社会の最重要の心情であり、その社会は鎌倉時代には高度に制度化されていた。しかし名誉の概念の内容は流動的だった。名誉は未だ固定的な行動基準へと公式化されておらず、法的義務として定められてもいなかった。いかなる行為を名誉あるものと考えるかは、高度に文脈次第、個人次第であった。したがって名誉という同じ旗印を掲げながら、サムライは絶対的な忠義と挑戦的な裏切りという、見かけ上相矛盾する行為をしばしば行なったのである。

鎌倉幕府の臣下たちの自律性と他律性の問題は、これまで日本の歴史家の間でずっと議論されてきたが、この論争は近代日本社会の社会的・知的風土と無縁ではあり得なかった。戦前の日本の有名な学者、和辻哲郎はかつてサムライの主君‐臣下関係を「絶対的服従」と「献身の道徳」と呼んだ。(11) この見解は戦前期の民族主義的エトスを反映しており、初期のサムライ精神に献身の純粋モデルを見出そうと願っていたのである。当然のことながら和辻の見方は、戦後の歴史家によって厳しく批判されてきた。その上、畠山重忠や熊谷直実のような狷介な御家人の実例のことを考えると、和辻の意見は受け容れ難い。対照的に、戦後の歴史家の家永三郎は、日本の歴史のなかに反独裁主義を求めて、中世君臣制度の互恵的・契約的関係を重視しているが、それはヨーロッパの君臣制度における関係と類似していたからである。(12) 臣下たちの他律性を過大視する見解に対し、家永の発見は中世サムライの自律性を強調する。私は自律性についての家永の見解に同意するが、彼の見方にも問題がないわけではない。第一に、日本の君臣制度は互恵の意味を含んでいたかも知れないが、西欧的な意味での抽象的な「契約」概念は育てなかった。第二に、過度に自律的な鎌倉サムライ像では、従者側の自己犠牲と他律的な行動を記録する数多くの文書の説明がつかないのである。

ここで概念上の混乱を避けるために、サムライの主君‐臣下関係には二つの理念型《イデアル・ティプス》があったと仮定すると便利かも知れない。第一は従者側の社会‐経済的な自立によって特徴づけられる自律的な側面を示すもの、第二は関係の他律的次元を強調するもので、サムライはその次元では主君の家にがっちりと組み込まれていた。(13) 第二のカテゴリーの世襲陪臣は、主君との他律的関係で生きることを余儀なくされた。当然のことに彼らはまた、戦闘経験をともにすることで強められた心情からの献身に通ずる運命共有感を胸に抱いていた。

これと対照的に、第一のカテゴリーの臣下は自分自身の土地を持ち、主君に対するヨリ自律的、ヨリ互恵的な関係を誇示する傾向があった。鎌倉将軍たちとその御家人たちの関係は、彼らに特徴的な自律性と互恵性のゆえに、典型的に第一カテゴリーに当てはまるものだった。もちろん、主従間の現実の社会関係はこれら二つの理念型の間で連続的な形態変化を示しており、君臣関係のなかのそれぞれ個別の力関係にはある程度の相違があった。本章で論評する史料を考えれば、さまざまな形態をとる広範な主従関係があった、と結論するのが自然である。

こうして、主君‐臣下間の関係を中心とする初期のサムライ名誉文化は、名誉としての自律願望と名誉としての忠誠重視とのあぶないバランスの上に成り立っていた。サムライの人生とは自律他律の緊張の瞬間の連続であった。この緊張は主従の力関係に広範な偏差があることの反映であり、それが生じる基となった保護‐被保護関係そのものを引き裂きかねないのだった。理論上この緊張は、サムライ名誉文化のなかでは、いかなる時であれ全身全霊を傾けて名誉を求める行為をすべしという要請によって、常に解消することができるのである。

紛争の私的解決と公的裁判権

中世における在地のサムライ独立集団は、サムライの「家」が相対的には社会的自律性を持っていたことを反映して、彼らの間の不和を大方は「自力救済」、つまり不満の種は自力で除去するという原理に訴えて解決した。他の社会階級もまた多かれ少なかれこの原理の妥当性を認めていた。普通のこととして武力が用いられ、個人や集団の名誉と誇りは、しばしばあからさまな敵対行為となって爆発した。普通「喧嘩」と呼ばれる抗争や闘争は私的領分で戦われる名誉の戦争であり、抗争で被った損害は復讐行為によって取りもどさねばならなかった。「自力救済」の原理は日本中世社会の重要な特質を表わしているのである。(14)

確かに、サムライの暴力的な抗争、闘争、紛争は必ずしも偶発的に起こるのではなかった(偶発的な抗争はしばしば「当座の喧嘩」と呼ばれた)。多くの紛争には境界争い、水利権争いといったような根深い経済的・政治的原因があった――こうしたケースで紛争の両当事者は、問題を有利に決着しようと暴力を用いた。経済的な原因によるこの種の暴力抗争も、中世日本の法体系ではしばしば単に「喧嘩」と呼ばれていた。実際のところ、これら二種の紛争は区別し難いことが多かった。第一に、偶発的抗争といってもそれはしばしば以前からの経済的紛争が原因となっていたからであり、第二に、物件をめぐる紛争もしばしば名誉に関わる慣用句《イディオム》へと翻訳されたからである。

これら両方の争いにおいて私的闘争を戦いぬく心性は、多くの集団が目的達成のために武力を使う権利を主張していた社会状況から生まれたものだった。[15] 政府当局は真剣にこの盛んな私的報復をやめさせようとした。例えば鎌倉幕府は、偶発的な場面での衝動的な力の行使を規制した。[16] 一例をあげれば、一二三二年の鎌倉幕府の法令『御成敗式目』の第一三条は「殴人の咎《とが》」を定めている。

この条の冒頭は名誉を護ることについてむしろ肯定的な表現で始まり、殴打や格闘について「その恥を雪《すす》がんがため」という記述がある。しかし「殴人の科、はなはだもつて軽からず」とつづくのである。[17] 鎌倉幕府と次の室町幕府はともに、代わりの仲裁形態をつくることで私的紛争の暴力的解決を禁止しようとした。実際、有効な裁定を行なうことは幕府覇権の基礎固めに不可欠の要素であった。

家来間の偶発的抗争も、サムライ集団間の大きな抗争に発展する可能性があったから、幕府内部の君臣関係の秩序維持に対する脅威だったことは明らかである。しかしもっと重大でもっと恒常的な危険性があったのは土地保有をめぐる争いだった。鎌倉幕府当局は武力による土地奪取の慣行が盛んになったことについて殊のほか神経をとがらせた。なぜならそうした略奪行為は、中央政府にとって不可欠の権威と権力とを切り崩してしまうからである。幕府の法令は土地や領地を暴力で奪うことを禁じている。[18] 次の室町幕府の法令についてもこれは同じで、争いを解決するための私的戦いを繰り返し禁じている。[19] もしも幕府がこの種の利害紛争を裁定できなければ、サムライに対する権威に疑問が呈されたであろう。

鎌倉幕府は初めから、サムライ衆一般に対する合理的な裁定システムの拡充に意欲的だった。にもかかわらず法令の編纂や発布、裁判の制度化は、境界侵入に対処したり侵入された土地を取りもどしたりするための警察力を将軍が持っていることを意味したのではなかった。[20] 鎌倉や室町幕府における訴訟は一般的に、外部からの不平や告発によってのみ促進され、その成り行きは訴訟人の主導や指示に左右されていた。[21]

中世日本のサムライの間で私的報復が盛んであり公的裁判権が弱かったということは、しかしながら、サムライが滅多に訴訟しなかったということを意味しているのではない。中世のサムライは可能であればいつでも、鎌倉・室町幕府の当時の裁判制度を十分に活用していた。攻撃的な個人主義の態度を戦場から法廷へと移し変えて、中世のサムライは猛き訴訟人でもあった。紛争解決に訴訟でゆくか武闘にするかは、サムライ個々人の状況次第だった。将軍による裁定が合理的な決着をもたらしたのは、もし望むなら自力で問題を解決できる訴訟人たちに対してだった——換言すれば、自ら財産を護る力のある者だけが司法制度から所有権の保証を受けたのである。[22] こうして法制度の存在は自己責任と私的報復の精神を抑制しなかったばかりか、サムライの自決主義を基礎として成り立っていたのである。

ひとたび訴訟が始まると、鎌倉幕府当局は「道理」にもとづいて紛争を仲裁しようとした。鎌倉将軍の摂政（執権）であった北条泰時が一二三二年、最初のサムライ成文法である『御成敗式目』を制定した時、彼は手紙でそこには「たゞ道理のおすところを被記《しるされ》候者也（道理が命ずることだけを書いた）」と言っている。[23]「道理」という言葉は法律上の用語として、一三世紀の史料には最も頻繁に登場した。それは常識と、サムライの間で確立した伝統との混合物であった。別の言い方をすれば、「道理」は相異なる独立社会集団によっても受け容れ可能な総体的合意《コンセンサス》の原理であった。鎌倉幕府は紛争の仲裁は慎重な調査の後に「道理」の原理のみによって行なわれると強調していた。こうして『御成敗式目』の第四五条は「糺決の儀なく御成敗あらば、犯否を謂はず定めて鬱憤を貽《のこ》さんか（調査なき処罰は有罪無罪にかかわらず深い怒りを引き起こす）。者《ていれ》ば早く淵底を究め裁断せらるべし（判決は速やかに下さなくてはならないが、それは慎重な調査の上でのことである）」と注意を促していたのである。[24]

仲介を行なうにあたってのこのような慎重な努力は当時の政治状況の現実を反映していた——権力は分散化され、幾つかの政治集団が武力行使の正当性を主張していたのである。幕府はこれらの自立的社会集団の主張を、あたかも国際紛争を扱うかのように調停した。「道理」の概念と不平の自力救済原理とはともに、国家と対峙してのサムライの相対的な自立性を反映していた。対照的に「道理」の概念のほうは、国家が拡大して組織集団の自立性を制限するにつれて衰退した。後に徳川国家が全国の平定者ならびに私的紛争の最終調停者として現われ出た時には、徳川の定める法が支配者たちの意思の内部に存在していた。独裁的な権力構造と法文化とを特色とする日本歴史の全景を背景に据えて見れば、一三世紀こそは政治哲学が「道理」というものに高い価値をおいた、日本歴史上ほんの短い一時だったと私は把らえたい。[25]

「道理」の観念は中世法の個別条項には含まれていたが、法哲学全般へと展開して知的・理論的レベルで国家基盤の形成に役立つまでにはいたらなかった。これと対照的に、西欧の司法伝統は法の道徳的・哲学的基盤を拡大して、中世を通じて「正　義《ジャスティス》」の擁護者としての公権力の概念を重視してきた。国家主権を越えた宇宙の神的あるいは自然的秩序に根拠を持つ正義というこの西欧の自然法概念は、西欧政治思想にとっては中心的概念だが、日本にはこれに対応するものがなく、あからさまな武力によって維持される力のバランスがいっそうはっきり表立っていたのである。ヨーロッパに特徴的な裁判と法律家のヒエラルキー構造は、中世日本では決して発達しなかった。日本の紛争解決における法と裁判の位置づけは、ヨーロッパの場合と比較して、はるかに低いように思われる。

要するに、中世日本における紛争の私的解決率の高さは社会的現実をありのままに反映していた——将軍に対するサムライの自律性は比較的高く、サムライの「家」同士は競争関係にあったのである。こうして紛争解決法を調べてゆくと、サムライ社会の底流で作用している名誉文化の政治的・情緒的力学があらわになることがしばしばある。

「世間」というもの

日々の社会的相互行為のなかでの評判への気づかいは、鎌倉幕府の成立とともに増大した。この期を通じて幕府の臣下たちの日常的相互行為はますます頻繁かつ複雑になっていったのである。幕府を中心として、情報を共有し名誉を評価する新しい共同体が出現しつつあった。この共同体の実際の社会関係のなかでサムライ文化は、特に平時において、どのように機能しただろうか？

北条重時（一一九八—一二六一）が家族に遺した書簡（教訓）は、このサムライの名誉共同体で起こる内部作用への類い稀な洞察を、私たちに示してくれる。重時は当時のサムライ政治家として重きをなしていた。将軍頼朝の死後は北条氏が幕府の覇権を握り、将軍の摂政すなわち「執権」として鎌倉政権を実質的に支配した。重時は第三代執権北条泰時の弟として、幕府で重要な立場にあった。彼は自分の知恵と経験の果実を、息子と家族に伝えたかった。二通の手紙のうち一通は息子・長時あてで中年期に書かれたもの、もう一通は引退後に家族にあてたより公的な教訓をまとめたものだが、これらはサムライによって作成されたこの種の家の教訓、「家訓」の嚆矢であるばかりでなく、中世サムライ哲学の比類なき第一等史料でもある。息子あての最初の手紙は公の用に供する意図がなかっただけに、彼の価値観と思想とを正直に映し出している。

一二三〇年から一二四七年まで、重時は京都の「探題」として朝廷に対しサムライ政権の代表を務めるとともに、南西部日本の幕府御家人を監督した。（東国の御家人は幕府本来の権力基盤であって、もっと直接的に幕府と結ばれていた。）こうして重時は、南西部日本のサムライ社会の実質的な指導者であるとともに、朝廷に対しては幕府を代表する京都駐在の大使でもあった。このような政治的に微妙な立場が彼の政治展望を鍛え、研ぎ澄まし、サムライ指導者としての自覚を高めさせた。こうした経歴のなかでのさまざまな経験が、若き息子長時あてに重要な私信を書くきっかけとなった。この手紙が私たちに示すのは、率直で包み隠しのない、かなりマキアヴェッリ流の政治哲学である。

重時は戦士として、武人の名誉こそ名声の最も重要な源だという信念を持っていた。彼は息子にこう書いた――「心甲《こう》ニテ（容易にぐらつかぬ勇猛心で）、カリソメニモ臆病ニ見ヘズ、弓箭ノ沙汰ヒマナクシテ（常日頃弓矢の訓練に励んで）」云々。[26] ここに彼の武人的背景が表われ出ている。それと同時に、若きサムライは傲慢であってはならぬばかりか、「事ニ触レテナツカシクシテ（あらゆる機会に感じ良くし）、万人ニ睦《むつ》ビ、能ク思ハレ」云々。[27] 重時は他人への丁重でへり下った態度の大切さを強調して言う――「構《かまへ》テ我身ヲバヒゲシムベシ（よく考えて意識的に腰を低くしなさい）。タトヒ劣ナル人ナリトモ、人ニハ敬ヲ」云々。[28] この父は息子に対して、人前で恥をかかぬよう、育ちの良い鼻のかみ方など細かなエチケットまで教え込む。しかしこうして用心深くカモフラージュしながらも、重時は京都朝廷人の退廃的な社会には決して同化せぬよう、息子に警告する。「身ノ芸能ニヲキテハ、ヤスクスベキ事ナリトモ大方叶《かなふ》マジキヨシヲ云テ（技芸を披露するよう言われ、簡単にできるようなことであってもいっこうに不調法でなどと言って）……ワ殿原（おまえのような戦士）ノ身ニハ、成敗ヨクシテ（公ごとの扱いに長けて）、物ノ道理ヲ知リ、中ニモ弓箭ノ道ヲタテガラスベシ（熟達すべし）。……強《あなが》チ芸能ヲ励ムベカラズ（ひたすら技芸の追求に耽ってはいけない）。[29]」

重時の手紙の表向きの目的は、息子に戦士としての威厳をどう保ちつづけるかを教えることである。しかしながら、その底流にある狙いは、この青年が誇り高きサムライと陰険な京都貴族の両方ともを巧みに操縦していけるよう、彼に政治技術を吹き込むことである。この点で名誉ある評判を保つことは、それが権力ゲームの成り行きを直接左右するがゆえに、重要なことであった。

名誉の共同体の日々の社会的相互行為において重時が良い評判を得ようと気づかっていることとは、彼が次のように書くとき明らかである――「何《いか》ニ得利《とくり》アル事ナリトモ、世間ノ聞《きこえ》悪シカリヌベカラム事ヲバ（もしも世間で悪い評判が立つなら）、百千ノ利潤ヲ捨テヽ、人聞吉《ひとぎきよ》カラム事ニ付ベシ（良い評判のほうを堅持しなさい）。(30)」ここで重時は、息子に向かって自分の評判を保つことのみに汲々として努めよと忠告しているのではなく、計算ずくの私利追求はやめなさいと勧めているのでもない。彼の言わんとすることはその反対である。狂暴で狷介な家来たちを支配し服従させるというのは真に困難な政治的職務であって、戦士の心根を摑んだ者だけになし得ることだった。「世間」つまりサムライ世界で良い評判を取ることは、家来である戦士たちの信任を維持するために必須のことだった。重時は、やがて政府の重鎮になるであろう息子に向かって、評判を保つことは将来の出世のために絶対不可欠だと訓えたのである。

ここで「世間」という言葉が、人の名誉や評判を評価する共同体の存在を含意している。重時の「世間」の使用はこの重要な、日本の名誉文化の鍵となるコンセプトを表わすこの言葉の使用の最も早い例の一つである。この語はもともと仏教用語で「世俗の世界」を意味しており、古代日本に入って来たときには名誉や恥辱の概念とは特に結びついてはいなかった。しかしながらこの語は近代の日本では、評判への気づかいとの関係で頻繁に使用され、名誉や恥辱の心情に適用される。(31)実際、「世間」とは気のおけない家族や親しい仲間たち――安心して恥をさらすことができる「内《うち》」すなわち内部の人びと――の限られた世界を越えて広がる、想像上の評価の空間である。例えば、近代ではよく使われる表現の「世間体が悪い」は、名誉の概念に直接言及している。「世間」で物笑いの種になることを回避することが、内面的にも外面的にも日本人の道徳上の行動を規制し規定してきた通俗倫理である。重時が評判との関連で使った「世間」は、情報（例えばサムライの評判）と価値（例えば名誉の基準）とを共有する想像上の共同体の成立、したがってサムライ名誉文化が鎌倉期にある程度成熟し、制度化したことを暗示している。

この語の使用はまた、重時が一つの情報複合体のなかにいたことを示している。この複合体《コンプレクス》は新たに成立した保護者‐被保護者間の互恵ネットワークから生まれたのだが、まさにこの変化が中世国家の発展を促したのであった。鎌倉におかれた幕府の家来としてのサムライ同士の頻繁な相互作用（ある程度は京都における相互作用も）は、名誉の評価が行なわれる想像上の文化共同体の物理的基盤であった。

重時は「世間」で良い評判を取る政治的テクニックを教えるなかで、自然な愛着にもとづいた人間関係の重要さを強調する。例えば彼は、自分の周りに好ましい社交的環境をつくる術を教授して息子にこう言う――「酒ナンドアランニ（酒を飲むときは）、一提《ひとひさげ》ナリトモ、一人シテ飲ムベカラズ。便宜アラン殿原モラサズ召寄テ（都合のつく仲間は皆招いて）、一ドナリトモ飲マスベシ。サレバ人ノナツカシク思付ク也（そうすれば人は昵懇に付き合ってくれるだろう）。(32)」

個人的に昵懇な付き合いを重視せよとのこうした忠告は、もちろん、政治技術養成学校では万国万代不変の知恵である。しかし、鎌倉の君臣関係の政治学の内側では、典型的な主‐従関係が従者側からの主人に対する自発的・個人的服従によって維持されるがゆえに、とりわけ必要とされたのである。家来たちをコントロールしつつ上下関係の連携を拡大してゆくことは、大サムライ集団の跡継ぎにとって最重要の政治技術であった。鎌倉期の君臣制度は堅固な法的あるいは組織的な土台というよりは、概ね主人と従者の間の個人的な信頼を前提として築かれていたがゆえに、相対的に自立していた従者たちは主人の信頼性に対して絶えず綿密な検討を加えていたのであった。

こうした文脈において、従者の二つのタイプの区別、すなわち、家に組み込まれている者とそれより自立している者との区別が、主人にとって実際的な重要さを持つ問題となった。重時は息子に大事な知恵を授けることを忘れず、主君はその家来がどちらのタイプに属しているか――世襲的あるいは長期的か、それとももっと自立しているのか、にしたがってその扱いを違えるよう忠告している――

我恩シタラン者ト、散所《さんじょ》ノ人トアランニハ、若トモ散所ノ者ヲ賞スベシ（おまえにその生計を頼っている者と時たまおまえのために働く者とが一緒におまえの前にいたら、おまえは後者のほうにより多く気をつかうべきである）。恩ノ下ノモノハ、時トシテ□内々浦見《うらみ》思事《おもふこと》アリトモ、ナダメヤスシ（前者は、時おり内々でおまえに不平を言うかも知れないが、扱いやすい）。ヨソノ人ノ浦見申サン事ハ、聞ザレバ知ガタシ（しかし後者のようなおまえの支配の外側の連中がおまえに不満を持つと、おまえがそれを耳にし、連中を取りもどすのはたいへんむずかしいことになってしまう）。[33]

有能な主君であるサムライは家の内にあっても、部下の信頼を獲得すべくおおいに気を配らなければならない――「召仕フ若党ニモ、心中ヲ見ヘジト（身近に仕えている若い連中にもおまえが本当に考えていることは見せてはならぬ）……」[34]

重時の手紙は鎌倉期の君臣制度内部における深刻な緊張関係の存在と、その結果サムライ世界の社会関係をうまく進めるために必要になった微妙な行動への濃やかな気配りとを示している。主従関係に入ることがそのまま自動的に、主君に対する臣下の忠誠を将来にわたって保証したのではなかった。サムライは忠誠に値する者に我が身を託すべく、主君の能力と信頼性を常に試そうとしていた。世間に通用している武人のエトスと名誉とを分かち合える主人だけが、従者からそうした強固な反応を引き出すことができた。こうした傾向は主人たちに、名誉あるサムライの価値ある指導者としての良い評判を獲得すべく、自己規制を強いたのであった。

鎌倉期の君臣制度が現実にどう機能していたかを検証すると、名誉共同体に影響を及ぼした社会的文脈が明らかになる。この時代のサムライ社会は、社会的に自立し主従関係のシステムによって垂直に組織されたサムライの集合体からなっていた。この社会の内部では、水平・垂直両次元の社会規範が本質的な緊張関係のなかで共存していた。名誉は正式には当局者から授与されたが、その承認が大事とはいっても名誉共同体が上下関係の次元だけに還元されるわけではなかった。そこにはまた、良き戦士である限りサムライ階級の全メンバーは同じ仲間だという暗黙の了解があった。誇り高き個人としてのサムライは、サムライ社会の内部では、外面的な政治・経済上の上下関係いかんにかかわらず名誉の点で同等の立場を主張することができた。この「世間」という想像上の共同体における名誉の判定には、仲間の戦士たちの絶えず見守る視線の存在が想定されていた。どのような状況であれ少しでも弱さを見せることを許さない競争的な態度は、名誉の承認を仲間から得るために決定的に重要なことであった。

後の徳川期になると、サムライの世界は厳格な上下関係の原理を基盤に再編成された。こうした移り変わりにもかかわらず、仲間としてのサムライという観念——名誉共同体の水平次元——は、徳川サムライの思考態度のなかに強く残っていた。私はこの徳川の文化的展開について、本書の後半で詳しく分析しよう。しかしここで私たちが留意しておかねばならないのは、自律性と他律性、競争と協力、さらには上下関係における忠誠と平等主義的仲間連帯との間の緊張関係を組み込んだサムライ表象体系《シンボリズム》の重要な側面が、中世サムライ世界の社会組織的文脈の内部にしっかりと芽生えていたということである。

4　名誉ある死の儀式——合戦とサムライの感性

変化を促す触媒としての名誉

私はこれまでの章で、日本史のメインステージへのサムライ階級の登場は、彼ら戦士たちがそれまでになかったやり方で暴力を行使したことで可能になったと論じてきた。この章では、同じプロセスを違った角度から、すなわちサムライ独特の文化結合、すなわち「名誉」と「死」と「合戦」の関連の面から見てみよう。この関連で特に重要なのは、己の評判のためには、とりわけ武人としての名誉のためには命をも懸けた、サムライの心的傾向である。このように自ら進んで命を捨てるということは、新しい規範が出現したことの明白な証拠である。サムライの名誉を重んずる心性と死に対する独特の態度は、彼らにそうした態度をとることを余儀なくさせた政治経済学の反映であっただけではなく、彼らの専門的軍事技能や軍事テクノロジー（馬、弓矢、剣の使用が含まれる）と相俟って、サムライたちに国を支配する政治的覇権を握らせた根本の力であった。こうして名誉ある戦士のエトスの誕生は、社会変化の結果であるとともにそれを促した触媒でもあった。

中世を通じてサムライの初期の名誉文化は、知的あるいは抽象的にではなく、武人の思考態度とエトスとして受けとめられていた。この「武人の心情」という言い方は、名誉が内面的価値にまで発展しなかったことを意味したのではない。戦場でサムライはしばしば——常に、ではないが——不名誉に生きる可能性より名誉ある死のほうを好んだ。サムライが人間の名誉を、そのために命を捨ててもよいほどのものであると考えたことは、この規範が強烈に内面化されていたことを事実において示している。このレベルでは、他の何よりも名誉こそが中世のサムライの精神生活の中心となったのであった。

戦いと死をめぐるサムライ独特の流儀は、一二世紀後半から特に目につくようになった。平安時代後期において戦場での死亡者の数は、日本史家の河内祥輔が指摘したように、現代の標準からすれば極端に低かったが、それは敗れた戦士は単に戦場から逃げてしまうか、敵に降伏してしまったからであった。(1) 現存している証拠資料は、戦闘行動が紛争解決の最終段階の儀式であった、他の原始社会に関する戦争の民族誌的報告のことを思い出させる。これらの実例では、多くの戦闘員が加わって見かけは大きい戦闘でも、死者の数はほんの少しだった。最後に殺されるまで戦場にとどまるというのは、古代日本の戦士にとっては考えられもしないことだった。

中世日本で進行したプロの戦士階級の社会的・政治的・文化的成熟が、こうした状況を変えた。特に、新たに発展したサムライ方式による保護 - 被保護関係（つまり君臣制度）は、主君とその家来との間に強烈な連帯感を育んだ。「家」組織はもっと強烈な運命共有感を発展させ、それは勇敢さや、忠誠や、戦場での果敢な行動で表現されたのである。

例えば一一八〇年の宇治合戦は、最初の幕府成立にいたる内乱の開幕となった戦いだったが、源頼政に率いられた反乱軍のサムライは絶望的な状況を勇敢に戦い抜いて最後には全滅してしまった。京都の著名な貴族だった藤原兼実は日記にこの戦闘のことを記し、明らかな驚きを示してこう書いた――「敵軍僅に五十余騎。皆以て死を顧みず、敢えて生を乞うの色無し（敵軍はほんの五〇人までに減った。彼らは死を恐れず、命乞いなどまったくしなかった）。(2)」戦場でのこのような犠牲的戦いは以前にはほとんど見られなかったものだ。この意味で宇治合戦こそは、河内も言うように「戦場を死に場所と心得るような合戦の仕方(3)」であるがゆえに、正しく中世の幕開きと呼び得るのである。戦場を死に場所と見なす戦士階級の登場は、新しいエトス――サムライ名誉文化――の出現でもあった。

この文化は社会構造上の変化の受動的な結果ではなく、そのような変化を促進する能動的な動因《エイジェント》であった。一例として私たちは、宮廷文化に行き渡っていた「ケガレ（穢れ）」に対する態度が修正されたことを考えてみよう。皇族や貴族の間では、特に平安中期以後、死との接触は次第に最も危険なケガレと考えられるようになった。(4) 有名な詩人貴族の藤原俊成が末期の床に就いた時、家族へのケガレを避けるため、習慣にしたがい彼は隔離されてその生涯の最後の時を古い廃寺で過ごした。父を見舞いにその寺を訪れた息子・定家が日記に書いているところでは、彼は「荒廃する」「堂の廊」の「冷気」に堪えられず、夜にその場を離れてしまったのである。(5) 当時の文学は、天皇の死でさえケガレの危険な源として扱われたことを示している。(6) このように、時として社会的上下関係もケガレへの恐れを乗り越えることができなかったことは明らかである。そのような心性に縛られている人びとが、敵の血で自分の手を穢すことを恐れぬばかりか、戦いでは喜んで命を捨てるサムライ戦士たちにどう太刀打ちできただろうか？　貴族にとって軍事をサムライに任せてしまうことがますます魅力的になっていった理由の一部は、この文化の違いにあったのである。

中世初期の合戦

サムライの合戦は死と名誉と打算とが複合した社会的な儀式であった。名誉のイデオロギーは現実の戦争を通して具体化され、強化され、更新された。名誉と死とのこの特別の結びつき自体が、日本の中世の合戦の行なわれ方と密接に関連していた。サムライの名誉文化をその独特の死への態度との関連で完全に理解するためには、軍の組織と戦闘の仕方の実際とを検証しなければならない。

中世期を通じて、軍の組織の特徴は本質的に私的だった。宣戦布告がなされると、騎馬の戦士が私兵を率いて主君の戦闘に参加した。これら小規模単位の軍は、それぞれが御家人自身の費用で調達され提供された。軍の動員がこのように私的性格を帯びていたことを反映して、中世初期の典型的な戦さでは戦術指揮系統の不完全さがあらわだった。従者を連れた個々の騎馬の兵士こそが戦場の主役だった。

サムライは主君からしかるべき報酬を手に入れ、かつ、個人と家の名誉を高めるために、戦場の自分を際立たせようと努力した。中世の戦さでは戦術的・組織的な用兵よりも個人の勇敢さに報酬が与えられたが、こうすることで個人的な名誉争いが奨励されたのだ。有名な戦士を殺すこと、あるいは馬上で最初の突撃者になることが名誉の手柄と考えられ、うまく成し遂げた戦士は魅力的な報酬を期待した。この時期のサムライは「打込《うちこみ》の戦《いくさ》」、すなわち軍団が組織立って動くことを好まなかったが、その理由は、名誉ある行動やパフォーマンスが戦士の群団にまぎれて目立たなくなるからである[7]。源義経は将軍頼朝の弟で軍事の天才とされ、今でも日本で最も人気のある英雄の一人であるが[8]、当時のサムライ戦士たちからは実際には嫌われていたらしい――と言うのも、彼の戦術的部隊展開はサムライから個々の武人としての有能さを戦場で誇示する機会を奪ってしまったからである[9]。戦士たちはたくさんの部隊の組織立った配置・布陣より、個人としての武技や手柄を示威することに心を砕いていた。実際、中世のサムライたちの個人主義的性格は、日本人を順応一致主義者《コンフォーミスト》と見る従来の紋切り型《ステレオタイプ》を受け容れてきた人には、新鮮な驚きと映るだろう。

中世の戦場での実際の戦闘は、こんなわけで、暴力と死と名誉の色彩豊かな儀式であった。騎馬の戦士同士の一騎打ちは儀式的な「名告《なのり》」で始まるが、ここで戦士は誇らかに自分の名前を告げ知らせ、またしばしば自分の領地の地名と自分や自分の家族が勝ちとった名誉を並べ立てた。例えば『平家物語』の伝えるところによれば、今井四郎という名の誇り高き戦士は敵の軍勢に馬を乗り入れ、鐙に踏ん張って立ち上がり、声を限りに意気高らかにこんな挑戦の言葉を投げつけた――「日来《ひごろ》は音にもきゝつらん、今は目にも見給へ、木曾殿の御めのと子（木曾義仲の乳兄弟）、今井四郎兼平《かねひら》、生年卅三（年齢三三）にまかりなる。さるものありとは鎌倉殿までもしろしめされたるらんぞ（こういう者がいるとは頼朝も知っている）。兼平う（ッ）て見参にいれよ（兼平を討ち取って首を頼朝に見せよ）[10]。」

中世初期の合戦では、常に騎馬の戦士が戦闘の主役だった。彼らは重く色彩豊かな甲冑と武具とを着けていた。彼らはしばしば相手方の高名な戦士と戦おうとしたが、評判の高いサムライを殺すことはそれほど有名でない敵を倒すよりはるかに名誉なこととされていたからである。普通は徒歩でしたがう彼らの家来は、騎馬の主君の手助けとしてしたがっているだけで、戦いで重要な役割を果たすことはなかった。家来のうちの一人は普通家名を示す旗を持ち運んでいて、主君の存在を際立たせた。主君が戦闘で死んだ時、その名誉ある死を誇らかに告げるのは、しばしば徒歩の家来の仕事であった。

合戦こそは、サムライたちが栄光と名誉を求めて競い合う強烈な絵図であった。打ちつづく戦闘は緊張の瞬間の連続であり、その瞬間ごとにサムライ個々人の名誉が試され、その瞬間ごとに名誉の認定を公式に勝ちとる機会が提供されたのである。『名』を上げること」が戦場では最も重要であり、サムライの望みは指揮官の記録のなかで彼の活躍ぶりが褒めそやされ、後にはそれが将軍にまで伝わることであった。もちろん、こうした名誉獲りの心性には、それを手段にしようという意図も結びついていた。もしも主君から「認められ」なければ、名誉も獲得できず主君の恩賞にもあずかれぬ結果となり、勇敢な行ないも無駄だった。こうしてサムライたちは、自分の活躍ぶりが同輩から目撃されたことをいつも確かめていた。

戦士たちは自分を際立たせるために、色鮮やかな甲冑やひときわ目立つ兜で装い、背中にはしばしば小旗を担っていた。戦いが終わると通常、勝ち軍の司令官はあげられた首級を検査し、戦士個々人の目ざましい活躍ぶりをすべて書き留めたが、そこには突撃の一番乗りと名誉ある戦死を遂げた者が含まれていた。戦士の手柄を記録した後、彼はそれを将軍に報告した。合戦というものがまだ戦士個々人の戦いの集合にすぎなかった中世初期においては、司令官の主な仕事はサムライの名誉獲りのエネルギーを最善の方向へ結集することであった。こうして味方軍勢間の内部の競争は、外部の敵軍との戦いに劣らず熱を帯びていたのである。

中世日本の合戦の構造は、名誉の文化に重要な要素を提供した。個々の騎馬武者の一騎打ちを主体とする中世の合戦の形式が、個人の卓越性と評判とを求めて戦うようサムライたちを督励したのである。戦いと名誉の重要な単位は「家」であったが、戦士たちはなお個人ベースで栄誉を求める傾向があった。一例を挙げると、当時のある絵巻の一巻には、竹崎季長という若い武士がなんとか戦場における自己の武勲が正しく記録され、正当な名誉を恩賞で報いてもらおうと涙ぐましい努力を払った経験が記されている。この男は戦場で自分の氏族の軍勢から独り離れて行動し、一二七四年に日本を襲って来た蒙古軍との遭遇一番乗りという比類ない手柄を立てた。ところが不幸なことに、彼の勇敢な行為のことを述べた現地司令官からの記録は、将軍まで公式には届けられなかった。怒り狂った季長は、親類縁者の反対を無視して鎌倉の幕府に抗議書を提出することにした。九州から鎌倉まで二カ月の旅の後、季長は幕府御恩奉行に面と向かって激しく抗議し、かつ、懸命に説得した。ついには、幕府は彼の言い分を受け容れ、自己主張の強いこの男に気前よく報いたのであった。詳しい詞書《ことばがき》の付いたこの絵巻は後に季長の需《もと》めで描かれたのだが、彼は戦場における己が武勇とともに、彼の抱いた不満と鎌倉での最終的な勝利とを記録しておきたかったのである。[11]

この一件が示すように、戦闘の基本単位は「総領」が監督する「家」であったが、サムライはしばしば個人として識別されることを欲し、個人の手柄に応じて将軍から名誉を与えられ、報いられることを望んだ。これら軍事プロフェッショナルたちの経験はサムライの個人主義を、名誉はもはや集団には拘束されないという地点まで高めたのであった。

この時期を通じて、サムライ身分は多少とも開かれたものであると受けとめられていたことに留意することが重要である。中世のサムライの多くは戦士階級の家に生まれついたがゆえにサムライであったことは事実だ。しかし徳川時代とは違って、中世のサムライは世襲的地位という事実に安閑としていることはできなかった。土地の支配をめぐる絶えざる抗争や頻繁な戦いのおかげで、彼らサムライは力、能力、信頼性についての評判を維持していかなければならなかった。言葉を換えて言えば、単なる家名よりは活躍ぶりが、生まれつきの地位よりは獲得した地位が、中世サムライのアイデンティティーの顕著な特徴であった。すでに述べたように、日本の古代国家はエリートの十分な実力登用制度を採用したことはなかった。もっと正確に言えば、政府高官の地位を占めたのは貴族のうちでも限られた血筋だけ、特に藤原氏に生まれついた者だけであった。これと反対に、サムライの家は概ね世襲だったが、軍事の専門家として絶えざる実力証明と能力の向上を求められるがゆえに、世襲の地位を安泰と考えるわけにいかなかった。戦士階級の数世紀にわたる支配は、後の日本文化の個人主義的・実力主義的側面に重要なインパクトを与えたのである。

敵の首を切り取ることは、サムライの合戦の重要な慣習だった（図2、図3）。中世を通じて、大勝利の後の司令官の宿営ではいつも、幾十、幾百もの首級が並べられた。『吾妻鏡』は一二一三年の和田義盛の乱では敗れた戦士の首は二三四にのぼり、それらはしかるべく固瀬河（片瀬川）の岸に陳列されたと記録している。[12] この恐ろしい慣習の起源ははっきりしない。これをプロ戦士の残酷な「本質」に帰しても、たいした説明にはならない。人としてのアイデンティティーを表わす頭部の象徴的な重要性が、頭部を有するものに力と繁殖力があるとする社会の首狩りの風習で共通に観察されるような、宗教的な意味合いを持つ可能性を暗示している。[13] 敗れた敵の首を並べることと仕とめた動物を山の神に捧げる狩人の儀式との間に類似性を指摘する学者もある。しかし中世日本における人頭の隠された意味に関して当時の文献は多くの情報を提供していないので、サムライたちにとって人頭が持っていた宗教的な意味は分からぬままである。

敵の首を切り取ることが戦士にとって大事な名誉となった一方で、敗れて首を切られたほうは不名誉となり、ここに名誉と不名誉の交換が起こる。かくして『平治物語』は、致命的な傷を負ったサムライの首を不名誉を逃れるべく同輩が切り取るエピソードを描いている。瀧口俊綱が戦さで首を射られて馬の背から落ちそうになった時、彼の主君は家来の一人にこう言った、「敵《かたき》に頸《くび》ばしとらすな。御方《みかた》へとれ。」主君の命令を聞いた瀧口は、自ら仲間のサムライのほうへ首をのばして言った、「さては心やすし（それで安心だ）。」[14] しかし、首を切り取られる不名誉を過大に一般化してはならない。戦場で勇敢に戦った後に首を取られるのも、名誉ある死とされることがあったのだ。実際、そのような勇敢な兵士の息子たちに対して、主君は気前よく報いた。

サムライの合戦の範囲が拡大するにつれて、主君から恩賞を得ることが戦士にとって戦さに参加する主な目的となったがゆえに、敵の首を切り取る慣習はしっかりと制度化されたに違いない。この農業中心の社会では、戦勝の結果行なわれる主君からの土地分配が富を増やす最も確実な方法だった。略奪を行なってその戦利品を兵士に与えることは、西欧では近代の初めまで盛んに行なわれたことだったが、サムライにとっては二次的な魅力でしかなかった。それというのも、持ち運び可能な財物の生産段階は、平均的な村落での略奪を誘発するほど十分な蓄積にまで達していなかったのである[15]。都市の発達と資本の蓄積は、鎌倉時代の日本では比較的未成熟であり、戦争は本質的に耕地をめぐって戦われた。したがって主君の認知によってだけ、サムライは土地所有の富を確保し、増やすことができたのである。

そのような認知を勝ちとるには、サムライの戦闘能力を証明する敵の首級以上に確かな証拠はなかった。捕虜たちもまた通常は首をはねられたが、勝ったほうの司令官が捕虜となった敵の家来を、自分の家来になることを条件に赦すこともあった。捕虜が出家することがその助命の条件になることも時おりあった。捕虜の命と引き換えに金銭で埋め合わせる身代金を取ることは、西欧の戦争では普通に行なわれたことだが、日本の文化では稀だった。同様に、捕虜が奴隷になることも、他の多くの社会ではやはり普通のことなのだが、誇り高きプロフェッショナルとしてのサムライには問題外であった。こうして栄光ある勝利は富と自尊心を増やし、敗北はたいていは死を意味した。サムライの行為において、合戦に勝

図２） 1159年平治の乱の後、藤原信西の首を掲げて京都の街を行進する勝利軍。『平治物語絵巻』（13世紀頃）

図3）　川中島の合戦、1561年。敵の首を切り取ろうとするサムライに、もう一人の敵方のサムライが仕返しの機をうかがう。『川中島合戦屏風』

利して栄光と名誉を手に入れたいという切望は、計算ずくの「合理的な」実利と堅く結合していたのである。

慣例として、敬意を払うべきサムライの首は検分に先立って洗われ、髪を梳かされた。切り取られた首を洗う仕事が、時としてサムライの女たちに回ってきた。戦さの間城に住んでいたサムライの娘が記録した珍しい目撃譚が、このいやな作業の有様を描いている。後におあんとして知られる少女は、山田去暦という立派なサムライの娘だったが、一六〇〇年の関ヶ原の合戦の間に美濃の大垣城で、集められた首の傍らで寝るという恐怖を経験した。おあんの経験はずっと後代の記録だが、戦争の実際を詳細に語ったサムライの女たちの回想はめったにないので、私はそこから引用する――

われらも母人も其外家中の内儀むすめたちも皆々天守に居て鉄炮の玉をいました。又味方へ取たる首を天守へ集められて夫々に札を付てならべおき夜る〳〵首におはくろを付ておじやる。それはなぜなりや。昔はおはぐろ首は能き人とてしやうくわん（賞翫）した。其首共の血くさい中にねた事でおじやつた（母と私、そしてその他の家来たちの妻や娘は皆天守にいて、鉄砲の玉を鋳ました。また味方が取った首は天守に集められて――識別できるよう――それぞれに札を付けて並べておき、夜ごとその首におはぐろを施した。なぜそんなことをしたのか？　昔はおはぐろ首は立派な人として賞賛された。それゆえ白い歯の首にはおはぐろを付けてくれと頼まれたのだが――歯を黒く染めることは平安時代朝廷の女性の間で盛んな慣習だったが平安後期から室町時代にかけては男性の貴人・武人にも愛好された――、後になると首も怖いものではなくなった。それらの首の血の臭いのなかで寝たことであった）。(16)

城は優勢な徳川家康の軍からの絶え間ない攻撃にさらされていた。ある日、おあんの目の前で弟が殺された。茫然自失した彼女は包囲された城にいる間泣くことさえできなかった――「いきたこゝちもなくたゞものおそろしくこわやとばかりわれ人おもひたがのち〳〵は何ともおじやらぬ物じや（生きた心地もなくただ怖い恐ろしいと私も人も思ったが、後になれば何でもないものだ）。」おあんは後に家族とともに滅亡の城から危うく逃れ出た。ここでは、敗北が差し迫っているというのに首の化粧はいつも通り行なわれていたことに注目しよう。首を洗う行為は、幾分かけ斃れた武者への敬意のしるしだったのであろう。しかしより深く見れば、それは英雄的な敵を倒すことができた男である勝利者の、誇り高き名誉に対する賞賛の表現だったのである。そして山と積まれた首という形での武勇の具体的な証が、主君からのよりよい恩賞という結果を確かにもたらしたのである。

血に染まった何百もの首が計算ずくの行為の結果であったとしても、命懸けの戦いで喚起される恐怖や興奮、そして死と勝利との鮮やかなコントラストが、サムライの心や魂を形づくってゆくことは想像に難くない。絶望的な状況のなかで命に執着することが不名誉と考えられたのは、こうした文脈のなかでだった。

自死の上演

死の瞬間は、名誉を演出する重要な機会だった——自制、威厳、そして死後の名声への気づかいといったすべてが、特別の強度でこの一点に融合した。そこから名誉ある、そして「美しい」死という強迫観念が、サムライの名誉文化に徐々に浸透していったのである。自分の意思による死を人前で披露するという伝統以上に、新しい名誉文化の誕生を象徴的に示しているものは他にない。

もう一つの独特の慣習、「切腹」による名誉ある死が日本で最初に現われたのは、サムライ階級の時代の到来とともにだった。その一例は『平家物語』に先立って書かれた、一一五六年の保元の乱を物語る『保元物語』にある。ここで私たちは猛き戦士・源為朝が、自分の敗北が明らかになった時どう振舞ったかを読む——彼は自分の家の柱にもたれて腹を切った。後世徳川時代のサムライはこれを、サムライの切腹の最も早い例としていた。[17]『義経記』も、名高き大将・源義経は屋敷を攻められ切腹で自殺したと述べている。しかし『義経記』はずっと後の室町中期に書かれているから、この有名な例は目下議論している時期にはあまり有効ではない。

『平家物語』によれば、源氏と平家の戦争を通じて、日本の南西部出身で長く京都に住んでいた平家側の有名戦士は切腹しなかった。[18] 例えば源平間の最後の海戦で、平家の有名な武将は重い甲冑のまま海に飛び込み、二人の敵を腕に抱え込んでともに溺れ死んだ。しかしながら同じ『平家物語』でも、源氏の戦士はほぼ切腹に近い死の儀式を行なっているのが語られている。宇治の合戦における源頼政がその例である。彼は家来に向かって彼の首を切るよう命じた――「(家来の唱《となう》は)涙をはら〳〵とながいて、『仕《つかまつ》ともおぼえ候はず(とうていできるとも思われません)。御自害候はば、其後こそ給はり候はめ(ご自害なさった後でお首をいただきましょう)。[19]』」家来の躊躇と悲しみを見てとった頼政は刀で腹を突き、その上に突っ伏したのである。

もう一つの例は源氏の戦士木曾義仲の家来・今井四郎の自殺だが、彼はもっと劇しい自死の仕方をして見せた。最後の瞬間に彼は叫んだ、「是を見給へ、東国の殿原、日本一の甲の者(剛の者)の自害する手本。[20]」彼は刀の先を口に入れるや、馬の背から地面に飛び降り、自らの刀で己を刺し貫いたのである。

これら二つの例は後の時代の切腹の儀式に近づいている。これらの実例から切腹という慣習は、日本の南西・中央部ではなく北東部(東《あずま》)で始まったという推測もできようが、正確な起源は未だはっきりしていない。当時、戦さにおけるサムライの自死の手順はおそらくまだ固まっていなかっただろうが、人生最後の瞬間に威厳と勇気を見せることに高い価値をおく独特の心情が生まれつつあった。切腹の儀式の伝統は、絶望的困難のなかにあって戦士の誇りと精神の自律性とを強烈かつ熱烈に表現することから始まった。鎌倉時代以後の文学はしばしば戦闘のさなかの切腹を描いて、戦士の死の自決的性格を強調しているが、その最も印象的な例は鎌倉幕府の衰退によって日本が新たな内乱期に入った一四世紀に見出される。[21]

後の時代と違って中世のサムライは、敗色濃厚となった時、主として戦場で切腹した。中世を通じて平時の切腹は少ない。重罰としての切腹が多くなったのも後の時代のことで、おおまかに言って戦国期以後であった。「自ら決する死」という神話を強化し規範化しようとする傾向が中世に次第に強まってくるのを、私たちははっきりと認めることができる。この観点から私たちは、文化が制度化されるプロセスを確認できるのである。このプロセスは中世の最も有名な二つの戦争叙事詩、『平家物語』と『太平記』とを比較すると明らかになる。前者が最初に書かれたのはおそらく一三世紀の前半であり、一方『太平記』が現在の形に整ったのは一四世紀後半であった。これら二つの文学作品を比較してみると、「自らに課す死」の文化はすでに変化を遂げていることが分かる。『平家物語』の戦士たちは、自ら死を選び取ることもある勇敢で強固な意志を持つ者として登場している。しかしながら、名誉を重んずるこの心性を表現する方法（すなわち自殺という形式そのもの）は、『平家物語』においては未だ制度化されてはいない。対照的に、『太平記』におけるサムライ英雄の描写は、「栄光ある」自決死の制度化と神話化が進行しているのを私たちにはっきり確認させてくれる。『太平記』では中世後期の他の戦記物と同じく、切腹という形の自殺は普通のことである。『平家物語』では切腹式の自殺記事はわずか六人であるが、『太平記』では六八箇所で総計二一四〇人にのぼる切腹が語られている。[22]『太平記』の他にも、死をめぐるサムライ文化の多くの側面が中世後期次第しだいに儀式化されていったという結論を導くような記述が、この時代にはたくさんある。要するに、『平家物語』と『太平記』の双方の勇敢な戦士の造型には共通の心情が見られるものの、後者のほうではその心情がはるか高度に制度化され、儀式化されて表現されているのである。

ここで確認しておくが、死に瀕した戦士の行動を描いている戦記文学からの情感のこもった描写がそのままサムライの行ないの歴史的現実を反映しているなどと、私は主張しているのではない。しかしながら、名誉ある死のエピソードがこの文学に記録された最も感動的な行為であることに注目することは重要である。とりわけ『平家物語』も『太平記』も、名誉ある死を遂げたサムライを賞め賛える感情に直接アピールする作品だが、これらは琵琶法師によって広められ、サムライの間で広く流行したのだった。この文学の叙述はあまり字の読めない人びとにも届いて、サムライの文化的アイデンティティーの構築を助けた。特に『太平記』は、徳川時代を通じて最も人気のあるサムライ古典だった。徳川家康（一五四二―一六一六）自身も『太平記』の語り（「太平記読み」「太平記講釈」などと呼ばれた）を聴くのが好きだった。[23]私たちは歌舞伎を含む徳川時代文学のさまざまなジャンルのなかに『太平記』のテーマがたくさん採られているのを見出すが、この事実は私たちに、これらの物語がサムライ文化の表象構築で果たした役割の再考を迫るのである。中世にコード化されたサムライのイメージは、サムライたちの想像力と集合的アイデンティティーに重大な影響を及ぼす物語と詩歌という文化のレパートリーを、このように公式化したのである。

ここで私たちは、サムライの「名誉ある暴力」という文化の公式化に果たした日本仏教の特殊な役割に注目しなければならない。概して日本の仏教は、サムライが職業として行なう殺人に対して道徳的な原理からの対決はしなかったし、サムライの間に出現した暴力的慣習に対していかなる制度的反対も行なわなかった。このようにサムライに対して制度的規制がなかったといっても、それはサムライが宗教的ではなかった、あるいは仏教は彼らの精神生活に深い意味を持たなかった、ということを意味するのではない。仏教は一般論として命を奪うことを深く厭うべきこととしていたから、サムライは職業的戦士の役割で行なわねばならぬ人殺しによって、否応なく悪い業《カルマ》と関わっていた。将軍頼朝自身も、ある僧から多くの人命が失われたことの責任と罪の重さを教えられた時には、深い宗教的な思いからどっと涙を流したと言われている。[24]「存在の非永久性」（無常）という仏教概念の感覚的な理解が盛んに広まった結果、最も勇敢な戦士たちの心のなかにも、時として命のはかなさの意識が培われたのである。

にもかかわらず、非暴力に関する仏教の教えがサムライの職業的・政治的活動に対して宗教的妨害となるようなことなどなかった。さらに、サムライ自身は戦士を救い難い罪人とする仏教の定義を概ね受け容れていたにもかかわらず、彼らがその理由で武人の職を捨てることはなく、名誉ある暴力の実行を加減することもなかった。それよりも、民衆向け仏教は武者たちに仏の偉大な力による救いと保護とを約束した——人を殺す職業を営むことで負ったマイナスを仏の慈悲が十分克服してくれるのである。一方、中世仏教の知的パラダイムだと言われることがある「天台本覚」思想は生と死の存在論的理解を培い、これを「生死不二《しょうじふに》」（死と生は一つ）の概念で表わしていた。[25]

この仏教の存在論的哲学は、鎌倉時代に出現したいわゆる新仏教を媒介にして広く民衆に浸透した。例えば浄土宗の教師たちは、死は救いへの道——すなわち「浄土への再生」（往生）の機会——であるという特徴的な教えを説いた。こうして浄土宗信徒たちは、死を恐るべき敵ではなく、新しい存在にいたる願わしい門と見なすよう教えられた。禅宗も生死は一つ、の教義を持つことでよく知られている。[26] さらに日本仏教は、土着の神道とは違い、概して死そのものをケガレの源とは見なさなかった。日本のパイオニア的民俗学者柳田國男の古典的作品は、この問題への洞察を示してくれる——柳田はこう指摘した、「死穢を忌むこと、是が我々の生活の大きな拘束であった……。仏教も殊に民間に流布した宗旨では、寧ろ之を嫌はぬといふ一大特徴を以て、平たく言ふならば（神道との）競争に勝ったのである。」[27]

仏教は職業を遂行する上で死と出会うことから生ずる不安と宗教的な恐れとを直接解決してくれるので、サムライたちの気持ちと心を摑んだ。葬式における仏僧の儀式的な司式ぶりと死者の冥福への祈りとは、この点で中世のサムライを惹きつけたが、またサムライだけではなく日本のすべての階級が惹きつけられたのであった。[28] この点で私たちが留意しなければならないのは、一般的に言って日本仏教は次第に盛んになってくる切腹のようなサムライの慣行と対決はしなかった、ということである。仏教は、むしろ、サムライの戦士文化発展の進路を、すでにそれが進み始めていた方向に押し進めたのであった。

名誉、死、代理

サムライ君臣制度の構造の複雑な性質、すなわちその名誉文化、その道徳的自律性と他律性、その死に対する独特の態度は、鎌倉幕府崩壊の最後の局面で十全かつ鮮やかに繰り広げられる。

鎌倉時代の後期、鎌倉政権に対する北条氏の権力独占が進んだ時（主な将軍家であった源一族は第三代将軍源実朝の死後途絶えてしまい、その後は執権を務めた北条一族が名ばかりの将軍を操って権力を握った）、幕府政治から排除された御家人たちは次第に北条権力体制から距離をおくようになった。一二七四年と一二八一年の二回にわたる蒙古襲来に対する防衛戦争も、鎌倉の御家人たちの不満をさらに募らせた。なぜなら、これら二度の戦争は土地の征服がなかったので、彼らの軍事奉仕は土地の恩賞とあまり結びつかなかった。幕府の保護と手に入る恩賞の形とに満足できなかった者は、新たな同盟者を求めた。

一三三三年、鎌倉幕府は足利尊氏と新田義貞の軍勢の攻撃を受けて崩壊した。この二人とも、もともとは幕府の重臣だったが、後醍醐帝と同盟し、帝は天皇の権力を奪回すべく幕府に対して挙兵したのであった。鎌倉幕府の京都六波羅の司令部が足利尊氏の攻撃に敗れた時、鎌倉側戦士の間で次のような死の儀式が執り行なわれた。

北条仲時が率いる鎌倉の敗軍が京都を逃れて近江国番場《おうみのくにばんば》の宿のある寺に着いた時、その数五百騎となっていた。『太平記』は仲時とその従者たちの最期を生き生きと描いている。仲時は彼の軍が絶望的な状況におかれていることを悟った——名誉ある自決を遂げる時が来たのである。切腹の前に大将仲時は、蓮華寺の庭に集まった忠義の部下たちに堂々と一場のスピーチを行なった——「当家（北条家）ノ滅亡近キニ可《ベシ》レ在《アル》ト見給ヒナガラ、弓矢ノ名ヲ重《オモン》ジ、日来《ヒゴロ》ノ好《ヨシ》ミヲ不《ズ》レ忘《ワスレ》シテ、是マデ着纏《ツキマト》ヒ給ヘル志、中々申《ナカナカマウス》ニ言《コトバ》ハ可《ベシ》レ無《ナカ》ル。(29)」仲時はつづけた、「其報謝ノ思雖《イヘドモ》レ深《フカシ》ト、一家ノ運已《スデ》ニ盡ヌレバ、何ヲ以テカ是ヲ可《ベキ》レ報《ハウズ》。今ハ我旁《カタガタ》ノ為ニ自害ヲシテ、生前ノ芳恩ヲ死後ニ報ゼント存ズル也。……早ク仲時ガ首ヲ取テ源氏（足利氏）ノ手ニ渡シ、咎《トガ》ヲ補テ忠ニ備ヘ給ヘ。(30)」スピーチの後、仲時は腹を切った。忠実な家来の一人、宗秋は直ちに応えてこう言った、「宗秋コソ先《マヅ》自害シテ、冥途ノ御先ヲモ仕ラント存候ツルニ、……暫《シバラク》御待候ヘ。死出ノ山ノ御伴《トモ》申《マウシ》候ハン。」彼は仲時の体から刀を引き抜いて自分の腹部に突き立て、仲時の膝に突っ伏した。誇り高く忠義な仲時の部下の面々は、進んですぐその後を追った。『太平記』の描写は凄惨である——「都合四百三十二人、同時ニ腹ヲゾ切タリケル。血ハ其身ヲ浸シテ恰《アタカモ》黄河ノ流ノ如ク也。死骸ハ庭ニ充満シテ、屠所ノ肉ニ不《ズ》レ異《コトナラ》。(31)」『太平記』の描写そのものは文学的再現であるけれども、この出来事の深刻さは番場の寺に残された一八九名の戦士の名を記した歴史文書によって確認される。名も知れぬ下位のサムライも加わった可能性を考えると、四百名以上という死者の数は必ずしも文学的誇張ではないかも知れない。鎌倉陥落の折には、鎌倉自体でも別の大量自決が起こった。サムライ側のこのような自決死が、主君への忠誠倫理の存在を証していることは確かである。

しかしながら、仲時のスピーチを子細に考察してみると、この極限的な自己犠牲が行なわれたのは単に忠義と他律性の結果としてではないことが分かってくる。仲時のスピーチは、良き主君は部下の奉仕にしかるべく報いなければならぬという信念の表明であり、彼はこの互恵の義務を果たせぬ己を悔やんでいるのである。主従間の互恵義務の原理が、ここでは十分に尊重されている。大将は部下の死を求めず、むしろ生き長らえるよう頼んだ。四百名もの死は、自発的に敢行されたがゆえに名誉あるものなのだ。中世のサムライの名誉を評価するにあたっては、個人の意思が常に重要な要素である。大将とともに自決を敢行するという行為は極限的な利他的自己犠牲のように見えるけれども、サムライの自律性をその心情の核心部で象徴するものだった。したがって、仲時と彼の部下たちにとっては、集団自決という儀式の前にこの自律性の原理を確認することが必要だった。自由な道徳的選択というレトリックを通してのみ、忠義と服従というサムライの行為は文学の伝統において美化され認知される——少なくとも『太平記』の作者は、それこそが戦士の理想の死であると信じていた。

大量自決は、鎌倉君臣制度の弱さと強さと両方を映し出している。一方で、忠義な部下の自殺が示すように、鎌倉幕府支配下のサムライは強い名誉意識と忠誠意識を抱いていた。他方、蓮華寺で死んだと知れる武者たちの名前を検証してみると、多くは北条一族に属する者（身内人《みうちびと》）であるか、北条氏との強い結びつきによって幕府で権力を揮った連中であったことが明らかになる。[32] 自前の財産を持つ通常の御家人はもっと自立的に行動したし、彼らの大部分は寺の庭での最終場面にいたりつく前に、退却する軍勢から離れていったのである。

幕府の末期における鎌倉サムライたちの、こうした見かけ上矛盾する決断や行動は、忠義の殉死であれ誇り高き裏切りであれ、サムライ名誉文化の核心部分は固定的な行動綱領よりは誇り高き道徳的自律性のなかにあったことを明確に示している——戦士とは自らの運命を決することのできる人間である、という確固たる認識がそこにはある。実際の決断は戦士と主君との社会構造的な関係が大きく作用する複雑な要因で左右された。前章で私が論じたように、君臣間の構造と力関係は千差万別であった。同様に、名誉文化の内部における行動の適切さの判断基準も千差万別であった。

秀吉日本軍の朝鮮侵略（一五九七—一六〇〇年）の時に捕らえられた朝鮮の学者・姜沆《カンハン》が、サムライの狂暴さ・大胆さについての観察を残している。主君が戦場で死ぬと家来がその場で自殺したことも再々だったと彼は記している。姜沆は、これらの戦士たちは主君の家にきっちりと組み込まれているので、その全生活が主君の生存に依存しているのだと結論している。彼はサムライの勇敢な戦いぶりは評判への気づかいに促されてのことと感じて、こう言う——「少しでも胆力に欠けると見なされてしまったら、どこへ行っても容れられない。……刀瘡《かたなきず》の痕が顔の面にあれば、勇気のある男だと見なされて重〔い俸〕禄を得る。」サムライの忠義についてのありふれた見方とは対照的に、そのような献身ぶりは私利に発するものであり、「何も主〔公〕のためを計ってするのではない」と彼は結論している。[33]

姜沆の観察は、子細に検討してみると、矛盾しているように思われる。彼は主君が死んだ時に進んで自決を遂げた家来を目撃したが、サムライは自分の利益を計算していたのだとも言っている。彼の証言をどう理解すればいいのだろう？一つには、姜沆は朝鮮の儒者だったから、敵に内面的な道徳性があることを認めたくなかったのだ。したがって彼は、サムライたちの見かけ上矛盾する行動を一つの観点から、つまり計算ずくの行動という観点から理解しようとしたのである。しかし、進んで自殺するというのを私利でだけ説明することはできない。

こうした偏向にもかかわらず姜沆の観察は、戦場で主君に殉じた部下は主君の家と一体化していた者たちだという点に関しては、おそらく正確である。主従間で運命を分かち合い人格的に結束するという意識は、通常、そのような場合だけ可能であった。一六世紀になると、武人領主たちは家来をもっと自家に惹きつけようと必死に努力した（この点は第**6**章でさらに論じよう）。こうしたわけで、姜沆の観察の前半部は臣下に対するこの時期の社会的支配の強まりを反映していよう。それと同時に、領主の間で打ちつづく戦乱はサムライの流動性《モビリティー》を増大させた。多くの領主の軍事組織のなかで、自前で武装し有力領主にその力を売りつける「渡り者」が重要な役割を果たした。もちろん、幾代も仕えて強固に一体化している「譜代」はもっと頼りになるだろうが、純粋に軍事的な競い合いとなれば、領主はできる限り多く有能な家来を雇わねばならなかった。こうして、戦場で主君と死をともにするという特異な慣行は、君臣制度の本質と構造に深く関連しているのである。

自らに死を課すという慣行をこうして分析してきたけれども、これら敗れた戦士たちが戦場で常に自決したのではないことを確認しておこう。主君の家と合体し個人的に強い絆で結ばれていたサムライの場合のみに分析を限ってみても、彼らとて自己保存本能を持つ人間であるという理由からだけでも、常に死を選ぶはずもないというものだ。私たちがここで注目しなければならないのは、名誉ある死という概念の制度化が持つ象徴的な重要性である。中世後期の間に、ある特定の場合に自らに課す死を規範的に望ましい行動として文化的に賛美することが始まった。この儀式的自決はそこで、高度に儀式化されたセレモニーと結びついた道徳美学で飾られた。その結果すべてのサムライが実際にはしたがうはずもない道徳規定が、文化的に神話化されることとなった。

さらに、サムライの全人生が栄光ある武勇のイメージで占められていたのではないことを理解することが大事である。サムライは土地を領有するエリート階級として、その時間と気配りの多くを財産管理に当てねばならなかったが、これには絶え間ない精励と、時には農民に対する強制や操縦が必要になった。中世後期の日本文学に描かれた多くの栄光ある自決は、おそらくは、当時のサムライの平均的な実践を示すものではない。同時に、死の間近で生きることを強いられる武人としての彼らのライフスタイルが、彼らの神話文化である戦記文学に描かれたような死の理想像に共鳴したことも事実であろう。

しかしながら、何が「現実の」あるいは「平均的な」サムライの態度かについてこれ以上論じても、この文脈のなかでは無意味であろう。これまでの章で指摘してきたように、サムライの暴力の二つの側面は同じコインの表と裏であった。偽りなしの腕ずくの戦術を用いることは武人領主の政治経済学にとって決定的に重要なことであったがゆえに、「名誉ある暴力」の神話はサムライ階級の集団としてのアイデンティティーに欠くことのできないものとなった。そこで儀式的な死の制度化がこの階級の文化的成熟を象徴するものとなり、名誉ある位置づけを与えてその暴力を唱導することに成功したのであった。

私は本書の第**1**章で、サムライの君臣制度の社会学的概念化として、本人《プリンシパル》（主君）と代理人《エイジェント》（臣下）の関係について概説した。君臣制度とはもともと、相互に利益となるような同盟のなかで自立した個人をつなぎ合わせる上下関係のメカニズムのことであった。名誉のイデオロギーは、主従関係の相互行為の将来にわたる予見可能性や信頼性を支える内面的な原理を提供した。そして自決死という慣行の出現が、この関係の象徴的な特質を結晶化させたのである。実際、臣下であるサムライは、自らに死を課すことを通して自分の命を自由に裁量できる力があることを証明して見せたのだが——これこそ武人領主としての至高の誇りの証だ——、彼は主君が彼に与えた信頼と権限への返礼として、自分の命の処分を進んで主君に委ねたのである。「美しい自決死」という概念の背後にある象徴的な意味は、エリート武人としての至高の誇りであった。サムライは軍事技術を持つがゆえの力によって自己の身体の所有者であり、そして自らに死を課すことで自分の運命を決める自立的能力——自らの死を支配するがゆえに自らの生をも支配する——を示したのである。[34]

しかしながら、この慣行の起源はサムライの主従関係という視野のなかだけでは理解できない。サムライを取り巻く階級関係のもっと広範な文脈のなかに位置づけなければならないのである。力と信頼の名誉ある交換の慣行は、その慣行の実践者たちが同輩のライバルや目下の者と相競う際に鋭い切っ先となった。これまで見てきたように、サムライは雇われ兵士としての劣位から抜け出ようと必死だった。しかしながら私たちはまた、中世日本の村落では農民たちの主張と力とが次第に増していたことに注目しなければならない。封建領主であるサムライはこうした自立心旺盛な村人を懸命に支配し、彼らから税を徴収したのである。君臣制度のなかで主君が臣下に与える付託（主君の地元代理人という地位）は、その臣下に特別な権限を付加して部下に臨ませたのである。要するにこうして自決死という慣行は、主君の代理人としての地位と自律性を持つ個人の立場とを同時に凝縮したのであり、それはまたサムライ階級の集団的優位性の証ともなったのである。

名誉とケガレのダイナミズム

サムライ名誉文化の覇者的側面は、社会的・職能的な営為生業が権力闘争の過程で文化的に降格された他のステータスグループの行く末と比較することで、おそらく最も明瞭になる。世襲の社会カテゴリーとしての名誉ある戦士の勃興が「非人」の出現とほぼ時を同じくしており、こちらは社会的に被差別民《アウトキャスト》（賤民）という汚名を着せられるようになったという事実は興味深い。「非人」はもともと、毎日の労働の過程で「ケガレ（穢れ）」と接するさまざまな職能集団を含んでいた。[35] ところが後の時代になると、次第に彼ら自身がケガレを負った者と考えられるようになり、こうして既成の身分カテゴリーからはみ出した人びととして疎外されたのである。私の考えでは、サムライ文化の変容過程——すなわち「名誉ある暴力」を定義し直して切腹の儀式化にまでもっていった彼らの奮闘ぶり——は、この時代における日本の社会的被差別民出現の事実に照らしてこそ、よく理解できるのである。

サムライの上昇と、ほぼ同時に起こった被差別者集団の形成とが、関連ある問題として社会学的に論じられたことは、これまでほとんどなかった。しかしながら、最近の日本の社会史学者の仕事は、この重要な問題の議論を深める道を拓いている。とりわけ網野善彦は、中世の被差別民を身分集団としてのみならず職能集団――専門職の人びとすなわち「職人」――と考えている。[36] これらの歴史学上の研究から出発して、私は以下のような社会学的解釈と綜合とを提示する。

社会集団としてのサムライと「非人」とのほぼ同時的な出現においては、平安後期の朝廷社会で「ケガレ」タブーが次第に強まったということが重要な役割を演じたように思われる。ケガレ（不浄）であることへの恐れは日本列島住民の信仰体系のなかに広く認められ、古代の神道神話と結びついていた。通常のケガレの源には「死穢」（死のケガレ、「黒不浄《こくふじょう》」と呼ばれることもある）、「産穢」（出産のケガレ、「白不浄《しろふじょう》」と呼ばれることもある）、「血穢」（血のケガレ、「赤不浄《あかふじょう》」と呼ばれることもある）の三つが含まれていた。[37] 不浄と接触した人は「禊《みそぎ》」や「祓《はらい》」といったある種の儀式によって清めなければならなかった。ケガレの観念とそれに関する文化的習俗はもっと前から始まっており、ケガレ信仰は社会階級の相違を越えたものだったが、ケガレを危険なものとして遠ざけることに関して極めて込み入った規定をつくり上げたのは、平安中期泰平の時代の京都貴族であった。八世紀後半と九世紀の文書史料には、恐れおののく心性とややこしい規定を順守した証拠が現われるが、そうした証拠は一〇・一一世紀にはもっと広範に見られる。[38] 高度な人心不安は、一〇・一一世紀の「御霊《ごりょう》」（死者の霊魂）信仰の発展でさらに強められた。この信仰は、世界を悪意ある死者の霊魂に満ちた危険な場所だと思い描いた。異常な、あるいは不審な状況で死んだ人の霊魂はとりわけ危険と考えられた。[39]

朝廷における貴族の日常はこうして、行動の自由をおおいに制約する数々のタブーに囲まれていた。最も重要な清浄の場とは天皇の身体であり、支配者が穢れればその身体が害を被るのみならず世界の秩序そのものがひっくり返るかも知れなかった。そのような恐ろしい事態になれば、通常の政治的・宗教的活動はストップしてしまうだろう。したがって偶然にも死不浄に接してしまった宮人は――犬が中庭に死骸の一部を引きずってきたというようなありふれたことがその原因になる――、しかるべき期間御所に行くことを禁じられる。[40] 御所、神社、京都の街路は、天皇の行列が通る前には細心の注意を払って清掃しなければならなかった。しかし街路から動物の死骸などを取り除く仕事を進んでやる者がいるだろうか？　さらに、御所の境界内でたまたま召使が死んだらどうなるのか？　不浄の原因を他の人の福利のため（と認識されていた）に取り除く重要な仕事をする者は、そのことで穢れ、危険にさらされるだろう。神道の神々は宗教的な不浄の危険に対する防護手段としてはあまり役には立たなかった。神社で囲まれた神聖な空間を清浄に保つことは、天皇の場合と同じようにたいへん重要だと見なされていたのであった。

文書史料のなかで社会集団としての非人が出現するのは、朝廷でのケガレ忌避が次第に強まり制度化されてゆくのと時を同じくしていた。例えば埋葬に関する幾つかの勤め、死んだ動物の処理、そして罪人の処刑などは、直接に死穢と関わるがゆえに穢れていると考えられた。「清め」（清める人）と呼ばれる非人の一典型が「検非違使《けびいし》」の監督下で組織されたが、彼らは京都市中の強制執行や治安関係にたずさわった。「清め」に課せられた主な仕事には、天皇の特別な儀式のために御所、神社、街路を清掃することが含まれていた。後に被差別民《アウトキャスト》と見なされた他のさまざまな職業集団も、同じような事情の下に出現した。大きな神社も、その聖なる空間の宗教的な清浄さを維持するために、非人集団を雇っていた。[41]

一〇世紀以前の明確に識別できる社会集団としての非人の成立は、サムライの出現過程と同様、どうにもはっきりしない。一一世紀の後半頃までには、非人は自らを組織して独自の社会集団をつくり上げていた――「長吏《ちょうり》」（非人の長）という言葉の出現が社会的組織化の進展を示している。一二・一三世紀およびそれ以降になると、被差別者の集団が行なっていた活動に関して、私たちには信頼できる情報がある――そこには葬式に関すること、罪人の処刑、死んだ動物の取り片づけが含まれていた。一四・一五世紀には非人集団は長吏の指揮の下、強力な武装集団に進化した。[42]実際、彼らの軍事力はサムライの覇権を転覆して全き天皇の権威を回復すべく、後醍醐天皇側に随いて動員された（一三三三年頃）と推定される。[43]多くの学者たちの一致した意見では、初期の非人は必ずしも単に賤視されていたというのではなく、むしろケガレの危険を克服できる、何か稀な力の持ち主だと考えられていたのである。しかしその後彼らは、中世後期から近世にかけての社会発展過程のなかで、賤民の身分へと落とされたのである。幾つかの辺境の軍事拠点が中・下流の世襲貴族によって占められ、サムライ組織の中核となっていったプロセスも、非人集団の形成過程と似通っていた。

宗教的な不浄に対するこうした先入観と、それに付随した被差別者集団の成立を考えれば、軍事職能集団としてのサムライがある文化的危険にさらされていたことは明らかである。私たちはここで、現地の農民から税を取り立てていた狂暴なサムライが、農民からはしばしば侮蔑的に「屠児《とじ》」と表現されていたことを思い出さねばならない。「屠児」(屠畜者)あるいは「屠家《とけ》」(屠畜者の家)という同じ語は、差別された集団の一部――特に、死んだ動物と皮革を扱った「穢多」――に対しても、否定的な表現として用いられた。(44) しかしながら、サムライは同じような活動に従事しているがゆえに、その文化は常にケガレの汚名を着せられる可能性があった。しかしながら、人間であれ動物であれ殺すという同一の行為が、一方ではケガレと排除の源(被差別民の場合)、他方では名誉と権力の源(サムライの場合)として、それぞれ異なって解釈されたのである。こうした区分けが示すように、清浄と不浄との文化的区別は常に社会的に構築されるのである。「絶対的な」不浄などなく、メアリ・ダグラスがまさしく言い当てた通り、「それは見る者の目のなかにあるのだ。(45)」不浄の解釈の移り変わりは、サムライが自らの活動をケガレではなく名誉あるものと定義し直す文化再編成の有効性を説明してくれる。暴力を好むことが名誉あることだということを他の人間にも理解してもらえるようなやり方で、サムライがその武人的名誉文化の特質をつくり上げていったのでなければ、おそらく彼らは貴族の文化的劣位者にとどまったままで、農耕住民に対して権威を揮うにはいたらなかったであろう。

しかしながら、サムライの名誉の暴力の覇権的側面の確認は、彼らの名誉文化が階級政治の次元にのみ収斂されることを意味しているのではない。実際、彼らの名誉文化の最も魅力ある側面というのは、それが社会生活の個人的と集団的の両次元にしっかりと錨を下ろしていたことである。覇権争いという政治の作用と、戦士としてしかるべく報いられることを強く求める打算的行為とを越えたところに、手段的・物質的顧慮には還元できない何かがあった。それは一方の名誉意識・栄光意識と、他方の自尊心・気高さ・精神の自律性との、暗黙の合体であった。こうした文脈において、戦場での人生最後の瞬間は、戦士の名誉意識を決定的に表明してみせる最高の劇的な舞台であった。サムライの全存在、武勲の誇り、個性と気高さはこの最高の瞬間に結晶し、そして彼の名誉の完璧な表明は自決死という特別の儀式のうちに幕を閉じたのである。サムライが死の問題を自らの存在の中心的な課題と見なしていたという事実は、サムライの文化に深く複雑な意味を吹き込んだ。こうして死に対するサムライの態度は、名誉の心情の内に込められ包み込まれた暴力・自律性・個性・気高さの合体物の、最も明快な表現となったのである。

名誉ある死への強迫観念がサムライ的名誉の「スタイル」の一部になったとなると、その結果生まれる文化の規約《コード》がそれ自身の力学を発動した。文化の慣行がしっかりと制度化されて他の社会的規約の体系に織り込まれる時、それはそれ自身のはずみ《モメンタム》を得て、その文化的慣行が最初に出現して制度的環境を変容させたその社会変化のプロセスそのものに逆らうことさえできるようになる。暴力と名誉とのこの結婚、自己の尊厳と品位の感情の内に暴力を植えつけることは、こうしてサムライ名誉文化の最も力強い部分、容易に飼い馴らすことのできない悪霊《デーモン》となった。サムライの文化を飼い馴らそうとする政治的な試みが以後に起こるが、それが最も深刻な抵抗に出会ったのはこの領域であった。

Ⅲ 解体と再編成

5　中世後期における社会的再編成

鎌倉幕府の崩壊の後、サムライ組織の内部の連合や同盟にあたって戦略的計算を旨とする傾向が次第に顕著になってきた。鎌倉幕府はその御家人たちに対してまだ比較的有効な規制を行なうことができたが、より弱体だった室町幕府（一三三八―一五七三）の下では、「守護」（幕府が任命する地方の国レベルの首長）たちの遠心的傾向もあって、君臣制度を通して一人の権威者にしたがう団結した社会的上下関係としてのサムライ階級を再構築する可能性などなかった。

といっても先行した鎌倉時代の社会秩序も決して静的なものではなかった。サムライ政権と朝廷という、鎌倉時代の中央政治組織における並行的枠組みの共存が状況をたいへん複雑にしたし、御家人たちにも常に遠心的傾向があったのだ。それでも将軍‐御家人の主従関係と荘園土地所有制度という政治組織の二つの原理が、今だに社会集団の位置づけを決める基本的な枠組みとなっていた。しかし室町時代になると、これら二つの原理のどちらも信頼できる保護の源を提供してはくれず、サムライは否応なく新しい社会秩序のシステムをつくり出さねばならなかったのである。

一四世紀の権力構造が不安定だったのを反映して、さまざまな新しい形の連合や保護関係が地方のサムライ社会に出現した。しかしこの時代のどの権力も、サムライの土地の権利の保護を保証できるほど強力ではなかった。それと同時に、朝廷とそれに連なる貴族の影響力も、後醍醐天皇の没落（一三三八年）以後は確実に衰えていった。朝廷の権力と権威の失墜は、荘園土地所有制度の政治的・法律的基盤のさらなる弱体化を意味していた。

法律上の荘園所有者（大部分は京都貴族と宗教機関）とサムライの権利者との間の利害紛争は、中世後期を通じてずっとつづいていた。荘園基盤の土地保有が衰微しつづけるにつれて、荘園所有者の土地支配力はいたるところで侵蝕された。このことはサムライ階級の勝利のように見えるけれども、土地保有システムを根本から揺さぶる事態でもあった。荘園制度解体の後には、土地保有のためのいかなる共通ルールも、公に裁可された法的枠組みもなかった。その結果生じた不安定状態で、サムライは機会と危険とにセットでめぐり合うことになった。

土地保有システムにおけるこうした問題含みの変化に加えて、中世後期日本の社会‐政治構造上の複雑さがサムライ階級に困難を突きつけていた。中世後期の日本の政治構造を鳥瞰すると、そこにはおおいに異なる内部構造と原理とを持つさまざまな社会組織が互いに相闘う混乱の構図が見てとれる。サムライ集団の他にも、村落あり職業ギルドあり、おまけに武装した寺院まであって、これらの諸団体が自分の権利特典に関してますます攻撃的になっていたのである。武装した寺院はサムライ領主と見まごうばかりに暴力的であり、彼らも土地所有の権利特典を防衛していた。これら相異なる社会集団は程度の違いこそあれ、それぞれの政治的自律性と集団の財産を持っていた。こうして、サムライ集団のみならず日本社会全体が解体と再編成の、時には暴力をともなうプロセスを経験したのであった。

こうした激しい政治闘争の間、地方のサムライ各家は地域に独占的な土地所有権を獲得しようと互いに相争った。このタイプの自立した地方サムライは室町時代以後、しばしば「国人《こくじん》」として知られていた。国人領主たちは通常守護の臣下となったが、この守護はその職務と地域の所管物とを次第に私物化していった。しかし、守護‐国人の君臣制度は本来的に不安定だった。室町時代のサムライ領主は保護の源をたびたび変えるか、最大限の安全を確保しようと複数の保護者を捜し求めた。次第に激しさを増す政治的競合に生き残るために、彼らは一再ならず連合と保護関係のさまざまな新形態を試してみなければならなかったのである。

ここで私たちの特別の関心事は、幾世紀にもわたる闘争を経た結果、各地のサムライがどのような形の明確で一貫した連合や保護関係へと再編成されたか、ということである。このプロセスの研究が興味深いのは、中世後期に各地のサムライ諸家の自律性を強めたその同じ変化が、最後には皮肉な結果、すなわち地域の有力サムライである戦国大名という一段上の権力への屈服をもたらし、彼らが苦労して勝ち取った自由が制限されるにいたったからである。地方のサムライたちは「一揆」と呼ばれる原型民主主義的連合を含むさまざまなタイプの同盟を実験したが、結果的には戦国大名のピラミッド型軍事機構への統合圧力に勝てなかった。サムライ再編成の日本的パターンは、水平的統合によってではなく、主従関係の垂直的統合によって行なわれる結果となったのである。一七世紀初頭における徳川将軍の下での全国平定の達成は、この垂直的統合の最終決着であった。この統合パターンがその後のこの階級の社会的・文化的展開を理解する鍵である、と私は考えている。

「家」の変容と女性の疎外

古代日本の血族組織は本来母権制だったと主張してきた日本人学者がいる。例えば、日本における女性研究の先駆者・高群逸枝は、古代日本の結婚は通常妻方居住であり、したがって姓の継承も母系だったという有力説を提示した。(1) この見解は古代日本を女権の黄金時代と見なすのだが、最近の歴史見直し派《リヴィジョニスト》学説によって疑義を呈されることもある。古代エリート層における父権制的慣習の記録は、古代日本の血族構造のもっと多様で複雑なありさまを示唆しているように思われる。(2) とにかく学者たちが概ね一致しているのは、後の時代の女性エリートの社会的立場と比較すれば、古代日本の相続制度と結婚習俗は一般的に女性に対して多くの社会的経済的自律性を与えていた、という点である。こうした状況と相関連して、異性関係の柔軟性があった。関口裕子によれば、九・一〇世紀以前では女性の性は必ずしも夫あるいは父によって抑えられていたのではなく、したがって結婚が常に永続的な関係というわけではなかった。それが継続したのは「気の向いている」間だけだった。(3)

日本の社会的エリートがヨリ父権的性格を帯び、結婚形態がヨリ制度化された一〇世紀あたりから以後にあっても、京都の宮廷社会の女性は重要な社会的役割を果たした。宮廷の女性は、文化的活動を組織するのにおおいに力を揮った。また平安文学に表われた洗練された女性的審美眼は宮廷女性によってだけ支持されたのではなく、平安宮廷文化全体の美的主流を示していたのである。

これと対照的に初期のサムライの血族組織は、戦士社会の男性優位的性格を反映して父系的構造を組み入れていた。それでもサムライ階級の女性は、この段階では財産相続権を持っていたのだが、戦場であれ日頃の農民脅しの時であれ軍事活動に直接参加できないという事実によって、彼女たちはサムライの家の運営ではどうしても弱い立場におかれた。こうしてサムライ覇権の成立は、日本においてヨリ直截的な男性優位社会が進展したことを示したのであり、男性的な価値や文化をおおっぴらに賛美して日本のエリート世界にヨリ父権的な血族原理や慣習を導入したのである。(4) サムライ一家のこうした家父長的傾向は、中世後期、サムライの「家」の内部変容の結果として次第に増していった。中世初期のサムライ血族構造は、結婚の慣習が母系的と父系的の両要素の混合から「嫁取り」婚、すなわち花嫁を夫の家に取り込む慣習へと移行した過渡的パターンの存在を示している。(5) にもかかわらず、花嫁は両親の財産の一部を相続できたがゆえに、出身家族との絆は強かった。寡婦の立場もたいへん強く、「家」全体の総監督となることもしばしばあった。(6)

鎌倉期には総領制度がサムライ家系の継承を支えると同時に、軍事的・経済的組織として機能した。この制度の下で通常子供たちは、女性も含めて、両親の財産の一部を相続した。「総領」(家の頭)は通例としては、領地の最も重要な部分を受け取り、先祖の儀式を司り、一家全体の最高司令官であった。通常彼はまた一家を代表して臣下の列に加わった。しかし総領以外の子供たちも通常、土地と財産のそれぞれの分を相続することができた。

構造的には総領方式の相続は、娘を含む総領ではない子供たちの遠心的傾向をさらに強めることになった。鎌倉期におけるサムライの「家」は、普通、男系の先祖を共有する大血族集団と考えられていた。しかしながら、分割相続の慣行によって分裂への傾向が常に存在していた。新しい、より小さな家が、総領ではない子供たちによって、大きな家の内部に絶えず創られていた。これらの小さな家は、理論的には、総領の総括的監督を受け容れていた。しかし分割相続が幾世代かつづいた後では、総領と小さな家の頭との間の血族としての絆は弱まり、次第に疎遠になっていった。

鎌倉後期には、血族としての結束が次第に失われていくことに対応して、総領の権力と権威の強化を試みる家が現われた。こうした文脈のなかで、鎌倉後期の家族は女性の相続をその生涯に限定(一期分《いちごぶん》)し始めた——すなわち、結婚した女性は相続した財産を自分の子供に継がせることができないようにしたのである。こうして女性の出身家族側は、嫁いでいった女性の相続財産が夫側の家へと永久的に失われるのを避けることができた。これに加えて、概して鎌倉幕府は、家に対する総領の支配権を支持しようとした。それというのも幕府は、将軍直属の家来(御家人)となった総領との友好関係を通してのみ、大きなサムライ集団を支配することができたからである。しかし自立した社会‐経済的資力を持つ非総領の相続人たちは、総領の監督に対してしばしば効果的な抵抗を行ない、個人としての自律性を増した。鎌倉期の終わりには、サムライの子供で相続人ではない者（普通「庶子」と呼ばれた）は、大氏族への忠誠より自分の利益を優先する傾向をますます明確に示し始めた。家系が広がったことから生じる複雑な事態への総領の対応力に、あちこちで綻びが見えたのである。

この危機に対応して、中世後期にサムライの家々は、荘園制度で区切られていた見せかけの境界を取り去ることで、地域の土地に対する独占的支配権を確立しようとした。もともと、鎌倉幕府の直属臣下たちの領地はさまざまな地域に散らばっていた。総領も非相続人男子および女性も、荘園に付随するさまざまな「職」の特権という形で、これらの所有財産の一部に対する権利を持っていた。現実に、領地が地理的に分散されていたことは庶子が自律性を増すことができた一つの要因であった。しかし軍事的見地から見れば、血筋のものたちが所有する土地があちこちに散らばっている領地というのは防衛が難しく、家の結束を弱めたのである。鎌倉政治体制の崩壊以後、日本に安定した中央権力がなくなったなかで、このような分散的な土地所有方式は全体としての家の存続にとって極めて危険であることが明確になった。しっかりと防御されていない土地が、隣接するサムライの侵略を招くことは明白だった。中世後期における荘園制度の衰退は、この問題をさらに深刻化しただけだった。

こうした政治状況はサムライ集団の一男子相続制の採用をますます促進した。これは概ね長子相続にもとづいていたが、両親が長男以外の息子を相続人に選ぶことも稀なことではなかった。一男子相続制導入の時期は、スピンオフした分家を支えるサムライの能力次第で大きく違っていた。しかし一五世紀までには、一男子相続制の慣行は一般に受け容れられる制度となった。(7) 総領家から独立した庶子が興したたくさんの分家は、自らも一男子相続制を実行し始め、その結果自分たちの地位を本元の総領家と同等と考えたのであった。

一男子相続制の導入の後、相続人以外の子供と女性の家への依存度はますます高まった。非相続人の男子の地位は、家のなかで多かれ少なかれ家臣並みにまで引き下げられるのが普通であった。サムライの家における女性の地位も、このプロセスのなかで次第に制限されていった。[8] サムライの血族構造におけるこうした新しい展開のすべては、中世日本という高度に競争的な世界で家の財産を防護したいという動機にもとづいていた。しかしこの変動の結果、サムライの家の性格はますます家父長的になった。名誉文化における男の戦士の誇りの強調は、ある意味でこの組織的実態の反映であった。

中世のサムライの個人主義的性格が二つの社会経済的な所有物――軍事力と土地に依存していたことを心に留めておくことが重要である。そしてサムライの自信、威厳、名誉をかけた攻撃性は、これら二つの所有物と密接に結びついていたのである。サムライの「家」の内部変容過程における女性の疎外は、サムライ階級女性の自立の社会的基盤を減退させたのみならず、自律性を主張するための文化資源をも弱めてしまった。サムライの家々の鋭い垂直上下構造と男性優位のイデオロギーとは「家」組織のこうした展開から生まれたもので、後にこれが近世のサムライ家族の基礎となったのである。

こうした構造的変化すべての結果として、各「家」は一人の男を頭に戴き、よりピラミッド的に組織された――ということはより能率的な――軍事組織となったのである。次にサムライ階級がその組織的発展のために立ち向かわねばならない課題とは、こうして出来あがったより小さな自立的な「家」を結束させるための、信頼できる能率的な同盟・連合をいかにして築きあげるか、ということだったと要約できよう。

連合の新しい形を求めて

地方のサムライ衆を再編成することは困難な仕事だった。なぜならその新しい社会秩序は、組織として生まれ変わり経済的に力を増し次第に自立しつつあるさまざまな規模のサムライの「家」が不安定にひしめき合っている地域につくり上げねばならなかったからである。大規模で込み入った血族の繫がりを緩やかに保持していた鎌倉の総領制度と比較すると、単独相続という新制度では、共通の先祖というものを、自立している多様な「家」を大きな家系の内に束ねる強力な絆としてはもはや当てにすることができなかったのである。旧来の絆は、主従関係であれ血統であれ、中世後期にはますます頼りないものと思われてきた。各地のサムライ領主たちはこの状況をどう解決しようとしたのだろう?

一五・一六世紀を通じて、自立した地方サムライ領主たちには共通の利害が三つあった。第一に彼らは、次第に自己の立場・自己の利益を主張し始めた農民からの税収をしっかりと確保しておきたかった。第二に彼らは、外部からの脅威に対して自分の領地を護らねばならなかった——隣接するサムライ領主たちが虎視眈々と領地支配権を狙っており、小さな争いや領地紛争が大抗争の火種となった。第三に彼らは、自分の家の内部を掌握しなければならなかった——そこには主従関係にある者と家族を構成する者とからなる複雑な組織があり、部下を監督して家の頭目への忠誠心を確保することはサムライ領主にとって極めて重要なことであった。伝統的な形の保護‐被保護関係や血縁がもはや十分な安定も安全ももたらさないとすれば、各地のサムライはどうすれば自分の利益を護れるだろうか？　地方領主（国人）の一部は、これら共通の利益をめぐって相闘うのではなく、利益を相分かち合う相互保護協定をつくり上げようとした。相互に保護し合うこの連合は通常「一揆」と呼ばれ、外部からの脅威に対する軍事同盟でもあった。「一揆」の字義は「一つの意思（あるいは同意）の下に」である。一四世紀には、この語は特別の目的のために自発的に結成された徒党を意味していた。君臣制度の明確なピラミッド型の同盟とは対照的に、一揆のメンバーは通例、多かれ少なかれ平等だと考えられていた。地方サムライ領主による一揆の編成は、一四世紀から一六世紀にかけての日本ではよくあることだった。(9)

サムライ一揆の初期の形は、大家系集団を基盤にしていた。(10)　しかしながら、自立した国人たちはすぐにこの形の同盟を本来の血縁集団の外側へと拡大した。一揆同盟の型通りの基本、すなわち互いに忠誠を誓い合うことで、彼らは地域的な一揆を組織し始めた。同じ地理的範囲のサムライ領主たちは、血縁関係のあるなしにかかわらず一揆を組んだ。

一揆形成の典型的なプロセスは、こうした新しいタイプの連合の特徴を反映している。まず初めに意図を同じくする人びとが集い、その目標と同意の条件とを決める。彼らの決定は参加メンバーの署名入り取り決め文書という形になる（連署起請文）。これらの署名はしばしば文書に円形に書き入れられるが、これはメンバーが平等の立場であることを示して上位下位をめぐる争いを避けるためであった。次に、通常「一味《いちみ》神水《しんすい》」という儀式が執り行なわれるが、そこではあの署名文書が恭しく焚かれ、その灰は水に混ぜられて署名者たちによって飲み干される。この儀式は神々との約束と考えられ、神秘的な「同心《どうしん》」（同じ心）、つまり署名当事者の連帯を象徴した。この儀式が示すように、一揆同盟を支配する精神はデモクラティックであって、各メンバーの平等と自立とを当然の前提としていた。一揆の取り決めはしばしば、メンバー間の紛争は「多分の儀」（多数決）にもとづく集会で決着をつけるべきと明白に述べている。[11]

一揆のような水平的連合の形成は、農民や僧侶など、他の社会集団にも特有なものとなった。村人たち（彼らは「百姓」つまり農民の身分を共有していた）はたびたび「一味神水」の儀式を行ない、一団となって現地領主の搾取に対抗した。ヒエラルキー構造とそのイデオロギーが平等主義の考え方やその社会形態を圧倒してきた日本の歴史の他の時期とは違って、中世後期の日本はこのような水平型の提携によって特徴づけられる――地方サムライ領主のみならずさまざまな集団が一揆を組み、「一味神水」の儀式で結束したのだった。この神秘的な儀式を通して彼らは連帯、すなわち「同心」であることを主張し、成功おぼつかぬ目標のために重大な危険に挑んだのである。この時期は正しくも「『一揆』の時代」と呼ばれることがある。

村における自治の発展

サムライ階級内部における相互保護連合の発展を、それがおかれた文脈から切り離して理解することはできない――すなわちサムライ領主たちは、力をつけて成長した農村と日常ベースで対面していたのである。中世初期以来、非サムライの村民たちは自分たちの利益を護るために、しばしば一種の集団交渉を行なってきた。中世後期になると、村民たちの抵抗はいっそう組織的な形態をとり、彼らの自治のシステムはそれと認められる制度的な形をなしてきた。多くの村々が、より明確な自治の構造を持つようになった。村民はしばしばいわゆる「惣村《そうそん》」、すなわち村の集団的利益を護る排他的な自治組織をつくり、所有権者である領主に集団として税を納めた。これら惣村の最も重要な側面は、それが高度な政治的自立性を保持していたことと、自力での問題解決を好んでいたこととである。藤木久志が書いているように、「中世後期の日本の惣村は、日常的に自前の武力をもち、若衆を中核とする自立した自検断・武装の態勢をとっていた。[12]」村の若者たちは緊急時には民兵として役立つよう期待されていたが、加えて、彼らは村の紛争を収める平時の力も持っていたのである。

これらの惣村組織が初めて現われたのは一三世紀後半の京都付近で、以後三世紀の間に広まった。惣村の形成をこの時期の村ごとに文書で立証することはできないし、村の組織構造は地域ごとに大きく異なっていた。しかし多くの学者が一致しているのは、中世後期の農村は、少なくとも畿内（京都周辺）地域では、経済的な自足と自治能力とを次第に獲得しつつあったということである。[13] サムライ領主たちはこのような現地自決主義の誇り高き伝統を身に帯びた、したたかな村民から税を徴収しなければならなかったのであり、したがって、自給自足的、自治的農村の存在はサムライ組織再編成にも大きな刺激となったのである。

こうした自治の村々は一三世紀後半から一四世紀にかけての農業生産性の向上という社会的文脈のなかで出てきたのであり、これは小規模農民の自給自足に大いに貢献した。[14] 村における生産単位としての農民家族の成長とともに、それまでは富裕な連中（乙名《おとな》）が独占していた村の管理運営に、これらの農民も加わるようになった。惣村型の村は、その管理レベルに共同体全体にわたる代表者を含み込むことによって、組織体としての一体感を強めた。乙名は通常惣村の集団としての財産の管理を任されていたが、村は「公共」領域の責任を全体として担い、次第に数を増しつつある小規模自立農民の利益を組み入れたのである。[15]

こうした村々の自立性をさらに護ったのがアルバート・ハーシュマンの行動理論でいう「出口がたくさんある状態」で、おかげで村はその軍事的保護の源（つまり現地領主）を移し変えることができたのである。特定の領地をめぐって幾つかの上位の権力が絶えず競い合っていたから、村はその保護者を選び変えることができた――例えば住民は競争者である他領主の領地へと逃亡してもいいし、あるいは少なくとも他の領主に干渉させることができた。こうした流動的な状況が戦国時代、一五世紀後半から一六世紀にかけて一触即発の様相を見せていたのである。

特に分かりやすい個別の例として、私たちは日根野《ひねの》荘と呼ばれる惣村について考察しよう。一四一七年以来この村々は、荘園の所有者で京都宮廷貴族の九条に対し、毎年定額の税を納める責任を集団として担ってきた。一六世紀の初めに、村は少なくとも三つの競い合う権力を相手にしなければならなかった——①伝統的な、しかし衰退しつつある権威の荘園保有者である九条、②強力な武装寺院の根来《ねごろ》、③国を治める領主（守護大名）の細川、である。これら三者のすべてが、どうにかして村から税を搾り取ろうとした。旧来からの荘園所有者の権力はこの頃までに次第に減退しつつあったのだが、九条政基（一四四五—一五一六）は最高位の貴族の一人で、土地の権利を奪回すべく特別激しく戦っていた。土地保有の危機に直面した政基は、日根野に住んで村を直接監督しようと決意したが、宮廷貴族としては稀なことである。日根野荘は最もよく記録が残った中世農村の一つだが、それは九条政基が付けためずらしい日記『旅引付《たびひきつけ》』（旅ノート）が消滅を免れたお陰である。[16]

一五〇二年、根来寺が細川の領地を侵略しようと決意し、日根野の村が侵略軍の通り道となった。日根野の代表者は根来寺に赴いて村を保護してくれるよう交渉した。彼らは最終的には多量の現金を納めることで、寺から村の安全の保障を取りつけた。加えて、寺は村に譲歩して、村の境界の内側での不品行を咎められた兵士は誰であれ処罰されることになった。[17]政基は寺へ寄進された額のわずか五分の一を支払っただけで、残りは村が払った。この事件は、中世後期の日本でこのような村が行使することができた社会的・経済的力を照らし出している。村は安全のために高い保険料を支払うことができるとともに非行の兵士を罰する力を持っていたが、これは村が武力を保持していたことを暗示する。

内戦のカオスを生き抜く日根野の戦略には、政基の伝統貴族の権威を最大限に利用して根来や細川の侵略を回避することが含まれていた。しかし村人たちは政基に、荘園所有者の伝統的権威には頼らず、平和維持のために強力なイニシアティヴをとるよう強く迫った。政基は気性荒く自立的な村の代表の面々を前にして十分な軍事力・経済力が自分にない苛立ちをその日記に表現した。一五〇二年一二月、政基は京都に恒例の「歳暮」の贈り物をするのに資金が不足していることに気づいたので、村に寄進を頼んだ。村の代表者は、使える資金はすべて村の防衛と武器の備蓄に回すべきで京都に贈り物などとんでもない、という理由で彼の要請を拒絶した。「公的権威」の保有者としての政基の資格が、この機に直に問われたのであった。政基自身は村人の反応にすっかり落ち込んで床に就いたのだが、その夜が「庚申」で一睡もしてはならぬ夜であることなど、すっかり失念してしまったのであった。[18]

村がそれぞれ自立的になったのに加えて、その村々が集団を組んで大きなレジスタンスのネットワークを形成し始めた。大規模な農民の一揆はこれら自律性を持つ村が地域的に同盟したことから発生した。一六世紀に、ある一向宗の僧侶は百姓たちの不屈の自立精神についてこう述べた、「諸国ノ百姓（農民）ミナ主ヲ持タジ〳〵トスルモノ多アリ《ヲヽク》。」(19) 京都の宮廷貴族と同じく彼ら「百姓ハ王孫《ワウソン》」(20) であり、主人を持たないと主張した。農民はサムライ封建領主を嫌ったが、その僧侶が言うには、「侍《サブライ》（仕える者）モノ、フハ百姓ヲバサゲシムル（見下す）」からである。サムライを表わす古い言葉で「仕える者」を意味する「さぶらひ」が、ここでは侮蔑的に使われていることに注意してほしい。この時代の誇り高き農民たちは、天皇こそが唯一の大君主であるから農民はサムライ領主には服従しないと言って、サムライの封建制支配権を拒否したのである。高い自尊心と自立精神はサムライ連合のみならず農村の特徴でもあったことを、この僧侶の証言が暗示しているように思われる。農民たちが自立への社会‐経済的基盤に支えられてこのように強い団結心を持っていたがゆえに、彼らから税を徴収するのは容易なことではなかった。かなりの軍事力を持つサムライ領主も、九条のような伝統ある荘園所有者も、こうした反抗的な村民の支配にはおおいに苦労した。打ちつづく不穏の空気のなかで、農業労働の安全と安心を確保できる者だけが「公の権力」――税を納めてもよい権威――の名に相応しいのだと農民たちは考えたのだが、もっともなことである。村の自律性の強化へと向かう動きが、こうしてサムライ階級の再編成への強い動機となったのである。

一揆組織の拡大と限界

日本の階級関係の構図を複雑にしたのは、中世後期に富裕農民とサムライ領主の間の地位境界が明確には引かれなかったという事実である。村の指導者たちは裕福になればなるほどサムライに似ていった。こうした有力農民たちは通常、広大な土地と熟練した労働力とを所有していた。彼らは正式な公権力に繋がってはいなかったから、正式にはサムライの地位を持たなかったし、「本当の」サムライ領主のように税を徴収することはできなかった。しかし彼らはしばしば農民から小作料（加地子《かじし》）を徴収し、地元の共同体のなかではたいへんな影響力を持っていた。このような強力なサムライ的農民は通常「土豪」あるいは「地侍《じざむらい》」と呼ばれていた[21]。彼らは大体において惣村の中核メンバーの機能を果たしており、彼らから徴税しようとするサムライ領主にしばしば抵抗したのである[22]。

中世後期の階級関係は複雑だったとはいえ、戦国時代にさまざまな社会階級の民衆を糾合した強力で大規模な一揆組織の出現を見たことは、あながち驚くべきことではない。一五・一六世紀を通じて、これら大規模一揆組織には国人領主たち（全きサムライ）の一揆と、戦い合う国の権力に制限を加えようとする村民（土豪とその下の農民）の一揆の両方が含まれていた。この種の包括的な一揆で最も有名なのは、おそらく山城国一揆である。一四八五年一二月、山城国の三六人の国人領主と「国中の土民」が集まって集会を開き、その地域で戦っていた二人の守護大名の軍勢を追い出そうと試みたのである。一揆は守護大名の軍隊は直ちに国から退去するよう要求し、その地域の自治を宣言した。この一揆のリーダーシップは国人領主同盟が握っていたが、国じゅうの村の惣組織もそれを支える重要な役割を果たした。三浦周行はかつてこの山城国一揆を「戦国時代の国民議会」と呼んだ[23]。日本史上、山城国一揆は有名であるが、しかしそれは孤立した事件ではなかった。例えば一六世紀中頃の伊賀国は、国人と土豪からなる現地の惣村の連合によって統治されたことが知られている。伊賀の連合政体は一〇名の行政官によって運営されていたが、重要事項は一揆全員の集会で討論された。

中世後期の一揆がさらに集中度を増して近世初頭の国家形成へ向かって発展していたならば、日本は近世に土地所有階級の力を統合する別の方途を編み出していたであろう。中世の一揆同盟は土地所有階級のメンバーを議会制的政体に結合させることで、日本における地方自治のデモクラティックな伝統を創り出す潜在的な力を持っていた。しかしながら、歴史はこちらのパターンに好意を示さず、一揆は国家形成の次の段階で土地所有階級の組織原理にはなりそこなってしまった。戦国大名の下に再編成されたヒエラルキー構造の君臣制度のほうが優れていることが、明らかになったのである。

どうしてそのような展開になったのだろうか？　ここで注意しておかねばならないのは、サムライ領主たちの一揆連合は外部からの脅威に対抗する、本質的には軍事同盟だったことである。本来水平的なその構造は、戦場での軍隊の効果的な展開が必要となった時には不利であった。したがって、これらの連合の一部では、最も有力なメンバーに軍事指揮権を与えていた。また他の場合では連合のメンバーが部外者に委託して、臣下集団をしたがえた地域の最高権力の形を整えた。そのようなサムライ領主の地域的リーダーたちは、本来なら同じ基盤に立った同盟者であったにもかかわらず、自らを国人領主の「主君」と称しようとした。典型として考えれば、権力の地域的集中はこのようなプロセスが繰り返し起こった結果生まれたのである。戦国大名が現地の自立サムライ領主を臣下の地位にしたがえて権力を掌握していったのは、こうした文脈においてだった。一六世紀までには、これらの戦国大名はその地域の「公儀」（公の権威）として自らを確立し、中央政府との相談あるいは同意なしに指令を出して、現地の臣下を統制し支配したのである。戦国大名の盾の下で、地域の権力は新たな集中形態をとり、現地のサムライはピラミッド型に組織され、新たな統治機構が導入された。この時期の流れは地域的国家形成へと向かっており、その圧力の結果、現地のサムライは垂直階層構造へと吸収されていったのである。

戦国大名の出現と平行して、一六世紀には一揆同盟による組織的抵抗も増大していった。しかしながら、戦国大名に立ち向かってできる限り戦った一揆同盟も、最終的には戦国大名や天下統一者の軍事マシーンによって無慈悲にも殲滅されてしまった。例えば織田信長の軍勢が一向一揆の組織と戦った時、信長の兵士たちは伊勢長島付近の戦闘で一時に一向一揆の男女二万人以上を殺した（一五七四年）。実際、一六世紀の日本の歴史は、水平型の社会組織がサムライ君臣制度の厳格なピラミッド型システムによって暴力的に抑えつけられたプロセスの記録である。

6　戦時組織としての社会

室町幕府の主な家臣の間で戦われた応仁の乱（一四六七—七七年）は、幕府の権力と権威の弱体化を決定的なものにした。その後全国が一〇〇年以上に及ぶ内戦に突入して、一六〇〇年前後の徳川による全国平定までそれはつづいたのである。普通「戦国時代」と呼ばれているこの時期に、地域的な権力保有者である戦国大名は、弱まりつつある中央権力から離れ、現地のサムライを自らの軍事力の下にピラミッド型に再編成することによって、それぞれの地域の政治的組織体としての自立を成し遂げた。戦国大名になる典型的なルートは二つあった。第一は守護を経由したもの。彼らはもともと幕府によって任命されたのであったが、徐々に国を私有化して大名領主となった。しかし大部分の戦国大名は権力への第二のルート、「下剋上」——字義は「下位が上位に打ち剋《か》つ」——のルートであった。すなわち、守護の家臣もしくは現地の副官が主君を追放してその地域の支配権を掌握するのである。彼らは軍事力と現地の競争相手に対する政治的策略との両方を駆使して地域の覇権を握った。(1)

戦争は歴史上の大変化の主要な決定要素であるが、その理由は戦争のお陰で支配者が打ち倒されたり、直接の戦闘による兵士の死者はもとより飢餓や病気によって非戦闘員にも壊滅的な死者が出、そして政治的境界線が引き直されたりするからだけではなく、戦争はしばしば非戦闘地域の社会集団の内部構造を変えるからである。後者は絶えず戦争の脅威にさらされている社会でよく見られる現象で、それぞれの社会集団が恒常的なストレスと緊張の下に囚人のような心理状態におかれるのである。一六世紀の戦国大名の領地はその見本であった。戦国時代の特徴である恒常的交戦状態の雰囲気のなかでは、最も敏腕な指揮官だけが生き残ることができた。戦場での勝利は、軍事マシーンの必要を満たすに十分な戦費を調達できるか否かにかかっていたからである。

戦国大名はまた、自分の領地の経済成長と繁栄とを促進すべく数々の革新を断行した。例えば農業生産を増強するために、灌漑施設の改良に乗り出した。また武器やその関連具の製造に必要な技術を持つ職人を招き、育成した。大名は商業を管理して商人の活動に関与しようとした。領地内に新しい鉱山を開発・発展させることは、彼らの軍事力・財力の増強のために特に重要であった。これらの政策のすべては、戦国大名たちが戦争のために人的・物的資源を調達する、その能力の強化へと向けられていたのである。

戦国大名とサムライ再編成

私は君臣制度の交換関係が二つの相矛盾する必要物、信頼性と有能性とを組み込んでいると述べてきた。よき家臣に求められるこれら二つの貴重な資質の間の矛盾は、戦国時代において最も尖鋭な形で現われた。競い合う戦国大名は強い戦士の奉仕を必要としていた。しかし彼らは強ければ強いほど（つまり有能であればあるほど）、主君にとっては潜在的に危険な存在だった（つまり信頼できなかった）。名を馳せた戦士であればあるほど、他の大名から引き抜かれる可能性が高かった。つまりこれらの英雄たちは、ヨリ強力な保護の源が見つかりさえすれば、主従関係の解消を選択することができたのである。もし彼らが望むなら、主君に内緒で秘密の同盟を結ぶことさえできた。一方この時期の卓越した武人たちは、誇り高き名誉の心情をもって社会的・精神的自律性を保持しつづけた。それと同時に従順さや絶対的忠誠を求める圧力も強まったが、それは家臣団を掌握できる大名だけがこの内戦の時代に生き残ることができたからである。

戦国大名発展の初期段階において、がっちり管理されたヒエラルキー構造を地域のサムライの世界につくり上げるのは戦国大名たちにとって容易なことではなかった。彼らはタイプの違ったサムライ戦士たちを軍に編成する問題に直面したのである。多くの国人領主たちは一揆同盟の水平構造に慣れていて、戦国大名の臣下となってからも一揆メンバーに留まりつづけ、ある程度の自律性を保持したのであった。

一部の戦国大名が採った重要な戦略は「貫高《かんだか》」制で、土地の価値を現金の単位（貫）で評価した。これはサムライ再編成には効果的な制度であった。一区画の土地に対して課せられる「貫」の額が、臣下がそれぞれ戦国大名に負っている軍事義務のレベルを算出する基準レートとなった。「こうした変化は簡単なことに見えるが、戦国時代最強の大名の権力基盤である地租制の基礎をつくり上げたのは、すべての土地保有について、耕作者農民が払うべき税のレベルと戦士領主の軍事奉仕義務のレベルの両方を直接算出できる方式で記帳したことであった」と、永原慶二は書いている。(2)

戦国大名は貫高制のお陰で、臣下それぞれの軍事奉仕の正確な額を貫の額から容易に計算することができた。臣下に新しい土地が下された場合、それはそのまま政治的緊急事態発生時に彼が果たすべき軍事的義務の増加を意味していた。「御恩」と「奉公」（負債と奉仕）の交換は、こうして貫高制を通して明確な算定基準を獲得したのであり、これによって臣下それぞれの領地（知行）の数量が決まったのである。このような標準化の結果、大名は戦時に自分が動員できる兵力の正確な額を計算することができた。(3)

「守護大名」（室町時代における初期形態の国の首長）は家臣に対して荘園がらみの役職や権利（職《しき》）で報いることができただけだったが、戦国大名はこれと違い、貫高制を使って従順な家来にはより多く報いることができた。具体的な社会-経済的利得を与えられることで、サムライ臣下たちはたやすく戦国大名の組織に組み込まれ、自立の能力は弱められた。多くの戦国大名は自分の軍事組織に富裕な農民たち（土豪）も取り込もうとした。これらの農民たちは徐々にサムライに似てきつつあったが、戦国大名の下級の臣下としてしばしば新しい秩序に組み入れられた。戦時における彼らの動員は、軍隊に対する大名の直接の指揮権を強くした。普通、下級の臣下たちは村で生活していたが、サムライとなった以上、税の支払いを免除される代わりに大名への軍事義務を負うことになった。これら富裕な農民たちは現地の村で大きな影響力を持っていたから、彼らがサムライになることは反抗的な村々の取り締まりに有効な手段となった。一方で集中度の高まった軍事力を、他方で経済的なインセンティヴを手に入れた戦国大名は、こうして地域社会のさまざまな土着組織を掌握し、それらの自立性を剝奪しながら新たな体制へと統合していったのである。

一揆と比較すれば、戦国大名の君臣制度の新しいヒエラルキー的構造は組織的に有利な点を幾つか持っていた。第一に、御恩（負債）と奉公（奉仕）の交換で成り立っている互恵的義務には具体的な社会-経済的基盤があった。それが貫高によって定量化されたがゆえに、家来それぞれの負債の程度は軍事的義務と一致照応した。第二に、サムライ統治そのものの内部構造が君臣制度との機能的類似性を持っていた。サムライの「家」はそこに従属するメンバーの主従関係にしたがって構造化された。農民に対するサムライの権威も、彼らに服従させ奉仕させる根拠を地位の違いにおく限りで、主従関係の上下のモデルと一致していた。したがって、一揆組織の不安定さを前にすれば、サムライたちが上の権威とヒエラルキー上の繋がりを持つほうを好むであろうことは予め見てとれた。そこではサムライの「特権行使」の地位が上から物質的に確保され、理論的に正当化されるからである。

軍事革命とサムライ再編成

戦国大名の戦争は大きな領域で行なわれるようになったので、戦闘の性質も大いに変化した。この変化は一六世紀を通じて次第に明らかになった。有力大名はより大きな地域をめぐる覇権争いに際して、地域同盟の形成や解体を頻繁に行なった。戦国大名といえども旧来のままの戦術や軍事技術に依存しつづけていたのでは、勝利はおぼつかなくなった。この時期の戦争遂行上の最も重要な変化には、①動員される兵士人員の増加、②戦士個人同士の戦いから集団としての軍隊の計画的な機動性へという戦術の変化、③堅固な城郭の出現、④重要な攻撃部隊としての歩兵の出現、⑤火器の導入、があった。軍事生活上のこれらの質的変化と、それによって戦争そのものが変容してしまったことが、臣下たちが否応なく大名の統制へと服従していった理由だった。

部隊が戦術的に動くということが、戦国時代を通じて最も顕著な戦さの様相となった。熟練した射手と騎馬戦士の個人対個人の接近戦で帰趨が決まった中世初期の戦さとは対照的に、戦国大名軍は集団あるいは全員一体で戦った。実際のところ一六世紀において、武田信玄や上杉謙信といった有名な戦国大名の成功者たちは、その戦術的な賢さと軍事訓練の厳しさでも有名であった。新しい戦闘のスタイルでは、騎馬戦士個人が自分なりの判断で行動するには自由が利かなかった。徒歩の兵が武装の騎士の単なる付人にすぎなかった往時とは違い、一六世紀の徒歩の兵（足軽）は戦国大名軍にとって必要不可欠な部分となった。彼らはしばしば徒歩の兵の指揮官（足軽大将）の下に編成された。

銃の導入も合戦の様相を変えた。西欧のマスケット銃が初めて日本に来たのは一五四三年、種子島という南の孤島に着いたポルトガルの商人を通してだったと一般的には信じられている。[4] 輸入されたこれらの銃は日本人職人の手で直ぐさま複製された。一五七五年の有名な長篠の戦いで戦場における銃の有効性が決定的になった後、銃を持った歩兵（鉄砲足軽）は大名軍の重要部分となった。[5]

堅固な城郭の発達も含めて、技術的な進歩は戦争を極めて出費の多いものとした。長期間にわたって十分な補給線を維持することができるかどうかは、戦場の指揮官としてだけではなく、物資補給係としての大名の試金石であった。

戦国日本における技術進歩とそれが戦場に与えたインパクトを概観する時、私たちは直ちにヨーロッパの戦争における根本的な変化との類似点に気づくのだが、それは初期近代《アーリー・モダン》ヨーロッパの「軍事革命」と呼ばれるもののなかで起こった変化である。ジェフリ・パーカーはヨーロッパの軍事革命を以下のように要約している——

初期近代ヨーロッパの軍事革命には幾つか別々の側面があった。第一、一五世紀における大砲の質的・量的進歩の結果、要塞のデザインが変化した。第二、戦闘における火器への依存——射手であれ、砲手であれ、銃兵であれ——の増大は、多くの軍隊で歩兵による騎兵の没落をもたらしたのみならず、発砲の機会を最大化する新しい戦術配置をもたらした。そしてさらに、これらの新しい戦争の方法には軍隊規模の劇的な増加がともなっていたのである。[6]

技術発展の精密な細部と、変化が起きた正確な時期は異なるけれども、要塞の根本的改良、動員規模の顕著な拡大、歩兵の重要性の増大、火器の急速な普及などのすべてが、ヨーロッパでと同じように一六世紀後半の日本でも起こったのである。この並行的発展は完全に偶発的同時性だったというわけではない。一六世紀の間に、ヨーロッパ文明はかなりの量で非西欧世界に輸出され、それは世界の極東の隅の軍事技術に影響を及ぼすほどであったのだ。しかし一六世紀日本の軍事革命を単に西欧技術を借りた結果としてだけ理解することはできず、この刺激を受けた時期もまた重要なのである。西欧の戦争術は、戦国大名が地域的な、そして次には全国的な覇権を争って数十年の間互いに鎬を削っている状況のなかへと持ち込まれたという点が大事である。

戦国大名の間で打ちつづく戦乱は軍事装備と大名領地の政治支配を根底から変えたにとどまらず、サムライの生活の構造的変容を加速した。例えば織田信長は臣下たちを強制的に城下に住まわせたが、これは緊急時に迅速な軍の動員を確保するための用意であった。多くの大名は歩兵と下級の家来を雇い、彼らを単位ごとにまとめて上位の臣下の指揮の下においた。戦国時代の終わりに大名・佐竹家では三〇〇人の鉄砲隊を編成した。さらに、これを六つの単位に分割して、上位の家来である六人の指揮官に割り当てた。大名から直接雇われるが指揮は上位の臣下に任せられるこうした兵士は「与力《よりき》」と呼ばれ、その指揮官は「寄親《よりおや》」と呼ばれた。「親」という語が示しているように、寄親は与力に対して世話役のように振舞うことを期待されたが、後者もやはり戦国大名直属の家臣であって寄親の家来ではないと見なされていた。軍の補充、編成、配置に関するこの方法によって大名たちは、完全に家来各個人の武力に依存してきた旧来のやり方とは対照的に、組織としてはるかに統合された構造を持つ軍隊をつくり上げることができたのであった。

確かに、戦国大名の軍事組織の再構築は完璧に行なわれたわけではない。戦国大名の臣下たるサムライがすべて単なる雇われ兵士になってしまったわけでもない。サムライは依然として武装した土地領有者であり、たいていの場合自分の領地に居を構えていた。もちろん、貫高制と戦国大名から課せられる軍事訓練の厳しさが彼らの自由を規制した。にもかかわらず緊急時に兵員と物資とを供給するのは、本来的に臣下たる者の責任であった。こうした状況がもたらした帰結の一つとして、軍隊に対する平時の画一的な基礎訓練というものはなかった。戦場での勝利は今もって、家来それぞれの個人的な敵闘精神や軍事技術に決定的に依存していた。その結果、騎馬で突撃一番乗りといった好戦的勇猛さをひけらかす個人はおおいに名誉と報償を獲得しつづけ、名声と栄光を求めるサムライの飽くことなき欲望はなおも戦場の武勇という資源を貪りつづけたのである。

短兵急、高エネルギー、伝来の誇り高き競争心といったもので名を馳せている戦士階級にきびしく標準化された軍事訓練を施そうとして、戦国大名は厳格な「軍律」を導入した。多くの戦国大名の規律のなかに指揮官の命令を順守することが明確に規定され、この軍律を破った者は厳しく罰せられることになったのである。

国家形成と「喧嘩両成敗」の法

戦国大名のサムライ臣下たちは、土地を所有する武装エリートの象徴であった自力救済や紛争の私的決着の伝統を保持していたけれども、大名による戦争遂行の新しいスタイルはサムライ的自律性の伝統的表現としばしば対立した。サムライによる非公認暴力は家来同士の連帯や相互信頼を崩壊させたばかりでなく、大名軍隊の軍事的効率も減退させた。こうして、戦国大名が臣下に対していっそう厳しい規律の基準を課そうとしたのはもっともなことであった。

有名な「喧嘩両成敗」（喧嘩の当事者すべてに対しその紛争の背後にある理由の如何を問わず等しく厳罰を下す）の法は、このような文脈のなかで戦国大名の軍事規律規定として生まれた[7]。例えば『今川仮名目録』（一五二六年）――戦国大名・今川一族の規定――は簡潔に「喧嘩に及輩、不レ論二理非一、両方共に可レ行二死罪一也（喧嘩に及んだ者たちは、理非を論ぜず、両方ともに死罪に処せられる）」と述べた[8]。『甲州法度之次第』（一五四七年）は戦国時代の大武将・武田信玄の法令だが、このように明記した――「喧嘩之事、不レ及二是非一、可レ加二成敗一（喧嘩は是非に及ばず処断される）、但雖二取懸一、於下于令二堪忍一輩上者、不レ可レ処二罪科一（但し巻き込まれても忍耐し通した者は罰せられない）[9]。」もう一人の戦国大名・長宗我部元親は彼の『百ケ条』（一五九六年）のなかで「喧嘩口論堅停止之事……背二此旨一互及二勝負一者、不レ寄二理非一、双方可二成敗一（これに背いて勝負に及ぶ者は、理非によらず、双方罰せられる）」と述べた[10]。これは盛んに行なわれていた「自力救済」（不平の自力処理）による紛争解決を禁じようという大名たちの試みであった。大名による臣下の社会的自律性の規制は、サムライの紛争解決法の変化に鋭く反映している。

こうした戦国法の第一の目的は、領地内のすべての喧嘩の究極的な調停者としての大名の権威を確立することであった。私的暴力に訴えることを名目的に禁ずるだけだった鎌倉・室町両幕府の規定とは違って、喧嘩両成敗の法はその後のサムライの紛争解決法の発展に深甚な影響を及ぼした。徳川時代の始まりまでに、喧嘩両成敗は一種のコモンロー的位置に到達した。例えば一六一八年、蜂須賀公の条目は喧嘩両成敗の法を「天下御法度（天下の大法）」と呼び、「喧嘩口論之族、任二天下御法度之旨一、不レ改二理非一、両方可レ加二成敗一者也（天下の御法度によって、理非を改めることなく両方とも処罰される）」と述べたのであった。[11]

このような紛争解決の新たなルールをつくり出した力とは何だったのか？　二つの歴史的要因はすでに明白である。第一に、この変化は中世後期のサムライ階級の社会的・政治的再編成および権力集中に直接関連していた。第二に、この変化は一六世紀の進んだ軍事技術の影響を受けたのだが、それはサムライ軍隊の各部署ごとの高度な訓練と団結とを必要とするものだったのである。

中世後期にサムライの家を結ぶネットワークが発展するにつれて、個々の家の自律性を制限するなんらかの相互調整の形をメンバー間につくり上げる必要性が感知されていた。サムライの「一揆《いっき》契状《けいじょう》」（一揆を組むための契約文書）のなかに喧嘩両成敗の実例が現われたのは偶然ではない――早くは一五一二年の一揆契状文書に喧嘩両成敗が見えていた。[12]　そもそも一揆は地方国人領主たちの平和維持・相互防衛のための組織として生まれてきたのであるから、一揆メンバー間の紛争は一揆連合の集団的意思によって決着しなければならなかった。一揆メンバー間の争いを解決するために私的な報復に走ることは、組織の連帯を壊してしまう恐れがあった。

しかしながら、喧嘩両成敗の法が厳しく強制されたのは戦国大名が権力を握るようになってからだった。この法律が出現して広く受け容れられるようになった時期は、地方サムライ集団（一揆を含む）が一人の強力な戦国大名の下に統合されたのと同時であった。この政治再編成の過程においては、主君と臣下の力のバランスはなお流動的だった。戦国大名の多くはもともと現地のサムライ衆の一人であり、彼らはこの点では大部分の臣下と同等の身分だった。にもかかわらず今や戦国大名はその地域唯一の権威としての覇権を確立するために、「公儀」すなわち「公の権威」の地位を独占する、したがって臣下の立場は単に「私的」であると主張したのである。

正当な公的権威として受け容れられることを確実にするただ一つの方法は、暴力行使の独占権を主張することである。『塵芥集』（陸奥国・伊達一族の「戦国法」で一五三六年制定）は「人をきるとかの事、ひろうのうへ、せいはい（成敗）

をまつへきのところに、其儀にをよはす、わたくしにきりかへし（切返し）すへからす（刃傷沙汰は報告のうえ公の処罰に付すべきで個人的に反撃してはならない）」と規定している。喧嘩両成敗にもとづいた立法の始まりは、戦国大名が家臣たちの政治的・社会的自律性の根を絶ち、それぞれの地域で正式な公的権威の立場を確保するという全体的な政策の一側面と見なすことができる。

ここで強調しておかねばならないのは、喧嘩両成敗の法律は「正邪の判断」に関してはどのような弁別をも斥けていたことである。戦国大名は政治的最高位を維持しようとしていたから、大名の規定に異を唱える者は理由の如何を問わず罰せられた。新たな法律は一つの時代の終わり——自律的なサムライ衆が重んじてきた現地の慣習とコモンセンスの原理である「道理」によって治められた世界の終わりだったのである。

喧嘩両成敗が広く受容されたもう一つの理由は、戦争遂行上の技術革新と直接の関連があった。喧嘩両成敗は本質的に軍事の法であった。敵陣に一番乗りをした者はおおいに賞賛され名誉を与えられるというのが鎌倉時代以来の戦闘の伝統だったが、一六世紀になると、大規模戦闘での勝利を決めたのは兵たちの一斉攻撃だった。したがって、軍隊全体の戦術的な動きを無視して自分だけの名誉と栄光に走る一部サムライの個人主義的傾向は、大名にとっては次第に問題あるものとなってきた。まして危急の際に競い合う仲間の戦士の間で私的な戦いや争いが起こるとすれば、軍隊の効率はひどく下がるであろう。軍隊における兵士間の私的暴力を禁じた軍律としての喧嘩両成敗が生まれたのはこの時点だった。

例えば、一五九六年の徳川の軍令は「喧嘩口論堅停止之上、違背之輩におゐてハ、理非を論せす、双方ともに誅伐すへし、あるひハ傍輩の思ひをなし、或は知音の好ミにより、荷擔の族あるにおゐてハ、本人より曲事たるへき旨急度可申付（荷担する友達や同輩はより厳しく処断される）」と述べていた。[13] 一六〇〇年の同じような命令は「先手を差越、譬高名をせしむるといふとも、軍法背候上は、可為成敗事（密かに他の軍勢の先を越して名を上げても、軍法に背いてのことであれば処断される）」と警告している。[14] この二つの徳川の規定を当時の全般的な軍事上の変化という背景に照らして考察してみると、こうした条項の主な目標が訓練された部隊を戦略的に動かしやすくするためのものであることは明白である。戦場での個人的なスタンドプレーに走るような傾向は、極めて厳しい制裁によって思い止まらせなければならなかった。

喧嘩両成敗の採用が中世初期以来の自力決着是認を完全に破壊したと、この時点で結論することは間違いであろう。戦国大名は、特に平時には、紛争処理を必ずしも喧嘩両成敗の原理に合わせて行なったのではなかった。喧嘩両成敗と自力救済の原理とは相並んで存在しつづけ、並行的制度として徳川に引き継がれたのである。サムライの紛争のかなりの部分が、いわば私的な解決法で収められたのだが、これには両当事者に具合の良い解決を案出できる私的な仲裁者（仲人《ちゅうにん》）による決着も含まれていた。サムライの紛争解決法と名誉規定のゆったりとした変化は、戦国時代を通じての国家形成の過渡期的性質と密接に関連していた。サムライ階級における権力の統合と、現地のサムライ臣下の自律的権力に対する規制も、この時点においてはともに未だ不完全だった。

要するに、勝俣鎮夫が述べているのだが、戦国の家法に反映されている忠誠の性格は後の徳川幕藩政治構造の下で教え込まれた滅私奉公としての忠誠の理想とはおおいに隔たったものだった。[15]しかし戦国大名は、絶対者としての自分の権威を増大しようと図った結果、戦国法においても国家への忠誠という原理の存在が広範に認められ、「公儀」（公の権威）への忠誠の論理は家来たちがそれぞれの所属集団に対して抱いていた忠誠義務を「国家」への忠誠義務へと変化させ、その最終ゴールが大名への絶対的忠誠と独裁権力構造の確立であった、と勝俣は指摘している。[16]

戦国時代の名誉と忠誠

喧嘩両成敗の導入は、サムライの名誉文化にとって、挑発を受けた場合の名誉ある行ないの基準に関して困難な問題を提起した。新しい法は喧嘩の発生を予防するため厳罰による威嚇効果を用いているわけだが、そこには通常、喧嘩の最中ずっと自制を保ち通した当事者は罰を免れるという追加条項があった。この規定がしばしばサムライの批判を浴びたのは、これが勇敢で名誉ある精神を犠牲にして意気地のない順応行動を奨励することだと考えられたからである。武田氏の有名な家臣・内藤修理はこう非難した――

おめ〱と堪忍仕程の者は、さのみ御用にも立まじく候（おめおめ堪忍してしまう者はサムライとしては役立たずだ）、諸人円《まろく》なり、何をも堪忍いたせと上意に於ては、いかにも何事なく、無事には見え可ㇾ申候、雖ㇾ然其は大《おおいなる》成上の御損也（サムライは皆柔弱となり、堪忍せよとのお達しは一見すべて無事のようであっても、主君にとっては大いなる損失である）、其故は法を重じ、独り何事も無事にと計遊し候はゞ、諸侍男道のきつかけを外《はずし》、皆不足かきの臆病者に成候はん（法を重んじて無事を計るようになれば、男としての道を外れて、役立たずの臆病者になってしまうだろう）[17]。

内藤はさらに、もしも彼が侮辱を受けたら、たとえ「縦一類を串にさゝるゝ共（一族全部が串刺しにされようとも）」法を無視して敵を殺すであろう、と述べた。誇り高く自立した戦士のエトスは戦国大名の規律正しい理屈に完全に屈することを拒絶したのである。

修理の議論はサムライ規律の問題の核心に鮮やかに切り込んでいる。秩序は達成されなければならないが、サムライの闘争精神や名誉を犠牲にしてはならないのである。名誉を保つことに無関心な者は、戦場で役立たずのサムライであった。領主はどうすれば部下に対して、規則や秩序を守る一方で精悍かつ勇敢な戦士であるよう訓練できるのだろうか？「名誉」の観念に個人の自尊心と自立欲とが混ぜ合わされて、上の権威の秩序と合理に楯突くほどの高揚をもたらす混合物が生まれることがしばしばあった。現実には、サムライの勇気と名誉意識が戦国時代を通じて押しつけられた喧嘩両成敗によって消え去ることはなく、勇敢さは彼らの威厳と経済的な利得を左右したがゆえに、戦争は彼らの闘争精神を再充電する絶好の機会であった。真のサムライであるとともに規律正しい組織人でもあることに内在する緊張が重大問題となったのは、要するに権力の統合と全国平定の達成があってからのことであった。

高度な社会的流動性と打ちつづく戦争とがサムライたちに、上位の者に対する打算的態度をとらせたことは理解できる。以前に結んだ契約や提携を破棄することは、絶えざる戦乱の時代がもたらす政治的帰結の一つであった。サムライは主君への裏切りを機械的に不名誉と考えたのではなかったが、臆病者の評判が立つことは恥としたし、そのような評判が立つ苦痛を避けようと過激な手段を講じた。一般的に言えば、サムライのものの考え方は、勝つことは一番重要なことではないが、しかし勝たねばならぬ、という態度を認めていた。このように競って人の一枚上をゆくことこそ戦士にふさわしい男らしさの指標と考えられた。サムライの名誉概念の軍事的側面は、この狂暴な時代に最高潮に達したと言えよう。この時期のサムライの一般的な思考態度は「自分の能力を最大限使ってもらえる武将への仕官が基本」であった(18)。空虚な権威より能力が、世襲の地位より遂行の手腕が、家来たちにも主君たちにも評価されたのであった。実にこの時期にこそ、名誉を評価するサムライの基準が「血筋本位」ではなく最も「実力本位」になったのである。主君への絶対的忠義の価値をめぐる制度上の定義は、徳川国家の発展のなかでのみ現われたのであり、そこでサムライの主従関係の構造は永久に変わってしまうであろう。

対照的に、以前から始まっていた自決死と武人の名誉の結合は、この内乱の時代に――次第に神秘化をともないつつ――制度化された。上杉謙信の領国では、最も重い犯罪に対する罰として、サムライの刀の没収および生涯にわたる帯刀禁止があった。こうして公に恥辱を受けることは、しばしば死刑よりも破滅的な刑罰となった。一六世紀後半のことだが、長尾《ながお》右衛門佐《うえもんのすけ》という名の男がこの重い刑に処せられたと伝えられる。彼の親戚は上杉謙信に、彼の父親の類い稀な軍歴に免じて刑を切腹に変えて欲しいと嘆願した。領主・謙信はしかるべくその男の二本の刀を返却し、長尾は切腹を遂げたのである(19)。この時代の他の多くの戦争物語と同じく、この話の真偽を確かめることはできない。サムライは生きている恥辱よりも名誉ある死を尊ぶという点が他の話と似ていることで、この話は当時の文学の多くの説話のなかの一つと言えるのである。名誉ある戦士の理想はこの時代を通じてサムライたちの集団的記憶のなかに深く刻まれており、後の徳川のサムライによって、「真の」サムライが生きていた時代としていっそうロマンを込めて想い崇められるであろう。

名誉ある死に方としての切腹の慣行は、この時期に十分に制度化された。生き残るよりは死を選んだ敗軍のサムライ武将たちのほとんどすべては、このやり方で自殺した。さらに、すでに述べた上杉の領国の場合が示すように、切腹は戦国時代に法的処罰の慣習的形態と見られ始めたのである。このことは、サムライはたとえ犯罪行為で有罪とされた時でも自分の運命を決めさせてもらうのが当然だ、という考え方が制度化されたことを象徴している。実際、「すぐれた人びと」にとっての「気高い」自殺の仕方として、日本においてかくも長くつづいた切腹という紋切り型――一九四五年まで概ねそのままの形を保っていた暗黙の文化的了解事項――は、この動乱の間にしっかりと出来あがったのである。[20] 武人の名誉の慣行はこの時代にサムライ文化のなかに規約化されて美化され、今度はそのことが後の徳川時代におけるサムライたちの集団の記憶と集団のアイデンティティーとに影響を及ぼしたのである。

Ⅳ

徳川国家形成の逆説的特質

7　徳川の国家形成

暴力、平定、正当性

一六世紀の終わりに、豊臣秀吉（一五三七―九八）が全国の大名を一時的に統合して、戦国大名たちの間の混沌たる内戦が終息した。秀吉は後の徳川による国家形成の基盤となった数々の重要な社会統制の制度を導入した。彼の死後、関ヶ原の戦い（一六〇〇年）を経て政治的統合は最終段階に入ったのだが、この戦いは全国の大名を二分した――徳川家康とその同盟軍（東軍、総勢一〇万）と、これに対する秀吉の臣下・石田三成率いる大名連合軍（西軍、八万）である。大坂冬の陣（一六一四年）、次いで大坂城炎上の火のなかで秀吉の息子が死んだ夏の陣（一六一五年）とで徳川の勝利が決定的となった後では、徳川の圧倒的な軍事力に太刀打ちできる大名はいないことがはっきりした。徳川軍の軍事的優勢は、徳川とその同盟軍が達成した新たな形の集権的強制力の成果である集団的勝利を現わしていた。

こうした決定的な軍事衝突の後、徳川の政体は「大公儀《おおこうぎ》」（偉大なる公の権威）として着実に自らを確立し、その絶対的支配で全国を固めることに成功した。「公儀」という言葉は、ある地域に対する排他的支配権を明示するため戦国大名が使い始めたものである。全国に対する至上の権威としての徳川幕府が、今や下位の地域的「公儀」（大名）たちをしたがえてピラミッドの頂点に立った。徳川幕府自身も日本列島の徴税可能な土地保有のおよそ四分の一という、最大の持ち分を支配した。残りは概ねさまざまな部類の大名によって治められた（徳川氏の一部である大名や、幕府直属の臣下もあった）[1]。大名の数は通常二六〇程度で、正確な数字は時によって異なった[2]。日本の歴史家たちは成立した徳川の国家を

「幕藩制」と名づけてきたが、その字義は幕府（「幕」）と地方の大名政体（「藩」）の体制である。

徳川の平定は、多くの意味で、いわゆる暴力行使権の独占による国家形成の古典的ケースであった。まず第一に、それは戦場で競い残れぬ大名を淘汰していった一世紀以上にわたる激烈かつ破壊的な軍事闘争の結果であった。国家の軍事的起源は幕藩制にとって重要な意味を持つが、それは単に徳川の覇権と暴力独占をつくり出したからだけではなく、体制そのものの存在理由《レゾン・デートル》に関連しているからでもある。

国家は概ね民衆の心のなかに存在するものだから、民衆がその権威を正当なものとして受け容れるか否かは常に重大問題である。人びとが新しい権威を進んで受容することなど少しもなしに強制的な力だけで服従を強いることは、長い目で見れば如何なる政体にとっても損失が大きすぎるのである。したがって、新たな体制が圧倒的・決定的な軍事的勝利の結果出現する時でも、通常その支配を正当化するプロセスが後につづく。日本における近世の国家形成の場合では、徳川幕府の武力征服とこの征服を正当化するその後のプロセスとが緊密に結びついており、実効ある暴力独占それ自体が体制の正当性にとって必須の基層となっていたのである。こうした力と権威の結合がどう行なわれたのかを説明しよう。

非サムライ民衆の非武装化

幕府による強制的平定は国家政策のレベルにおいてだけではなく、社会のあらゆる側面で遂行された。大名たちを動かした戦場でのドラマと栄光の背後では、もっと広範にわたる社会的再編成が起こっていたのだが、このプロセスこそ多くの社会集団から自分の利益を護る能力を奪い取ったのであった。

政治的統合の過程で、非サムライ集団の支配下にあった武力は「治安」の名の下に強制的に解除された。豊臣秀吉のいわゆる「天下《てんか》惣無《そうぶ》事《じ》令《れい》」(3)（国土平和の布告、一五八五—八七年頃）は、紛争の自力決着や特に大名間の戦いなどすべての暴力行動を禁止した。紛争の私的解決を禁ずる同様の命令が、村落レベルの紛争や争闘を止めさせるために出された（喧《けん》嘩《か》停止《ちょうじ》令《れい》）。このような治安の重視は秀吉の「刀狩り」という過激な方策（一五八八年の刀狩令で公布された）と結びついており、これですべての大名は村から武器を没収するよう命じられた。秀吉の刀剣没収は村落に及んだもう一つの重要な政策、いわゆる太閤検地と繋がっていたが、これによって各村の生産能力は細かく算定された。秀吉が実施したこれら社会統制の方策は、後の徳川幕府の支配体制の最も重要な構築材料となったのである。

紛争の私的解決の禁止は、違反者に対する時に度外れた過酷さを見せつけることで厳しく施行された。一五九二年、灌漑用水をめぐって争って治安令を破った村人たちの恐るべき運命について、一人の僧侶が日記にこう書き記した――「摂州ノ百姓共去夏水事喧咜ノ衆八十三人ハタ物ニ被上了（処刑された）ト、天下悉ケンクワ御停止ノ処、曲事ノ故也ト云々、十三才ノ童部父ノ命ニ代テハタ物ニ上了（一三歳の子供までも父の身代わりに処刑された）ト、哀事。」[4]

私たちがここで留意しなければならないのは、この八三人の農民の運命は単なる法律破りに対する処罰ではなく、覇権を握った政治過程の具体的な現われそのものだったということである。中世日本の村落における水争いはしばしば暴力沙汰にまで発展したが、それはまた灌漑用水――米の水田耕作の最も重要な資源――の使用を決めるにあたって村民たちに大きな発言権があったという事実を象徴するものだった。そのような争いを解決するための慣習的な手続きが、中世農村の自治機能の文脈のなかにあった。この観点から見れば、水利権紛争は現地共同体の自己決定能力（自力救済）の典型を示すものであった。この個別ケースでは、紛争解決のために村の一人の長老が活発に動いていた。しかしながら当局は紛争当事者とともにこの仲介者も処刑したのだ。[5]そのような仲介者の活動は紛争の私的解決の普通の手段だと考えられていたのである。こうしてこの男の処刑は、すでに確立している現地の慣習に対する当局の反対を表明するものであった。この事件は全国平定が民衆の自己決定権の廃絶を含意していた事実を象徴していた。それは暴力を正当に使用する権利をサムライが独占することを確定したのであった。

こうした厳しい布令の強制は、イデオロギー上の巧みな説得をもともなっていた。秀吉は刀狩令の宣言のなかで、村の武装解除政策は「国土安全万民快楽」（国の安全と人民の幸福）のために必要だと主張した。秀吉はさらに賢くも、没収した武具のすべては大仏の建立に使われるであろうと約束した。こうすればこの布令は農民たちを紛争や争闘が引き起こす現在の不幸から救い出すばかりか、彼らの来世の幸運にも貢献するに違いない。

目下日本で紛争の最中にあるすべての社会集団は、全国的な公権力の下に、自力決着の緊張や重圧から解放されるだろう、と支配者たちは説いた。統一支配者によるこの平定の論理は、当然のことながら、全国にわたる彼らの統治権《ソヴランティ》を正当化するためのイデオロギーの効果的な導入となった。さらに社会状態の実情からすれば、これまでかなりの自治を享受してきた社会集団の自立性は制限されるにせよ、そうした平定は望ましいのであった。中世後期の政治的不安定は、それぞれの社会集団に自律性や独立性を伸ばす余地を与えた。と同時に、内戦の混乱と不安定さがあらゆる人びとの生命と財産を脅かしてきたこと、あまりに長かったのである。全国統一者たちはそうした自己防衛はもう必要でなくなったのだと説得した。私たちが徳川時代の多くの文書のなかで繰り返し出会う決まり文句は、この体制下での「天下泰平」への感謝の表現であるが、これはあながち当局者へのお追従的レトリックだけではなかった。この表現は、少なくとも幾分かは、自己防衛の重荷からの全般的な解放感を反映していた。こうして内戦と統一という社会的な経験から、統治権が公の権力と呼ばれるに値するのは人びとに対して安全と保護を与えることができる場合だけだ、という暗黙の了解が生まれ出たのであった。

非サムライ民衆の非武装化が伝える暗黙の文化的メッセージは、非サムライ民衆の保護者は輝く剣を帯びる正式なサムライ身分の者（すなわち、大名あるいは将軍の臣下）だけである、ということだった。この名誉が支配する社会の論理から以下のような前提が生じた——武器を帯びる者、自らを守ることができる者だけが名誉ある人間と呼ばれるに値する、と。ここから導かれた結論は、非武装一般人は名誉の資格なし、ということだった。その結果、ステータスグループとしてのサムライが公式の名誉の立場を独占した。戦士階級が集団として暴力行使権を独占したことが文化のメカニズムとして働いてそれに照応する正式な社会的名誉の独占を保証するとともに、非サムライ階級の屈服を決定的にしたのであった。

このプロセスは徳川のサムライを難しい文化的ジレンマへと追い込んだ——彼らは近世の平和な時代にあって自分たちの日常生活の構造がまったく変わってしまったにもかかわらず、彼らの支配を正当化したのが名誉概念の軍事的次元であったがゆえに、彼らはその軍事的名誉文化を正式に廃棄することができなかったのである。サムライ階級の集団的な暴力独占による日本平定が中世的伝統であった自己決定主義を実質的に破壊してしまったのだが、この中世的伝統には、もしもこの近世の国家形成が別のコースを歩んでいたなら日本をもっとデモクラティックな諸制度を生み出す方向へと導いたはずの多様な水平的同盟が含まれていたのである。ほかの階級をしたがえるサムライ階級の集団としての名誉は、その厳格な規律を土台としてのみ維持することができた。統一のプロセスがサムライ階級自体をピラミッド型に再編成することでのみ可能になったことを想起しよう。厳しい新規律政策に明確な表現を与えたのは、最初の統一支配者・織田信長であった。信長は臣下に対して、「忠節人立置く外、廉《かど》がましき侍生害させ、或は追失ふべき事（忠節な者は留まってもよいが、裏切り者は自害させるか追い払う）」と警告した（一五八二年）(6)。徳川国家はこうした暴力的な統一プロセスの結果築き上げられた。徳川の国家形成は、後の日本の社会発展のコースを根本的に変えてしまった軍事・官僚専制の発達を促したのである。

幕府正当化の論理

幕府正当化の論理の公式レベルで重要な点は、その平和維持能力であった。中世から初期近代《アーリー・モダン》にかけての西欧の支配者たちは、その支配を支える総体的合意をつくろうとして、通常は統治者の役割を正義の守護者と正統信仰の保護者と定義づけることでその立場を正当化しようとした。西欧の教会は、政治体制の権威者に正当性を賦与するこのプロセスで重要な役割を演じた。同じ伝で日本でも、一六〇〇年までに、サムライ体制を正当化する政治制度がすでにしっかりと出来あがっていた——伝統的権威を持つ朝廷が国の事実上の支配者に対して、国を統治する権威を持つサムライの最高位としての法律上《ディ・ジュアリ》の承認を与えたのである。しかしながら、よく検討してみると、サムライ支配者に対するこの正当化には最高位の権力を正当化するための正義の観念、あるいはその他広く通用する抽象概念の媒介が欠けていた。朝廷それ自体は、その伝統的権威は太古の神話で支えられているとは言うものの、道徳的真理とか正義とかを休現するなどと主張したことは決してなかった。サムライ支配を正当化する日本の手続きにおいては、平定や平和維持の実際的能力が、その支配者が全サムライ衆のリーダーたるに相応しいか否かを決める決定的な基準となったのである。

　徳川は幾世紀にもわたる内戦の後で平和をもたらす者として登場し、実際にその権威は平和を強制できるその能力にもとづくことが公式に認められた。このことは徳川家康が天皇から受け取った「征夷大将軍」（蝦夷征討のための大将軍）

という伝統的称号に反映されている。こうした公認のリーダーの下で、徳川のサムライ個々人の——軍事組織のヒエラルキー上の相対的地位にかかわらず——自らを支配者たる地位にある集団の一員とする自覚は、戦士としての地位とも繫がっていた。このようにして、日本の近世の社会発展は軍事国家を創出し、それは以後の二世紀半にわたってその基本的構造を保持しつづけた。日本の歴史の最も平和な時期の一つが、その存在期間を通じて、少なくとも理論上は軍事力の役割を賞揚しなければならなかったのは、歴史のアイロニーである。

軍事の制度上の評価

非サムライ民衆の非武装化はまた、時には「身分支配」と呼ばれる徳川政治と結びついていた。(7) この身分差別の独特な制度が持つ暗黙の論理では、すべてサムライ身分の者は武器携帯の権利を認められ、そして彼らは理論上は、集団として他の民衆すなわち一般庶民の保護者となった。「身分支配」はこれに加えて、政治的主体として十全な責任を有するとされるのはサムライのみという認識を含んでいたので、徳川時代を通じすべての政府の職務にはサムライ身分の者だけが任じられた。幕府はサムライのピラミッドの頂点に君臨し、その資格において国を支配した。非サムライ民衆の非武装化とその後のサムライ支配階級化は、暴力行使能力を集団としてのサムライ支配の正当性の源泉と見なす制度上の評価に依拠していたのである。

徳川の支配体制の土台を支える論理的前提は、サムライ階級が暴力の合法的行使権を集団として独占することにある。この観点からして、身体的暴力と武人の名誉との結びつきはサムライの集団としてのアイデンティティーの中核でありつづけた。しかしながらサムライ階級内部で幕藩国家の基盤となっていたのは、これと対照的な「徳川の平和《パクス・トクガワ》」、すなわち大名の軍事力行使を厳しく規制することで出来あがった幕府による制圧支配の論理であった。この第二の構造の内部では、臣下としてのサムライが個人的かつ恣意的に「名誉の暴力」に訴えることは厳しく抑制管理されなければならなかった。大名がおおっぴらな合戦に参加することはもはやなかったが、全体的に見れば、サムライの戦士としての戦闘的・攻撃的本能を変容させて徳川武士官僚の組織人的ライフスタイルにふさわしくもっと内面的かつ道徳的な名誉の観念に移行してゆくプロセスは、重大な困難に直面した。こうした問題は、徳川の支配体制を正当化するために用いられた相矛盾する論理から生まれるのである。

サムライ・ヒエラルキーの再構築

大名軍隊の「凍結」

ヨーロッパ初期近代史の研究者であれば、徳川将軍が成し遂げた全面的かつ決定的な勝利からして、幕府は自ら直轄する財政的・軍事的機構をつくり上げて大名権力を解体し、全国の民衆へとしかるべく直接支配の手を広げると予測するであろう。しかしながら日本の歴史は、そのような進路をとらなかった。徳川の歴代将軍は大名が宣戦布告すること、他の大名と独自に同盟関係を結ぶことを禁じた。さらに加えて、大名は新たに城を築造したり大きな船を建造することを許されなかった。自分の城の石垣修理の計画にさえ、幕府の正式許可が必要だった。

にもかかわらず、幕府は大名軍隊を解体せず、中央政府指揮下の国軍への直接編入も行なわなかった。大名は従来通り家臣を抱え、自分の領地で領民を治めるよう求められたのである。しかし徳川将軍は大名が自らの発意で戦争するために軍を動員することを望まなかったがゆえに、大名の軍隊は「凍結」された。実際のところ、国の軍事機構のさらなる組織的・技術的な改良は、一六一五年（大坂夏の陣）の平定後にストップした。幕府の孤立主義政策は西欧との正式の外交・通商関係を厳しく制限したが、これもまた国内政治の現状維持《ステイタス・クオ》に役立ったのである。

廷臣としての大名

徳川将軍は直ちに大名（本来は同じ身分である）を強制して彼らの間に上下関係の構造を受け容れさせ、将軍を主と仰ぎ大名は従属する家臣となった（図4）。大名は自分の領国を治めることは許されたが、その代わり一朝有事の際には将軍に対して、あらかじめ「石高《こくだか》」（「石」すなわち米の生産高単位で量られる領地の生産力）に換算されて定められた軍事

図4）　江戸城で大名の拝謁を受ける徳川将軍。幕府は将軍の「御威光」を増すため、江戸城内での細かな儀礼を数多く制定した。『徳川正盛録』

義務を提供しなければならなかった。(8) 全大名の軍事義務の総計は理論上莫大な兵力となり、徳川体制は「四〇万の巨大兵力を動員」できたことになるのだが、この能力が実地に試されたことはなかった。(9) 大名の「家」それぞれには幕府ヒエラルキー上の「家格《かかく》」（家の序列）が与えられたが、これは大雑把に言って石高の大小に照応していた。(10) 徳川によって大名の地位に昇ったいわゆる「譜代」（一族）の大名が、本当の意味で徳川の臣下の名に値していた。これと対照的に、上杉、毛利、前田、島津のような「外の」大名（外様《とざま》）たちの出自は、軍事力と政略とで領地を獲得してきた戦国大名であった。したがって、徳川将軍のほうから自らを主君とし大名を臣下とする旨主張することは、自分の手に権力を集中させる方便であった。幕府の政務の役職は譜代と、幕府から知行を受けた「旗本」とで占められた。外様たちは幕府政治の中核から概ね排除されていたのである。

大名の「家」の内部の事柄も、もはや完全には大名の手中に委ねられなくなった。婚姻と相続の処理には将軍の正式許可が必要だった。大名は妻を江戸の屋敷に住まわせ、自分は江戸と城下町を交替で過ごさなければならなかった（参勤交代）。幕府発展の初期段階で、歴代の徳川将軍は大名領地を意図的に没収し、配置換えし、増減して、大名が将軍の権威に歯向かうことをためらうようにした。さらに大名には幕府の指揮の下、さまざまな大規模建設プロジェクトが割り当てられて、これが彼らの財政への厳しい重圧となったのである。

徳川体制下の大名は、多くの意味で、江戸城の洗練された廷臣というレベルにまで降格されたのである。江戸城における大名の席次は、将軍の宮廷における大名各家の公式序列を表わす名誉識別の指標の一つとして用いられた。江戸城での生活は、専心それに掛り切らねばならぬほどの煩瑣な礼儀作法によって完全に規制されていた。この礼儀作法には、将軍が大名に授けた大名の「家」の格式序列によって微妙な変化をつけた礼服やさまざまな装飾品が含まれていて、そこには象徴的な側面がたくさんあった。戦場で競う代わりに、大名宮廷人たちは幕府という宮廷での栄誉序列の上昇争いに鎬を削った。将軍から下される栄誉序列の象徴となれば、見かけはまったく無価値なものでも彼らは競い合ったのである。(11)

共生関係

しかしながら大名は、フランス貴族がヴェルサイユの宮廷でやり遂げたほどには、洗練された宮廷人にはならなかった。フランスの場合、貴族の封建的権力の基盤は不安定で、かつ縮小しつつあった。対照的に、日本の大名は家来や農民や土地をしっかりと掌握することができた。徳川国家は大名から旧来の封建的自律性を完全に奪い取ることはできず、将軍を国全体の権威の究極的根源として強制的に認めさせるため彼らの自律性の行使を制限しただけだった。大名は将軍の「大《おお》公儀《こうぎ》」の境界内にとどまる限りで、マイナーな「公儀」として振舞うことができたのである。

幕府は全国を対象とした標準的中央財政システムをつくらなかったから、大名が将軍に税を納めることはなく、むしろ将軍の中央政府の財政はその直轄領からの収入で賄われていた。これに加えて大名は、臣下に対する行政上の権限はもとより、中央政府から実質的に独立した裁判制度をも保持していた。幕府の重要な法や政策に抵触する特定の事例が発生した場合は、幕府が直じきに決裁するか、あるいは幕府にお伺いをたてた上で大名が決を下した。臣下や農民に対する大名の権威は、今や背後に上位の幕府権力が控えているがゆえに、実際に増大したのである。例えば農民暴動発生の場合、一大名では鎮圧できないとなると、幕府は介入することができた。[12] 幕藩国家という「協同的」かつ「競争的」な政治地勢において、将軍と大名との間で一つの共生関係が発展し、したがってコンラッド・トットマンも言うように、「幕府と藩の統治活動はそれぞれお互いの存続に貢献したのであった。[13]」

大名とその臣下との関係

全国レベルにおける権力構造のこうした統合と再編によって、大名はそれまで以上の確信と権威をもって臣下たちを厳しく監督・規制することができるようになった。その結果、臣下のサムライは社会的にも経済的にも君臣関係への依存がいっそう深まり、それなしではサムライ身分を喪失するにいたったのである。大名家に所属する家来たちはピラミッド型組織にますます組み込まれていき、彼らの自立の経済的基盤は厳しく制限されていった。中世以来の伝統的観念からすれば大名領主と正式な君臣関係にあるすべての家臣たちはサムライとして名目上同等の立場であるけれども、彼らの実際の権力、富、威信は大名家内部における彼らの序列によっておおいに異なっていたのである。

大名権力はまた臣下のサムライを強制的に城下町のサムライ居住区に住まわせ、彼らが土地を直接支配することから切り離してしまった。多くの場合サムライたち、特に位の低い連中は、米で支払われる先祖代々お定まりの俸禄を受け取るだけとなった。封土を給されることは非常に格のあることとされていたけれども、上位のサムライへの報酬であることが多かった。しかし実際に封土（知行）を給される場合でも、彼らは通常城下町に住むよう求められているがゆえに、領主としての権力を行使することは著しく制限されたのであった。例えば紀州藩では、自分の領地へ出かけようと思った臣下は城下を離れる前に当局に請願書を提出しなければならなかったが、この手続きの意図が、臣下が現地の領民と個人的関係を築き上げるのを防止するためだったことは明らかである。[14]ある場合には、家臣は名目的には封土を給されていても、税は大名の中央官僚が徴収して、しかる後それが当の家臣に再分配されることもあった。これらの場合、家臣たちの領主権とは名目でしかなかった。もっとも、サムライへの給付方法は藩ごとに大きな違いがあった。[15]

一六世紀以来同じ領国にとどまってきた大名は、概してサムライを強制的に郷里の村落から絶縁させるのを急がない傾向があった。これと対照的に、徳川幕府の命令で新しい領地へと移って来た大名たちは、サムライのヒエラルキーをすっきり整えるほうが有利と見、概して俸禄制度の導入を急いだのである。しかしながら一七世紀中頃までには、大方の大名領国において、何らかの形の「近世」式給付方式が実施されていった。

これまでの中世の数世紀間、サムライは自分の土地と財産を守り先祖代々受け継いできた「家」内部の紐帯を強化することでその自立性を固めてきた。「家」の血筋と繁栄を永続させることは、サムライにとって最重要の仕事であった。徳川体制の下では、臣下サムライは自分の領地を武力で守ることに腐心する必要などなかった。同時に、彼らの封建制権威が崩れたことで、大名家との対抗力は弱まってしまった。徳川時代のサムライの「家」はもはや、大名からの干渉を免れているわけにはいかなくなった。直系継承者が死ぬ度に、新相続者が「家」の当主となるには領主の正式許可が必要となった。他に例えば結婚など家族の事柄についても、主君の正式許可が必要であった。[16]中世日本のサムライの「家」が本質的に自立的だったのに比べて、徳川のサムライ臣下の家は主君への依存が大きかった。それらサムライの「家」は事実上、大名ないし（幕府の直臣の場合なら）将軍の、一段上の大きな「家」の一部と考えられていたに等しかった。この新制度のなかで各臣下の「家」は、一族の財産の一部のようにして代々受け継いできた基本的栄誉序列を担っていた。こうして「家」は国家への「奉仕」の基本単位として再構成され、個々のサムライの「家」の内部的な問題ももはや純粋に私的なこととは考えられなくなってしまったのである。

これと同時に、各大名は将軍に対して、それぞれの領国の大きさ（「石高」で量られる）に応じてしかるべき量の軍事義務を負っていたから、自分の臣下の数を簡単に減らすことができなかった。徳川時代の君臣関係とは、大名の「家」と臣下の「家」との長期的、世代縦断的な絆であった。徳川時代の臣下は、いったん臣下として抱えられれば（非常に低い地位の場合を除いて）、自分の「家」は来るべき幾世代にもわたって引きつづき領主の「家」に仕えるものと想定することができた。その結果、大名はサムライに対して理論上は絶対的権威を有していたのだが、臣下の「家」を取り潰すような権力濫用は現実には制約された。なぜなら、そうした措置は大名家内部の連帯と安定性とに深刻な危機をもたらすからである。

徳川時代のサムライの生活は、サムライ組織の厳格なヒエラルキーに組み込まれることで規制された。鎌倉時代のサムライ君臣関係の本来の形は、基本的に主君と臣下との間の個人的関係で成立していた。臣下たちの間の仲間関係には厳格な規制などなかった。こうして主従関係は、非人格的な組織上の関係というよりは個人的な庇護の関係と考えられていた。これとは対照的に、徳川のサムライは明確に階層化されたヒエラルキー組織のなかで正確な位置づけを与えられた。この徳川の制度は「規制的かつ組織的」タイプの主従関係と呼ぶのが相応しかろう。しかしながら、各大名の臣下集団が徳川国家の官僚組織へと変容したにしても、大名領主とその臣下を結ぶ基本原理——すなわち武人的主従関係の根本まで断ち切ったのではなかった。サムライ身分の者（領主との君臣関係に入った者のこと）だけが政府役人となることができた。別の言い方をすれば、徳川政府の官僚組織は一八世紀までに極めて高度なレベルに到達していたのだが、その基本構造は軍事組織の上に築かれていたのであった。

サムライ人口の大きさは、歴史人口統計学者の間で今だに論争の的である。その理由は、一七二一年以来幕府が行なってきた全国規模の人口調査資料ではいつもサムライ人口が除外されていたからである(17)。関山直太郎はサムライ人口（サムライ身分の者の妻子を含む）を全人口の六パーセントと七パーセントの間と見積もったが、他の見積もりは五パーセントと一〇パーセントの範囲である。そこで大雑把に五人に一人が成人男子のサムライだったと仮定すると、全人口の少なくとも一パーセントが中央あるいは地方の政府組織に永続的に組み込まれていたことになる。彼らはすべてサムライの立場を共有していたけれども、これらサムライたちの現実の社会的・経済的地位は、国家ヒエラルキーにおけるその序列によって鮮明に異なっていた。近世における日本特有の権力統合の形は、このようにして特権階級の数をかなりの程度に膨らませてしまった。その結果、多くのサムライたちに明確な目標や野心がなくなってしまい、彼らの士気《モラール》を高めるのは容易なことではなくなったのである。

簡潔に言えば、日本の近世における国家形成の特質は、長期にわたる内戦の後の国の統一が君臣制度の全国規模での垂直的再編を通して行なわれたという事実に帰すことができよう。公式の国家組織は君臣制度のヒエラルキーの論理によって組み立てられ、その成熟した組織方式は長い間に制度化されてきたサムライ主従関係という文化的神話を、多くの面で正確に反映していたのである。

8　統合と分権の国家構造

徳川社会の成熟形態は、幕府のヒエラルキーへと統合された複合的な権力多重構造をなしていた。管理機構の下位に位置する各部署は、上位レベルに対して特定の義務を負いつつ半ば自律的に振舞うことを許されていた。こうして、ある部署に属する者は社会のしかるべき役割を与えられ、それによってピラミッド型国家構造の内部に位置を占めることとなった。(1)徳川体制は、社会組織やステータスグループのそれぞれに対してその職種や身分範疇に応じた特定の義務(役)を割り当てることで、内部的には高度に異質な社会集団からなる特異なヒエラルキーを構築することができた。これらの集団の範囲は将軍に始まり下位のサムライ、農民、町人、底辺社会の被差別民《アウトキャスト》へと及んだ。個人それぞれが指定された役割を果たし、その社会的地位と調和したライフスタイルに満足を感じるなら、その時こそ——たぶん間違いなく——社会は全体として平和と繁栄を享受するであろう。平定統一の過程で出現した——村落からサムライの家までを含む——徳川の社会組織がたどりついた構造は、今も日本の社会組織の特徴とされている多くの諸側面の原型を示していたのである。

徳川時代の日本に関する「警察国家」イメージは、もとは一九三〇年代に公刊されたE・H・ノーマンの古典的著作によって一般に広まったのだが、このイメージとは対照的に、この体制の支配力の強さの実際はその柔軟性にこそあった。実のところ、下位と中位の社会組織に対してかなりの自由裁量権が与えられていた。徳川幕府が全国的にも地方レベルでも組織的警察力をつくらなかったことは注目すべきことだし、特筆すべきは、江戸市中の町人人口は徳川時代中頃で概算五〇万から六〇万とされているが、(2)彼らに対する行政は行政長官である二人の「町奉行」が監督する二五〇人ほどのサムライ役人(余力、同心)の一団によって行なわれていた。この役人の責任範囲は広く、治安の維持、犯罪者の処罰、防火と消防、民事訴訟の決裁などを含んでいた。(3)大きな首都においてこのように少ない行政役人数で済んだ理由は他でもない、地元の共同体（町）に当局との協力の下での自警責任が与えられていたからである。人びとがそれぞれの社会的地位に割り当てられた義務を遂行し、地元の規律維持組織の責任あるメンバーである限りにおいては、当局は一人ひとりの個人の規制には無関心だった。徳川体制は権力分散と柔軟性とによって中間的社会組織の自治能力をうまく利用したのだが、これによって下からの不満に中間レベルで対処したのである。このような構造的な措置は、社会の底辺レベルからの敵意がヒエラルキーの上端、すなわち将軍の権威を脅かす可能性を予め取り除いてしまったのである。

徳川時代の社会を複雑なルールや法的規制を備えた近代の民族国家と比較してみると、一瞥したところでは、有機体としての社会集団の緩やかな集合のように見える。しかしながら、子細に点検してみれば、この体制が周到に工夫された支配戦略によって社会にしっかりと植え込まれたものであることが明らかになる。こうした戦略によって各社会集団内部に潜む危険な要素が和らげられると同時に、その自治能力が国家のために活用された――すなわち、伝統的な規律維持システムが新たに出現しつつある統治秩序の目的に沿うよう政治化されたのである。実際、徳川時代は「わが国の歴史のなかで、もっとも社会が人工的（政策的）かつ計画的に組み立てられた時代であった」と言われてきた(4)。

労働の分割を通しての社会統合というのが、徳川幕藩国家の重要な組織原理であった。地方の大名領地、村落、その他の中間的社会組織は半ば自律性を認められ、それによって権力は効果的に分散された。各社会組織のメンバーは基本的に一人の長の支配下におかれるが、彼はその組織の一員であって政府の役人ではなく、当局がその組織を管理するのはこの長を通してなのであった。各集団はこうした周到なやり方で、中央国家の権威を頂点に戴くヒエラルキー国家体制に組み込まれていった。社会はこのようにして、ピラミッド型権力構成の枠組みに嵌め込まれた、統合的かつ分権的な構造へと再編成された。社会組織はそれぞれの有機体としての自律性を保ったが、その自律性は幕藩国家が提供する社会支配の大きな枠組みのなかに閉じ込められたのである。

国家構造におけるこの分権と統合との組み合わせは、全国政治のレベルでは幕府‐大名関係において見られた。しかし社会支配体制はもっと深く、日本の社会秩序の骨組みそのものにまで達していた。中央の権力構造の安定性を勝ち得た後、徳川の社会支配が意図したのはさまざまな中間レベルの社会組織――地方共同体、ステータスグループ、職業ギルドなど

——の連結ネットワークを通しての民衆再編成であった。

近世の村落形成

幕藩国家の基本的特徴の一つは、日本の農民に対するその政策であった。前節で論じた間接的社会支配戦略の実例は、徳川体制の下での村落の変容ぶりに最もよく表われている。中世のいわゆる「惣村」(自治村連合)は自治を行ない、かつ自前で武装していた。彼らは凶暴な農民反乱を巻き起こすこともしばしばで、これは中世後期の封建支配当局にとって最も深刻な脅威だった。徳川時代の村落も中世の社会的自律性の名残りを多くとどめてはいたけれども、その自治能力の発揮は徳川国家の新秩序の下で限定され規制された。

一六世紀の間に、村々は「一揆」組織を通して自治能力と軍事力とを増強していた。刀狩りや検地といった秀吉の断固たる政策と、その後も同じ方針で行なわれた徳川の政策によって村の自衛力は弱められ、政治的自律性は損なわれてしまった。その結果、中世の惣村と比較すれば、徳川の村々ははるかにがっちりと国家のなかに組み込まれてしまった。徳川時代の初めに、「土豪」のなかには村にとどまることを選ぶ者の他に、大名のサムライ臣下へと身分上昇してきた者もあった。大名の家来となった連中は城下町に住むよう強制された結果、彼らの主要な資産——農業生産に対する直接的支配力と現地の部下に対する個人的権威とを失う羽目になってしまった。村に住みつづけた土豪たちも武力を奪われ、村に対する個人的な支配力といったそれまでの特権の多くを拒まれたのであった。サムライ的な土地所有富裕農民は、これまで常に村を基盤として封建武人領主と対抗するレジスタンスの中核であったから、村における土豪の没落は大名の村支配を強固にした。

一七世紀を通じて開墾によって耕地の拡大がつづき農業技術も改良されて、日本経済の農業部門の生産性はおおいに増大した。この農業発展は、土豪の影響力の衰退と相俟って、富裕な農民への個人的支配に甘んじていた小規模農民家族に新しい機会を提供した。これら弱小の農民家族は、基本的には近親者の労働に依拠して自分の土地を耕作していた。この小規模農民は完全に自由な個人というわけではなかったが、封建領主にすべてを依存し従属する単なる農奴でもなかった(5)。典型的な「近世」農村はこうして、何よりもまず半自立的小規模農民（本百姓）の「家」を基盤としたのである。この近世の村落構造の形態は、一七世紀中頃、日本の多くの地域に出現した(6)。

中世の村落と違って、徳川日本の村落はサムライ領主からのはるかに綿密な監視と支配を受けた。村ごとの生産力と諸状態はことごとく調べ上げられ、住民の名前は人別帳に掲載された。当局は税収を最大限にするために、村人が隠していそうな情報をことごとく探り出そうとした。さらに加えて、幕府は村々にいわゆる五家族団制度（五人組）を導入した。このシステムは、五つの家が一グループとなって共同責任で互いに監視し合い相互扶助を行なう――税を納めたり、犯罪行為の訴追や懲戒を行なったりするものだった。

農民に向けられた徳川の農業政策は厳しいものだったが、この階級はこの体制から幾らかの利益を引き出した。例えば、村人の日常生活を支配したのはサムライ役人ではなく、村それ自体であった。徳川時代の初期では、村の統治機関の長（庄屋）およびその他の「村役人」には伝統ある富裕エリート層のメンバーが就任した。しかしながら、村落経済における小規模農民の地位上昇によって、村民たちに役職交替の可能性が生じたのである。サムライは村には住んでいなかったから、農業事業の実際の運営について農民たちはかなりの実権を握っていた。彼らは自らの判断にもとづいて商業的農業生産の導入を計ることができたが、これによって農村経済の商業化が促進された。村は自分たちの共有財産を保有しつづけたし、その村なりの規約を持っていた――とは言うものの、その自治能力は新体制の法的枠組みによって規制されていたのだが(7)。非常に重要なことだが、徳川の村は納税について集団責任を負っていたがゆえに却って、税率その他の重大問題の交渉という点でサムライ当局者に対して取引力を持ったのである。こうして徳川時代を通じ、村は当局との協同の下に社会支配の基本単位として機能する一方、公式権力に対しては強力な集団的交渉単位として存続したのである。

規律維持組織の普及

徳川国家の秩序を維持するために中間的社会組織を規律維持の単位組織へと編成替えするにいたったこの戦略は、村の再構築に最も明瞭に現われていたのだが、職業組織やギルドや特別の身分集団（僧侶、被差別民、盲人などを含む）など他の社会集団も、同じ方向で自ら再編成を行なった。これらの集団にも自治が認められ、所属員の規律と相互扶助と、そしてその集団に割り振られた国家に果たすべき役割と義務（役）の遂行とに、責任を負わされたのである。

この形態を明らかにするため、私はこれらの組織の一部について簡潔な概略を示そう。例えば賤民身分の人びと（穢多、非人）は、幾人かの強力な賤民身分の長の下に意図的に再組織された。初期の賤民の共同体は、中世において自治権力を有する職業集団という明確なカテゴリーとして存在していた。中世後期になると、これらの集団が社会的差別を受ける度合いは、次第に深まっていった。徳川時代のサムライ覇権の確立とともに、徳川当局は彼らを正式に被差別民と認定し、一般人の下の身分へと追いやったのであった[8]。

賤民身分の一族のなかでも最有力の家は弾左衛門だが、これはもともと徳川領の皮革加工業者の集団（穢多）の一員であった。弾左衛門一家は幕府の後援の下、一七世紀後期までに幕府直轄領内のすべての賤民に対してその支配権を拡大し、たくさんの賤民共同体をその配下に組み込んだ。徳川の賤民身分集団は、その成熟段階では「穢多」「非人」という二大カテゴリーに分割された（後者はこの時期では主として物乞い人たちだった）。徳川領ほか幾つかの地方の「穢多」と「非人」は現地の有力一族を長として戴いていたが、彼らもまた究極的には弾左衛門の監督の下にあった。弾左衛門の配下の「穢多・非人」集団は、「役」（義務）として幕府に対して二種類の奉仕を行なった——刑事システムの業務執行（看守と死刑執行者として）と皮革製品の供給である。その見返りとして、その集団の職業的特権は外部の競争から護られ、長たる者には多大の裁量権が認められた[9]。弾左衛門は、賤民身分の犯罪者に対しては死刑を課すことさえ許されていた[10]。

同じようにして、鍼治療、マッサージ、琴や三味線の演奏で暮らしを立てていた盲人たちも、（出身身分を問わず）「当道」と呼ばれる支配組織に強制的に加入させられた。「当道」の長で「検校」と呼ばれる役人は、所属員たちに対して強力な家父長的権威を行使した。最高幹部「総検校」の下で、常任検校と（晴眼の）行政官とがこのステータスグループの所属員を支配した。弾左衛門の場合と同じく、集団内の犯罪者を処罰するのも検校の仕事の一部であった。こうして、被差別民と盲人のための両組織ともが、底辺民衆の治安維持を行ない相互扶助を担ったのである。

中間的社会集団を国家目的に奉仕させるための再編成は、徳川時代の生活の数多くの領域――村や町といった地域社会、寺院や神社、職人ギルドその他の職業集団、商人ギルドなどで見られる。こうした間接支配システムの結果として、国家が公的な社会支配組織を通して個人を直接支配する政治制度は、徳川の日本では比較的に未発達であった。徳川時代中期を過ぎると、底辺民衆対策のための矯正監獄（「人足寄場《にんそくよせば》」と呼ばれた）や、江戸の公的医療施設（「養生所」は徳川時代を通じて唯一の公的病院であった）や、幕府天領および他藩におけるサムライ子弟のための学校といった幾つかの例外があったが、こうした改革は小規模にとどまっていた。実例を挙げると、体制は教育に対して好意的であったけれども、徳川の学校教育はサムライや一般民衆を取り込むような普遍的教育制度には発展しなかった。その代わりに幕藩当局は規律維持的中間社会組織が果たす機能を監視して、必要となればこれらの集団の長に対して制裁を課したり、支援をしたりしたのである。

徳川国家のこの基本的かつ独特な社会の枠組みが、その後の日本における社会関係が向かう方向に大きなインパクトを与えた――すなわち、それは自生の社会組織の構造を変容させて、上からの権威の支配に対してより従順な形態へと再編成したのである。そうした組織の長たちは、国家の認可によって強化された家父長的形態の権威を行使した。同時に、これらの組織の内部構造は単純にヒエラルキー的・強圧的というわけではなく、本当の相互扶助と所属員の参加の機会とを提供していたのである。近代日本の社会組織の多くの特色――その組織文化、その国家当局との関係は、徳川形態の社会組織のなかに萌芽的に現われているのである。

徳川体制の統合的かつ分権的な政治形態は、それまでの自律的社会組織を「役」すなわち国家への奉仕義務のシステムへと再編成したのであるが、この体制の下では本当に「私的」なものは社会のどこにも存在しなかった。例えば、商家に雇われている者が犯罪を犯せば、雇ったほうも罰せられた。同様に、家来が関わった規律上の問題で、主君である大名領主は将軍から重い罰を受けた。特にサムライの世界においては、以前なら国家の干渉などなかったはずのすべての活動が、もはやその防護を失ってしまった。こうした私的領域の収縮は特異な社会環境の成立を促したが、近世に独特の公私の概念はそこから生まれ出たのであった。

徳川国家についてのこれまでの記述は、社会支配のこのシステムが下位にある者の不満を押さえ込むことに完全に有効だったことを意味すると受け取られてはならない。歴史家たちが日本の村や町の詳しい動向や、一般人とサムライ当局者との相互作用などを細かに調べていけばいくほど、幕府や大名の規制的権力は民衆の日常生活の表層の下側にはほとんど届いていないことが明らかになってくる。村やその他の身分集団・職業集団の有力な指導者たちは、彼らの自治特権を最大限に活用したり国家と現地当局との間の懸隔につけ込んだりして、かなりの実際的な権力を揮うことができた。特に村人たちは、サムライがすべて城下町住まいであったことから、村の日常的な管理運営の面では実質的な自律性を保っていた。

徳川国家の統合的かつ分権的システムは、その社会支配力の弱さのみならず強さの源泉——つまり柔軟性の反映でもあった。このシステムは、現地の必要にうまく対応できる中間的社会組織に対しては、寛大と言えるほどに多く自治の余地を与えた。そしてさらに、構造が分権的であるために、下からの政治的対立の矛先は通常その直接の現地上司へと向けられ、めったに中央政府との直接対決にはいたらなかった。幕府の権威は、集団内部の抗争を解決したり、村長や現地のサムライ役人や大名家など直接の上位者が行なった不正を正したりするための一種の最終上告審としてしばしば有効利用された。徳川幕府はこうした間接的支配体制のお陰で、さまざまな反乱や社会支配のための直接的武力の弱体ぶりにもかかわらず、二世紀半の間、下からの反抗の直接の攻撃目標となることを免れることができたのであった。

徳川体制への脅威

しかしながら、徳川社会にはこうしたうわべは比較的平和な社会秩序の陰に、危険な政治権力争いの可能性が絶えず潜在していた。この種の最も重大な闘争は、出来あがった支配体制とその後の力強い経済発展との緊張状態から起こってきた。サムライ文化の再編成が起こった社会－政治的風土を理解するために、私は徳川のサムライたちが囚われたこの緊張状態の概観を描くことにしよう。しかし本書の本来の目的はサムライの文化的変容を検証することであるから、徳川時代の経済発展とそれがもたらした社会－政治的結果の詳細な分析にはスペースを割けない。

徳川経済の商業化

徳川国家はその存続中、当初からの統制と支配の基本体制を変えることはなかった。しかし徳川の経済は、この支配の枠組みのなかで勢いよく成長し、結果として、その成長に付随する社会発展が徳川の幕藩規制の限界を打ち破ることになった。分権的かつ高度に統合された政治システムの確立が経済発展を促し、全国規模での市場経済の発達を容易にした。こうした漸進的な経済変化が刺激となって起こってきた社会発展によって、人口と商品の流動性がさらに促進された。この新たな流動状態が逆に幕藩支配体制の多くの領域で深刻な問題を発生させたのである。

農耕地開発の結果として起こった一六・一七世紀の経済拡大は、多くの村々で経済余剰の蓄積をもたらした。耕地面積の拡大は、灌漑施設の大規模な拡張によって農業生産の増大を図った地方の大名の旺盛な努力によるところが多かった。この時期の農業技術の改良も、経済成長を加速させた(11)。加えて、平和な時代がつづいて経済の拡大がさらに促進されるにつれ、農業生産の発達は一七世紀初期までつづいていった。基本的生産力の顕著な増大は、徳川時代初期の著しい人口増加に現われていた。宮本又郎が見積もったところでは、徳川日本の人口は一六〇〇年に一二〇〇万だったものが一七世紀に大きく増加し、一七二〇年までに三一〇〇万以上に達したのである(12)。その後の人口は、概ねこのレベルにとどまった。

耕地の増加は一七世紀後期にその限度に達した。しかしその時までに、徳川経済の特質には顕著な変化が生じていた。一七世紀後期から一八世紀初期までの間に、日本の村の多くはもはや単純な自給自足的・閉鎖的農業社会ではなくなっていた。地域ごとに大名行政が確立し、地方の城下町が発達したことで、地方の市場経済が形成され、村々もそこにしっかりと組み込まれたのである。農業生産物を商品として商業的に生産することは、比較的先進地域であった畿内（京都・大坂の周辺地域）においてまず目立つようになり、やがて全国へと広がった。商品交換は全国レベルで行なわれ、商業化の恩恵を享受し始めた都市居住者の数は次第に増えていった。

全国平定は長距離通商を拡大する社会的環境を整えた。幕府は統一通貨制度を実施し、全国交通網に投資したが、これによって主要幹線道路に宿駅が設けられ、主要都市を結ぶ海路が出来あがった。大名たちが江戸と領国に交替に住むという制度によって、江戸と地方の間の人と商品の恒常的な流れも促進された。しかし市場経済を活性化した最も重要な要因は、幕府と大名の財政が米で支払われる税収に依存し、その米が市場で現金化されたことであった。

長距離通商の成長に寄与したもう一つの要因は、消費の中心地における都市人口の増加であった。例を挙げれば、幕府成立以後、江戸は都市として急速に発展し、一八世紀半ばまでには人口ほぼ一〇〇万に達していた。一七〇〇年までには大坂と京都も、主な大名領国の城下町と同様に、人口集中地域として栄えた。一八世紀中頃のこの三つの都市に住む人口は、この時期日本の全人口のおよそ五から七パーセントを占めていたという[13]。

一七世紀後期までに、全国的市場経済が完全に花開いた[14]。これに寄与したもう一つの要因は、徳川時代を通じてすべてのサムライとその家族が都市に住み、そこで手に入れることのできる商品に依存したことである。商業化によって米の価格は比較的低く、他の商品はヨリ高くなり、米に依存する大名財政にとって状況は悪化した。参勤交替と江戸における藩邸維持による経費の増大は、大名への財政圧迫を強めた。

階級関係の変化

これまで見てきたように、徳川体制の一見不動とも見える上部構造は、覇権を目ざしてさまざまな社会的レベルで闘争が行なわれた高度に緊張をはらんだ政治地勢の上に築かれたものであった。社会秩序の新封建制的《ネオフユーダル》再構築がこうした内部抗争に強力な決着をもたらしたけれども、その後の徳川体制下における社会的・経済的発展は、サムライ集団の支配に対して新たな挑戦を突きつける新しい種類の緊張状態をつくり出した。この脅威は主に二つの源からやってきた――すなわち、農民たちの絶えざる不穏状態と商人たちの富の増大である。

階級抗争の二つの源泉のうち、農民のほうが常に大きな脅威であった。もちろん村の非武装化とサムライと農民の身分分離とによって村は武装解除され、サムライと農民とが現地で同盟を組む危険な可能性は除去されてしまった。しかし村々は自治機能を維持し、納税を集団として行なっていたので、農民たちは声高な集団蜂起を組織する手段も機会も十分にあった。

封建時代の日本農民の紋切り型イメージとは違って、徳川の村びとたちは素直とか従順とかからは程遠かった。地方の記録文書を広範に調査した日本史家の青木虹二は、徳川時代を通じて六八八九件以上の騒擾《そうじょう》事件があり、そのうち三二一二件は農民の一揆――サムライ当局に対する抗議行動――と関わり合っており、三一八九件は村の内部抗争、四八八件は何らかの都市騒乱であった。(15) こうした紛争騒動の大部分は――繰り返し請願書を差し出すなど――比較的に見て非対決的だったが、時には大規模な武力行使へと組織されることもあって、徳川時代を通じてサムライ支配の基盤そのものを脅かしつづけたのである。

概して言えば、農民の集団行動の頻度、激しさ、規模は、徳川も後期になるにつれて次第に強まっていった。明らかに商業経済が、徳川の農民の不安を醸成したのである。商業的農業が農村地帯に浸透して自給自足的営農にとって代わり、村の内部に社会階層分裂を引き起こし、貧しい賃労働者を出現させた。これらの要素が一体となって村の権力構造を揺るがし、村落内部の紛争を増大させ、そのことで村の自己統制能力を頼りにしていたサムライの行政に対して間接的な脅威となったのである。商業経済の拡大はまた、米に依存する大名と将軍の経済基盤の低下をもたらした。穀物への課税を増やし、商業的農業（農村地帯における絹や木綿の産業など）からの税収を増やそうという彼らの試みは、しばしば大規模抗議行動の引き金となった。とりわけ徳川時代の後半期には、多くの村びとが同盟して幾千もの怒れる農民たちが強力な示威行動に打って出るのはめずらしいことではなかった。(16)

要するに、村からの脅威はサムライ階級に対して難問と好機の両方をもたらした――それが難問だったのは、サムライの経済基盤は依然として農業生産物からの税収に依存していたからであり、それが好機だったのは、大名同士が正式に合戦することなどなかったから農民の反乱を鎮圧することがサムライの武力を顕示する唯一の現実的可能性を提供してくれたからである。こうして緊急時にはサムライを農民反乱に対する平和維持軍として活動させる必要があったことも、大名が家来のサムライを削減することができなかった――唯一のとは言わぬまでも――幾つかの理由の一つであった(17)。

農民と比較して徳川の商人は、集団としてはその政治的脅威が少なかったのであるが、サムライ階級に対する経済的優位性の増大は次第に顕著なものになった。徳川の経済の商業化は商人階級に極めて有利なものとなり、彼らはさまざまな商品取引に携わった。大名も幕府もその収入源を商品経済の時代に相応しい方向に移行させるのが遅かったから、彼らの財政は主として穀物の税収に依存しつづけ、お陰で商人たちは比較的に低い税で済んでいた。米の価格は一八世紀には、商業的物産品の高騰ぶりと比較すれば概して低くとどまった。こうした状況は米依存のサムライの経済基盤をさらに侵蝕した。徳川時代中期以後、大名は当座の出費に当てるべく、翌年の税収を担保として大商人から現金を借りつづけた。個々のサムライも同じことをした。領主からの概ねは固定的な俸禄と、ますます洗練されていく都市的ライフスタイルによって、サムライ臣下たちの多くは財政悪化の窮状に陥り、大きな借金を抱えがちであった。

徳川幕府の長期にわたる存続期間を通じて生起した広範囲の社会-経済的な変化も、その政治構造の基本的な変更を生み出すにはいたらなかった。国家はあくまでも個々の人民を直接支配・監督することを避けつづけたし、統合的かつ分権的なその基本構造を保持していた。村や町、職業集団やステータスグループの自治能力への依存もそのままだった。唯一の政務公職就任者はサムライであり、一般人は政治のプロセスからはいつもシャットアウトされていた。

こうした階層構造上の分権化現象と本書の中心的論点との関連を理解するために特に重要なのは、この統合的かつ高度に分権的な社会システムを機能させるために、サムライの集団としての団結の重要性が増したことに注目することである。国家はサムライという存在以外に強制力を有効に執行する国家の代理人《エイジェント》を持っていなかったから、人びとにサムライ身分の者に従順にしたがう心を植えつけることが不可欠であった。こうした状況の下では、社会の秩序はサムライの権威と身分上の優越性とを人びとが進んで受け容れるか否かにおおいに依存していたのであった。

この支配形態の統合的部分として、サムライは社会的名誉を公式に独占していた。しかしながら、旺盛に自己主張する農民とますます豊かになる商人の間にあって、サムライ階級がその政治的・文化的ヘゲモニーを維持するのは容易なことではなかった。深刻な財政逼迫と農民からの挑戦の両方に直面したサムライには、戦士の誉れの意識を保持することが政治的に要請された。彼らの日常の現実は戦場の英雄的行為の栄光とは何の関わりもなく、色彩乏しい役人生活そのものだという事実があっても、彼らは戦士の誉れを保持しなければならなかった。繁栄する都市の消費文化と魅力的な町人文化とに囲まれて、普通の徳川のサムライの生活は、変わりゆく社会のなかで政治的には固定されたまま、多くの文化的矛盾を抱え込んでいた。サムライの集団としてのアイデンティティー見直しが起こったのは、こうした居心地の悪い状況のなかでだった。

9 徳川・新封建制国家――その比較論的評価

私たちはここまで、日本の近世国家の主な特徴を、それ自体に固有な用語を用いて検証してきた。これからは徳川日本を比較論的観点から観察して、日本の近世における国家形成の特徴をいっそう明確にしていこう。

徳川社会の比較論的評価に到達するためには、例えば「封建制」といった、徳川の日本を記述する際にしばしば用いられる幾つかの歴史的観念を再吟味してみるとよいかも知れない。「封建制」とか「絶対制政治」などの概念は、歴史的な理念型として意図的に使われるならば、比較のために幾らか役立つかも知れない。[1]そういう作業は、西欧社会の発展史については熟知しているが日本に関しては専門家でない人びとにとって特に有益であろう。とは言うものの、これら一つひとつの概念は歴史上の実際の経験から生まれてきた理念型を表わす他のさまざまな観念と同じく、本来とは違った意味で用いられることが多かった。したがって私たちは、こうした観念のさまざまな使われ方を吟味することから始めよう。

封建制

封建制は中世ヨーロッパで典型的に見られた社会的・政治的・軍事的構造を記述するための総称として広く用いられる。しかし社会生活のさまざまな側面のどれを封建制の特徴とするかは、学者によって強調点が違っている。イギリスとドイツにおける歴史叙述の伝統では、「封建制」といえば具体的に feudum（封土、領地）という形で体現された軍事制度をめぐる軍事的・司法的機能のことを指している。この定義の焦点は封建制の法的側面――騎士側からの契約上の奉仕義務および保護と忠誠の交換関係――にある。これは封建制の狭い定義であるが、基盤となる極めて複雑な社会的現実を捨象

してただ一点のみに絞り込むことでしばしば批判されているものである。(2)

封建制についてのより広範な政治的定義は通常、政治構造の大きな特徴的形態に着目して、①分権的政治制度、②私的権力による公的権力の分割的管掌、③君臣関係にもとづく軍事制度といった点を強調する。ジョセフ・ストレイヤーはこれらの諸機能の本質を要約して、封建制を「一つの統治の方法であり、その統治の方法を保持するのに必要な強制力を確保する仕方の一つ」であると見なす。(3)これら三つの政治的特徴はほとんどそのまま中世日本の政治構造にも適用できる。しかし徳川日本の場合では、第一点および第二点についてはは重要な違いもあることに私たちは留意しなければならない。なぜなら近世の日本は、幕府が「公儀」という名の下に強力な公的権威として確立することで、高度の政治権力の集中を達成したからである。君臣関係による軍事制度も変容を遂げた。平和な徳川社会の内部では、主君‐臣下の連繫は契約的・互恵的な関係ではなく（日本中世の君臣関係は「御恩」と「奉公」の交換という点に関しては契約的関係を含んでいたのだが）、臣下から主君に対しての全き依存と忠誠がその特徴となったのである。

一方、マルクス経済史学的観点からの解釈によれば、封建制とは本質的に農業の余剰を領主階級へと移行させるメカニズムだ、ということになる。したがって領主制度こそが封建制固有のものであり、R・H・ヒルトンの言葉を借りれば、「封建社会の二つの主要な階級が出会って余剰物を譲渡して地主の収入に変えるのは、領主制の内部において」なのである。(4)しかしながら、このように封建制の経済的基盤に焦点を当てるのは、もはや純マルキストだけが独占する解釈ではない。経済的観点から見れば、中世ヨーロッパも徳川日本も、ともに間違いなく封建社会であった。日本式に拵えられた二つの主要な階級があった――サムライ領主と農民である。君臣制度のメカニズムとは、農民から経済的余剰を引き出すための、サムライの政治手段だと考えることができる。

しかしながら日本の封建制、特に徳川封建制が明らかに他と異なっていたのは、余剰を譲渡させるその手段である。封建制を成り立たせている経済的要素は、徳川封建制の下部構造やヨーロッパと日本の歴史上の経験の類似性を理解するのに不可欠かもしれないが、政治的構造の違いや、それらの構造が東と西それぞれにおいて持つ重要な意味の違いまでも包摂することはできないのである。

封建制を単に政治的あるいは経済的な制度としてよりも、一つの社会制度として認識する総合的な定義が、マルキスト＝経済的定義とリベラル＝政治的定義とを組み合わせた形でマルク・ブロックによって提唱されたことはよく知られている。ブロックは封建制の形態的特徴というものを以下のように考えた――「農民の従属。一般には不可能であった俸給の代りに、奉仕義務つきの保有地 tenure-service ――正確な意味ではそれが知行である――の広汎な採用。専門的な戦士身分の優越。人と人を結びつける服従と保護の絆――それはこの戦士身分のあいだでは家臣制という特に純粋な形態をとった――無秩序の生みの親である権力の細分化。これらすべてのもののただ中における、社会結合の別な様式、つまり、血族と国家の存続……。」(5)（岩波版邦訳）徳川日本はこの定義のうちの最後の二つ――「権力の細分化」と「社会結合の別な様式の存続」――からは特に逸脱している。新たに「家」の重要性が増したことや村落その他の中間的社会組織が政治的に再構築されたことを考えれば、「存続」は弱すぎる言葉である。もっと言えば、より統合された徳川国家の形成は単なる存続ではない。徳川の日本においては明らかに「社会結合の別な様式」が社会で重要な位置を占めたのにとどまらず、「家」や村や職業集団などが徳川国家の目的に奉仕するよう意図的に再組織されたのだった。

こうして封建制をめぐるさまざまな定義を再検討してみると、徳川の社会はどの角度から見ても封建制の一ヴァージョンと考えることができるが、ヨーロッパ中世での経験から発した理念型からは――特にその政治構造の面で――やはり異なっていることが明らかになる。徳川の日本を比較論的な観点で見るためには、静態的構造の次元で西欧封建制との違いを確定するだけでは不十分である。徳川国家の比較論的な特質を動態的な発生過程として、すなわち、中世から近世徳川国家へのその歴史的移り行きの特質を理解しなければならないのである。

徳川国家の発生過程

ヨーロッパにおける絶対制国家は通常、過ぎ去った封建中世からの社会的断絶の産物と考えられている。ペリ・アンダーソンの広く読まれた著書『絶対制国家の系譜』が魅力的である理由の一つは、彼がヨーロッパの初期近代《アーリー・モダン》国家の基底にある社会的連続性を強調するからである。アンダーソンは『絶対制国家の系譜』のなかで自分の基本的な仮説を提示しているが、彼によれば絶対制政治が本質的に封建制的である理由は、それが「小作農民大衆をその伝統的な社会的地位へと押し込めることを意図して再展開・再充電された封建支配の機構」だったからである[6]。絶対制国家についての彼のモデルがヨーロッパ初期近代の国家形成の特質をヨリうまく説明しているか否かは多くの論議のある問題で、未だに解決がついていない。中世封建制と初期近代絶対制国家との強い関連を重視するアンダーソンとは違って、一部の学者たち（イマニュエル・ウォーラーステイン[7]を含む）は商業資本主義の勃興と絶対制国家との関連にヨリ多く注目している。勃興するブルジョアジーが経済ナショナリズムに有利な政策を行なうよう国家に強要し、したがって強い政府が求められたと考えたのである。

　これら二つのモデルの適合性は、ヨーロッパの国ごとに異なっているように思われる。ヨーロッパの幾つかの国々では明らかに強力なブルジョアジーがいたけれども、他の国では土地を所有する貴族と君主との間に密接な関係が結ばれたのである。これら二学派の説明は、そのいずれかをすべてのケースに適用できるはずの唯一のモデルと考えるよりも、絶対制国家発生の相異なる二つの形とするほうが有益であろう。

　徳川政治体制の発生は、商業資本モデルとはあまり似ていない。一六世紀初期には日本でも通商・商業活動の勃興があったけれども、そうした事実にもかかわらず、商人が強力な階級的基盤を発展させることはなかった。したがって、徳川国家の初期権力構造は商人階級の影響を何も反映していない。さらに言えば、一七世紀初頭における幕府の鎖国政策と国際貿易規制政策とは、一六世紀後期から国際取引高を増やしていた第一世代の徳川商人に深刻な打撃となった。こうして商人資本は、徳川の国家形成の初期においては顕著な役割は果たさなかった。徳川の国家形成は重商主義的発展への適応というよりは、中世後期における封建支配の重大危機に対応する封建制再展開と理解するのが最も正しいであろう。

　これまで行なってきた分析の上に立って、徳川の国家形成の道筋について以下のような理解が可能だと私は考える。徳川国家は中世後期における階級闘争の騒乱から生まれ出た政治機構の再展開であった。中世も徳川日本もともにサムライ階級が支配しており、この点では明らかな連続性があった。日本中世の終わりに村々はヨリ強くヨリ自立的になり、農民はサムライ領主に対してしばしば一揆を組織した。村民たちの怒りやすく自立的な態度のゆえに、農業社会からの税収を安定的に確保することがサムライ領主の重大関心事となった。一方で村民を押さえ込みつつ、他方で互いに領地を争い合いながら、サムライ階級は自らを再編成し、社会的階層制を再構築した。こうしたサムライの再編成は、武家の階層制を全国的に再構築したのみならず全国さまざまの社会集団を形成し直し、こうして他のすべての階級に対する武人領主階級の支配権を確保することで、徳川幕藩国家の形成に力を貸したのである。

絶対制政治

もし徳川日本を封建支配の再編形態と見なせるなら、アンダーソンはそれをヨーロッパ絶対制国家の主要特徴だとしているのだから、徳川の日本もいっそ「絶対制国家」と呼んではどうだろうか？[8] この提案を検討してみよう。「絶対制政治」の概念は「封建制」よりさらに漠としているが、その理由の一部はヨーロッパの初期近代国家が示す多様な構造の間に大きな違いがあることである。にもかかわらず大部分の学者は、歴史的概念としての絶対制政治には二つの重要な特徴がある、という点では同意するだろう。マイケル・マンはその二つの特徴を以下のように記述する——

①君主は法の源たる唯一の人間である。とはいうものの彼は神の法に服しているのだから、もしも彼が「自然法」を犯すような場合には彼に対して反逆する権利が残されている。

②君主は永続的・専門的・従属的な官僚と軍隊の補佐によって統治する。役人は、文官であれ武官であれ、その役柄によって与えられるもの以外、いかなる自律的権力も社会的地位も持たない[9]。

もし私たちがマンの第一の基準を徳川の日本に移すとすると、それはまぎれもない絶対制政治体制、おそらく照応するヨーロッパの国家より一段程度の高い絶対制だと考えられよう。徳川の支配者は絶対的な権威を確立しており、徳川のすべての法令（法）は将軍の権威からのみ発せられた。彼の権力を抑制するいかなる代議制的組織体も存在しなかった。さらに日本には、ヨーロッパの絶対制君主も理論上は服従していたヨーロッパ的な自然法、あるいは神の法に相当する概念が欠けていた。「法」という言葉は幕府の文書にしばしば現われるけれども、徳川の法令は行政上の布告でなければ絶対的権威からの制令・禁令であった――いずれにせよ成文化された命令なのであった。この観点からすれば、日本の将軍の権威は初期近代のヨーロッパの君主よりはるかに絶対制的であった。

第二の特徴に関しては、徳川の日本がヨーロッパ型の絶対制国家から明らかにかけ離れていたことは確かである。私がすでに説明したように、幕府は地方の領地や住民に対する大名の影響力を完全に取り払おうなどとは決してしなかったし、一般庶民とその財産への直接的監督を強化すべく全国的な官僚機構、常備軍、国家警察、全国的徴税制度などの直接的統治機関を設置しようとはしなかった。私が徳川の社会に「絶対制国家」というレッテルを貼ることに気が進まない理由の一斑は、この国家には近代西欧国家に見られるような中央集権的な政治機構の十分な発達（公的な財政運営、独立した司法制度、全国的な官僚機構、警察、そして常備軍など）がないことに起因している。しかしながら、永続的かつ直接的な国家政治機構の不在だけをもって絶対制レッテルの使用を排除することもできなかろう。周知の通り、ヨーロッパの初期近代国家のすべてがそのような要素を具備しているのではないが、それでも一部の学者たちはそれを準絶対制国家と定義しているのである。

徳川国家を絶対制的と規定することについて私がぶつかる根本的な困難は、そのような定義が日本の近世の社会変化の特徴を曖昧にしてしまうことである。徳川の日本を絶対制的と定義すれば、ヨーロッパと日本は社会制度・政治制度に生起した封建制的危機に直面して同じ解決に到達したということになるであろう。実際のところ、中世後期の封建制危機に対する日本独特の対応ぶり、つまり社会的・政治的再編成の特徴とその組み合わせ方は、西欧絶対制政治との類推では理解できないのである。土地所有から切り離されて俸禄で暮らす世襲的支配階級、半ば自律的な大名領国や村落を基盤とする間接統制、サムライと農民と商人とを区分けした厳格な身分差別など、日本の社会的・政治的・軍事的諸制度を再編成した複合体は西欧にそれに相当するものが存在しないのである。とりわけ、封建制武人領主から土地への直接的支配力を厳しく制限された役人へというサムライの変容は、支配階級における明らかな自己変容なのである。

ヨーロッパにおいては、絶対制政治体制下の全国的官僚機構が君主の片腕として発達し、統治の諸機能を中央集権的構造へと集中しようとした。貴族制がさまざまな権利や特権の根拠を生まれという偶発事においているのに対し、官僚制はその本質からしてまったく異なるタイプの組織であった。初期近代を通じて、王あるいは皇帝直属の官僚機構は、依然として権力を保持していた貴族階級に抗して出現してきた。もちろん、こうした発生期のヨーロッパ官僚機構が当初から合理的な能力本位主義を採っていたのではないことに留意しておくことは重要である。ハンス・ローゼンバーグが説明しているように、フランス法で「オフィシエ」officiers とは、公的権威と私的所有権とを兼備している多数の世襲的役人であった。この「オフィシエ」の任命には国王の承認が必要だったけれども、いったん地位を獲得すれば報酬や役得という形でそこから生まれる収入は土地財産からの収入とそっくりだった。そうした役職を手に入れることは、貴族の身分を手に入れることへの踏み台ともなっていた。[10] これと対照的に、「コミセル」commissaires は後に出現した少数の「新官僚」で、俸給をもらって君主に従属していた。これら二つのカテゴリーは現実には重なり合う部分があったけれども、用語上、法的には区別されていたのである。

ここで確認しなければならない重要な点は、徳川のサムライ官僚は「オフィシエ」とも「コミセル」とも違っていたということである。サムライを正確には「コミセル」になぞらえることができないのは、役職を得るための必須条件であるサムライ身分が、普通には生まれによって獲得されるものだからである。ところが彼の役職は私的資産とは見なされず、日本では役職売買が制度化されたことはなかった。サムライの「家」には財産、名誉、それに付随する収入というものがあったから、貴族的・世襲的要素は存続していた。しかし徳川のサムライの「家」はもはや社会的に自律性を持った存在ではなかったから、相続に主君の許可が必要とされる限りにおいて、「家」に付随する特権は純粋な私的財産ではなくったのである。さらに官職それ自体が世襲されることは通常なく、かと言ってある官職への就任が完全な能力主義で行なわれたわけでもなかった。各官職は通常それぞれに相応しい各「家」の格式と連結されていたので、低い格式の「家」のサムライの息子には昇進の機会が限られていたのである。

徳川のサムライ官僚制は、機能的には西欧の初期近代官僚制と同じだった——つまりこの体制は仕事の専門化を促進し、規定と前例を順守し、客観的で非個人的な管理方式を導入した。しかしながら徳川の「専門化」には明らかな限界があった。徳川「官僚制」の根本的な前提は君臣関係の論理であって、これは西欧とは非常に異なったものだった。徳川のサムライは貴族、軍人、官僚の役割を兼ね備えた者と思われていたのだが、これら三つの機能は初期近代のヨーロッパにおいて別々の社会集団へとはっきり分けられていったのである。しかもサムライは自立の社会‐経済的基盤を完全に喪失したという点で、ヨーロッパの貴族とは異なっていた。したがって、日本の近世国家形成という歴史上の経験の独自性を強調するために、ヨーロッパと日本の国家の発生過程を私の社会学的視野から解釈し直せば以下のようになる――中世ヨーロッパと中世日本とは、それぞれの中世後期における封建制の危機に対応した結果、絶対制国家と徳川・新封建制《ネオフューダル》国家という相異なる解答へといたりついた。日本の解答は日本に対して、徳川のサムライの独特な文化的発展にとって決定的に重要な環境をもたらすことになった。

　徳川国家とは、武人領主階級の共通利益を集団として確保した組織のメカニズムだった――つまり、新封建制《ネオフューダル》国家だった。徳川の国家組織を際立たせている特徴は、私がこれまで明らかにしてきた通り、多様な社会集団の半ば自律的な特質を保持しつつ中央集権化と全国平定とを成し遂げた、そのやり方にあった。この達成は逆に、サムライ階級が中世後期まで幾世紀にもわたって直面してきた社会的課題への対応と適応の結果でもあった。中世後期の封建制の危機に対する日本の解答は、さまざまな社会組織を非中央集権的かつ統合的なピラミッド型権力構造へと再編成し、その後の独特な社会的・文化的諸制度の発展への特殊な環境を日本に提供した。この意味では、徳川体制の強さを独裁的「絶対制」という用語だけで理解することはできない。社会組織（村を含む）の自治能力を保存することは、その集団の所属員にある程度の自律性を与えるとともに、彼らを自衛の重荷から解放したのである。

　徳川日本におけるこうしたユニークな形の封建制再展開は、中央および大名の権力と前期から力を蓄えてきた多様な社会組織との間の妥協の、最終的な結果であった。ジョン・ホールは最近、かつてE・H・ノーマンのような著者によって提示された徳川体制の純独裁制イメージに反対して以下のように書いた――「一七世紀の社会理論が個人の権利や代議制政治に同意を与えたことはなかったが、『幕府』『藩』そして『村』の政治機関は実際に紛争の解決や仲裁を行なっていた……。『家』という家族組織のシステムは個人を外部からの恣意的な強制から保護するメカニズムを提供していた。[11]」同時に私たちは、国家システムのこの柔軟で分権的な側面こそが、徳川の支配の成功の源泉だったことに注目しなければならない。徳川体制の崩壊に先立つ二世紀半もの間、日本国家の複雑で多層的な構造はこうしてさまざまなレベルの抗争（例えば反抗的な農民運動）を、それが体制全般への重大な脅威となる前に政治システムの中間レベルへと吸収してしまうことができたのである。[12]

興味深いことだが、アンダーソンの絶対制モデル、つまり生き延びるために再充電された封建制は、ヨーロッパの場合よりも徳川の日本のほうによく当てはまるかも知れない。もしもアンダーソンが彼のモデルを徳川の国家形成のパラメーターにぴったり合わせていたならば、封建制がヨーロッパと日本における工業化への共通の入口だという彼の理論は修正されていたかも知れない。[13]ヨーロッパにおいても日本においても、工業化へのそれぞれの道筋の形成に重要な役割を果たしたのは、単に封建制の中世的諸形態——アンダーソンが論じたように——なのではなく、それらをつくり直し再展開する歴史的諸経験だったのである。この封建制支配システムの再展開は極めて成功裡に行なわれたので、徳川の武人領主階級は実に一九世紀後半にいたるまで、その支配者の地位を独占しつづけることができた。しかしながら、この新しい政治戦略の成功はサムライたちの忠実な協力があってこそ可能だったのであり、彼らは国家と村落の間に立つ仲介者として、徳川の国家機構が抵抗する農民から税を取り立てる機能を遂行したのであった。一方で戦士から役人へと事実上の変身を遂げながらも、サムライの立場を堅固に保持しつづけることとの必要性は、こうした文脈のなかで次第に増していったのである。

日本とヨーロッパの領主階級が中世後期に直面した「危機」は、東と西で同じものでなかったことは確かである。幾つかの重要な要因が、近世の国家建設という歴史経験において日本とヨーロッパとを区別している。二つの状況を比較して、その決定的な違いは次のように言い表わせるだろう——土地所有エリート層の権力組織と、その競争相手の二つの権力組織との間に、相異なる二つの関係が存在していた。第一は国家と宗教権力組織との関係であり、第二は国家と資本権力組織との関係であった。近世の国家建設という課題を背負い込んだ日本の土地所有階級は、これら二つの関係において、これら二つの競争相手からヨーロッパの土地所有エリート層が経験したほどの干渉は受けなかったのである。

宗教と国家

ヨーロッパと日本それぞれにおける、宗教権力と世俗封建権力との関係の大きな違いを認識しなければならない。封建制の概念は社会‐政治的用語であるけれども、現実のヨーロッパの封建制発展とその後の初期近代国家形成とは、中世教会の宗教権力から切り離し難い影響を受けていた。日本の封建制は、キリスト教の強力な機構制度と比肩し得るような宗教権力の支えなしで発達した。この構造的な違いは日本の中世民衆が宗教的でなかったことを意味するのではなく、私はここで宗教と国家の間の制度的関係と力のバランスのことを言っているのである。日本の有力宗教である仏教は、正統信仰を独占したカトリック教会に匹敵するような強力な唯一の制度的中心を発展させなかった。イデオロギー的中身の問題では、日本の宗教組織は通常、規範の独占権を発揮して君主の政治的管轄権に対する「聖」の至上権を主張したりはしなかった。ヨーロッパのどの国の世俗君主よりも偉大な真理と正義の普遍的基準の存在を説く中世キリスト教会とは違って、中世日本の仏教寺院は、世俗の権威も理論上は服すべき法的・超越的な価値や強制力を打ち立てたことはなかったのである。

ジョセフ・ストレイヤーが論じたところでは、日本の状況とは対照的に、ヨーロッパにおける国家の役割はグレゴリウス七世改革と叙任権論争と呼ばれる時期（一〇七五―一一二二年）に教会からの機能分化過程を通して初めて明解に定義された。しばしば「教皇の革命」と呼ばれるこのプロセスを通してローマ・カトリック教会は、俗人に対する至上権を主張することで自らの自律性とともに世俗勢力に対する相当な統制力を獲得したのである。この権威には、「正義《ジャスティス》」の定義を下すのは常に究極的真理の守護者としての能力を備えた教会である、という主張が含まれていた。教会の制度的な勝利によって、図らずもそれに照応する国家の役割の再定義が求められることになったが、それは教会が政治機能のすべてを遂行することなど不可能だったからである。そこで、人びとに正義を配分するのは世俗の支配者の役目となった。簡単に言えば、「グレゴリウス的な教会の概念が国家概念の発明を必要としたのも同然だった。」(14)

キリスト教はまた、国家組織と世俗の法制をつくり上げるのに役立つことになる多くの概念上・組織上の技法を提供した。しかしここで重要なのは教会と世俗の支配者という配置であって、この配置が成立するには、正義というものは理論上教会が独占している超越的真理の具現化としての世俗の法に先立って存在する、という想定が必要だった。西欧の法的伝統の起源を研究したハロルド・バーマンは、ストレイヤーの主題を拡張して以下のように述べている――「法の革命は、教会における革命と教会の革命とに密接に結びついているが、この両革命はその後の八世紀以上にわたった農業と商業の革命、領地を持つ自律的な政治組織体としての都市や王国の勃興、大学や学術的思想の発生、その他西欧の誕生に付随して起こった大きな変容……と密接に結びついていたのである。[15]」「教皇の革命」が西欧の誕生に与えたインパクトは、今も学問的論争の主題である。しかしながら比較論的分析を進めるためには、教会と近代国家の起源との間に緊密な結びつきがあることを私たちは認めなくてはならない。古代日本を対照にとれば、仏教は常に朝廷とその貴族の「後援」によって「保護」されており、有力寺院では国の平和と寺院を保護する人びとの安寧が祈願された。日本の仏教では、宗教的価値を世俗の政治的価値以上のものとするイデオロギー的欲求はほんの微弱なものだった。この現象はしばしば、仏教の宗教思想の神秘的特質によって説明される。しかし世俗権力と宗教権力との日本特有の関係を仏教教理の内在的特質にのみ帰することは困難である。東南アジアの仏教王権の歴史的経験に注目すれば、仏教は国王の統治権を支持し正当化するのに極めて大きな制度的・イデオロギー的役割を果たしていたことが分かるのである。[16]

それでも中世の日本社会は、日本の歴史のなかでは、宗教機関が獲得した政治権力のレベルが最も高かった。荘園所有を通して、仏教寺院と一部の神道神社はその政治権力を正当化するとともに、その社会‐経済的利益を護るべく強力な私兵を動員した。宗教権力が「封建化」したことはこれらの実例によって明白であるが、延暦寺のような大寺院は目を見張るばかりの経済的・政治的権力を揮った。室町幕府は政治の実効性を上げようとする努力のなかで、五つの禅宗寺院（五山）を保護し、幕府の行政および外交団に仕えさせるべく有能な学識僧をそこから選任補充した。しかしながら、こうした形での権力賦与が行なわれたにもかかわらず、日本の宗教機関は世俗の権威から離れるとか対抗するのに十分な自律性を備えた唯一独立の「公的権力」へと発展することは決してなかった。ヨーロッパ封建制に特徴的なテーマ、すなわち聖俗二つの公的権力の抗争と同時的共生の可能性は、日本封建制の発展のなかでは十全には生まれてこなかった。日本の中世武装寺院に見られた限定的な政治権力の獲得さえも、戦国大名の出現とその後の統一支配者による武装解除政策によって無理やり後を断たれたのであった。

こうした俗に対する聖の全面的な屈服は、日本の近世の国家形成をその根底から左右した。さらに徳川国家の成立は、それが宗教という競争相手に対する世俗権力の最終的な勝利であったという意味で、日本の歴史における転回点であった。仏教寺院は徳川国家の形成過程で完全に武装解除され、世俗の統制の下におかれた。事実、戦国時代末期における最大かつ最も激しい一揆は浄土宗の一派の強力な一向宗と結びついていた。この形の政治的レジスタンスは一六世紀後半、日本統一の支配者たちによって無慈悲に殲滅されたのである。仏教寺院は保護されはしたが、徳川政治体制の下で注意深い監視を受けることになった。仏教と神道の各派は各地の寺社と僧侶・神官に対して、徳川の他の社会組織と同じように半ば自律的な統制権を行使することを認められてはいたが、これら宗教集団は寺院・神社の行政官である「寺社奉行」によって厳しく監督されたのである。徳川の「檀家」制度（西欧の教区組織のようなもの）の下では、誰もが名前を各地の寺院の公式記録簿に記載（宗門改め）しなければならなかった。徳川体制はキリスト教を弾圧するために、檀家制度の拡大を促進した。

国家から直接・間接の保護を受け、檀家からの慣習的な寄進による収入を確保したことで、日本の仏教寺院は、中世においてはその特徴だった社会的攻撃性を放棄せざるを得なくなってしまった。「国の主人」への服従よりも宗教的な価値を一段上におく宗派に対して、当局は概ね規制を加えた。この種のケースで最もよく知られているのは、日蓮宗不受不施派への執拗かつ厳しい迫害である。

こうして、日本の事実上の支配者たちがその体制を正当化しようとした時、彼らは自分の権力が一段高い宗教機関の権威によって承認され正当化されることは期待できなかった。もちろん、このことは一方で日本の封建権力は聖職者からの束縛を受けることがはるかに少ないことを意味していた。しかし他方で、中心となる超越的宗教権力の不在は、徳川の将軍たちには朝廷からの形式的な承認以外に頼るべき何の公的な正当性もないことを意味していた。これが不利なのは、当時の日本の天皇にはキリスト教の教会に比肩し得るような精神的権威がまったくなかったことであり、天皇は民衆全体に対する精神的影響力などまったく持っていなかったのである。（絶対制的「神＝天皇」、あるいは家族国家の家父長的指導者という戦前のイメージは、いろいろな意味で徳川以後の日本が創り出したものであった。）

階層的社会秩序を支える価値観を植えつける新儒教《ネオコンフューシアニズム》（宋学）イデオロギーを徳川体制が採用したのは、こうした状況でのことであった。しかしながら、徳川幕府成立以前には、儒教そのものが日本の民衆に深い社会的・制度的な根を下ろしていたのではなかった。こうして、あからさまな武力によって全国的な覇権を確立した後で、徳川幕府はその権威を維持するためにさまざまな世俗的政治儀式や、新しい社会秩序とヒエラルキーとを示す象徴的表象に頼らねばならなかった。

日本の戦士文化のユニークな発展を理解するためには、私たちは日本の封建制と宗教機関との関係について考察しなければならない。

ヨーロッパにおいて教会は、常に成功したわけではなかったが、キリスト教以前の戦士文化の暴力をキリスト教的騎士道の理想へと変えるよう努力はしていた。中世ヨーロッパの戦士文化は、この意味では、聖俗二つの制度的権力の相互作用の産物であった。日本においては、中世のサムライも徳川のサムライも、このような強烈な経験をしなかった。超越的な価値を代表する宗教的・イデオロギー的権力が組織的な干渉を行なって、サムライの慣行に対する根本的な問題提起を制度として突きつけるようなことはなかったのである。仮にそうしたいと思ったところで、日本の宗教的伝統には多くの場合、サムライ全体に対して価値観を強制するような制度的基盤が十分ではなかった。宗教的権威を持つ者たちはむしろ、職能遂行過程で激しく苦痛に満ちた死と否応なく向き合わねばならぬサムライたちの精神的渇望に応えようとしたのであった。したがってサムライの名誉文化全般は、集団としてのアイデンティティーと団結とを強化結集しようとする社会集団に独特の文化的・イデオロギー的主観へと、自己発展・自己変容を遂げたのである。[17] サムライ階級の文化的発展が、サムライ階級そのものを左右した政治的構造の内部におけるダイナミックな変化によって大きく影響されたのは当然のことだった。これこそ私が、名誉文化の変容という問題を思想史の観点から見るだけではなく、国家建設とサムライ名誉文化との関係に集中的に注目してきた根本的な理由なのである。

資本と国家

中世の日本にはヨーロッパと多くの共通点があったとはいえ、都市という人口集中地域の自律的な政治権力によって典型的に示される資本の権力組織に関しては、ヨーロッパ的形態から根本的に逸脱していた。都市というものは主に集約された資本の保管場所として成長するから、国家形成過程で集約された強制手段の保管場所としての国家との関係は、チャールズ・ティリーがヨーロッパの国々との関係で論じたように、相異なる社会的発展を創り出すことがある。[18] ヨーロッパにおける歴史の経験とは対照的に、一六世紀の短い一時期の堺の町のような稀な例外はともかく、中世日本の都市はこれといった自律性や自治性を達成することがなかった。事実、中世を通じて日本における都市人口の発達は極めて限られていた。戦国時代の終わり頃には、古来からの帝都である京都が日本唯一の大都市で、人口は一時一〇万を越えた。一六世紀の後期までは主要城下町の一〇〇はまだ存在していなかった。ジェノヴァやヴェネツィアやオランダの町々のような、ヨーロッパ中世の都市国家や商業都市に比肩し得る都市はなかった。中世日本でも商業活動は活発になりつつあったが、一七世紀に入っても日本では、ヨーロッパの先進地域と比較して通商のネットワークが未成熟であった。[19] こうして中世後期日本の商人たちは、武人領主の権力と効果的に競える階級組織として堂々たる政治基盤を築き上げることはなかった。むしろサムライ階級の支配にとって最大の脅威となったのは、反抗的な村民とサムライ大衆の一部が一揆同盟で結託したことであった。

対照的に、初期近代の国家建設期を通じてヨーロッパの大きな都市地域に蓄積された資本は、勃興しつつある社会階級が自立的な政治権力を発展させるための権力基盤を提供するに十分だった。さらに、ヨーロッパの君主たちはそれぞれの領土内を平定し終えると、他国との戦争を継続して世界市場で競い合った。ヨーロッパ国家の支配者たちは、強力な「軍事・財政マシン」の建設――彼らが手を出した最も高価な投機だったが――を続行する過程で、商人たちが収入その他の資産を拡大できる幸運な機会を数多く提供した。これが次には、政治領域での商人たちの権力を拡大する結果となったのである。

一六世紀後期における戦国大名の成長とともに、彼らの城下町では都市建設ブームが起こった。日本に泰平が訪れた後、徳川時代の前半期を通じて、分権的かつ統合的な徳川国家システムの枠組みの下、都市は急速に拡大した。サムライが強制的に住まわされた大名領国の地方城下町は、地方の政治と経済成長の中心となった。伝統的に政治の中心地であった京都に加えて、江戸と大坂の二大都市が全国の政治（江戸）と経済（大坂）の中心として発展した。とりわけ江戸の町は著しく拡大した。徳川家康が初めてこの地の領主になった一五九〇年にはほんの数千の人口を擁するのみだったのが、一七世紀には急速に発展して全国の政治の中心地となった。一七〇〇年までにその人口は一〇〇万人に迫った。宮本又郎は、一八世紀までに全日本人の一五パーセント以上が主な都市や何らかの種類の町に住むようになったと主張している。[20]

都市の発達と商人階級の経済的実力の増大となれば、ヨーロッパ史の研究者なら、政治過程に対する商人階級の影響力もそれにつれて拡大すると予想するに違いない。ところが徳川は、政府に対するブルジョアの影響力増大を阻むことにおいて、ヨーロッパのどの絶対制国家よりもうまくやってのけたのである。どうしてこんな抵抗が可能だったのか？　三つの点から説明できる。第一に、徳川国家は商業の力が（少なくともヨーロッパの基準から見て）比較的弱かった時期に軍事国家として出現したのであり、日本の都市の自立性は未だ高いレベルに達しておらず、商人たちも支配エリート層の仲間入りをするほど強力にはなっていなかった。商業経済の顕著な拡大は徳川国家成立以後のことであった。

戦国時代末の数十年の間に、軍事技術の変化によって戦闘の規模が拡大し、大武将たちの戦いの帰趨がそれらの補給によって決まるようになった時、一部の商人たちは武器その他の戦争資源を武将に供給することで政治的な立場の重要性を高めた。一六世紀における国際貿易の拡大もまた、これらの商人たちにその富と政治的権力とを増やす決定的な機会を与えた。しかし――ここで第二点に移るのだが――徳川による平定と、その後日本が国際貿易から実質的に撤退してしまったことによって、この世代の商人たちは政治商人として成長してゆく機会をまったく失ってしまった。いったん戦争が終われば、幕府と大名は旧制度に固執しつづけたが、それによれば武器の用意は、主君から頂く俸禄あるいは知行に応じてのサムライ臣下の責任と義務だとされていたのである。こうして、領主が払う直接軍事費は比較的少額のままだった。戦争という旨い商売にありつく機会なしでは、商人たちが徳川の支配体制に参入することはできなかった。

国家の中央の権威がまだ相対的に弱かった時期に都市が自律性を獲得してしまったヨーロッパの実例は、日本での経験とは異なっていた。かくして、日本近世の国家形成は武人階級の主導で進められ、彼らの奮闘努力は商業的階級組織からは最小限の干渉しか受けなかった。徳川経済の商業化が進んだのが日本の国家形成が決定的な軍事的転回を遂げた後だったという事実は、その後の徳川社会の文化的発展に大きな影響を与えた。

最後の点として、徳川の日本が厳格な身分の区分けを行なって商人を政治のプロセスから排除したことが挙げられる。農民に身分差別が強要されたのと同じように、商人も指定された社会的機能に閉じ込められてしまった。幕府は商品を商うこととサムライであることとの両方に対して、曖昧さを許さなかった。初期近代のヨーロッパでは役職を取引する制度が行き渡っていて、成功した商人たちは身分、特権、役職に付随する収入を手に入れることができた。不動産の購入によって商人が社会の上層部に仲間入りすることもしばしばだった。対照的に日本では、徳川の商人の息子たちが教育とか役職や不動産の購入などを通して身分の境界を越えてゆくための制度や機会は——幕末の一時期をのぞいて——ほとんどなかった。彼ら商人たちが下位の身分であることは、服装の規定やサムライ役人の面前でとるべき遜《へりくだ》った態度などの象徴的な信号によって強調された。しかしながら、商人に対する課税は農民よりも低かったのである[21]。こうして商人たちは支配の象徴的な枠組みは受け容れながらも、富の蓄積では農民よりはるかに自由であった。

確かに、徳川の商人や町人は単純な被抑圧グループでは決してなかった。商家は絶えずサムライに金を貸しており、サムライの財政を牛耳っていた。彼らは豊かな文化伝統の支え役ともなり、歌舞伎劇場から大衆文学や浮世絵版画まで、徳川日本の美的感銘を与える作品の多くは町人（庶民）芸術が生み出したものであった。これら近世市民たちによる後援、消費、参加がなければ、今日の私たちが徳川文化の最も魅力的な側面と考えているものは決して花開いていなかっただろう。徳川時代も後になると、これら町人文化は都市住まいのサムライにとっても魅力あるものとなり、サムライと庶民とはしばしば共通の文化活動に参加するまでになった。裕福な商人もサムライの「高級な」文化を学び、洗練された文化活動に参加することもしばしばだった。こうして、文化的交際という私的領域においては、身分の境界は重要なものではなくなってきた。しかしここで留意しておかねばならないのは、町人文化へのサムライの参入は彼らの「私的」、すなわち勤務外の生活に厳しく限られており、これは公式には彼らの「公的」生活よりも低劣とされていたということである。

加えて、都市文化の拡大は庶民の政治的権力獲得という結末にはいたらなかった。その結果、近世日本の都市文化はその魅力と新機軸への潜在力にもかかわらず、公の領域において新エリートたちの修養の糧となる新しい文化のパラダイムを生み出すことがなかったのである。

さらに加えれば、徳川の支配下では、サムライ個々人には商業活動に参加する権利がなかった。したがってサムライには、商業経済の拡大を利用して自分の経済的地位を相対的に強めることなどできなかった。徳川時代後期には多くの大名が収入を増やすべく米依存財政の弱体化に対処して領国での商品生産に躍起になったにもかかわらず、事態は同じだった。国家が経済政策に関与したといっても、個人としてのサムライが自分の利益のために働く商人にもなれるというわけではなかったのだ。厳格な身分制度の実施はこうして、政治上・経済上のヘゲモニーを併せ持つ階級の発展を妨げてしまったのである。

V

名誉と暴力の変容

10　名誉か秩序か——国家とサムライの自己決定

サムライの名誉文化が形成されつつあった中世に、暴力と名誉とが武人としての自尊心の抜き難い構成要素となった。戦士の社会では、問題解決のために実力行使する能力があるということが至上の自律性の象徴であり、その名誉暴力の突発を規制しようとする統治者の介入は、国家と臣下のサムライとの間に隠れた力の均衡があることを示していた。個人的な喧嘩、暴力沙汰、そして復讐行為などサムライの私的な暴力行使をつぶさに検討していくと、名誉の実践に対する「客観的な」社会規制——すなわち、法にもとづく証言や行政手続きや、とりわけ国の平定そのものを、サムライがどう理解していたかを観察することができる。

サムライの喧嘩

まず初めに、サムライの争いや暴力沙汰（普通「喧嘩」と呼ばれる）の原型をスケッチしてみよう。「喧嘩」をどう裁くかは長い間に大きく変わったけれども、暴力的な抗争へと発展する基本的な感情——それをサムライの喧嘩の「心理図式」と呼んでもいい——は、時代を通じて驚くほど似通っていて変化しないように見える。

あるサムライによる以下の証言は、サムライの生活において喧嘩や暴力沙汰が主役を演じていたことを示している——「闘諍と云もの、喧嘩などは、互の怒より勇気も出で、死を顧ぬことにも成なり、合戦は敵に対して、私の忿なし、唯忠と義とを楯にして、諍ふ事なれば、喧嘩程に勇気出ざるものなり。(1)」喧嘩の怒りは深く偽りのない感情的反応であり、名誉と自尊心が傷つけられたという事実への憤激だった。これとは対照的に、主君から促された戦争への参加は義務と見なされ、そこには同じ感情的衝動は含まれていなかったのである。もちろんサムライが戦争に参加したのは、このサムライが言うように、「忠と義とを楯にして」の全き道徳的確信からだけというわけではない。忠誠は、少なくとも部分的には、戦闘参加のイデオロギー的正当化だった。実際のところ合戦は、サムライが名誉を披瀝して報酬（物質的利益など）を手に入れるのに最もよい機会を提供した。ここで引用したサムライの証言の意味する大事な点は、サムライの日々の生活のなかではこうした戦争の功利的側面とは対照的に、私的な喧嘩がしばしば強烈な感情的反応を引き起こした、ということである。

喧嘩の開始に不可欠な成分は、侮辱に対する極度の敏感さである。サムライは名誉への挑戦に対する過敏性を育んできた。その結果彼らは、名誉に関する規定の範囲内で迅速かつ直観的に反応するようになった。熊谷直実のケースを思い起こしてみよう。彼は儀式の場で名誉ある役割を与えられずに、馬から降りて徒歩で的を支え持つよう命じられて腹を立てたのであった。これほどの侮辱（と彼は感じた）は、この意図せざる無礼の責任が将軍にあるにせよ、黙って受け流すわけにはいかなかった。恥辱に対して過敏であることは、名誉ある自立者に不可欠な資質だった。そうした無礼に対する扱いを誤ることは、彼の評判への深刻なダメージとなった。名誉とは脆い所有物であって、日常生活で生起するさまざまな緊張に絶えず気を配って対処することによってのみ保ちつづけることができるのである。

「喧嘩」で発せられる暴力の激しさの例は一二世紀の文学である『今昔物語』に見出すことができるが、ここで取り上げるのは、主人の弟から人殺しを命ぜられたサムライの話である。この男は殺人を実行するが、それは主人の遺恨が彼自身の問題にもなったからである。このケースはサムライが自分の名誉観のために暴力的に闘う姿を描いたものとして、最も古くかつ最も詳細なものである。物語のアウトラインはこうである——

昔、勇猛で名高いサムライだった頼信が、酒宴に列席すべく兄頼光の家を訪ねた。酒宴のさなかに頼信は、兄の郎等の一人平貞道《たいらのさだみち》を呼び寄せ、ある駿河の男が無礼だから殺してこいと命じた。貞道は頼信が社交の席で人殺しの手配をするのは常軌を逸していると思い、命令には従うまいと決めた。何といっても頼信は自分の直接の主人ではない、兄の頼光が主人だ、というのが彼の理由だった。

その後数カ月して東国への旅の途中で、貞道は図らずも頼信の命令の対象だった男と出会ってしまった。しばらく友好的に話した後で、その男は貞道に頼信の命令のことを尋ねた。貞道は、自分は頼信の郎等ではなくその兄の郎等だから命令を実行するつもりはないと答えた。男は喜んだが、いささか自慢の言葉を吐きたくなってこう付け加えた、「もしもあなたが私を殺そうとしたところで、私の腕前からすれば、やすやすとは殺せませんよ。」貞道はこれを侮辱ととり、彼を殺そうと即座に決心した。二人が道で別れた後、貞道とその郎等たちは男を追い、襲撃した。男は矢で射落とされ、貞道はその首を切り取って頼信に差し出した。(2)

この話で重要なのは、貞道は人殺しを命じたのが主人の弟だからというだけの理由で、男を殺すことを当初は望んでいなかったという点である。ところが男が彼の武人としての実力を嘲笑したので、彼はすぐさま気を変えたのだった。嘲笑者の言葉は軽率な慢心の発露にすぎないのであろうが、貞道はそれを自分の武術に対する侮辱と受けとめて傷ついた。事は突然に彼の名誉心に対する威嚇となり、反撃が必要になったのである。

名誉へのこうしたこだわりは、サムライの社会的な役割に根本的な変化が起こったにもかかわらず、その後の日本の歴史を通じてサムライが暴力沙汰を引き起こす動機となり、侮辱に対して極端な敏感さを見せつけることがサムライの社会的資格としてつづいてきたのである。徳川時代の作家・井原西鶴(一六四二―九三)は、典型的なサムライの喧嘩を生きと描いた。話はある嵐の日、二人のサムライが橋の上で擦れ違うことから始まる――

両方ともに、さしかさかたぶけて(傘を斜めにさしかけて)行違ひしに、橋の中ほどにて、実右衛門傘を太兵衛さしかさに振あてしに、太兵衛、「是は慮外(無礼な)」とつきのけしに、実右衛門、慮外といはれては断りも申されず(詫びるわけにもいかない)、「其方何者にて、すいさんなる(無礼な)言葉」といふ。「すいさんとはいかに。みれば安留次左衛門が家来のぶんとして(分際として)、詑て通るべき事本意なるに(当然なのに)、かへつて雑言申段、爰《こゝ》は堪忍なりがたし。(3)」

このやりとりは、延々とつづく復讐物語のなかで起こった恐ろしい暴力沙汰の発端となった。西鶴のこの作品は一六八七年、『武家義理物語』の刊行の八カ月前に起こった、大坂・南御堂前磯貝兄弟の敵討ちという歴史上有名な事件を題材にしていた。(4)引用した部分に書き込まれているディテールは、もちろん西鶴の文学的創造である。しかし別の歴史文書にも、この虚構ならざる雨の日の出会いの、同じような記述がある。ここで明らかなのは、有名な同時代の事件にもとづいた西鶴の想像上の場面再現において、小説家としての彼の卓越した技量とサムライ文化に対する彼の認識とが融合していたことである。実右衛門の反応を引き起こした信念は、サムライは如何なる状況においても軟弱な態度を見せてはならず、自分の名誉がいささかも傷つけられることがないよう常に用心していなければならぬ、という強固な確信であった。そのような挑発を受けたと気づいたサムライは、その場で仕返ししなければならない。中世と徳川時代の態度の違いは、徳川時代には喧嘩へのこうした敵愾心に満ちた対応はもはや自動的には是認されなくなったことである。

喧嘩は一種の「小規模戦争」と考えられていたから、サムライとしての自己の立場を主張する重要な手段となった。路上で挑発を受けて背中を見せることは、戦場でそうするのと同じほど恥ずべきことだった。これまで見てきたように、戦争の現実はサムライのなかに、決断の瞬間における自制と勇気を戦士的気概の重要な試金石として評価する文化的態度を生み出していた。同様にして、喧嘩でも名誉を護るための即座の反発行動が必要だった。そうした決定的な瞬間におけるサムライの行動は、将来の戦闘における彼の戦いぶりを如実に示すと考えられたのである。

男の名誉に対する「侮辱と挑発」への極度の敏感さと、男は如何なる状況にあっても弱さを見せてはいけないという考えは、サムライ文化の歴史のなかのみならず、「名誉」が人の自尊心の中心的な構成要素である今日の世界の多くの文化の慣行のなかにも観察できる。例えば、シカゴのメキシコ系チカーノの居住地域の路上は名誉心に拘束されたサブカルチュアの天下だが、ルース・ホロウィッツの報告によれば、この文化は「男らしさを強調して人と人との間の礼儀の無視を敵対的な意味にとる」し、「公衆の面前で慇懃な扱いを受ける権利をないがしろにする行為」はその人の名誉に対する侮辱と解釈されるが、それは「名誉というものが人の優越と自立とを肉体的に支えることを要請する」からである。名誉に対する挑発は、どれほど些細なことであれ、その人を弱者として笑われ者の立場におくであろう。「侮辱に対する感受性は特に公の場において研ぎ澄まされるが、それは他人の判断がすぐにも下されるからである。」(5) そうした状況で人が名誉を保とうとすれば、「どんな些細なことであろうと」どっちつかずの構えをみせてはならず、直ちに自分の主張を押し通さなくてはならないのである。(6) ピエール・ブルデューによるアルジェリアの民族誌的研究は、同じような心情の存在を明らかにしている。カビール地方の人びとの名誉意識文化では、挑発されたこと自体がその受け手の名誉となり、「それを受けた者の人生の頂点」となるのである。(7) これらの文化に見られる名誉争いは、さまざまな時期のサムライに驚くほど似通っている。名誉が挑発を受けた場合の素早く適切な対応は、名誉ある人間として尊重されるための前提条件なのである。

先に述べた現代のサブカルチュアは、名誉文化が近代の法律や国家の公式の警察力と対峙して繁栄している実例である。現地の共同体が紛争の調停や統制に有効な警察など外部からの力を受け入れた時には、紛争の私的解決の範囲や頻度は通常限定されてしまう。そのような状況では、内部の名誉ゲームのルールは否応なく変化する。これと同じように、名誉重視の心性は変わらずつづいていても、サムライが紛争を解決したり決着したりする仕方は、サムライがおかれる社会－政治的な文脈の変化に応じて同じような展開のコースをたどったのである。

発展の三段階

サムライの間の私的紛争解決手段としての暴力行使をどう扱うかに関して、日本社会の発展に三つの段階を区別することができる。第一段階は主に中世（おおまかにいって一二世紀から一四・五世紀）で、「自力救済」すなわち自分の不満は自分で除去することが主流であった時期。第二段階はほぼ戦国時代（一五世紀後期と一六世紀頃）にあたり、名高い「喧嘩両成敗」の法——紛争の背後にある理由は一切無視して喧嘩の当事者全員を等し並に厳しく処罰する——が出現した時期。そして第三段階は徳川時代で、国の平定が喧嘩の決着方法として私的に暴力に訴えることを困難にしてしまった時期である。

個人対個人の自然発生的争いが、中世においては、二つの社会組織間の抗争へと直ちにエスカレートする可能性があった。[8] ある「家」のメンバーが殺されると、それがその「家」のほんの末席あるいは下級のメンバーであったとしても、事件はたちどころに「家」全体の名誉の問題となり、私的報復の果てしない繰り返しとなる可能性があった。「家」の名誉は「家」が持つ力の表明だったから、復讐は法律上の権利ではなく、一つの行動規範と考えられていたのである。

戦国時代における「喧嘩両成敗」の登場が日本の法制史・文化史の大きな転回点となったのは、それがサムライの自己決定の衰退や、絶対的権力を持つ戦国大名の勃興や、「道理」の原理の終焉を象徴していたからである。それはまた徳川時代におけるサムライ名誉文化の新段階の展開を促進した。誤解のないように言っておくと、戦国時代に、「喧嘩両成敗」が旧い伝統だった「自力救済」(不満の自力排除)に完全に取って代わってしまったというわけではない。この時期のサムライ臣下たちは、今だある程度の社会的自律性を保持していたからである。こうして自己決定の伝統と強圧的な「喧嘩両成敗」とは、戦国時代の動乱状態のなかで共存していたのである。

日本の全国平定は、非サムライ民衆から紛争の私的解決の権利を奪い取ることによって彼らを効率よく非武装化していった過程でもあった。非サムライ社会集団に課せられた禁令は国内の政治的平定の結果であったのみならず、ステータスグループとしてのサムライが暴力の合法的行使を集団として独占してゆく過程でもあった。この独占権は次には、非サムライ民衆を名誉ある身分から排除することで、サムライ階級に対して公式に名誉の独占権を授与したのである。このような名誉支配の社会では、武力で身を護る能力も名誉の格付けと密接につながっていた。この時期の当局者は、サムライが衝動的に暴力に訴えることに対して社会的・政治的な統制を加える必要があった。しかしながら当局は、サムライの集団としての名誉を犠牲にすることなしにこの目的を達成しようとした。こうした配慮のゆえに、サムライたちの名誉にもとづく暴力をどう抑制するかが、徳川の支配者にとって政治的に細心の注意を要する問題となったのである。

個々のサムライは自分の名誉を護るため、文化が定めるゲームのルールに直観的にしたがった。危険や危機にさらされた瞬間こそサムライの名誉心が十全に発露され、功名を成し遂げた個人は熱く燃えさかる自尊心で満たされたのである。

にもかかわらず、激しい暴力沙汰——強力な制度的束縛と個人の私的判断とが目いっぱいぶつかった時の——が重大な結果をもたらしたこともしばしばあった。例えば、単なる自然発生的な争いから容赦ない復讐の連鎖へとエスカレートすることがあると、上位の当局の干渉を招くにいたってしまう。したがってサムライの気持ちのなかでは、喧嘩が起これば即座に社会的・法律的・象徴的な束縛を見極めることが必要だった。

この章で私は、私的暴力行使の扱いの第三段階——すなわち、サムライ間の喧嘩、暴力沙汰、復讐に対する徳川時代の扱い方を分析する。徳川体制は国内の強固な中心的権威の下で、永続的な泰平の確立に向かって着実に進んでいた。大名の家同士が全国レベルで抗争することは『武家諸法度』（徳川幕府によるサムライ向けの最も重要な法令）のなかに明確に記載され、禁じられた——「諸国主幷領主等不レ可レ致ニ私之諍論一」（国主や領主は私的な諍論に関わってはならない）。[9]——しかしながらこの法令は、普通のサムライ臣下たちの「喧嘩」の扱いに関しては、同じような明確な基準はつくらなかった。加えて、「喧嘩両成敗」はこの頃までには一種の慣習法の地位を確立していたのだが、幕府の公式の法令には盛り込まれなかった。この除外の結果、サムライの個人的な争いを扱う一定の法的基準はなくなってしまった。サムライの「喧嘩」を合理的に扱うようになってゆくプロセスは、さまざまな個別ケースを通しての試行錯誤によってのみ進んでいった。

暴力、エロス、名誉——一六〇〇年頃の文化風土

一六世紀の終わりから一七世紀の初めにかけて、日本国内の平和をもたらした三つの次元における根底的な社会構造変化があった——①大名間の内戦の終息と安定した中央権威の確立、②サムライの土地所有からの離脱と、社会的・政治的制約条件のある城下町への強制移住による自律性の制限、そして、③非サムライ民衆の武装解除と、兵士と農民の間の厳重な身分差別、の三次元である。

日本の武力平定が行なわれた頃のサムライの精神風土、つまり、武人としての英雄的行為を通しての社会的上昇の機会が失われてしまった頃の精神風土を視覚化しようとすると、私がいつも思い浮かべるのは一六〇四年八月半ばに豊国神社

で行なわれた歴史的祭礼を描いた一枚の印象的な屏風絵である。一六〇四年八月一四・一五の両日、この蒸し暑い二日間に京都の町びとたちの興奮はそのピークを迎えていた。この両日は、支配者・豊臣秀吉の死後七周年を記念して前例のない規模で豊国神社で行なわれた、一週間に及ぶ祭礼のクライマックスにあたっていた。豊国神社の名は祭神「豊国大明神」すなわち神格化された豊臣秀吉からきており、一六〇四年の祭りは豊臣家によって賄われ、運営されたのである。一六〇〇年、徳川家康は関ヶ原の戦いで勝利をものにし、全国的な軍事覇権を確立した。秀吉の息子・豊臣秀頼は大坂城のなかにいまだ健在であったが、徳川氏の優勢は一六〇三年、家康が征夷大将軍に任ぜられるにいたってさらに不動のものとなった。その翌年のこの祭礼における華麗な行列には騎馬武者と美しく着飾った舞人の大パレードが含まれていた。この見世物が、徳川の権力強化に対する豊臣家側の政治的プロテストだったことは明らかである。京都の五つの町区を代表する千人を越える舞人が豪華な衣装を着け、路上で、皇居で、そして神社で舞った。この壮大な祭礼は当時のたくさんの文書に記録されているのみならず、現地の画家たちによって力強く色鮮やかに描かれている。

とりわけ目を引きつけるのが、この一六〇四年の祭礼の特別色彩豊かな大きな絵のなかの、興奮した群衆の体と心の動きを把らえた左下の部分である。絵柄の細部は、明らかにこれから打ちかかろうとしている怒った若者たちの一団を生き生きと描いている（図5）。衣服や髪形から判断すると、彼らはまぎれもなく「かぶき者」（逸脱者）である。(10) 画面左の若い男は、半裸の胴体と腰に吊した赤い鞘に長い刀という姿である。この赤い鞘には「おれは二十三だ！　長生きし過ぎた！　もう我慢はしないぞ！」という趣旨の言葉が書かれているのが読み取れる。こうした若々しい、挑戦的な言葉は、この傑作絵画の線や色彩から溢れ出る爆発的な肉体的エネルギーともども、世が世なら英雄であり得たかも知れぬ世代全体の失望感を表現している。徳川体制の下での永続的泰平の到来とともに、低い階級出身の男たちが武勲によって名誉ある地位を獲得できる時代は過ぎ去ったのである。絵のなかの若者は実際長く生き過ぎたか、あるいはもっと正確に言えば、生まれるのが遅過ぎたのであった。低い者が高い者を打ち倒す「下剋上」の戦国時代はとうの昔に過ぎ去っていたのだ。

図のなかの若者は、近世日本の新しい社会現象を表現している。一六〇〇年前後といえば日本統一を目指す支配者たちが一世紀を越える内戦に終止符を打とうとしていた時期であるが、この頃「かぶき者」と呼ばれる奇妙な人びとの一団が

図５） 1605年、豊国祭の際の「かぶき者」同士の争い。画面左側の男は上半身が裸、腰には赤い鞘の異様に長い刀を差している。赤い鞘に刻み付けてある銘は「いきすぎたりや、廿三、八まん、ひけはとるまい」と読める。これは明らかに、天下統一の時代に不満を抱く英雄志願の男たちの言葉である。『豊国大明神臨時祭礼図屏風・徳川黎明本』

大都市の路上に姿を現わした。「かぶき」の字義は「ひねくれた」あるいは「逸脱していて放縦な」である。「かぶき」という語は一六〇〇年前後に流行したが、それは平定後の時代のムードを要約して表現していたと言っていいだろう。厳しく規定された行動のルールを意識的に侵犯したこれら一団の連中が「かぶき者」と呼ばれた。これら「かぶき者」の特徴は、風変わりで気紛れな装いと攻撃的で傍若無人な行動だった。演劇様式としての「歌舞伎」という語はこの用法から生まれたのである。「かぶき者」のなかには輸入物のビロード襟だの、へりに鉛の錘を付けた短い着物だの、幅広の帯だのを纏っていた者もいた。(11) またある者は「大額《おおびたい》」（額とこめかみから上を剃り上げる）や「大撫付《おおなでつけ》」「大剃下《おおすりさげ》」（慣習通りちょんまげに結わずに長くざんばらに垂らす）といった非順応主義の髪形を好んだ。(12) これ見よがしの赤い鞘や特大の鍔も、一般人からは逸脱の標しと考えられた。奇妙な風体への好みは彼らの失望と抗議を象徴するとともに、集団的な連帯感の表明でもあった。彼らの激情は数々の路上の喧嘩となって爆発し、その悪名をとどろかせた。

「かぶき者」に下された処罰を記録している当時のさまざまな文書から、これらの逸脱者の多くは主人のいないサムライつまり「浪人」か、サムライに仕えていた者か、統一を目指す支配者たちの新しい社会秩序のなかではしかるべき地位を見出せなかったサムライ階級の下位の連中かの、いずれかであったことが分かる。全国平定の後では、これらの「かぶき者」には社会の高いレベルに近づく機会がなかったのだ。サムライであり得たかも知れぬ者たちの失望感は、都市の路上で繰り広げられるこれらの私闘以外には、その攻撃的な理想やエネルギーを発露することができなかった。「かぶき者」はほうぼうからメンバーを引き抜いて軍団をつくり、しばしば路上の騒ぎを起こしては治安を乱した。メンバーの多くは若い成人および未成年で、彼らは互いの血盟によって兄弟の契りを結び、命懸けで助け合うことを誓ったのである。(13)

「かぶき者」は自分たちのことを書き残さなかったから、彼らの心理を詳しく知ることはできない。しかしながら、状況証拠から推察することはできる。一六〇四年の絵に記録された若者の言葉――「長生きし過ぎた！」（いきすぎたりや）――も例外ではない。他の幾つかの絵やこの時代の遺物の実物の鞘などから、「かぶき者」たちはこの文句が大好きで、自分たちのライフスタイルを象徴する言葉として持ち物に書き刻んでいたことが分かる。(14) 彼らの失望感は、新しい社会秩序が非サムライと名誉あるサムライ身分との間に厳しい身分の境界線を設け、彼らはその公式の名誉サークルから排除される瀬戸際におかれていたという事実から生まれていた。彼らはサムライである主人から足軽や家の使用人として雇われていたにもかかわらず、普通は仲間の同輩のほうに強い忠誠心を示していた。政治状況の行く末が明白になったところで彼ら「かぶき者」たちは、名誉をめぐる路上の喧嘩や目上の者への復讐に命を懸けても、自分たちが失うものは何もないと判断したのかも知れない。幕府と大名当局は、一七世紀の初期から中期にかけて「かぶき者」の抵抗に会うたびに、彼らに対するさまざまな取締令を繰り返し布告したのだった。「かぶき者」自体は都市住民のなかのほんの少数者にすぎなかったのだが、彼らの行ないや生き方は、この時期における文化的底流から巻き起こる社会的激浪について、私たちに何がしかのことを語っている。失望感を抱いた多くのサムライたちは、暴力の正当性と名誉重視の心情という旧来の観念に固執していたから、徳川時代初期における彼らを飼い馴らす過程は困難なものであった。

一七世紀初めのこうした全般的な文化風土を背景にして、社会統制の新しいシステムは未だ全体的に信頼と安全のムードをつくり出せるほど、十分な安定度には達していなかった。前の時代からの暴力支配の慣行が思い出されて、不安と混乱の社会風土を醸し出した（図6）。

一七世紀におけるサムライの喧嘩と暴力沙汰の歴史記録を調べてみると、過去から引き継いだ自力救済の原理と比較的新しい「喧嘩両成敗」のルールの両方が、彼らの態度と行動を左右していたことが分かる。しかしそれと同時に、徳川による平定がサムライの抗争解決に与えた効果は、全国レベルで急速に明らかになってきた。大名は統一をめざす支配者たち——まずは秀吉方、次いで徳川将軍方に対するかなりの恐れを示した。彼らは他の大名との抗争を解決するために自ら武力を行使することを抑制したのみならず、同盟を組んでいる他の大名の臣下との私的喧嘩に自分の臣下が巻き込まれぬよう、特に気を配ったのである。例えば加賀藩主・前田利常が一六一二年、徳川氏の駿府城の建設を手助けするよう命じられた時、臣下に向けて一七条の布令を出したが、そこで彼は自分の臣下の攻撃的な行動が幕府の報復を誘い出すことを危惧して、他の同盟軍との如何なる争いをも禁止した。(15) 布令はこう宣言している——

図6） 京都の狭い街路を暴走するサムライの一団。1600年から1615年にかけての全国平定の最終局面で、京の街は社会上昇の最後のチャンスを摑もうとする狂暴なサムライたちで混乱した。『洛中洛外図・船木屏風』

喧嘩口論等之義、他家衆と於仕出者、不構理非此方之者可令成敗（他家のサムライとの喧嘩口論に関しては、理非にかかわらず処刑する）。口論たりといふとも、如何様にも相手存分に可申付候（口論であっても、相手に存分に言わせるがよい）。此度之義におゐては、如何様之義も可令堪忍心持専一に候（こうした問題においては、どのような場合にも忍耐が最善である）。たとへ恥辱之様に相成候とも、其段不苦候（たとえ面目を失っても、恥辱ではない）……此度公義大事之御普請に候間、……堪忍せしむる輩は神妙に可存事（この度の建設は公儀の大事であるから、よく忍耐する者は信頼を勝ち得るであろう）。

戦国時代において喧嘩両成敗のルールは、何よりもまず内部規律を高めて大名軍の戦略的な動きを促進することを意図していた。しかし徳川体制の下では、徳川国家の枠組み内部の分裂を防ぐ方向へと偏って使われた。ここに示した実例で藩主・前田が自分のサムライに対して忍耐の重要性を強調し、その行動が彼らの不名誉となることはないという精神的保証を与えなければならなかったことに、私たちは注目しなければならない。布告のなかにこうした保証を入れる必要があったことは、名誉規定の攻撃的側面がこの時期のサムライ文化のなかでいかに制度として徹底していたかを示しているのである。

戦国時代の遺産は一七世紀の前半において、各大名の領国に根強く残っていた。名誉文化の自己主張的側面は、サムライの「家」の内部問題は家の長の統制権の下にある、という中世の伝統に由来していた。

この伝統の強さは、一六一一年にやはり加賀藩で起こったある事件に示されていた。この時期、かぶき者が大都市の路上を占拠していた。ある日、藩主・前田利長は小姓の長田牛之助が手筋之助と呼ばれる暴れん坊のかぶき者を馬丁として雇い入れたことを耳にした。藩主は牛之助に対して、この危険な男を当局に引き渡すよう直接命令を下した。しかし牛之助は自分の雇人のなかにそのような者はいないと言い張った。藩主の前田に対して堂々たる態度で喋りつづけながら彼はこう言った、「もし私がそのような者を家に雇ったとしても、捕らえて殿に差し出すようなことはサムライの道に反します。」言葉を換えれば、牛之助は中世の伝統にしたがってサムライの「家」の自立性を信じており、自分がよかれと思う通りに使用人を差配する自分の権利もそこから来ると信じていた。彼の家は公的訴追から安全な聖域《サンクチュアリ》でなければならなかった。藩主の命令を無視して、牛之助は密かに手筋之助に旅費を与え、加賀の領地からの逃亡を助けてやったのである。この不服従に対する罰として、牛之助は切腹を申し付けられ、手筋之助も捕らえられて処刑された。[16] こうして、この事件はサムライの自立精神の完全敗北で幕を閉じた。しかし牛之助が行なった命令無視こそは、サムライの家の自律性という旧い中世の伝統が、初期の徳川のサムライの心のなかになお生きていたことの証であった。

かぶき者の連帯ぶりは、彼らがともに突飛な衣装を纏うことに象徴的に示されていたが、そこには文化の次元を越えるものがあって、徳川の政治的秩序にとって真の脅威となったのである。一七世紀初期には幕府と大名の両方から、若者がかぶき者に加わることはもとより、かぶき者を従者としてサムライの家に雇い入れることも禁止する布令がしばしば出された。これらの布令は、こうした社会的逸脱者と結びついて発生した一連の犯罪に対する公式の対応を示していた。そうした驚くべき事件の一つが『徳川実紀』（徳川氏の年代記）に記録されている。慶長一七年（一六一二）、芝山権左衛門という幕府の武士の長（大番頭《おおばんがしら》）が従者を殺したが、彼はかぶき者だったことが判明した。家内の者に対する主人の封建制的領主権からすれば、この殺人はある意味で「普通の」出来事だった。しかしその従者の死の直後、芝山の家のもう一人の従者がその場に駆けつけ、即座に芝山を殺してしまったのである。このショッキングな幕府高官殺害事件は、その従者のかぶき者の友人が殺されたことに対する報復行為であることは明らかだった。一〇日経って終に容疑者が逮捕され、かぶき者との関わりを白状した。彼が述べたところによると、グループのメンバーは大部分が少年や若い成人であり、血盟によって兄弟の契りを結び、命懸けで互いに助け合うことを誓い、そのためには主人や両親に背くことも辞さないのだった。容疑者の自白から、江戸で七〇人以上のかぶき者が逮捕された。グループの首領は大鳥一兵衛という若者だったが、捕らえられ、拷問を受け、後に処刑された。[17]

かぶき者の若者が仲間のために主人に復讐したという事実は、主人への忠誠や服従がこの初期段階では未だ絶対的な倫理とはなっていなかったことを示している。二人の従者が個人として結んだ親密な関係は、ヒエラルキー上の関係による社会的義務よりも大事なものと見なされることがしばしばだった。この心情は、この時期のサムライの間で男同士の恋情に積極的な精神的価値が与えられたことに最も鋭く現われていた。同性愛に対するこの態度から、数多くの短編物語集や『心友記』（一六四三）のような正しい男色のための美的・倫理的ガイドブックがつくられた[18]。これらの本でロマンチックに描かれる男と男の典型的な関係は、「若衆《わかしゅ》」と呼ばれる少年（「その前髪を剃る前の、花のような美しさ」――すなわち元服して成人の髪形にする前の少年）と、その少年を愛顧する「念者《ねんじゃ》」と呼ばれる年長の恋人であった。通例これらサムライの同性愛のガイドブックは、相手を独占し合う関係を推奨し、愛する人のために命を犠牲にした恋人たちを賛美した。

美少年の愛をめぐる激しい争いは、この時期のサムライにとって正常な生活の一部だったばかりでなく、しばしば名誉志向の心情表現として好ましいものと考えられていた。サムライたちがすべて同性愛をしていたわけではないが、男性支配のサムライ社会の生活は戦士個人の間の信頼関係を理想化する文化的態度を育み、それを濃密な男色への心情として慣用的に表現した。サムライをめぐる当時人気の文学が少年の美をロマンチックに描き出したやり方は、中世騎士の貴婦人への献身ぶりを彷彿させる。しかしながら、男同士の恋愛をめぐる争いでのサムライの行動はあまりに激烈で、競争的で、喧嘩腰――それはこの時期の文学やさまざまな史料に明らかだが――なので、ここで私たちが思い浮かべるのは、女性の純潔をめぐる名誉の暴力を容認している地中海社会に関する民族誌学者たちの報告である[19]。男同士の恋愛を広めた心情とそのエロチックな美学を考慮することなしに、私たちはサムライの間で起こる名誉の暴力事件を十分に理解することはできない。サムライによる私的な暴力行使を禁圧することは――その爆発の理由が何であれ――、徳川の支配のこの初期段階においては困難な仕事だったのである。

臣下間の紛争解決のための個人的な暴力行使に関する大名の公式の政策は、一七世紀の初めにおいては未だ強固に確立されてはいなかった。争いが立派なサムライ同士の名誉問題にすぎない場合は、しばしば私的な事件とされた。国家の内部秩序を乱すのでなければ、名誉に関する直情的な争闘は場合によっては当局の見逃すところとなった。当局が公式に容赦した特別顕著な事例は、一六三〇年にこれまた前田公の領地（加賀藩）で二人の若いサムライの間で起こった血なまぐさい喧嘩だった。この喧嘩は、日本最後の大抗争である大坂夏の陣から一五年後のことだった。

『加賀藩史料』によると、寛永七年（一六三〇）六月、若く高貴なサムライ前田肥後（前田利家公の孫）は若い仲間の一団と川に出かけた。気持ちよく泳いだ後で、彼と連れの一行は帰宅しようと橋を渡っていた。橋の向こう側から別の二人のサムライ、村瀬と坂部が彼らのほうへと歩いてきた。『加賀藩史料』の記すところでは、橋の真ん中で「(肥後と坂部の)刀の鞘と鞘とはつしと当る。肥後殿扇子を取直し、(坂部)市郎右衛門肩をひしとうち給へば、市郎右衛門刀を抜き、心得たりと云所を、云々。」刀の偶然の触れ合いが挑発と受け取られ、たちまち猛烈な争いとなった。肥後の友人も応援に駆けつけ、村瀬と坂部はともに川で殺されてしまった。悲劇の知らせは直ぐに家族まで届き、事件はそのまま両家の争いへとエスカレートした。村瀬の父親・村瀬九右衛門は長い刀を携えて息子の死の復讐を果たすべくその場に馳せ参じた。九右衛門は肥後の家来の二人を殺しもう一人を傷つけたところで終には自分が殺されてしまった。坂部の父親・坂部次郎兵衛も復讐を求めて槍を引っ提げてやってきたが、「見物人のみ多ければ」仕方なくあきらめた。こうしたディテールが真実か否か明らかではなく、闘争に加われなかった坂部の父親の言い訳かも知れない。ともかくも、復讐を遂げられなかったのを恥じて次郎兵衛は自ら寺に赴いて僧となり、町を離れた。この逸話は前田公に報告されたが、どちらの側からも処罰者は出なかった。史料の記録するところでは、肥後はその後死ぬまで、絶えず復讐を恐れていたのであった。[20]

この話全体から伝わってくる感じは、この時点における初期徳川時代のサムライは後の二世紀の自制的でストイックなサムライとは少しも似ていない、ということである。これらの徳川のサムライは今だに戦士の心性とともに、命を懸けた喧嘩には名誉もかかっているという信念を培っていた。実際、ここでの実例における喧嘩の成り行きは中世の喧嘩の場合とそう違ってはいなかった。この段階では喧嘩両成敗は一般的には「天下の御法度」だと賞揚されていたのは事実だが、一貫して実行されていたというわけではなかった。サムライの喧嘩を名誉の問題と考え、公的な司法の外側の決闘だとした文化的規範を変えるのは困難だった。さらにこのケースが示しているのは、サムライの喧嘩は家族間の争いへと拡大しがちであり、国家は干渉などせずに争い合う当事者たちが反目と報復によって問題にけりをつけるのを放置しておくことがしばしばあった、ということである。加賀藩の『加賀藩史料』や会津藩の『家世実紀』のように時代順に記述された大名文書を通覧していくと、初期徳川時代の記載事項のなかに、サムライの喧嘩における本能的に攻撃的な行動の同じような実例が幾つもあるのが容易に分かるのである。

加賀藩のこの事件が起こったのは、「改作仕法」と呼ばれる有名な改革政策の前だったことを付け加えておこう。一六五一年と五六年に実施されたこの複雑な土地改革政策は、加賀藩が土地の直接管理からサムライを排除して近世の政治組織体として発展してゆく重要な転換点であった(21)。臣下たちが現地の大名の政治構造へと組み込まれてゆくペースは場所によって異なるが、一七世紀前半にはサムライたちは未だに構造的かつ文化的な自律性を幾分か維持していたと言えば、大きな誤りはなかろう。

覚悟の指標としての「喧嘩」

暴力の観点から定義されたサムライの名誉を一般的に見て社会秩序の維持よりも重要だと考えていたのは、サムライ個々人（彼らは大名組織の臣下だった）だけではなく、伝統的なイデオロギーのなかで社会に適応し、未だそこから完全には自由になっていない当局者たち自身もそうであった。次のケースは岡山藩のもので一六四七年、大坂における最後の大内戦（一六一五年）の記憶ももはや生々しいとは言えない時期であった――ある祝日、サムライたちが登城した。荻原又六郎が同僚の生駒玄蕃《げんば》について「種々悪口」を述べた。二人はもう長い間犬猿の仲だったのである。玄蕃はあとから登城してきて又六郎が自分の悪口を言ったことを知ったが、その場は「堪忍」（我慢）したので、城内では何事も起こらなかった(22)。

事件は本質的には些細なことだったのだが、なぜか公の問題となってしまった。又六郎は中傷という不品行を犯したという理由で切腹を申し付けられた。玄蕃の態度は領主のいる城内での平静な忍耐の模範として賞賛された。ところが驚くべきことに、彼に対する処分は極めて厳しいものだった。当局は彼の土地と地位を没収（改易）したのだが、判決文はその理由をこう説明した――「何とぞ可然《しかるべき》首尾茂《も》可有之《これあるべき》事ニ（玄蕃サイドとしてもしかるべき行動がなされなければならぬはずなのに）、余り穏便成仕合ニ候得ハ（あまりに穏便な対応であるから）、御年若キ殿様之可被召使様無之候（年若い殿様に仕えるサムライの態度としては不十分であり）、就其《それにつき》、御不便なから改易被仰付候（不憫ではあるが財産没収に処する）、ケ様ニ被仰候得ハ、已来《いらい》申事さへ仕候ハ、、是非果候ハてハ不叶様《かなわざるよう》ニ候へ共、少も左様ニ而《て》ハ無之候（このような御決定なので、以後口論が起これば、是が非でも果し合いをしなければならぬように思われるが、そのようなことは少しもない）、……ケ様之首尾ハ此様ニ可被仰付との御法ハ御定かたく候（こういう場合はこうせよと法で定めることはできないのである）。」

この道徳上のジレンマの本質は明らかである。もしも侮辱に対して報復すれば、法と秩序の名の下に処刑されるであろう。黙していれば生き延びるかも知れぬが、サムライ社会のなかでは名誉を失墜するだろう。同時に、徳川体制では一般庶民が政府機関のなかで地位に就くことは許されなかったから、武士という身分は彼らの社会的優位性の象徴でもあった。こうして国家もサムライも、彼らの武人文化の基盤にある原理は決して放棄することはなかった。サムライにとって問題だったのは、彼は国家の政治構造にすっかり組み込まれていて自立の経済的基盤などなかったにもかかわらず、自分の人格的な名誉が関わる場合には組織の法律からも逸脱できる能力があることを示すよう、道徳的根拠で要請されていたことである。さらに「御法ハ御定かたく候」という判決文は、この問題をめぐる当局者の困惑と両価感情《アンビヴァレンス》とを反映している。

サムライ階級の集団的名誉は、事実として、徳川幕藩国家という建物の象徴的な土台であった。サムライは戦士であるがゆえに日本の支配者に相応しいのだと政治的に定義されていたので、当局者が攻撃的な名誉伝統をそっくり拒絶することなど困難だった。サムライに対して如何なる事情があろうと仕返しをしてはならぬと命ずる明快な規定をつくることを、当局は躊躇した。その結果、名誉がらみの暴力を飼い馴らしてゆくプロセスが、徳川体制内部における他の社会的・政治的変化のスピードに立ち遅れながらも、ゆっくりと進行していった。

サムライたちに私的喧嘩を従来に増して重視するよう強いた状況には、その複雑さに加えて内在的な矛盾もあった。彼らはこの時までに、戦場で己の武人としての名誉を主張あるいは宣揚する通例の機会を、もう失っていたのである。一六一五年の大坂城の陥落後は、大名間の戦争はもう起こらなかった。武勲を通して己が名誉を天下に知らしめる機会など、一七世紀には払底してしまった。にもかかわらず、当時のサムライの支配的イデオロギーは競争的な態度を保持しつづけるよう、未だに命じていた。当時のサムライの一人が言うには、もしもそういう態度が崩れてしまえば、「腰に刀剣をさしはさむといへ共……武士の皮をかぶりたる町人百姓に少しも相替はる義無之様子也。[23]」したがって喧嘩こそは、攻撃性と勇気と肉体の強靭さを誇示できる稀なチャンスだったのである。

この時期、喧嘩はまた人の覚悟を示す正確な指標と考えられていた——精神的重圧の下でどう振舞うかが、彼の心身の鍛練ぶりをあらわにするだろう。サムライは突然の危機的状況に対する準備が、常にできていなければならなかった。そうした時機に立ち向かいそこなうと「不覚」(不用意あるいは怠慢)という恥ずべきレッテルを貼られた。「不覚」は翻訳するのが難しい概念である。厳密に言えば、特別に卑怯な行為ではないが、サムライとして立ち向かうべき難事に対しての準備の欠落である。この時期の戦士の理想は、不適切な行動とともに適切な態度の欠落を批判していた。こうして徳川の当局者はしばしば、サムライの行動の両次元——すなわち行為それ自体とその背後の精神とを非難した。「不覚」のレッテルを貼られることは、重大な結果を招く可能性があった。したがって、喧嘩の直接の原因は些細なものであっても、喧嘩それ自体は戦士としてのサムライの覚悟のほどをあらわにする機会(そしてこの泰平の時代では実際のところほとんど唯一の機会)なのであった。

その結果サムライにとって皮肉な状況が生まれた。徳川幕府は暴力の正当的行使権を独占しており、したがってサムライは次第に社会的・政治的な自律性や自立の基盤を奪われていった。この推移にもかかわらず、というより恐らくはこの推移のゆえに、緊張した状況において決然と行動できる能力が、戦場における男らしい勇気を示す代用物として、ますます重要になったのである。

変化の風——名誉と徳川国家体制

以下に引用する一六四二年の出来事が起こった会津藩では、サムライの名誉と肉体的な強さとの結びつきが問題にならなかったことが明らかである。しかしながらよくよく検討してみると、このややこしいケースでも、サムライ社会における微妙な変化の存在——サムライ自身のなかに自制心が生まれていて、それがこの話の登場人物たちが名誉や栄光への熱望を際限もなく表明することを妨げたことが示されている。

寛永一九年、会津藩のサムライと米沢藩の数人との間の小さな争いが重大な結果を招くことになった。会津藩の年代記である『家世実紀』がこの事件の詳細を記録している。会津藩側の人物は内田三十郎といって、藩邸での一年の勤務を終えて江戸から会津へと向かっていた。三十郎は四人の同僚と旅していたのだが、たまたま芦野の宿駅に最初に到着した。そこは宿泊その他、旅の施設がある所である。宿に入って、彼は縁に立っていたのだが、その縁は米沢藩主・上杉弾正の家老の平林内蔵助一行が止宿する続き部屋のものだった。文書が記録する事件の概略はこうである——

内蔵助の家来は三十郎にそこを立ち退くよう告げて、彼を侮辱した。三十郎はこの挑戦をしかるべき「挨拶」で応えた。その男は三十郎に飛びかかって組討ちとなり、平林の他の家来もそれに加わった。三十郎は平林の家来の一人の眉間を切り付けたが、終に組み伏せられてしまった。米沢藩のサムライが三十郎に縄を掛けようとした時（これはサムライにとって重大な不名誉だ）、その場に駆けつけた駅主が仲裁人となってそれを止めさせた。(24)

侮辱、挑戦、そして暴力——これはサムライの喧嘩の古典的幕開きであった。これから複雑な名誉問題をめぐる紛糾の連鎖が始まった。縛り上げられそうになったことで深刻な恥辱を受けたことを三十郎が悟ったのは明らかだった。彼はまた他藩のサムライに傷を負わせたが、これも外交上の重大問題となりそうだった。彼は速やかに切腹して汚名を雪ごうと決意した。彼は江戸へ使いをやって切腹を見届ける役人を呼んだ。使いは路上を宿駅へと近づきつつあった三十郎の四人の同僚と出会った。

使いから事件の一部始終を聞いた三十郎の四人の仲間はまず最初（後に彼らが当局に出した報告によれば）、危機に際して三十郎のとった行動が会津藩の勇敢なサムライとして十分名誉あるものであったかどうか疑わしく思った。事件現場に向かいながらも彼らは問題をどう扱うか議論し、「三十郎に臆病の振舞いがあったのなら、それを咎めて直ぐに切腹させよう」と結論した。

四人が到着すると、駅主は彼らを安心させようとして言った、「三十郎様はよく戦いました。大勢の敵に押さえ付けられたのですが、その奮闘ぶりはあの英雄樊噲《はんかい》さながらでした。棒で打たれながらも相手の額に切り込んだのです。不覚ではございません。」駅主の免罪証言にもかかわらず、三十郎はやはり「不覚」だったと考えられた。やがて彼の上司も宿場に到着し、三十郎は切腹を命じられた。彼は切腹して死んだ。(25)

しかしながら、その後の展開は奇妙だった。事件後、会津のサムライの間で噂が広まり、路上での四人の行動はサムライとして遺憾だというのである。批判の趣旨は、彼ら四人が米沢のサムライに対して直らに報復しようとしなかったことらしい。広まる噂を聞きつけた当局は再調査を行ない、四人を呼んで釈明を求めた。

三十郎の四人の同僚は宿駅で彼らが交わした会話について報告した。彼らは初めから、三十郎が死なねばならぬのなら三十郎の敵も生かしてはおけぬ、と承知していた。しかし重大な問題があった。というのは、三十郎を傷つけたのは正式のサムライ身分ではなく、年長のサムライの「又者《またもの》」、すなわち家来の家来だったからである。下位身分の者から受けた侮辱はその主人――つまり米沢藩の家老・平林内蔵助に対して仕返ししなければならない。四人の同僚の一人、三郎右衛門は思慮深くもこの計画に反対し、もしこの事件が拡大して別の藩の上位高官との全面抗争になれば主君にとって良からぬことになろう、と指摘した。(26)この危うい状況は、喧嘩が公の場所（宿駅）で独立した別の藩のサムライとの間で起こったという事実から来ていたのである。

調査の後でも、先の岡山藩の場合と同様、当局者たちは事を決しかねた。もし四人のサムライを罰しなければ、会津藩のサムライはこれから先、同僚に何が起ころうと何の行動もしなくなるだろう。そんな家来を抱えることは名折れである。しかしもし当局が懲罰的な措置をとれば、その後サムライはそうした状況では攻撃的に振舞わねばならず、藩主はやっかいな問題を抱えることになるであろう。当局者たちは賢い解決を思いついた。宿駅の四人のサムライは彼らの対応に関しては罰せられなかったが、『家世実紀』によれば、彼らの報告の仕方が一貫性を欠いて紛らわしかったことで咎められた。四人のサムライへの判決は非常に厳しいものだった。三郎右衛門は切腹を申しつけられ、他はその地位を追われた。この厳しい処罰は、四人の振舞いに対する会津のサムライ社会の世論を反映していたのである。

しかしながら、戦士の美徳としての名誉概念の見かけは変わらぬ表面の下で、エトスの微妙な変質が起こっていた。まず初めに、名誉の位置が明らかに移転した。昔ならば名誉の軍旗の第一旗手は、サムライ個人とその家だった。もっと大きな政治組織体の名誉は、必ずしも個人としての臣下にとって主たる関心事ではなかった。しかしこの逸話においては、会津という地方政治組織体の名誉が登場人物全員の中心的関心であった。もちろん、会津の名誉を保持する最善策は何かをめぐって、さまざまな関係者がさまざまな意見を持っていた。会津のサムライ社会の大多数が心配していたのは、軟弱で自分の安全のことで精いっぱいだという評判が立つことだった。対照的に、三郎右衛門と他の三人のサムライたちは、軽率な行ないが米沢藩との外交的な軋轢を生み、そこで藩主は面目を保とうとしてやっかいな状況に追い込まれるのではないか、という危惧を表明した。実際のところ、二人の大名間のこのような紛争に幕府が干渉する事態となれば、藩主にとっては破滅的な結果となった。こうして、三郎右衛門の観点に立てば、地方国家としての会津を危険に陥れるような政治的危機を回避することで、会津の名誉は保持されたのである。しかし会津のサムライ社会の見地からすれば、集団の名誉は本質的に武力のなかに存するのであり、公的な場におけるサムライ個々人の行動は、恐るべき武力集団であるか否かの全軍の評判を決める重要な要素となったのである。会津は事実上、自らを今だに武人国家と見なしていたのである。双方いずれにとっても、個人としてのサムライの行動は会津藩全体の名誉との繋がりで評価されていたのであった。

このような決着となったのは、単に徳川からの監視を恐れたからではなかった。個人から地方政治組織体への名誉の座の移行は、すべての大名が江戸と故郷に交互に住むことを強制されたという事実によって加速された。大名とその臣下にとって、こうした周期的な移住は新しい想像上の文化共同体──「世間」──の形成を促し、そのなかで大名各家の評判の善し悪しが評定されたのである。長距離交易や長距離旅行の便宜と安全さは全国平定によってさらに促進されたが、そのために地方のサムライ個々人は、自分の大名国の国境を越えたところにも社会が存在することを意識するようになった。徳川国家の特質──分権的だが統合的でもあるヒエラルキー的国家システム──は、こうしたすべての変化が生まれる実験室であった。さらに加えて、仕事と居住の新しい徳川的形態によって、互いに評価し合うことに構造的に傷つきやすいサムライたちの長期的共同体がつくり出された。徳川のサムライ全員は、大名の江戸の藩邸に詰めるか他の特別任務を命じられている時以外は、城下町のサムライ居住地域に住むことを強いられた。大名は通例として臣下のために城に隣接した家屋や敷地を与え、この集合的居住によって、隣人や同僚を絶えず観察してそのゴシップに明け暮れる濃密な情報収集空間が形成された。この閉所恐怖を引き起こすような地方社会で良い評判を保つことが、サムライにとって自分の名誉保持のための重大事となったのである。

自分の名誉を護ることに加えて、どのサムライも藩主の名誉のことを熟慮するよう求められた。もっと適切な言い方をするなら、家来一人ひとりの名誉は単に藩主個人の名誉に依存したばかりでなく、地方国家の集団的名誉にも依存したのである。それぞれ違った名誉基準を持ちつつ幾層にも重なった「世間」がこの脈絡で出現し、そのため個々のサムライは名誉の基準を疑うようになった。名誉ある行為のパラメーターが増え、決定の複雑さは幾何級数的に増大した。しかし危機的状況それ自体を、あるいはその状況における振舞いを評価する法的基準は、当局者からは決して表明されなかったのである。

徳川サムライの失望感

一七世紀の初期から中期はこうして、多くのサムライにとって不満と失望の時期だった。私的暴力に対する政府の規制が増すとともに、大名体制への政治的・経済的統合が徐々に強まっていくにつれて、彼らが自分たちの暴力依存型名誉文化を表出する形式が失われてしまった。新たな価値や形式はまだ現われていなかった。多くのサムライが抱いた失望感は幾つかのはけ口を見出した。この時期の注目すべき現象の一つは暴力が内側へと向かったこと、言葉を換えれば、サムライは攻撃的な衝動を外の敵に向ける代わりに自分自身へと放ったのである。「殉死」すなわち主君の死を追っての切腹自殺事件が一七世紀前半に急上昇するが、これは内向的攻撃性を示す徴候であった。

殉死行為そのものは一七世紀に新たに始まったのではなく、中世にも時どきその例があった。しかしそれらの自殺事件は通例、サムライが戦闘で主君を失った時に起こった。主君が病死した時に自死した例が記録されているのは、全国平定以前では、極めて少数である。対照的に、一七世紀初期になると殉死の慣行が新たな人気を獲得した。一六〇七年、徳川忠吉公（家康の四男）が死んだ時には、四人の家来が死を選んだと報じられた。別の例としては一六三六年、有名な武将伊達政宗の死に際してサムライ一五人が切腹した。特にこのケースでは、このうちの六人は陪臣で、藩主の後を追って死んだ主人に追随したのである。この頃までに殉死は流行現象となっていた。実際、亡くなった主人から特別の愛顧を受けたサムライにとって、自死は正常な行動と考えられた。一六三三年、佐竹義宣公が死を迎えようとしていた時、公の江戸屋敷の重役を務めるサムライが臣下たちに、「当世はやりものの様に、主人相果候へば追腹きり候事、手柄のように存ずるのであるけれども、公は家来たちがその後を追うのを望んでおられないと勧告した。[27]しかし義宣の願いにもかかわらず、二人のサムライが後追い自殺をした。こうして一七世紀の前半には、主な大名が死ぬ度に何人かのサムライが自殺したのであった。

殉死行為の背後にある動機は千差万別だった。殉死した者はしばしば称えられ、その相続人は気前よく報いられたから、忠義の自殺者リストに名を連ねることが計算ずくの行為だったこともある。それはまた武芸の熟練ぶりを、己を対象として、外に向かって顕示することでもあった。この観点から見れば、一七世紀初期における殉死の流行は、攻撃的な自己顕示欲を表出する慣行を強いて押さえ込まれたサムライたちによる、抗議の一形態と考えることができる。

殉死は時として主人と家来との同性愛関係と結びついていた。[28]実際、中世このかた、男同士の恋愛はしばしばサムライ軍隊の連帯と機能に感情の力を付加してきた。同性愛関係を容認するこうした雰囲気のなかで大名は城内に多くの小姓を抱えるのが習いだった。これら小姓たちの多くは、例のごとく優雅な着物を纏った少年だった。主人とこれらの少年たちは必ずしも男色関係だったというわけではないが、そうであったにせよ、当時の人びとはそういう関係を戦士のライフスタイルとしてよくあることと見なしていた。これらの少年は成人すると、出世の階段を素早く登って藩主の信頼厚い政治的腹心となることがしばしばだった。こうした藩主のかつての恋人たちは主人の死後、進んで自殺を遂げることが多かった。そのような場合、殉死の行為はサムライの忠誠という公式のイデオロギーに包まれた、死とエロスの冥婚であった。一方そうした男色による個人的忠誠の親密な表明の対極では、明らかに、人格的で親密な主従関係をもっと非人格的・上下関係的なものへと変えてゆくサムライ社会の組織的変容が進行中であった。

殉死の慣習とその背後にある心性とが徳川の当局者たちにとって厄介事だったことは明らかで、彼らはもっと秩序正しい統治形態を建設しようとしていた。しかし殉死の実行頻度は増えつづけた。一六五七年、鍋島勝茂公が死んだ時、家来のサムライ二六人が自殺した。[29] 殉死への情熱はピークに達しようとしていた。一六六三年、徳川幕府は終に殉死を禁ずる公式宣言を発令し、主人たる者は自分の死後に家来がこのような行為を行なわぬよう命令ないしは説得するよう命じた。この禁止から五年の後、奥平忠昌公の死を追って杉浦右衛門という臣下が自殺を遂げた際には、幕府は主人側も家来側もその相続人たちすべてを厳罰に処した。幕府は奥平家を宇都宮（一一万石）から遠隔の山形（九万石）へと移して、奥平の領地を減らした。杉浦右衛門の二人の息子は処刑された。[30] この断固たる措置の後、殉死への熱狂ぶりはかなり衰えたが、それは当然かも知れない。最終的に一六八三年、幕府がサムライ階級に対して下す基本法である『武家諸法度』に、殉死に関する禁止条項が加えられたのであった。

サムライの暴力的傾向を規制することは、幕府と大名の当局者たちにとって極めて困難な問題であった。なぜなら、それはサムライの名誉感情という、精妙で敏感な文化の神髄に触れるからである。しかしながら一七世紀後半から一八世紀初めにかけて、サムライの暴力行使に対する公式の対応に幾分の変化が起こった。

第一に、当局は抗争勃発を防ぐために、一連のヨリ詳細な規則を設けた。これらの規定はサムライの名誉を行動で証明するより、良き秩序と平和の重要性を強調するほうに傾いていた。第二に、万一抗争が始まれば、その原因や怒りの源をある程度考慮に入れる裁定のシステムが設けられた。こうした評定の実施は、喧嘩の始まりが如何なる理由であったかにかかわらず誰かが直ちに切腹を命じられるのが通例であった「喧嘩両成敗」の原則とは反対の方向を向いていたことは言うまでもない。しかしこれらの変化も、この時期では未だしっかり制度化されていたのではなく、サムライの名誉と暴力的行動との伝統的な融合は影響力を持ちつづけていた。

当局の上層部から下ってくる命令にしたがえという圧力が増すなかで、紛争解決におけるサムライのジレンマは強まった。一方でサムライは厳しく統制されて国家体制に組み込まれ、他方で事が名誉の問題に触れる場合には精神的自律性を表明するよう要請された。サムライは戦士の身分を世襲した結果、徳川支配体制の構造的かつイデオロギー的基盤において唯一の政治主体の役を割り当てられていた。この区別が前提するイデオロギー的な含意は、サムライは自分自身を防衛する能力を持つがゆえに自律的かつ自立的な個人と考えられていた、ということである。戦士身分と政治主体身分のこのような合体のゆえに、喧嘩は今だにサムライの精神的自律性と社会的名誉の決定的な試金石であった。

サムライの抗争の瞬間にはいつも人間の生命の全次元が賭けられているという事実が、これらの事件の人間劇としての重さと深さを増したことは明らかである。クリフォード・ギアーツはバリ島の闘鶏の観察から「深い劇」と「浅い劇」の区別を引き出したが、それによると村で行なわれる競技の深さを決める要素は賭けである。バリ島人にとって闘鶏が「深く」かつ意味ある活動であるためには、そこで賭けが行なわれなければならない。ギアーツの区別を伝統的サムライ文化の名誉ゲームに移行して適用するなら、そこに「賭けられていた」のは、本質的に戦士の命と自尊心だったことが分かる。街角の事件つまり喧嘩は、彼の社会的アイデンティティー、すなわち彼が本当に「サムライ」の名に相応しいのか否かを問うのである。些細なことのように思えても外見的には危険がいっぱいの名誉ゲームが、ギアーツが言う意味での「深い劇」の形態をとっている理由がそこにある。サムライの「喧嘩」はその当事者にとっては、比較的些細な、あるいは退屈な活動である「浅い劇」とは異なって、意味深い劇的な相互行為であった。(31) サムライ文化における名誉ゲームの熾烈さは、その当事者たちが想像上の象徴的な名誉共同体に付与した高い価値の副産物だった。名誉をめぐる喧嘩に込められた複雑な意味の深層から、徳川の日本ではさまざまな制度上の発展や、サムライの集合的アイデンティティーを再解釈しようという個人的な試みが起こってきたのである。

私たちがとりわけそこに見出すのは、この近世のサムライ文化は形のない抽象として単に「外側に」あったのではなく、また、サムライ個々人は文化現象の一歩離れた観察者だったのでもない、ということである。彼らは能動的な当事者として、名誉問題に触れる一連の事件を通して文化的な意味をつくり出したり改変したりしたのである。一方彼らのそうした意識そのものも、その時まで幾世紀間も生きつづけてきた高度に制度化されたサムライ文化のコードの篩にかけられたものだった。ごく普通のサムライばかりでなく大名や重臣たちも、名誉文化の網の目にしっかりと囚われていたのは同じだった。

徳川時代の社会的行為者たちは、徳川の覇権によってもたらされた社会-政治的環境変化を理解しようと最善を尽くしたが、彼らの対応と文化的適応は政治的変化そのものと必ずしも歩調を合わせることができなかった。ある個人の認知能力にとって、その人自身が置かれている社会的・制度的な行列表《マトリックス》の一つひとつのコマと全体像を認識することには明らかな限界がある。自己を取り巻く社会環境の意味と専門的細目のすべてを個人が十全に考慮しつくすことは困難だから、したがって一人の人間が置かれた環境のなかで、その人の利害にとって最適の行動を常に選択できるわけではない。

すでに中世から徳川時代の初めまでにサムライの名誉文化のコードは堅固に構築されていたから、この時代のサムライの感覚や世界観もその根強く存在をつづける文化の象徴レンズを通して像を結ばざるを得なかった。徳川のサムライの個人としての世界観が、サムライ階級が幾世代ものあいだ浸りきっていた先験的《ア・プリオリ》な文化コードによって、あるいはそこを通って、伝達されていることは明らかだった。徳川国家の形成がサムライの生活の客観的現実を根底から変えたにもかかわらず、サムライ個々人は互いにコミュニケートあるいは評定し合う手段として旧来からの制度化された文化世界の基準に則った名誉の慣用句《イディオム》を用いながら、社会に対応しつづけたのであった。

というわけで新しい国家システムへのサムライ階級の構造的統合が、「飼い馴らされた」サムライを自動的につくり出したのではないことを強調しておかなければならない。サムライの名誉規約の新たな中身の創造は、徳川幕藩体制の意識的な計画の結果というよりも、サムライ同士が争い、国家とサムライが交渉し、さらに繰り返し交渉を重ねた数々の紛争・事件の副産物だったのである。自分たちサムライの名誉意識が試されていると感じる日ごとの緊張感——いつ如何なる時でも刀を二本差し、閉鎖的かつ競争的なヒエラルキーの世界で容赦のない同僚からの監視の目にさらされている男たちの生活にはそうした緊張が多々あった。この緊張感こそが、名誉文化が徐々に変化を遂げてゆくための重要な圧力を生み出していた。幾多のサムライ抗争に対処することを通して、当局は解決のための新たな原則を徐々につくり上げていったのである。

11　四十七士の復讐

徳川のサムライが抱え込んだ文化的矛盾がもたらす感情のジレンマの最もよい例は、おそらく、有名な四七人のサムライたちの復讐（敵討ち）であろう。日本でこの復讐物語（一般には『忠臣蔵』と呼ばれている）ほど人口に膾炙したサムライ物語は他にない。事件そのものが起こった時（一七〇一―〇三年）から徳川時代を通じて、幕府による厳しい禁制にもかかわらず、数多くの芝居やフィクションがつくられ、それらすべてを結ぶ一本の糸は復讐のモチーフだった。(1) 事件自体はよく知られているけれども、私は復讐行為そのものを歴史の脈絡のなかで再検証してみたい。それというのも、事件の細部が徳川のサムライの精神風景の微妙なニュアンスを見せてくれるからである。これは文化の変質を映し出すと同時にそれに影響を与えた出来事であり、サムライの名誉文化が変わりつつあるようすを示しただけではなく、その文化の行く末をも示唆したのである。

歴史的概略

一七〇一年、元禄一四年三月一四日、浅野長矩《ながのり》公は吉良義央《よしなか》を突然襲い、江戸の将軍の城内で負傷させた。この旧暦三月一四日（西欧の太陽暦では四月二一日）は将軍が城内に勅使を迎える日で、幕府にとっては重要な儀式が控えていた。大名としての浅野公はこの勅使の接待にあたる「馳走役」に任ぜられていた。吉良は「高家《こうけ》」の地位にあって、幕府の公式の儀式を滞りなく執り行なう役目であった。吉良は軽傷を負ったにすぎなかったが、第五代将軍綱吉は重大な違法行為はもとより、この大事な機会に自分の城で起こった無礼極まる不祥事に激怒した。浅野公は即日切腹を命じられた。赤穂の浅野の領地は没収され、彼の家は公式に断絶となった。この処罰の結果、浅野公の家臣すべては主なきサムライ、つまり浪人となった。

若い浅野公の突然の怒りの発作の動機が何だったのかは分からない。幕府の調査役（目付）の多門伝八郎[2]と証人・梶川頼照の両者の記録とも、浅野は「吉良に対する『個人的な恨み』（私《わたくし》の遺恨）で激情に駆られた」と主張したと述べている[3]。事件直後の当時の世論は、浅野公に特に同情的というわけではなかった[4]。彼がしくじって吉良公をその場で殺せなかったという単純な事実が、そんな時そんな場所で喧嘩を仕かける度胸はともかく、彼の男らしさをいささか曇らせたのであった。言葉を換えれば、吉良への襲撃そのものは恥ずべきことではないが、浅野が「やり遂げる」ことができなかったのは「不覚」だったからで、戦士として恥さらしの能なしだというのが世間一般の考えだった。

当時の人びとの一部はこの事件への幕府の対応も不適切と見なしていたが、その理由は浅野公の襲撃を「喧嘩」と分類していたからである。もしこの事件が二人のサムライの間の個人的な「喧嘩」なら、幕府の処置は喧嘩両成敗の原則にもとづいてなされなければならない[5]。なぜ吉良は罰せられずにすんだのか？「喧嘩」というもののこれまでの伝統的解釈にしたがえば、一方のサムライが自死を命じられたのに、もう一方は放免という事実は不公正に思われた。大名藩主に対する裁決を、事実問題の慎重な調査もなしに、慌ただしくも即日執行したことについて、幕府内からさえ批判がつづいた。浅野公のかつての家臣たちが仕返しをするかも知れぬという期待が、こうして高まったのである。

とかくするうち、浅野家のかつての家老・大石《おおいし》内蔵助《くらのすけ》良雄《よしお》は浅野家の汚名を挽回すべく活動を開始した。一部の人びとは、亡くなった領主の弟の浅野大学が家督を継ぐのを幕府が許すよう希望した[6]。しかしこの方向への尽力はすべて無駄になった。ついに一七〇二年、元禄一五年一二月一四日、浅野公のかつての家臣の一団が江戸本所の吉良公の屋敷に乱入して彼を殺害した。復讐グループのリーダーは大石良雄だった。この整然と組織された非合法の行動は平和な元禄時代の人びとを驚かしたが、同時にそれは、主君の死に対する報復行為として熱狂的な賛美を呼び起こした。これらのサムライに対する幕府の扱いが論争の的となったが、しかし二カ月後に四六人は名誉の切腹を命じられた。（この復讐グループは普通フィクションや芝居を通して四十七士として知られているが、一人はその場を離れて逮捕されなかったので、幕府から切腹の宣告を受けたのは四六人であった。したがって、この事件の当時の記述には四十六士としているものもあった。)

赤穂の主なきサムライたちは一躍時の英雄となった。一と月も経たぬうち、江戸の歌舞伎劇場の中村座は『曙《あけぼの》曾我《そがの》夜《よ》討《うち》』という出し物を上演したが、それがこの復讐事件からテーマを採ったものであることは明白だった。幕府は直ちにこの歌舞伎の上演を禁止した。観客である庶民は舞台に描かれた男らしい行為に拍手喝采したが、当局への暗黙の批判をそこに読み取っていたからである。しかしサムライ社会が受けた衝撃はもっと深かった。一七〇二年から後の徳川時代一世紀半を通じて、サムライ階級の知識人たちは四十七士の行為の意味を議論しつづけた。この間に夥しい数の真剣な哲学的評論が、この主題をめぐって書かれた。

この当時の真面目な知識人たちが、サムライの復讐の意味にこれほどこだわったのは、なぜだろう？　この事件が徳川のサムライにとってこれほど印象的だったのは、なぜだろう？　日本思想史家の田原嗣郎は、状況を的確な言葉でこう要約している——

それはまず四十六士が斬罪ではなく切腹とはいえ、死刑に処せられたからである。浅野の家臣である四十六士は主君の仇を討ったとする者、または亡君の意思を継いで吉良を討ち、その遺恨を散ぜしめたと考える者が多かったが、それは家臣＝武士にとって当然なさねばならぬこと、つまり「義」であり、武士の道にかなうことであった。もし、その処刑が幕府の誤判によるものであったならば、理論的・思想的にはあまり問題はなかったが、幕府の立場からいえば四十六士は「公法」にそむき、徒党を組んで幕府の高官を殺害したのだから死刑となったという因果関係は明白であり、また当然であるからそこに問題があったのである。(7)

言葉を換えて言えば、徳川幕藩国家の秩序の支持者は幕府と藩とで成り立っていたが、彼らは不条理にも悲劇的な状況に対して、道徳的に筋が通り論理的に首尾一貫した説明を提示しなければならなかった。赤穂のサムライの行為はサムライの生き方の道徳原理にもとづいていたのにもかかわらず、彼らは死を宣告されなければならなかったのである。

四十七士のケースが、サムライ文化に関する多くの深刻な問題に光を当てたことは明らかである。一七〇二年――この事件が起こった歴史的タイミングに注目してほしい。これまで見てきたように、一七世紀を通じてサムライの暴力は徐々に規制されていったが、復讐精神の肯定と戦士版名誉文化は生き残っていた。しかし一八世紀への変わり目の時点で、戦争の思い出は徳川日本の集合的記憶から消え去りつつあったばかりか一片の歴史と化しつつあった。社会的・政治的なサムライ封じ込めや、経済的自立の源である土地からのサムライ切り離しや、徳川国家の官僚制ヒエラルキーへのサムライ再編入などがほとんどの領国で完成した。国全体における幕府の至上権は揺るぎないものと思われ、大名も幕府との共生関係を強固にした。国家の枠組みの内側で、幕府と大名とは、社会の新秩序を視覚的に象徴する儀礼への関心の強化を図るべく、多様な宮廷儀式の煩雑化を促進していたのである。

このような形式的・儀礼的事柄への関心の復活に加えて、一七世紀後期から顕著になった徳川経済における商業の大発展があった。サムライは都市的商業主義の恩恵を享受できたし、なかには洗練された都会的ライフスタイルを身につける者も出てきた。日本文化に訪れたこの春の季節を、後世は繁栄の「元禄泰平」と回想するのだが、それはまたサムライの戦士魂が明らかに消え去りつつある時でもあった。こうした社会的・文化的風土が、この稀に見る復讐劇の役者と観客とに舞台を提供したのである。

この復讐は伝統的サムライ倫理の最高表現だとよく言われるが、実際は新しいタイプの敵討ちであった。たくさんの家臣が主君のために集団で戦ったという復讐は、歴史上類例がなかった。中世以来のサムライの確執で最も重要な役割を演じたのは血の繋がりだった。特定の場合に、復讐を企む者に家来や家僕が加わったことはあった。しかし一般的に、これらの忠義な家来は陰謀の手助けをし、正式にその首謀者となるのは犠牲者の息子あるいは他の親族だった。四十七士のケースでは、浅野公の親族で復讐の遂行者は一人もおらず、計画を練り実行したのは完全に浅野の家来たちであった。四十七士の連帯は、徳川形態の大名政治体の成熟あってこそ可能だった。この形態において大名家の家臣たちは、藩政体すなわち「御家《おいえ》」の組織と運命をともにしていると感じていた。「御家」とは敬称つきの家である。主人の家はしばしば「御家」と呼ばれて敬われた。この言葉は単に狭い意味で「主人の家」のことを言うのではなく、そこに永続的に所属する家来をも含めた大名家の組織全体をも指していたのである。

復讐者の名誉意識

他の大部分のサムライ抗争において、彼らの意識の中身は彼らの言明よりも行動から推定しなければならないのであるが、この有名な敵討ちは例外的に豊かな根本資料と当時行なわれた論議とを遺した。特に、浅野の江戸の藩邸詰めだったグループの急進メンバー・堀部《ほりべ》安兵衛《やすべえ》武庸《たけつね》は同グループの二年間にわたる論議論争のかなり包括的な記録を遺したのである。記録は堀部のメモと年代順に配列された書簡、とりわけ当時は京都住まいの大石内蔵助良雄と江戸にいた三人の急進メンバーとの間で交わされた書簡とからなっている[8]。彼らの手紙と当時の他の資料とを併せて検討してみると、この事件および彼らの名誉意識に関して、インサイダーならではの観点が明らかになる。

「一分」対「御家」

復讐者たちの行動はほぼ二年間の計画段階を経過したが、グループのメンバーたちは決起の方向で一致していたのではなかった。大石と急進メンバーとの間で交わされた書簡は、このグループの内部が二派に分裂・対立していたことを示している。保守的な立場を代表するのが大石良雄で、彼は亡くなった藩主への個人的忠義よりも浅野の「家」の名誉のことを慮っていた。大石は浅野家の名誉を回復する合法的な手立てを辛抱強く模索した。彼にとって、そして他の多くの者にとって、「御家」の継続こそは浅野の家臣の名誉を保つために最も重要な前提条件だった[9]。彼の考えでは、もしも幕府が弟に対してその面子を傷つけぬような形で浅野の名跡を継ぐことを認めさえすれば、家臣たちは主君の「御家」のためには個人的な怒りは押し殺すべきなのであった[10]。

対照的に、グループのなかの急進メンバーたちは亡き藩主との「個人的」かつ感情的な一体性をより強く表明して、直ぐにも激烈な行動に立ち上がるよう強硬に迫った。そうした考えの一例を挙げれば、自分たちの望みは「亡君之〔御〕憤をも休《やすめ》中度《もうしたき》而已《のみ》（亡き主君の怒りの心を安らげたいだけ）」と堀部は書いている。[11]「御家」の継続がさほど重要なことではないという理由は、まず第一に「亡君之御祖父之家を御大切に思召候はゞ、此鬱憤は被ㇾ散間敷候（もしも亡き主君が先祖から受け継いだ家の重要性を考えておられたなら、怒りに駆られて我を忘れるようなことはなかったはずである）。[12]」急進派が最初に提起したのは、幕府による没収に対抗して赤穂城に籠城することであった。二番目の提起が即刻吉良に復讐することだった。

大石に宛てた手紙のなかで、堀部と他の二人の急進メンバーは大石の慎重な態度に不満を表明して、こう言っている――「私共儀は上野介殿眼前差置、何共不快之儀に存、……一日も早相催、鬱憤散中度念願而已（私たち江戸に住んでいる者は、吉良上野介が生きているのを眺めねばならず憤懣やる方ない思いなので、……できるだけ早く鬱憤を晴らしたいだけなのです）。[13]」堀部は長文の手紙でこう主張した――「亡君御憤之通に、御家来之者共所存無ㇾ之候ては、武之道無ㇾ之歟と奉ㇾ存候（家臣の気持ちが亡き主君の憤慨の通りでなければ武人の務めを果たす道はないのです）。[14]」

ここで表明された心情は古来の戦士のそれであって、戦いの結果どうするかは決着済みのこと、ひたすら主君の側で死ぬことを願ったのである。いったん喧嘩が始まれば、当事者の一方が殺されて戦士の精神が満足ゆくまでやり抜かねばならないのだ。主君が始めた喧嘩は主君の死で中絶したままだった。喧嘩を中断したままにしておくことに反対するこの心情は、慎重派を焚きつけるべく、グループ内急進派によって繰り返し表明された。彼らの考えでは、大石の計画は決起を先送りするだけの「生煮え」でしかなかった。

グループのメンバーの幾人かは、亡き主君への個人的忠義を強調する傾向があった。主君に私的に伺候していた者たちの感情はおそらく真摯なものだったろうが、グループの誰もが強い個人的な愛情を感じていたかどうかは疑わしい。事実、復讐グループのメンバーさえ、江戸城内での主君の振舞いは無分別で衝動的だったと認めざるを得なかった。[15]主君の振舞いが褒められたものでなかったとすれば、強い忠義の感情を掻き立てるのは容易なことではなかったはずだ。それなら敵討ちというこの難事をやり遂げた復讐グループのメンバーの活力は、どうして生まれたのだろう?

感情的な爆発力の源となったのは、個人としての名誉の意識だった。一つには、この意識は彼らの自尊心と高い気位とに深く根ざしたものだった。急進派たちは初めから繰り返し、自尊心（一分《いちぶん》）の回復を求めていた。大石に反対して、彼らは直ちに激烈な行動を起こすことが必要だと主張した。「此儘にあらば諸人に面をさらし、生前之恥たるべし。[16]」彼らが次のように言った時、その不満失望は明らかだった――「上野介殿存生之間、御主人之敵を見ながら何方へ面を向可レ申様無レ之候。家中之一分立候様に（主君の敵が今も生存しているのを見ると、われわれは顔の向けようがないではないか。家のサムライの「一分」が立つように）……[17]」「一分」（字義的には「一部分」）とは一人の人間の誇りの核芯、それなしでは名誉も抜け殻となってしまう芯、である。浅野のサムライたちが吉良を生かしたままにしておけば、亡き主君の思い出にとってばかりか生き残った家来にとっての恥辱となるに違いない。男なら護り抜かねばならぬ「一分」の問題なのだ。急進グループも復讐行為が幕府の法を犯すことは承知していたが、大名家の家臣としては将軍に直接の恩顧を感じていたわけではなかった。もっと大事な目標は、サムライ個人としての名誉を護り抜くことだった。

　これと対照的に、大石は忠義がおかれるべき場所は「浅野の家」であり、組織（家）の名誉を護ることこそ家臣が第一になすべきことだと信じていた。浅野家の汚名返上が請願などの平和的手段では不可能なことがはっきりした時、大石と急進メンバーは一体となって復讐に踏み切ることで一致した。浅野の家の復興が叶わぬ以上、名誉を取りもどす唯一の道は吉良公の殺害しかなかった。グループのメンバーのなかで最も思慮深い者の一人である大高源吾は、この状況を母にこう書き送った――

……早速敵の方へ打かけ可レ申候処（早速にも討入るべきところを、これまでずっと忍耐してきましたのは）、大学様御閉門にて候へば、御免被レ成候時分、もしや、殿様御あと少しにても被二仰付一、上野介方へも何とぞ品も付候て（大学様が跡を継ぎ、吉良にも何らかの処罰があるならば）、大学様外聞よく世間もあそばし候様にも罷成候はゞ、殿様こそ右之通に候共、御家はのこり申事にて候（大学様の世間体もよく、御家は残ったのでしょうが）、……（そうはならぬ以上）此上前後を見合申は臆病の仕る所、武士の本意ならぬ事にて御ざ候（これ以上無為に過ごすのは臆病の振舞い、武士のとるべき態度ではありません）、……武士の道をたてゝ御主の讐を報じ申迄にて（武士の道を立てて主君の仇を討つ以外ありません[18]）、……」

もはやこの時点では、保守派と急進派との間の違いはなくなり、彼らはともに浅野のサムライとしての名誉を主張する唯一つの道が復讐行動以外にないことで一致していた。

大石と急進メンバーとの当初の違いは、この時期のサムライに二つの忠義概念——個人としての、および、組織としての——があったことを窺わせる。堀部の忠義観は個人的かつ情緒的であり、家臣にとって最重要の義務は亡き主君の個人としての怒りをたぎらせつづけることだという彼の主張はそれを表明している。サムライとしての彼ら個人の自尊心、つまり攻撃的で直情的で好戦的なヒロイズムが、サムライ理想像の中世からの伝統に由来することは明らかだった。堀部とて浅野家の名誉が大事であるとは思っていたが、彼にしてみれば、それは家臣たちによる名誉表明強行によってのみ主張できるものだった。大石はこの急進的な考えには不賛成だった。彼とても戦士としての名誉の精神的な正当性と死者への心底からの個人的忠義の感情の在り処とをまったく否定できたわけではなかったが、そうした心情は「御家」という一段上の価値に対しては抑制されるべきものと感じていたのである。

「人前」と「世間」

「一分」という言葉がサムライの自尊心に根ざした個人主義的な誇りの感情を指すのに対して、よく使われる「人前」と「世間」という言葉は評判への気づかいと関係している。「人前」が意味しているのは、人が仲間との対面を許してもらえる名誉ある地位のことであった。換言すれば、それは「世間」すなわち想像上の名誉共同体におけるその人の社会的外見を意味し、この共同体のなかではその人の名誉が暗黙のうちに表出され、非公式に評価されていたのである。

急進グループはこう言って大石にプレッシャーをかけた——「御当地（江戸では）大名小名御旗本に至る迄」、言い換えるなら江戸のサムライ社会の全メンバー（ここで「世間」）が陰で言っていることは「内匠頭殿家久敷《いえひさしき》家柄にて、定て義を立る侍無レ之事は有レ之間敷候間、主人之敵見遁には致間敷と、江戸中之評判にて御座候（浅野家は久しい間名誉ある評判を保ってきた家だから、必ず義を立てて主人の敵を見逃すことは断じてすまいという家臣がいるに違いないと、江戸中の評判である）。[19]」彼らは大石が目標めざして働きかけをしようとするのを批判して言った、「大学様御事、……兄親之切腹を乍レ見、百万石被レ下候ても中々人前は相成間敷と、江戸中取沙汰にて御座候（主君の弟の大学様が、……兄上の切腹を見過ごしたままで幕府から百万石の知行を得ようとも、「人前」は通るまいと、江戸中で取沙汰しております）。[20]」彼らは亡き主君への個人としての忠義について話しているのだが――そして彼らの感情に偽善はないのだが――、その中心には彼ら自身の名誉の問題、彼ら自身の自尊心と「世間」が彼らに対して抱く評価の問題が存在していた。この点から見れば、急進派メンバーたちの「一分」意識は「世間」での評判への気づかいと密接に結びついていたのである。

大石は彼らの議論の弱点を見逃さなかった。三人の急進派からの手紙に対する返事のなかで、大石は「世間」の評判に対する彼らの気づかいを外面に囚われすぎていると批判した。「私を捨て根元を見候得ば、世間之批判差《さし》て貪着《とんじゃく》可レ申事とは不レ存（私的な慮りを捨てて問題の本質を見るなら、「世間」の批判など気にすることはないはずだ）。[21]」自己中心的で誤った忠義観のために命を落とすべきではない、と大石は主張した。大石にとって亡き主君の本心は「家」の存続であったはずであり、それは幕府の許可によってのみ認められることだった。したがって急進派の主張は不合理であり、浅野の「家」の名誉回復の機会を潰すがゆえに、亡き主君に対して事実上の不忠ともなったのである。

このことは、大石が「家」の単なる名目的な継続だけに腐心していた、ということを意味しているのではない。グループの他のメンバーと同じく、彼は名誉意識を維持することに熱中していたのだが、その方法が違っていたのだ。大石は名誉共同体（人前）における浅野家の名誉上の地位の十全な回復が必要であることを鋭く意識していた。彼が手紙に書いているところによると、彼は浅野大学が同僚と名誉ある対面をなすための「良い『人前』」が持てるような環境を取りもどしたいと願っていた。[22]例えば吉良公が同僚にとどまったままで、大学が辛抱して江戸城に出仕しなければならぬというのは屈辱であろう。大石は幕府が吉良に何らかの処罰を行なって大学の顔（面目）をつぶさぬよう望んでいた。

「人前」という言葉が示唆しているのは、名誉共同体における十全かつ平等な地位であり、それに加えて、中世サムライの名誉文化から引き継いだエトスの連続性という基盤、すなわち、サムライこそは至上の個人であるという前提に立って名誉を競うことをよしとする文化、である。大石と急進派とは、「人前」回復のためにとるべき行動やその状況判断について考えが違っていたことは確かである。しかし両者とも、「世間」で良き「人前」を持つことの重要性を前提としていた。したがって両派は討論と試行錯誤の果てに、「人前」回復の唯一の道は吉良の殺害だということで一致したのであった。名誉の地位（人前）を判断する彼らの準拠の枠組みが集合的――つまり、大名から始まって下位の臣下、サムライ身分を共有する同輩までの全サムライの共同体――であることに注目することが大事である。彼らが意図していたのは、他の誰よりも先にこの準拠集団のメンバーに対して主張を明らかにすることであった。(23)

集合的な準拠集団へのこのアピールは、徳川幕府の公式イデオロギーを支持する者との決定的な違いとなった。彼らにとってサムライの名誉は国家の承認あってのものだった。公式の見方からすれば、サムライの名誉は徳川国家を構成している法やヒエラルキー的秩序の尊重とは切り離せぬものだった。個人が達成したことの相対的な功績か集団全体に対する公の承認か、というこの意見の相違は、当初四十七士を分裂させた政治的論争の源であった。

四十七士の間で行なわれた議論は、この名誉という文化の領域が、そのなかで活動するあらゆる社会的行為者にとって同じ意味や慣例を持っていたと仮定することが誤まりであることを明らかにしている。一般的に言って、広く公に共有された象徴記号は、行為者それぞれに対してある言説の範囲内で解釈の自由を認めるという特徴を持っている。しかしながらその限界点を越えて、とりわけ豊かで多様な意味群が、名誉文化の象徴の宝庫にはぎっしりと詰まっていたのである。サムライ名誉文化の本質は、論理的・情緒的に相互関連はしているが個々それぞれにはっきり異なった象徴群からなる、一つの文化複合体であった。それは多面的な意味を持っていたが、それらの意味自体は名誉の心情の内側にあった。この多面的な文化複合の中心には評判への敏感な気づかいがあり、これが次にそれぞれ個人の自己認識や自尊心のなかに深く内面化されたのである。サムライ名誉文化はこうして、広範な情緒や観念を包含することになった。

サムライ名誉文化に織り込まれたこの豪華で色彩豊かな象徴のタペストリーは、自ら伝統の再解釈を行なおうとする者にとって基本的な資源となった。例えば下級のサムライでも、名誉伝統に訴えるという手段を通してサムライという至上の身分の一員であることを主張することができた。徳川サムライの世界は高度に階層化されていたが、より低いメンバーとていやしくもサムライである以上は戦士として敬われるべきだと言い募ることができないわけではなかった。名誉文化の内容の多様性は行為者個人個人にとっては付加的な価値を持つ資源であり、名誉に関連する慣用句を自分に都合よく用いることができたのである。

道徳的正しさをめぐる思想論争

これらサムライ復讐者たちに対する適切な扱いは大きな政治問題とならざるを得なかった。なぜなら、それによってサムライの在り方に関する幕府の判断基準があらわになったからである。当時の記録のなかには、政府内部にさえこのグループの行動を称え、彼らの助命に動いた者がいたことを示すものがある。[24]吉良の殺害は幕府の権威を揺さぶるものだったが、古典的なサムライ倫理の観点からすれば真に称えられるべき行動であった。実際、主君への忠義は幕府の公式イデオロギーの大事な構成要素だった。しかしそれにもかかわらず、二カ月にわたる熟慮の末、幕府は四十六士に「切腹」を命じた。法と秩序の堅持こそが幕府の断固たる決意である、とその「御沙汰」は告知した。

幕府決定の背後にある理由は、当時の儒学者・荻生徂徠によって次のように説明された――このサムライの行為は道徳の原理を根拠にしているとはいえ、その行為の正しさは彼らだけに限られている。「若《もし》私論を以て公論を害せば、此以後天下の法は立べからず。[25]」徂徠の意見が示すように、公領域（「公《こう》」あるいは「公《おおやけ》」）と私領域（「私《し》」あるいは「私《わたくし》」）とを独特のやり方で峻別する二分法が、この頃から徳川社会の文化コードに導入された。四十七士の場合、議論は道徳の二つの拠点である幕府と浅野家、両者の相対的な価値の問題をめぐって行なわれた。当時生きていた荻生徂徠のような学者にとって、後者は「私」の領分に属するものであり、「公」の要請に従属すべきものであった。幕府はピラミッド型国家体制を構築してそのさまざまなレベルを服従の鎖で繋ぎ終わったので、今や地方の大名当局に対して「偉大なる公の権威」（大公儀）をもって臨むことができた。したがって荻生徂徠は、復讐が浅野のサムライ個々人が奉ずる倫理の領域内では正当であると認めながらも、彼らの私的価値を「偉大なる公の権威」、すなわち幕府の論理の下においたのであった。[26]

こうした当局の確固たる姿勢にもかかわらず、サムライ、庶民を問わず徳川の民衆の多くは、四十七士を文化的英雄として敬い、彼らの刀や衣服を含む個人の遺品は「守り本尊」のようにもてはやされた(27)。民衆レベルの感情は別にしても、徳川時代を通じて真剣な思想論争が展開された。四十七士に関する初期の論考の一つに、幕府お抱えの儒者・林信篤のものがある。彼は幕府の決定を法に適う正しいものとしながらも、復讐者の忠義の精神にはしかるべく敬意を払おうとした。四十七士への林の共感ぶりは、彼らの英雄的高潔さを賞揚して漢詩を献ずるほどだった。しかし「法律に拠《よ》りてこれを論ずれば」厳罰が必要だ、と彼は言った(28)。林にとって、国家とサムライの二つの価値体系は等しく重要であった。これとは対照的に、もう一人の儒者・室鳩巣は、四十七士を信念の人びととして文句なしに賞賛した。鳩巣は彼らについて『赤穂義人録』なる表題の、感傷的な伝記まで書いた(29)。

意見のスペクトルのもう一方の端では、佐藤直方が法と秩序の強硬論を張っていた。彼は一七〇五年の執筆で、四十七士は世に言われているような「義」すなわち道徳的信念の人ではあり得ない、と論じた。佐藤の主張によれば吉良の殺害は、吉良が浅野を傷つけたのではないがゆえに正当な復讐行為ではなかった。浅野が処刑されたのは、彼が大事な機会に法を犯し、またそのことで公務に怠慢だったからである。四十七士もまた公の法を犯した。佐藤の考えでは、国家の良き秩序の論理に照らせば、浅野公とその家臣たちはともにあらゆる点から見て処罰されるべきであった(30)。佐藤直方以外の儒者の多くは、浅野公の最初の振舞い方を批判した。なぜなら浅野は、同僚を殺そうとすることで法を破り、勅使を迎えるという役目を個人的な怒りに駆られて放棄してしまったからである。亡き主君に対する四十七士の忠義の無分別さを批判する者もいた。主君の振舞いが果たして妥当だったのか否かを検証もせずに、どうして「義人」などと呼べるのか？

しかし直属の主君に対する家臣の第一の忠義を拒めば封建国家の土台は侵蝕されてしまうだろう、という考えも根強かった。将軍よりも大名領主に対する家臣の忠義を重視する「地方主義《パティキュラリズム》」は、徳川社会において強い力を残していた。大名に仕える普通の家臣にとっては、大名に具現される権威こそが「公」であって、将軍の権威は比較的疎遠なものに感じられたのである。徳川体制が支配の基盤として分権的かつ統合的階層構造という国家システム形態をとる限り、家臣が地域の大名に付属し、忠義をつくすことを問題にすべきではなかった。こうして、幕府の四十七士の処遇に対する反対の声は主として支配エリート層の幾つかのグループから起こったが、そこには大名家の当局者、儒者、一部の幕府役人などが含まれていた。

反対論の根拠は通例、サムライの直属の領主への忠義を否定すれば（たとえ幕府の秩序とは矛盾しようとも）徳川体制の基本構造が危殆に瀕するだろう、というものだった。言葉を換えて言えば、この見解は地方レベルの統治においては道徳領域である程度の自律性を認め、それをも公的領域の一部と見なすものだった。四六名のサムライに名誉ある切腹を命じた幕府の決断は、幕府とてもこうした一般の感情を考慮に入れたという、ささやかではあるが象徴的な言明だった。こうして、その決定を護ろうとする幕府の努力にもかかわらず、また荻生徂徠や佐藤直方のような言説にもかかわらず、幕府の秩序が地域の政治組織体の秩序に完全に取って代わった、と言い切ることはできないのである。

学者の間の論争は徳川時代の終わりまで断続的に行なわれ、しばしば事件の瑣末な分析にまで立ちいたった。しかしこうした厳密で学問的な努力によって、サムライのエトスの新たな方向が整えられ、はっきり述べられるようになった。論議の主要なポイントの一つが、果たして四十七士は「義士」すなわち信念に殉じた者という名に値するのか否かの問題をめぐってだったことは興味深い。「義」の形と内容についてはさまざまな論者によって相異なる定義が下されたが、「義」の重要性についてはほとんど異議は挟まれなかったのである。

おもしろいことに四十七士自身は、手紙のなかでも、「義」という言葉を多くは使わなかった。というのは、グループの急進メンバーにとって特に深い関心事は、道徳でも正義でもなかったからである。彼らの名誉の証となるのは、感情の純粋な表現としての行動そのものだった。ここで留意しなければならないのは、サムライ名誉の中世的伝統において抽象的な美徳などというものは、戦士の尚武精神の具体的な実行、とりわけ効果的な暴力行使に比べれば、その重要度は常に低かったことである。徳川の知識人の間でサムライの「義」をめぐる論議が行なわれたのは、この時期の文化風土の変化を反映しているのであって、私が名誉の「道徳化」と呼ぶプロセスが進行中であることの一端だったのである。儒教の影響力増大の部分的な結果として、サムライが名誉文化を人徳として規律化し始めたのがほぼこの時期であった。

多重複合体としての象徴的準拠集団の出現

四十七士の復讐がサムライ社会にセンセーションを巻き起こした理由は、それが多様なレベルの名誉と礼節への関心に伏在していた矛盾を鋭く照らし出したからである。この事件は徳川国家のイデオロギー的基盤の最も敏感な、そしておそらくは最も脆弱な部分——すなわち、多層的権力構造を支える論理——に触れたのである。徳川幕府の観点からすれば、三つのレベルの忠義は整然たる構造のヒエラルキーを形成していなければならなかった。階級としてのサムライに対しては非サムライ民衆の集合的服従、地方大名の権威に対しては臣下のサムライ、そして徳川将軍に対しては大名——これらが徳川政治体制のピラミッド型構造を形成する組織層であった。

サムライ階級は、この統合的な国家システムを構築することによって、他の階級に対する支配を維持することができた。大名のほうはと言えば、将軍の掌中に集められた権力の助けを借りて、臣下のサムライに対する権威を強化することができた。同時に将軍の権力自体は、軍事的危急の際に大名が忠義な家来を率いて将軍側について参戦するという前提を基礎に成り立っていた。このようにして、潜在的には競合的な政治地勢の上で、レベルを異にする権力間の共生関係が成立したのであった。プロフェッショナルとしての戦士階級の力をこの線に沿って組織することで、徳川国家は全国に絶対的支配を確立した。この点で、近世の日本国家は、「主人の主人は主人に非ず」という前提で動く封建制君臣制度の弱点を埋め合わせたのであった。

しかしながら、こうした特殊な構造を持つシステムは、もともとその内部に不協和音を抱え込んでいた。幕府は日本における至上の権威となって、すべての地方政治組織体の上に位することを主張した。それと同時に、地域の大名に対して現地のサムライが捧げる第一番の忠義を疑ったり否定したりはしなかった。新儒教《ネオコンフューシアニズム》に惹かれていたサムライ知識人たちのさまざまな学派間の不一致について述べた脈絡で見たように、徳川幕府（大公儀）と地方大名政治組織体（公儀）との間の利害対立に関するイデオロギー上のコンセンサスはなかった。少し別の言い方をすれば、徳川国家の構造が公的領域における忠義レベルの重複を不可避的につくり出したのであり、この相異なるレベル間に潜む軋轢あるいはあからさまな対立は、この複雑な制度の内側で生きねばならぬサムライ個々人に対して真に社会的かつ個人的な問題を投げかけるにいたったのである。

忠義を捧げるべき組織の違いからくるこうした潜在的な矛盾に加えて、徳川国家の構造がサムライに対して生み出したもう一つの社会心理的問題があった。サムライ階級に権力を賦与したのは日本の国家組織の「システム」だったが、このシステムが最適に作動するのは君臣制度のイデオロギーに依拠してのことであり、そこでは常に主従間の「個人的な」関係が前提となっていた。実際のところ歴史的に見れば、直属の主人に捧げる臣下の個人的な忠義は、中世日本の軍隊で連帯感をつくり上げる情緒的エネルギーの源となってきたのであった。

サムライは集合的身分であるということが、「四十七士」のメンバーが真剣に考慮すべきもう一つの重要な象徴的評価基準となった。大石とグループの急進メンバーとが交わした書簡が示すように、陰謀内部の二つのサブグループは行動の実行方法について意見を異にしていただけでなく、そもそも彼らの意見はそれぞれ相異なる象徴的評価基準によって形成されていたのである。江戸に住んでいた堀部や急進メンバーたちは、評判への気づかいに過敏になっていた——彼らは首都の濃密な情報空間に居住していて、地位の上下を問わず江戸に住んでいる限りのサムライすべてが彼らのことを知り、彼らのことを話していると思い込みがちだった。対照的に、大石がとった慎重な態度は、ものごとを注意深く考え抜くという個人的資質の反映であるのみならず、彼の肉体の所在地の反映だったかも知れない。江戸住まいの急進派と違って、大石は江戸の特徴である噂やゴシップの渦中には住まず、その外、赤穂の城下に居を構え、後に住んだのは京都だった。

四十七士のケースを詳細に検証してみると、徳川のサムライは矛盾を抱えた複雑な社会で暮らしていたことが分かる。実際、徳川国家の分権的かつ統合的な構造によって象徴的準拠集団の多重複合体がつくり出され、それぞれの準拠集団がそのメンバーに対して相異なる立場や、道徳基準や、名誉と忠義の表現スタイルなどを課したのであった。

公人と戦士

しかしながら、こうした複雑さにもかかわらず日本の古典的な復讐物語の分析であらわになるのは、サムライの名誉意識の直情的で激しい表現は中世以来のサムライ文化の強固な伝統だったのだが、徳川の日本においてはこれがもはや無条件には賞賛されなくなった、ということである。復讐者たちを「名誉ある死」に処するという幕府の裁断がサムライ社会に向けて送ったメッセージは、幕府は中世のサムライの生活を支配した諸価値よりも法と秩序の価値を重視する、ということだった。

サムライが緊迫した状況における直情的行動を通して戦士の誇りを個人的かつ存分に披瀝することを押さえ込もうとして、新たな理論的根拠が導入されていた。喧嘩は低レベルの道徳性にのみ適用される行動形態と考えられる、なぜなら喧嘩は個人レベルに属しているから。サムライが自分の名誉を主張するのはやはり賞賛すべきことと考えられるが、そのような正義は「私的」なものにすぎず、私的領域は公的領域よりも道徳的に低いところに位置づけられている。こうした議論を基にして、紛争解決のための暴力の私的行使は著しく妥協を余儀なくされた。サムライの威厳は肉体的な強さだけではなく、公の福利への献身によって保たれねばならない。言葉を換えれば、サムライは常に「公人」でなければならない。すべてのサムライがこの原理で行動したわけではないのは明らかだ。しかしながら、このイデオロギー的再構築がサムライの暴力と名誉心情に対するさらなる抑圧と誘導を加速し、弾みをつけたのである。

サムライは自己抑制の利く公人でなければならぬということは、当局者のみならず庶民の前提ともなった。井原西鶴（一六九三年没）は一七世紀後半の大作家――そして庶民――だが、サムライに対する庶民たちの新しい態度に気づいている――

近代は、武士の身持《みもち》、心のおさめやう、各別に替れり。むかしは、勇をもつぱらにして、命をかろく、すこしの鞘とがめなどいひつのり、無用の喧咙を取むすび、其場にて打はたし、或は相手を切ふせ、首尾よく立のくを、侍の本意のやうに沙汰せしが、是ひとつと道ならず。(31)

ここで西鶴は彼の同時代人に向かって、堂々と暴力をひけらかすことは徳川社会のサムライの道であってはならぬ、と言おうとしていた。もちろん、彼がそのような批判をしたということ自体が、徳川のサムライが大規模な社会変化を経験しつつあった一七世紀後半の日本においても相変わらず伝統的な慣行が横行していたということを示している。とはいえ、サムライの公的責務を強調する対抗言説が出現しつつあったのも確かだった。サムライは私的な喧嘩を引き起こして命を捨てるようなことをすべきでないと西鶴は書いて、その理由をこう述べている――「其主人、自然の役に立ぬべしために、其身相応の知行をあたへ置れしに、此恩は外になし、自分の事に身を捨るは(主人がいざという時に役に立たせようと身相応の知行を普段から与えおいているというのに、その恩をないがしろにして私事に命を捨てるのは)、天理にそむく大悪人、いか程の手柄すればとて、是を高名とはいひがたし。」

西鶴はまた彼の本の序文で「それ人間の一心、万人ともに替れる事なし。長剱させば武士、烏帽子をかづけば神主、黒衣を着すれば出家、……」とも主張した。あらゆる身分・職業は社会のなかでそれなりの役割を演じており、この分業によって、あらゆる部署は等しく重要である。同様にして、家のなかでのサムライ特有の仕事(家業)は軍事の務めであり、これは個人的な名誉の定義よりは公的義務の精神に結びつけるべきものである。

サムライに社会的役割として与えられたのが支配機能であることから、西鶴はサムライに一段高い道徳水準を求めて言った、「時の喧咙・口論、自分の事に一命を捨るは、まことある武の道にはあらず。義理(道義や責務)に身を果せるは、至極の所……。」しかしながら、四十七士たちが、そしてとりわけその急進メンバーたちが示したように、官僚の精神の対抗線上には、中世戦士の精神的遺産を糧として生きることを理想としている冒険的な精神が脈々と存在していた。実際のところは西鶴自身も、公人としてのサムライという新モデルを推奨するこの道徳主義的な見解にもかかわらず、娯楽のために彼が書いたたくさんのサムライ物語の主人公は、名誉のために本能的に命を抛《なげう》ってしまう男たちなのであった。

水林彪の指摘によれば、「近世的国制においては」「反合理的な献身の道徳と憤怒と闘争の精神」とを結び合わせたサムライの理想が、その対極の、合理的に組織された「近世国家が広汎につくりだしたかの受動的官吏の群」と共存していた。(32)しかしながら、一八世紀の初めには徳川官僚制の発達がいっそう顕著になってきて、徳川時代半ばまでには二番目のモデル、すなわちサムライ＝官僚モデルのほうが好まれていたことは明らかだった。浅野公に対する批判――彼は公務に怠慢であった――の実例で見たように、国家役人は今や公務への献身に一段高い価値をおきつつあった。個人主義的サムライという伝統的ヒロイズムは、今や主として「私」という個人道徳のレベルでのみ評価されるにすぎなくなった。これら二つのタイプの人間的理想像に矛盾と対立が内在していたことは明らかである。しかしサムライの文化的ジレンマの本当の複雑さは、最も謹厳なサムライ＝官僚あるいは新儒教派知識人でさえ、サムライの生き方に見られる強烈な情念という中世的伝統に対して少なからぬ潜在的魅力を感じていたという事実にある。そしてサムライの暴力行使と深い関わりがあるこの強烈な感情が誇りと自尊心の水源池となって、彼らの官僚としての誠実な献身ぶりを支えたのである。

12　名誉の手続き化

社会統制――いわゆる「盆栽アプローチ」

私的紛争の数を管理可能なレベルに抑える手段として忍耐の美徳を教え込むことは、サムライ文化の激しやすい面を統制しようとして徳川の当局者が用いた一つの方策であった。しかしこれまで見てきたように、忍耐は名誉ある人としてのサムライの完全さを損ない、そのことが究極的には彼らの社会における支配的立場の精神的・政治的基盤を危険にさらしかねなかった。さらにまた当局者の観点からしても、戦闘者というサムライの伝統的な自己イメージが彼らの集団としての士気《エスプリ・ド・コール》を支える基盤だった以上、サムライの名誉意識を押し潰すのは注意を要する仕事だった。こうして、戦士文化の中世的理想を完全に否定することはサムライの士気を失わせ、彼らの奉仕の能率を悪化させる可能性があった。逆に言えば、もしも当局者がサムライの気力を強化しようとして勇敢な行動に誇りを持つよう呼びかければ、それはサムライの攻撃的・競争的・規律無視的傾向を助長してしまうだろう。それに、自らもサムライ文化に深く根を下ろした名誉意識を持っていた当局者には、名誉あるサムライに要請される忍耐の程度がいかなるものなのか、確たる定義はなかったのである。

深刻な文化的不協和音に直面して、徳川の当局者は巧妙な解決策を思いついた――名誉の伝統を支えつつも、同時に、名誉の精神を国家目的に役立つような別の形ないしは方向へと移し変え、変質させようと試みたのである。当局者は通常二つの規律戦略を用いた。第一に、名誉を構成する狂暴な要素を飼い馴らすべく、彼らを官僚的手続きの檻へと閉じ込めて訓練しようとした。第二に、徳川の名誉実践者たちが旧来の伝統を解釈し直して一段と道徳的に説くのなら、それを認めようとした。後で見るように、当局がサムライの武人精神を是認していることを示すために、名誉暴力のための幾つかの「はけ口」が用意されていた。これらのことが進められてゆくなかで、名誉文化を構成する幾つかの要素、とりわけ暴力的な要素が変質させられ、窒息させられ、向きを変えられたのである。

新たな形態の手続き整備が行なわれた結果、サムライの名誉文化は官僚的・手続き的な規定の範囲内に収まるよう縮小されてしまった。このような「盆栽アプローチ」がその成熟に達するのに数世代かかったというのは、もっともなことである。サムライはまた上から有無を言わさず課せられる規律に対しては無防備にしたがったので、結局は徳川システムの経済的骨折り仕事に絡めとられ、本来の土地保有からは切り離されてまるで鉢植えの盆栽よろしく、城下町に住むことを余儀なくされたのである。

一般的に言って徳川日本においては、法の網目を狭めることでサムライの暴力を飼い馴らすことと、道徳のレンズを通してサムライの文化的アイデンティティーの焦点《リフォーカス》を移動することとは、常に同じプロセスの表裏の局面であった。徳川の法が統治機構や官僚機構とは別の実在だと考えられたことは、決してなかった。徳川日本における法をめぐる有名な格言「非理法権天《ひりほうけんてん》」（非合理、合理、法典、権力、天）は権力優位の哲学を伝えていた。当時の著名な学者・伊勢貞丈（一七一七―八四）によると、この格言は「非は理に勝事《かつこと》ならず、理は法に勝つ事ならず、法は権に勝つ事ならず、権は天に勝つ事ならぬ也」という意味である。(1)「天」がここで意味しているのが国家主権より上位の普遍的で神聖な、西欧的意味での正義ではないことは確かで、むしろそれは人間として至高の権力を持つ王でさえ命令で動かすことができない自然の法則――例えば日の出の時刻――のことである。(2)この格言のここでのポイントは、法が理より上の力だと考えられていることである。法の源は理性や正義や自然法などの抽象概念としてではなく、権力そのものとして定義されていた。徳川の支配者たちは法を自分の思うがままに定義する権限を我がものとし、統治される者は無条件の服従をもってその権威に跪拝しなければならなかったのである。

徳川の法制度は西欧のそれに比べて比較的に未発達ではあったが、法による支配の原理――すなわち権威を持つ者の気まぐれや無制限な私的報復の実行には依拠しない支配——は、官僚制化と政治的統合の全面的な増大とともに、ますます重要になった。私たちは一七世紀後半における徳川官僚制の広範な発達を文書史料で立証することができるし、一八世紀の初めまでには、その統治システムの構造は成熟段階に到達していた。この発展をさらに一段階進めたのが第八代将軍吉宗で、その治世（一七一六—四五年）の間に法と司法のシステムは大規模な拡大を見たのである。徳川官僚はいまだに武人のエトスが深く染み込んだサムライであったけれども、紛争解決にはヨリ合理的に取り組もうとする傾向があった。例えば、喧嘩の理由はあらかじめ決められた規定に則って真剣に考慮されたし、恣意的な決定を避けようとする試みが司法担当の徳川官僚によってなされた。

徳川の「官僚による支配」の慎重な作戦は、表面的には鎌倉初期の伝統——紛争の背後にある理由を注意深く調査しようとした——に似ていたけれども、基本的な前提はまるで違っていた。「道理」が紛争解決の基本原理となったのは、サムライ階級が相対的に自律性を持っているサムライの家同士の同盟を基盤とする中央政治体制を形成した鎌倉時代であった。対照的に、徳川支配のこうした「疑似合理化」が出現したのは、旧来の「道理」にもとづく紛争解決の中世的形態に取って代わって戦国時代の喧嘩両成敗が強制的に制度化された、ほんの後のことであった。

名誉の分割

狂暴な名誉文化を飼い馴らし再編成するプロセスには、その文化的慣行を分割することが含まれていたが、これは良いとされたものと悪いとされたものとの間に区分線を引く戦略だった。旧来の習慣や価値のすべてが保持されたのではなかった。しかし名誉の慣行の、あるものは選ばれ、保存され、規律の新しい標準にしたがって解釈し直されることもあれば、徳川国家が今もサムライの伝統継承を支持していることを示すために誇示されることもあった。

徳川幕府の法の下では、サムライの私的報復は原理的には禁止された。「喧嘩」という事態になれば、サムライはその文化によって素早く断固たる反応で男らしさを立証するよう求められ、結果として相手方をその場で殺すことになるかも知れなかった。しかし名誉の防衛に成功したとしても、当局からの処罰を免れるわけではなかった。歴史資料が示すところでは、暴力による私的報復というサムライの伝統に幕府の法律（および大名レベル）が公式に譲歩した例は非常に少なかった。これらの少数例とは、①「無礼討ち」、すなわち庶民側の無礼な振舞いに対する報復としてサムライが庶民を殺すこと、②不貞の妻とその愛人を殺すことで通常「妻敵《めがたき》討ち」と呼ばれるもの、(3) ③届け出済みの復讐、すなわち正式許可を得た敵討ち、などであった。これらは名誉に関わる暴力の正当な発露と考えられた。これら三つの場合には、たとえ殺人を犯しても、徳川の法はサムライを罰しなかった。これらの規定が象徴的に示しているのは、徳川社会において名誉、暴力、サムライ身分の、危うい政治的結びつきが存在したということである。

「無礼討ち」は、サムライの名誉に対する侮辱と見なされた悪態や態度のゆえにサムライが庶民を傷つけたり殺害したりした状況を述べるのに用いられた言葉であった。このようなケースでは、サムライは如何なる公式のお咎めも受けなかった。これが本来はサムライの封建制的特権である領主権の不可欠部分と関連していたことは明白である。(4) 一般的に言って徳川の刑事処分では、従者や家来に対する主人の懲罰権が広く認められていた。しかしながら「無礼討ち」の対象はサムライ自身の従者や家来に限られていたのではなく、庶民なら誰に対しても適用されたのである。(5)「無礼討ち」の政治的含意は明らかである。それは個人としてのサムライに彼らサムライの名誉を護る権利と、したがって庶民に対する彼らの集合的優越性を明示する手段とを与えて、サムライ階級の名誉を集合的に護ることを許したのである。したがってそれは、足軽のような最下級のサムライにも適用された。

しかしながら徳川時代の泰平がつづき、支配のシステムがいっそう洗練されてゆくにつれ、「無礼討ち」を行使することは粗暴で下品なことだと見られることが多くなった。この規定はもはや、サムライ‐庶民間の身体的争いのすべてに自動的には適用されなくなった。例えば、「無礼討ち」と認めてもらうためには、サムライは当の庶民が真実無礼であったことを証明しなければならなくなった。通例これには目撃証人が必要だった。そのような場合でもサムライは庶民を殺す必要はない、痛めつければそれでいいではないか、という当然の推論も出てきた。法制史学者・平松義郎が指摘したことだが、「武士が無礼討の名においてであっても、庶民を殺害することは抑制し遠慮すべきであるという観念が存した」のである。[6] こうして「無礼討ち」は、サムライの身分的優越性を合法化するものとして書物には残ったけれども、それを実際に適用することは急速に抑制されていったのである。

第二の「妻敵討ち」の免責規定は、姦通した妻と愛人を現行犯で捕まえた場合、被害者の夫は彼らを「二つに重ねて四つに切る」権利がある、と世間一般では言い習わされていた。不貞を犯した妻の愛人を殺す夫たるサムライの権利は、鎌倉時代を通じて、サムライ社会の慣習として伝統的に認められていたものだった。中世のサムライ社会においては、そうしたスキャンダラスな事態の処理は「家」の内部問題と考えられていた。[7]「妻に関わる復讐」の発生が、日本のエリート社会一般における厳格な結婚制度の確立と、高度に家父長的な「家」の出現とに結びついていたことは明白である。妻の愛人を殺害することを大目に見るというこうした慣行は、一〇世紀以前の古代日本では見出すことができないのである。[8]

興味深いことに、鎌倉時代を通じて、夫は不貞の妻もその性的不品行のゆえに殺すべきだ、という含意はまったくなかった。ここで重要なのは、この段階におけるサムライの妻は財産相続権を基盤とする自立性を持った独立の人間だった、という事実である。これと対照的に、戦国時代になると、サムライ社会のなかでの実際および戦国大名が定めた法令の双方に新たな慣習が生まれ、夫たるサムライは不貞の妻とその愛人とを即座に処断する権利があることが含意されるようになった。[9] この変化は明らかに中世後期を通じてのサムライの「家」の内部変容と関連があり、この間を通じてサムライの妻たちはそれ以前には持っていた社会的・経済的な自律性の多くを失ったのであった。こうして徳川幕府は、前の時代に確立していた慣習を単に継続すればよかったのである。

比較研究の示すところによると、家族が名誉を競い合う環境のなかで名誉文化の存在が男性の攻撃性で示される場合には、家族のなかでの女性の性行動は家族の名誉の指標となる。男の名誉は、妻であれ姉妹であれ恋人であれ娘であれ、彼の女たちの性的純潔が損なわれれば脅威にさらされる。地中海沿岸地方の文化人類学者がしばしば報告しているケースでは、女性の貞淑は名誉を語る際の主要テーマであって、しばしば暴力へと発展した。[10] ジョン・デイヴィスの指摘によれば、ギリシアでは「男が名誉ある者とされるのは、男らしさの過酷な標準を満たし、自分あるいは自分の女に対する攻撃から身を護り切った時である。[11]」日本の戦士社会もまた、「家」同士の名誉争いが重要な意味をもつ攻撃的な男性支配文化を持っていた。男の名誉維持のためには、自分の女を他の男たちから護る能力こそ重要だった。しかしながら、地中海文化に関して報告されているような重要さや強烈さと比較すれば、女性の貞操防衛は日本サムライ社会の復讐の主要テーマでは なかった。女性の貞淑と純潔は、徳川サムライの名誉文化体系のなかでは、比較的抑えられた、二次的なテーマだった。

不貞の妻を愛人ともども殺す権利は、徳川の日本では庶民の夫にも認められた。しかしよほどの怒りで我を忘れたのでない限り、庶民はそういう極端な手段に走らずに事を収めた。庶民の夫たちには不実の妻と単に離婚した者もあれば、その愛人から慰謝料を受け取って問題を解決した者もあった。サムライの場合とても、不貞の妻と愛人に関して慣習や法が認める極端な手段を採ることが必ずしも常に法的に明文化した義務というわけではなかった。それはサムライである夫を刑事処罰から免責する特権として確立していた、と言うにすぎない。

だいたい報復行為に及んだサムライの夫が、名誉を完全に回復することはなかった。とくに徳川のサムライが「世間」の評判をますます深く気づかうようになるにつれて、これは真実となった。過てる妻とその愛人を殺害するというセンセーショナルな行為はそのサムライの夫婦問題を社会に知らせることになり、家の恥を世間一般にさらすことであった。このサムライはその「不覚」を非難されるやも知れず、サムライ社会で深刻な苦労をした揚げ句、同輩の間で面子を失うこともあろう。報復が必要になったのは夫として頓馬だった証拠と見られ、「恥の上塗り」と考えられたのである。(12) サムライが個人的しくじりが公になるのを避けたく思うのは自然だった。サムライは他人がその状況をどう見ているかを気づかって、妻の不実という出来事を隠す傾向があった。もし夫が殺人に及んでも、彼はそれをできれば自然死、あるいは事故死として当局に報告しようとした。(13) こうして、サムライたる夫は家を監督する家長権の一部として不貞の妻を殺すことを許されていたが、実際にこの権利を行使することにはかなりの制限があったのである。

もしもこれらの免責規定――無礼者の殺害と妻に関わる復讐――の権利主張が、少なくとも徳川時代も後期に入って度たびは行なわれなくなったとすると、徳川の司法制度においてこれらの特権が重要だったのはなぜか？　これら二つの暴力のはけ口が保持されたのは、それがサムライの文化的・社会的伝統を尊重する大事な象徴的メッセージを伝えたからである。すなわち、無礼者の殺害の場合は他の階級に対するサムライ身分の優越性が、妻に関わる復讐の場合はサムライの家の内部での懲戒権が、そのメッセージであった。これらの特権はめったに行使されなかったから、それが与えるインパクトは概ね象徴的なもの——つまりサムライ、サムライの女たち、そして庶民のなかに、徳川権力ヒエラルキーが持つ意味を十全に自覚させることであった。

個人報復に対する処罰免責の三番目、いわゆる届け出復讐の場合は、状況は大いに違っていた。これらの実例では、殺人は許されたばかりか、サムライ精神の華として奨励され賞賛された。徳川の届け出復讐の導入は、サムライの復讐精神を徳川の秩序の枠組みに閉じ込めると同時にサムライの名誉護持を支持するという体制の意図からすれば、おそらく最もうまくいった新機軸だった。

徳川時代の復讐、すなわち「敵討ち」が公式に許可されたのは、直系の尊属（例えば両親、兄、おじ）が殺され、殺人者が犯行現場から逃亡して国家の処罰を免れた時だけだった。もしも犯罪者が捕らえられて当局に裁かれているなら、私的報復は許されなかった。これら公式認可復讐の多くは、殺害された両親（特に父親）の息子たちによって実行された。殺された犠牲者に子供がなかった場合は、家族の他のメンバーが復讐者となることができた。復讐者の役割を適切に務めることのできる男の相続人がいない場合などでは、犠牲者の妻あるいは娘も公式復讐者となることができた。言い換えれば、復讐は家族の名誉を護る方法として許可されたのであった。

徳川時代の初期においては、中世日本文化の遺産を引き継いで、サムライの復讐は今だに多くの家族メンバーを巻き込みがちであった。例えば有名な浄瑠璃坂の仇討ち（一六七二年）の場合、復讐者とその目標人物とはそれぞれの家族メンバーや陪臣やその他の助太刀を数十人も組織して戦いに加えた。[14]「家」への忠義と強烈な愛着から生まれる名誉暴力とは、徳川国家の秩序にとって潜在的な危険物となっていた。届け出復讐システムは、少なくとも徳川中期までには制度化されていたのだが、この名誉暴力の領域に対する賢い管理形態を提供した。[15]徳川の復讐者は自分の自由な決断にもとづいて家の名誉を護ることはできず、復讐には公式許可が必要だった。このような規律化のメカニズムによって二つの自律的なサムライの「家」の間の私事として始まる伝統的な自主裁量の復讐を、家族の名誉を立証するための国家公認の慣行へと変容させることができたのだった。

合法的復讐を実行するには、徳川の復讐者はまず当局からの許可を申請しなければならなかった。大名に仕える臣下のサムライの場合、通例この第一歩は主君に復讐許可の請願を提出するという形をとった。請願が認められると、大名は復讐者の名前を公式リストに載せるよう、幕府に宛てて書状を送らせた。[16] 徳川幕府の町奉行はそこで公式の「敵討帳」にそのサムライの名を登録し、その写しが敵討ちを願い出た者のもとに届いたら、敵を見つけ次第いつなりとも攻撃してよいという許可が下りたことになる。応援者たち（「助太刀」と呼ばれて通常は復讐者の親類）も登録を求められた。幾つかの実例では復讐者の名と応援者たちの名が、幕府の町奉行の帳簿に直接登録された。幕府の役所に登録することは、復讐者にとっては大事な手続きだった。それと言うのも、彼らの目標人物は往々にして江戸や大坂といった大都市の一般大衆のなかに身を潜めており、これらはいずれも幕府の管轄だったからである。敵にはまた別の大名領地に移動するという選択もあったので、その場合は幕府の支援なしでは復讐の業は困難となった。幕府の全国的な権威なしでは、復讐者は自分の行為が正式の復讐であってでたらめな殺人ではないことを地方当局に対して立証しなければならないという問題に突き当たったであろう。

このような法的手続きの発達にいたる正確なプロセスは今のところまだ明らかになってはいないが、少なくとも一七世紀末までには、復讐届け出制は全国規模で完成していた。一七〇一年、因幡公の臣下で石井源蔵と石井半蔵の父であった石井宇右衛門を赤堀水之助が殺した時、彼は直ちに町を離れた。そこで兄弟は幕府の奉行所で復讐者名の登録を行なった。逃走の間に、赤堀は板倉公の家に雇われて名前を変えた。この情報を手に入れた石井兄弟は板倉の城下町に行き、こちらも板倉のある臣下の従者として働きながら敵を殺す機会を待った。終に城門の近くで赤堀を殺すことに成功した時、兄弟は死体の傍らに板倉公宛ての手紙を残した。手紙は赤堀が彼らの父親を殺したと説明した後、「則於江府　御公儀様へ奉訴何方にても達本望候様にと蒙御免如斯御座候（江戸で幕府に訴えまして、どこでも本望を遂げるがよい、と御許可をいただきました）」と主張した。[17] 板倉公は彼の臣下を殺した石井兄弟を処罰しようとしなかった。

兄弟は復讐を遂げると直ぐに、江戸の奉行所へ公式の報告書を書き送ったが、それにはこう書かれている――「先代川口摂津守様御奉行之砌、元禄十一寅十一月十七日に奉願候親之敵討申度義、御帳面に被為記置被下候両人之者共、達本望之故御訴申上候（かつて先代の御奉行様に親の敵討ちをしたいとお願いし、ご登録もいただいておりましたが、その両人このたび本望を達しましたのでご報告申し上げます）。」兄弟は幕府への報告書を感動を込めてこう締め括っている——「御公儀様蒙御威光、多年之鬱憤を遂げ、難有奉存候、為御礼罷出候（将軍様の御威光のおかげで多年の鬱憤を晴らすことができました。まことにありがたく、お礼を申し上げます）。」(18) 実際問題として、この兄弟は幕府の権威という後押しがあったればこそ、板倉公から殺人者として訴追されることなく目標を成就することができたのであろう。

このような成功に終わった復讐はいつも公式に賞賛されたが、徳川当局は家来によって延々とつづけられてゆく中世型の家同士の反目を許すつもりはなかった。幕府は復讐の第二ラウンドは認めなかった。公式の復讐はその結果如何を問わず——復讐者が相手から返り討ちに遭った場合でも——、すべての当事者にとって問題を落着させる一種の決闘と考えられていた。しかし石井兄弟のような状況では、公式の復讐がある意味で公的正義の機能を果たしていた。徳川国家は分権型の統制システムがその特徴だったから、実効のある全国的警察力や犯罪捜査部局を持っていなかった。こうして届け出復讐制は、単に私的領域で自由に行なえる法の埒外の行動というものではなくなった。復讐行為が、国家が周到に陰にまわってつくり上げた統制のよく利いた政治的闘技場《アリーナ》で実演され、そこでは私的報復が許容範囲内での名誉文化の社会的はけ口となったのである。

届け出復讐によって名誉あるサムライ精神を発揮する脈絡と機会とが提供されたが、それは個人や家の名誉にとどまらず、藩の名誉の宣揚とも考えられた。公式許可を得た復讐者が成功裡に敵を殺すと、彼はサムライの模範として直属の主人から褒められ、褒美をもらった。しかしサムライがうまい結果を出せなかったとすると、以前の地位や身分にはもどれないかも知れなかった。したがって、復讐者が己の使命に向かって出発する際に、当局が彼や彼の応援者たちに次のような忠告を与えることがしばしばあった——

首尾能《しゅびよく》大望相達し候上は、弥其方共孝道も相立、其上格別之御沙汰にも可及候（首尾よく目的を遂げれば、孝行にもなり、ご褒美もいただけるかも知れぬが）、万一未練之衝働於有之者、一己之恥辱のみに無之、御上之御名をも穢候事に付（万一臆病な振舞いをすれば、おまえ一人の恥辱ではすまず、御上の名をも汚すことになるから）、随分勇気を励し、身分堅固に相慎いさきよく本望相達し、目出度帰参候様此段申聞《もうしきかせ》る。[19]

この忠告が示すように、復讐は領主から公式に「命ぜられて」いたのである。敵討ちは通常領国外へと逃亡している殺人者を捜し出すことで進められていくから、復讐者が殺人者を追うこと幾年にも及ぶことがしばしばあり、これは資力と決意と自己訓練を要する難行であった。場合によっては追跡が数十年つづくこともあり、復讐者とその援助者はたくさんの大名領国の国境を越えなければならなかったろう。復讐者側が耐え忍ばねばならぬ艱難辛苦はたいへんなものだったから、敵討ちドラマの詳細はしばしば人びとの口の端に上り、歌舞伎芝居や人形浄瑠璃や講談語りとして上演されることさえあったのである。[20]

こうして届け出復讐の慣習は、復讐精神の重要な象徴的はけ口を保存する一方で、それを徳川国家の指令による手続きに閉じ込めてしまった。徳川の当局者たちは復讐の企てを選別して公式に指令を下したり、時には褒め上げたりさえすることで、その狂暴な内実を抑制して標準化しつつ、自らをサムライ名誉精神の公式守護者に仕立てることができたのであった。

西ヨーロッパの歴史のなかで、決闘は名誉の披瀝を演出するための、たいへん重要な形式として発展した。決闘はイタリア、スペイン、フランス、ドイツ、イギリスにおいて社会制度として花開いたが、その形式や意味合いは中世から初期近代にかけてかなりの変容を被り、変形した形では一九世紀まで生き延びたのであった。ヨーロッパ文化は正規の裁判にもとづく決闘と私的決闘との間に区別を設けていたが、両者とも名誉の慣用形《イディオム》をきっちりと表現していた。[21]日本ではこれと対照的に、決闘（普通「果たし合い」と呼ばれた）は存在したが、さほど形式化されてはいなかった。日本の「喧嘩」のルールでは、できれば「犯行」現場において即座にかつ断固たる名誉の防衛が良しとされたがゆえに、儀式的で形式ばった決闘が発達する余地がなかったのではないかと推測できる。形式の整った戦いのケースのことをまったく聞かなかったわけではないが、日本ではそれらが公に告げられることは比較的少なかった。君主が主宰する公開の決闘は、ヨーロッパの場合は君主の臨席がその中心だったが、日本ではめったになかった。通例では、徳川の届け出復讐は復讐者が仇と出会いさえすれば、いつでもどこででも復讐者によって実行された。時たま大名、あるいは奉行が復讐者と仇の決闘を仕切ることもあった。こうした場合、二人の当事者間の戦いは役人と一般公衆の面前で行なうこともできた。しかしながら、信頼できる歴史記述のなかに、そうした公開闘技ショーに変容した敵討ちの話は多くはないのである。

そうは言っても、儀式性の乏しい敵討ち形式の決闘が、届け出復讐が徳川文化全般に与えた重要な効果を減じたということはなかった。ここで私たちが見逃してはならないのは、届け出復讐の手続きの全体に暗号として打ち込まれた意味内容である——この手続きは全体として、徳川体制による覇権の決定的な下支えとなった政治イデオロギーを説明し、かつ、ドラマティックに表現したのである。徳川のサムライが先祖伝来の家の名誉を護ることができたのは、本質的には国家の許可と支援のお陰だった。届け出復讐の構造と手続きとは、こうしたサムライの世界の新しい現実を象徴していた。

徳川の届け出復讐が制度として評価されることで、徳川の支配システムを内部から支えるサムライ倫理を言い表わす新しい言葉の創造過程が促進され、実現されていった。サムライの生き方の、こうした道徳主義的見直しにおいて、復讐は「孝」、すなわち子としての献身の道徳的実践として解釈し直されたのである。この新たなモデルによれば、成功した復讐者はサムライ精神の鑑だったが、それは単に彼らの肉体的な武勇や勇敢な精神のゆえではなく、新たな解釈では、これら正義の執行免許を持つ者たちは物資補給や経済的な困難を克服して「孝」という徳を達成したがゆえに名誉に値したのである。

「孝」と「忠」は、儒教ではともに重要な徳と考えられていた。しかしながら中国では、儒教の公式道徳秩序のなかでは子としての献身が常に優先順位の第一位であった。「忠」すなわち主権者への忠誠も重要な儒教道徳だったが、中国における「忠」の評価は、日本と対比して見ると、子としての献身を圧倒してしまうということはなかった。もちろん主権者に対する個人の忠誠が、彼の家族にも名誉と財産をもたらすことがあり得たから、「忠」は「孝」の促進のための大事な前提条件となった。しかし二つの原理が衝突した時には、中国の儒教思想は通常、父親に対する子の務めを他の義務の上においた。(22)

徳川版の新儒教《ネオコンフューシアニズム》は、明らかに「忠」と「孝」の順序を逆転させた。この時期の日本人著述家によってしばしば言われたのは、「本朝之武士（この国のサムライ）」は主君への忠義を親への義務よりも常に重く見るべきだと言うことだった。(23)この日本版新儒教はまた、「家」を栄えさせる唯一の道は公務への献身であるという確信をはっきりと述べ立てた。主人を失った赤穂のサムライに下された処罰に関して見てきたように、幕藩国家の論理にしたがえば、「忠」が本質的に公的な価値であったのに対して、「孝」は私的な価値という劣位に落とされていた。届け出という手続きが暗々裏に意味していたのは、子としての献身の実行は直属の主君および幕府を介しての国家の庇護と支持があって初めて可能になる、と言うことだった。個人主義的で自律的な暴力の行使は「私的」かつ「不法」とされる一方、手続き化された復讐の場合のように、公式規定に則った個人的武力の行使は許容され、積極的に推奨されたのである。こうして、サムライの（名目上の）自前武装戦士精神は、国家の論理を通してのみその価値を主張することができたのである。

忠誠ヒエラルキーの日本独特の逆転――「忠」を第一とし「孝」を第二とする――は、通常、徳川の新儒教イデオロギーの特殊な発展の結果と記述されている。しかしながらこのイデオロギーは、単に徳川の儒学者の頭のなかから完成した形で出てきたというものではなかった。サムライの家を幕藩国家体制に組み込んだという政治的現実が先んじて思想的発展を導き、サムライ知識人たちに彼らの社会的現実の哲学的意味を明らかにするよう促したのであった。

儀式的自殺の変容――「扇子切腹」

名誉暴力閉じ込め戦略のもう一つの例は、切腹自殺の慣行の変化に見出すことができる。純粋に内省的な暴力の形である切腹は、名誉暴力を自らに向けて表明したものだった。しかしながらこの時期、切腹はサムライの名誉ある公式身分のしるしとなることによって新たな象徴的意味を獲得した。

本来切腹というものは、戦場で一敗地にまみれた戦士の自殺の形式として発達した。したがって、それは何よりもまず戦士の攻撃的なエネルギーと熱い武勇の本能的な爆発という性格を持った死の儀式であった。戦国時代の打ちつづく戦闘のなかで、切腹はサムライ文化の制度としての特徴をより多く示すようになった。この時期の記録にしばしば現われるのは、切腹の実演に示された芝居がかったヒロイズムの誇示である。自分の下腹を切り開き、意識を失う前に内臓を抜き出したりしたサムライもいたのである。

切腹がサムライ階級だけに行なわれる死刑の、制度的・儀式的形態として確立したのは徳川時代においてだった。こうして切腹は、もはや個人の誇りを外部に表明するだけのものではなくなり、徳川の刑罰体系のなかで重要な象徴的役割を演ずるようになった。徳川の数多くの判例集によれば、切腹がサムライだけに適用されたことは明らかである。下級のサムライに対しては、他の形の処刑が行なわれたかも知れない。しかし上級の旗本や大名にとっては、重罰の唯一の形は切腹であった。[24] 切腹以外の処刑は如何なるものであれ、被告人の名誉ある身分を否定するがゆえに、サムライにとっては不名誉と考えられたのである。

一般的に言って、名誉こそは徳川刑罰体系の最も重要な倫理的主題であった。法の適用は被告人の社会的身分に応じて異なるよう意図されていた。この時期の刑法の手続き慣例では、上級身分のサムライは裁判での正式取り調べなしに判決を受けたが、これはサムライが公の場での告訴や訴追を深刻な恥辱としていたからであった。平松義郎が説明しているように、この手続き上の特権は「略式なのではなく、むしろ、被疑者の廉恥、名誉を重んじた方法であって、大名、旗本など、侍以上の上級武士に適用されたのである。[25]」実際に取り調べが行なわれた場合でも、被疑者を直接尋問することはなかった。例えば幕府直属の臣下に関わる場合なら、幕府役人はまず被疑者の取り調べなしで事件を調査した。次には封書に入れた正式の調べ状が被疑者宛てに送られ、被疑者のほうは返事の手紙を送り返して自分を弁護することができた。しかし犯罪取り調べの対象となった者が自分の行ないを当局に知られ、告発を否認するのが困難と分かった時には、彼は公式の裁きに付せられる前に自殺を選ぶことがしばしばだった。こうした状況では、被疑者の死はしばしば自然死のように扱われて、彼の家族の生き残りたちにも罰が課せられることはなかった。[26]

こうした新しい刑法上の環境のなかで、切腹という行為は徳川時代に、私的というよりむしろ公的な問題となった。刑罰としての切腹は通例、自決の行為を検分するよう命じられた役人の面前で儀式的に執り行なわれた。こうした場合、切腹という行為は被告人個人の名誉を示すのみではなく、国家の権威をも体現した。このような象徴次元の結果として、切腹の正しい儀礼への熾烈な関心が生まれたのである。

　サムライと言えども正しい手続きが必要となる機会は極めて少なかろうが、その知識は彼らの「作法」の必須事項と見なされていた。もっと肝心なのは、サムライ官僚である以上、切腹の儀式を公式に監督せねばならぬ状況に遭遇するかも知れなかったのである。被告人のサムライは、特に身分が高い場合には、まず別のサムライの家に拘束されて最終判決を待つのが通例だった。被告のサムライの拘束所となっている家は、当局から彼に自決の命令が下された場合、しかるべき切腹の準備を調えることとされていた。こうした期待が生まれたのは、切腹の象徴的な意味が政治的に極めて重要になったからである。

　伝統的な礼儀作法の専門家（故実家）が切腹には「正しい」作法があると最初に言い出したのは、徳川時代のこうした脈絡においてだった。サムライ向けに書かれた礼儀作法のガイドブックが切腹の正式作法を論じたこともあった。徳川時代を通じて正式な作法の最も権威ある専門家の一人・伊勢貞丈が切腹儀式の正しい準備のための指示を並べている——切腹前の清めとしての正しい入浴の作法、最も適切な髪形、正しい装束（概ねは白）の作法、などなど。貞丈はつづけて、切腹する者の死の座は白い布で覆った畳二枚でなければならぬ、と定めている。当人が死の座に着くと、まず酒杯二個と軽食の皿とを載せた小さな儀式用の盆が彼に供されなければならない。この食物の供し方と、彼の食べ方には、たいへん込み入った礼法のポイントがあった。この食べ物儀式の後、中ほどを（柄として）白い紙で包んだ儀式用の刀が彼の前の木の盆の上に置かれた。「介錯」（首斬りの役人）が彼の背後に立った。伊勢貞丈は、この先の詳しい礼法を教えることができるのは口伝のみ、と言っている[27]。

　徳川の中期頃、切腹がサムライ階級のための選りすぐられた処罰として完全に制度化されてゆくにつれて、その実際の手順は自殺というより斬首の一形式であった。徳川時代の「介錯」は被告人の背後に立って刀でその首を斬り落とす処刑人であった。中世日本の切腹も通常は介錯が斬首したのだが、止め《クー・ド・グラース》の一撃は本人が実際に腹を切った後で振り下ろされた。自決に介錯を添えるという慣習は、自力の傷では直ぐには落命しないかも知れぬという理由で始まった。こうしてサムライの自制力と勇気とは、介錯が首を落とす前に彼が腹部をどれほど切り開けるか、ということで表現されたのである。しかし切腹で実際に自ら刀を突き立てるところまでゆくという習慣は、平和な徳川社会では次第に消え去ってしまった。通例では、被告人が刀のほうに手を伸ばした瞬間、介錯が首を撥ねたのである。さらには、サムライに与えられた刀が本物ではなかったという事例もあり、被告人の前の盆に置かれたのは木製のイミテーションだったようである。事実、儀式のための物体は武器の模造品でさえなく、木製の盆の上に供された象徴的な品は扇子だったこともある。こうしたケースでは切腹は「扇腹《おうぎばら》」と呼ばれた。

昔風の切腹では、戦士はしばしば極端な、あるいは反逆的な形態の自己破壊の暴力を披瀝して、自らの生涯の最後の瞬間に勇気と攻撃的エネルギーを鮮明に表出した。切腹の狂暴な上演、特に死につつある者が腹部の傷口から自分の内臓を引っ張り出す場合は「無念腹《むねんばら》」とよく呼ばれたが、それはこの行為が戦士の怒りの象徴的な表現だと見なされていたからである。しかしながら徳川の作法規定は、この種の極端な誇示は秩序だった生活ぶりには不向きであるとして眉をひそめた。一つには、切腹で命を終えるよう命じられた徳川のサムライは、戦場で苦杯をなめる屈辱から自分の名誉ある名を護るために自殺しようとしているのではなかった――彼に死を命じていたのは敵ではなく、たいていは主君だったのである。「無念腹」を敢行して当局に怒りをぶつけることは良き作法の新基準を破ることであるのみならず、家族への処罰の追加という結果を招くおそれがあった。死の宣告を自制心をもって静かに受け容れることは、名誉あるサムライに相応しい行ないとして高く賞賛されたのであった。

四十七士の話がここでもまたポイントを説き明かす例となる（図7）。吉良公に復讐を遂げた後、復讐者たちは拘束され、四つの別々の大名屋敷に監禁された。彼らの切腹の儀式はこれら四屋敷で執り行なわれた。復讐者一〇人が勾留されていた毛利公の屋敷の記録が、実際の手順の詳細な説明を提供している。[28] 切腹の儀式に指定された場所は、毛利の江戸屋敷の一部である大書院広間の前庭であった。毛利公の臣下たちは初めは白紙に包んだ一〇組の扇子を用意していたが、幕府の役人は本物の短刀を出すよう忠告した。一〇人の有罪者たちは新調の白い着物と新調の下着とを与えられた。白い木綿の布団を敷いた二枚の畳が死の儀式の座として庭に置かれた。庭は白い幕や掛け布で囲われ、毛利公の家来が警護に立

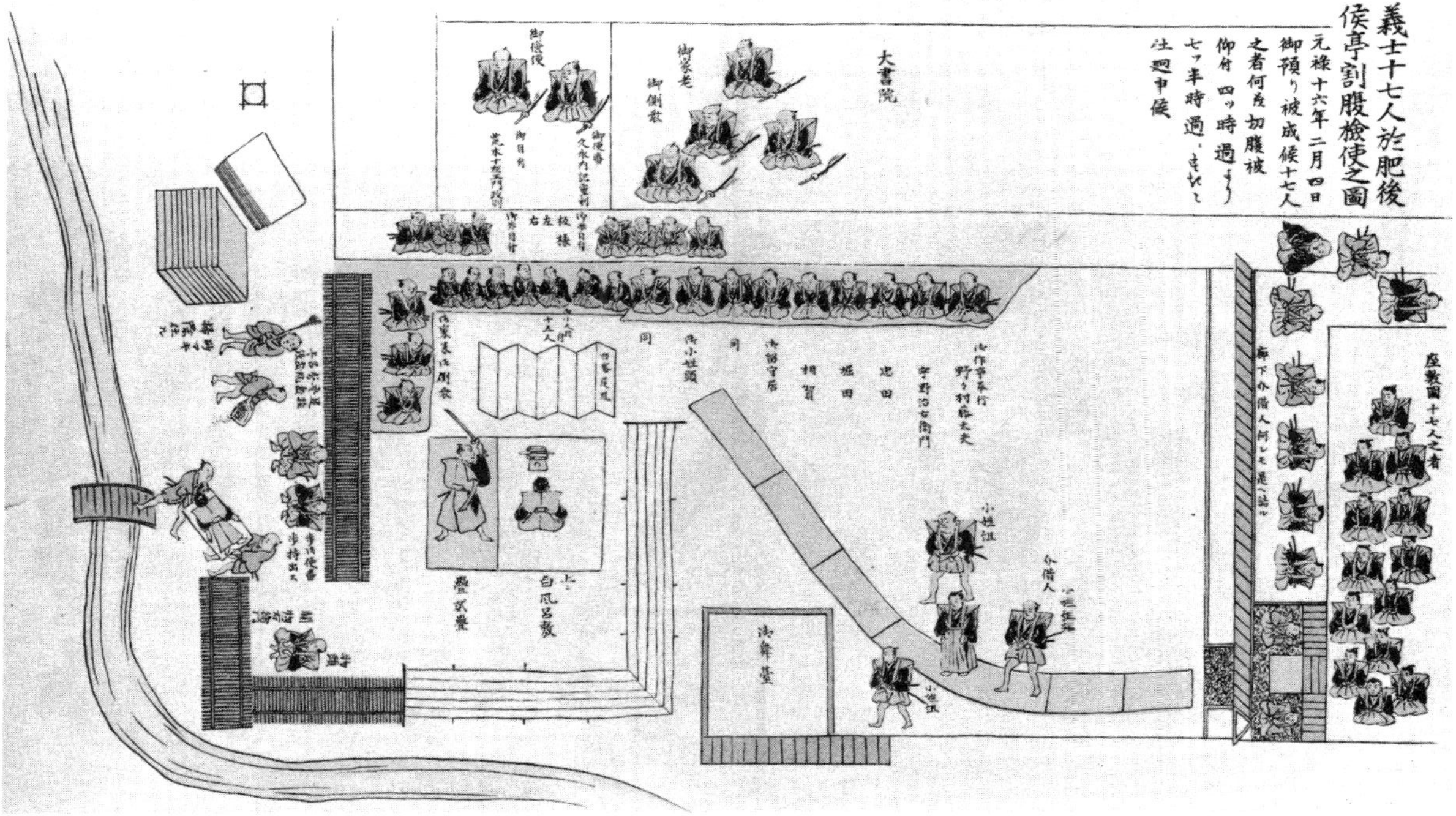

図７）　四十七士討入り後の切腹。この図は細川邸に預けられた17人の切腹のようすを示す。被告人は一人ずつ、控えの間から儀式的にしつらえられた処刑の場へと向かう。首を切落とすと遺体は布団に載せて運び出され、新たに２枚の畳が差し替えられた。この頃（1703年）から切腹の儀式化が進み、サムライ階級向けの慣例的な処刑法となった。『赤穂義人纂書』

った。被告人は一人ずつ待機の場所から処刑の儀式の場所へと導かれた。この時には五人の介錯がいて、一〇人のサムライのために代わる代わる処刑人を務めた。

儀式は血なまぐさいものであったが、能率よく静かに進行した。首が落とされると、遺骸は布団といっしょに運び去られ、二枚の畳は新しいものと換えられた。前もって一〇個の棺が用意され、白い幕の後ろに置かれていた。幕府からの公式の検分役と死の座との間には白い紙製の屏風が置かれたが、その目的は検分の役人が血を浴びぬようとの配慮だった。この屏風も毎回交換された。赤穂のサムライのケースは切腹の儀式化としては比較的早い段階のことであった。しかしこの時点でも、この記録が示すように、すでに扇子の使用は許容され得るもの、旧来の慣習に対する名誉ある代替と考えられていたのである。

有罪者のほうから異常な勇気や自己暴力を誇示しようとした者はなかった。毛利家の記録には、二名の切腹について賞賛の注記が添えられていた。特に褒められた一人は、彼の首を落とす役の介錯に向かって静かに礼を述べ、こんな言葉で挨拶した――「年寄の儀にて候へば、自然は不調法可レ有レ之、其段頼申（年寄りだから不調法もございますが、よろしく頼みます）。」幕府の役人はこの男は態度が立派だと褒めた。もう一つの特別の注記が付けられたのは、自分で深く「腹につき立候」男に対してであった。毛利家のサムライが感銘を受けたことは明らかである(29)。背景となるエトスに変質が起きていたことが、この記述に明らかである。

確かに、徳川時代中期のすべての切腹が自決を装った斬首だったのではなく、サムライの名誉が死の座における狂暴な自力割腹の誇示によって実証された例を示す文書もある。しかしながら全体としては、穏やかな形式の切腹へと向かう傾向だったことは間違いない。かつてのような暴力の美化は明らかに消え去りつつあった。切腹における直情的・栄光希求的な戦士精神の発露は、徳川の儀式的自殺の公式手順のなかに閉じ込められてしまった。一般的に言って、サムライに対する徳川の規律維持戦略は革命的ではなかった。体制はサムライの伝統を全く新しい文化に置き換えようなどとは決してしなかった。起こりつつある変化は緩慢だったばかりでなく、そこで変化と言えるほどのものは、完全な廃止というより旧来の伝統の部分改定と言うほうが当たっているのである。

サムライの喧嘩の指針

切腹のスタイルを変えようとするようなこれらさまざまな手段の蓄積効果で、サムライ暴力に対する従来とは異なった態度が徳川社会に生まれてきた。このことはとりわけ江戸において顕著だったが、そこではさまざまな大名領国出身のサムライたちが幕府の直接監視の下におかれていたのである。酒井隼人公の家の「家訓」、すなわち「家」の規則集である『酒井家教令』（一六九九年）は、江戸在勤の酒井の家臣のための規律マニュアルとして書かれたものだが、こうした方向転換のよい見本である。(30)

この行動規定は喧嘩と名誉の象徴的重要性を認めてこう述べる――「喧嘩争闘は、武士の辱を受て、不レ得レ已相果し、身を潔くするの儀あり。(31)」こうした精神の次元にもかかわらず、規定は喧嘩の多くが実際は癇癪から生まれるのだと指摘した。藩主曰く「義を以する者まれに、非義之死は多し。」藩主がつづけて言うには、敵対的な人柄や性質の良くない個人は「人の恥を請、戯言不礼に過、人を嘲り、卒爾之喧嘩有レ之故也（喧嘩を招き寄せているのである）。」ここで注意すべきことは、酒井公の家の規定集が旧来からの武人の伝統を完全に否定することは注意深く避けながらも、官僚型のサムライ倫理を勧めていたことである。

藩主は忠告して曰く、もしも家来が常に礼儀正しく振舞い、「士道に無レ害事は（サムライの道に反しない限り）」忍耐強く侮辱に耐えれば、争闘の発生は減少するだろう。臣下の命は主君にこそ捧げねばならぬのに、喧嘩は単に私的問題にすぎない。喧嘩などに関わっている者は公務をなおざりにしているのだから、偉大な喧嘩両成敗の法にしたがって双方死刑に処さねばならないのだが、「喧嘩之品、常々行儀作法遂二穿鑿一（喧嘩の事情や日頃の行動振舞いを考慮に入れる）」と藩主は付け加えたのである。(32)酒井家の規定集はまた、サムライたちに和解へ向かって努力するよう奨励した。「傍輩中口論之者有レ之、可レ及二遺恨一儀見聞仕候ば（同僚のなかに口論する者があって遺恨が残りそうであったら）、……令二和睦一遺恨不レ残様に可三取二扱之一（和睦させて遺恨を残さぬよう取り扱え）。兎角和睦に難レ成儀に候はゞ、其様子家老共へ可二申聞一（和睦がうまくいかぬようであれば家老に報告せよ）。若《もし》家老共身之上に候はゞ我等に可ㇾ申聞ㇾ事（家老も巻き込まれている場合は我等に報告せよ）。」[33]

酒井公のマニュアルは、いざ喧嘩が起こってしまった場合の取り扱いについて、さらに詳細に規定していた。彼は彼から見て事態の正確な処理に影響する発生状況の分類リストをつくり上げた――それによると喧嘩が、①「表座敷」（屋敷の公的な場所）で起こった場合、②酔っ払いか狂人が原因だった場合、③サムライの私的居住部分で起こった場合、④客が関与していた場合（つまり争闘に他の大名の家が関与していた場合）、等々があった。とりわけ、互いに喧嘩を始めたのが客同士だと微妙な問題になったのは、もしその扱いを誤ると他藩との外交関係にややこしい問題が起こるばかりか、悪くすると幕府の介入を招きかねなかったからである。

酒井公の規定では、客の間で喧嘩が起こった時は目撃証人一人が事件を知らせに直ちに重役のところに駆けつけること、となっていた。同時に他の者は門へと走ってすべてを閉門しなければならなかった（これはおそらく客の親族が屋敷に入って争いに加わるのを防ぐのと、内部で起こった「恥ずべき」トラブルを部外者に知らせまいとしてのことである）。家の規定はさらに、別の部屋で待機中の客の従者にも事件が知られ広まることのないよう警告していた。もし客の従者から尋ねられたら、「家中之者喧嘩仕候（家の者の喧嘩です）」と答えておくよう規定されていた。万が一従者が事件を目撃して主人の助太刀に加わろうとしたなら、酒井公のサムライは「御主人様方に別事無ㇾ之由、御揚り候はゞ、還て御主人様方御為宜間敷《よろしかるまじく》候（御主人様はご無事です。あなたが関わると、御主人様のためにはかえってよくないと存じます）」と言って、丁重に彼らを止めるよう指示されていた。[34]

人びとの相互行為の流れを規制すべく、新しい、より堅苦しいルールが導入された。社会のさまざまなレベルで、サムライの礼儀作法改良の動きが顕著になった。身分ごとに高度に細分化された作法規定が、サムライに新しい、国家中心のヒエラルキーのなかでの自分の位置を絶えず自覚させたのである。サムライの日常生活のあらゆる面での新しい行動規則の制度化は、暴力の私的行使を押さえ込むもう一つの手段ともなった。サムライにとって名誉規定が社会行動の瑣末な規則へと次第しだいに矮小化されてゆくにつれ、恥を雪ぐよりは避けようとすることが、名誉獲得あるいは名誉測定の支配的な基盤となったのである。

名誉文化の理想と現実

そこで私たちが直面する疑問がある――「徳川のサムライは完全に飼い馴らされてしまったのだろうか？」この質問に答えるのがむずかしいのは、明確な答えを練り上げようとすると地域的、時期的、階層的、個人的な違いを考慮しなければならないからである。例えば薩摩藩のような遠隔地域のサムライは戦士精神を保守する傾向があったのに、江戸に住んでいた連中のほうは通常文化的に洗練されていた、と一般的に信じられていた。しかしながら概ね徳川時代の後期には、サムライの名誉観念と暴力行使との直接の結びつきは弱まり、法律順守の「組織人間」としてのサムライの新しい倫理が生まれていたことは明らかだったと言ってよかろう。新たに支配的となった心情は安全志向の態度であって、これが暴力の慣用形《イディオム》を用いての個人の自律性誇示に、部分的にではあるが、取って代わったのである。

地位も俸禄も慎ましいサムライ臣下の大多数にとって現実の生活は概ね単調なもので、権力や栄光に彩られてなどいなかった。こうした低いレベルにいる者は国家組織のヒエラルキー上の特定の部署にがっちりと嵌め込まれており、上方移動の機会などまったくなかった。しかしながら時として、何かがサムライの名誉意識に触れると、彼は戦士の特質を備えた人間であることを証明するよう求められた。もちろん、すべてのサムライが絶えざる自己鍛練と気高い威厳の尊さをめぐる道徳的確信によってこの緊張感の檻のなかで生き抜こうとしたわけではない。完全に防御的な態度が次第にサムライの心性に浸透してゆき、個人の安寧と手続き上の完璧主義とが結びつくようになった。

『武士としては』という道徳性をめぐる同時代の論文は、自分の英知を他人にも分かちたいと願う退役のサムライによって書かれたものだが、徳川のサムライは危険をはらむ紛争状況に関わっていても礼節に心奪われたことを示している。[35] この本が設定する架空の状況はこうである――道路を歩いている時、突然一人のサムライが誰かを追跡中にあなたに追いすがり、「夫々《それ！それ！》其者《そのもの》を討て給り候へ……頼む（頼む！　その者を討って下され）」と叫んであなたの助けを求めるとする。サムライ同士であれば、「頼む」（「任せる」の意）という言葉で助けを求められた以上、命を懸けても助けるべきだという暗黙の了解があった。このケースでは、声をかけたサムライが赤の他人であっても、請われたサムライは誠意をもって応ずるのが一種の路上の作法であった。もちろん、状況の詳細を知らずに逃げる男を殺すことも、当局によって殺人罪で罰せられる可能性があるがゆえに危険だった。引退しているこの著者は可能な対応を幾つか挙げて議論しているが、そのなかで最も巧妙な二つは、逃亡者に向かって危害を加えるつもりはないと告げ、そして素早く逃げるよう促して自分もその場から逃げ去る、というものである。おそらくは自分の状態を思い浮かべてのことであろう、彼が付け加えて言うには、もしあなたが老人であれば、耳が不自由なので助けを求められても聞こえなかったと装うのが賢明だと。このような安全志向の態度が示すように、すでに徳川時代中頃までには、安定した体制に支えられた秩序ある社会の発展が異種のサムライをつくり出していた。サムライの防御的心性はこの脈絡で自然に生まれてきたのである。

サムライの政治的環境の変化に加えて、都市の商業的文化の発展があり、多くのサムライがそこに埋没した。一八世紀の初め頃には、しばしばサムライ精神の退廃が囁かれ、おおっぴらに慨嘆もされた。ちょうどその頃までに、当時の人びとは戦士の戦闘精神は衰えてしまったと認識した。一八世紀初期以降、私たちはサムライたちが懐旧の情を込めて「近《ちか》比《ごろ》」のサムライと「むかし」のサムライとを比較するのを、しばしば見出すのである。

一七一七年、新見正朝という名の八〇歳のサムライが書いた『むかしむかし物語』という標題のエッセイが、彼の同時代の人びとの社会的態度の弛みを批判した――「（むかしはサムライが出会えば）其咄《そのはなし》をむかし御陣の時のはなし、先祖の手柄又は当世の武道武芸の詮義、……喧嘩口論の取沙汰、男道の詮義、……。近年は左様にてはなくして、……咄も大方喰物の咄し、遊興の咄し損徳利勘の咄し、中にも子細らしき分別の仁は、立身手入の咄し、碁将棊茶の湯誹徊（マヽ）、……若き衆は上留理三味線合かた堺町役者の評判、是より外の武道の沙汰無之、近比《ちかごろ》は弓馬剣術抔は咄にもせぬ事に成ぬ。[36]」政府からの俸禄という安定収入を授けてくれた平和な社会にあって、多くのサムライは新しい都市有閑階級に変身を遂げつつあった。

手に入れることができるようになった快楽を最大限楽しんだサムライの例は数多くあって、徳川の文学、美術、大衆文化のあらゆるページから抜粋することができる。例えば、尾張藩の下級サムライであった朝日文左衛門（一六七四―一七二六）の快楽主義的ライフスタイルも、決してこの時期の例外というものではない。文左衛門は極めてまっとうなサムライで、世襲の年収一〇〇石の家に生まれた。この額は下級サムライとしてはまあまあであったが、ゆとりがあるとは言えなかった。文左衛門が役所で登りつめた最高位は畳の買い付け役「御畳奉行」だった。文左衛門が残した二六年分三七巻に及ぶ異常に詳しい日記のことを除けば、この徳川の一介の役人に注目すべきことなど何もなかった[37]。

　文左衛門は兵士としての人生の高尚なドラマを記録するよりは、商業化の進展によって日本経済が拡大しつつあった時期に、世襲の収入による保証とあり余る時間とを用いて都市有閑階級の快楽に没入した。彼は日記に一〇〇回を越える劇場通いを記録し、良い食べ物への稀に見る興味を示した。近世のグルメであった彼は、特別の注意を払って食事の献立を書き写した。とてもきついとは言えぬ役人暮らしのなかで、文左衛門は必要なしきたりは全部守ってサムライ役人の勤めを果たした。全経歴を通じて、京都と大坂に四度の出張旅行をすることもできた。二〇世紀の輸送機関の快速ぶりに慣れてしまった現代のビジネス旅行者がこの旅行回数に感心するはずもないが、文左衛門はこの視察旅行を存分に楽しんだ。彼はためらうことなく機会を最大限に活用して京都の高級娼婦のところへ出かけ、京の有名店の料理を賞味し、歌舞伎見物も旅程に組み入れていた。彼は添い寝をした相方の名全部と気に入った食べ物全部を、後世のために記録してくれた。結局、京都と大坂の畳商がこの尾張藩の買い付け役人を必死でもてなしたのであった。

　家にいる時の文左衛門は、「町の噂」を漏れなく日記に書き記した——地方で起こった殺人、心中、激情犯罪、その他の性的スキャンダル、復讐など。実際、文左衛門自らが現場に赴いて非公式な調査を行なったりした悪名高き情人自殺事件なども幾つかあった。賭け事は公式には幕府によって禁止されていたが、文左衛門のみならず彼の母親まで、ギャンブルを楽しんでいた。彼はまた遊び仲間との社交的飲酒に耽ったが、死んだのは四五歳で、おそらくアルコール好きからくる病気だったろう。

　それと同時に文左衛門はやはり、骨の髄まで典型的な徳川のサムライであった。例えばその世襲身分を保持するために必要な役割や行動のすべてに彼は外見上順応した。時には日記にあからさまな役所批判を書き付けることもあったが、それを公にすることはなく、自分の見解などお喋りだが無力なオウムのたわごとにすぎぬと見なしていた——日記の表題『鸚鵡籠中記《おうむろうちゅうき》』（籠のなかのオウム）が示すように。文左衛門はその職業上順応主義の役人を勤めていた一方で、時としては武人の剛勇という旧来の伝統を実践することも好んだ。この時代の多くのサムライ同様、一八歳で武術道場に入った。彼は試し切りにも参加したが、これは死刑宣告を受けた囚人の処刑でサムライが新しい刀を試す、あるいは処刑後にその死体を切り刻むのであった。文左衛門は人体を切り付けることに興奮しているが、これは真のサムライなら誰もが経験せねばならぬこと、と彼は信じていたのであった。

要約すると、もしも私たちが徳川のサムライはストイックな自制心や厳格で内面的な名誉意識を体現していると期待するなら、朝日文左衛門のような快楽的で道徳的にいい加減な男に幻滅するだろう。幻滅するのは私たちだけではなく、ヨリ道徳主義的な同時代人たちも、こうした弛んだ態度や行ないに対する否認を書き留めていた。こうした展開は、サムライの名誉文化が近世日本で衰退に向かっていたことを示していたのだろうか？

この疑問にはおそらく二つのレベルで答えるのが最善であろう。第一に、サムライ名誉文化の強さが、徳川のサムライが徳川国家の官僚手続きの迷路のなかに閉じ込められるにつれて減退したことは確かであった。サムライが武人としての生活の本来の文化の根から切り離された時、名誉文化の戦士的次元が衰弱したのは驚くには当たらない。さらに、名誉文化の理想とそれに対応する行動との間の不一致は日本だけのことではない点に留意することが重要である。他の多くの名誉基盤の社会においても、その始原から「文明化された」形態へと名誉文化が変容するにつれて、先祖から受け継いだ名誉基準に人びとが果たして忠実であるか否かという深刻な議論が提起されたことはしばしばあった。こうした比較の観点から見れば、徳川のモラリストたちが行なった批判は、サムライ名誉文化の再編成過程の避け難い側面を示しているのである。

第二に、名誉型文化の社会の人間なら常に名誉ある振舞いをするわけでは決してないことに、私たちは留意しなければならない。一方には快楽追求と合体した栄光への限りない追求があり、他方には武人としての克己的・禁欲的修練の心性があって、この二つの間の緊張関係は常にサムライ文化にとっての大問題だった。しかしここでの関心を徳川文化の緊張、逆説、矛盾に限ってしまうと、私たちは幾つかの重要な問題を見失うことになる。私たちは道徳的完璧さというピューリタン的観念とか、内面的な徳と合理性の統一といった近代的観念を、近代以前の日本のサムライに当てはめてはならないのである。私たちは近代性の観点から、サムライの理想と実際の行ないの不一致は彼らの自己欺瞞か名誉文化の堕落かのいずれかを示すものと考えがちである。しかしながら、一般的にはサムライ武人文化の絶頂期とされている戦国時代でさえ、文左衛門に類する快楽主義者がなくはなかったのである。[38] サムライ個々人は内面の強烈な自尊感覚として名誉を経験していたのだが、この経験は、彼らが生き方のあらゆる面でピューリタン流の厳格な内面監視人を設けたことを意味していたのではなかった。

VI

臣下官僚制における名誉の分極化

13　国家中心の名誉と臣下官僚制

世襲俸禄の制度化と戦場で名誉を得る機会の制限とによって、サムライの名誉はもはや、少なくとも公式的には、徳川体制の外側には存在しなくなった。武力や美徳や先祖の武勲を基盤にして主観的に名誉を主張することはできても、何らかの理由で主君から解雇されたサムライというのは、徳川の公式な名誉共同体から追放されたと同然であった。

徳川当局者が直面したサムライ規律の問題は旧い主題の新たな展開、すなわち長期的な互忠関係に必要とされる信頼と有能さの間の相剋として見ることができる。戦国大名は自分の臣下の信頼性を高めようと長い間苦闘した。臣下は優れた軍事奉仕の能力をもっていれば（有能であれば）それだけ、大名の旗下から離脱し別の主を求める危険が高かった（信頼性に乏しかった）。臣下は相対的に見て社会‐経済的に自律性を保持していたことと、大名が休むことなく戦争し合っていたことで、彼らには主君を変えるかなりの自由があった。徳川国家の形成とその帰結である幕府・大名間の同盟関係の安定とは、状況の不可逆的変化をもたらした。徳川のサムライには同じ主君の下にとどまる以外に選択肢はなかった。しかしながら有能さの問題は体制を悩ましつづけた。なぜならサムライは「終身雇用」という安全な繭のなかに閉じ込められたからである。

当局は名誉順位のヒエラルキーを構築する手段として名誉の客観的測定というものを導入し、それによってサムライの名誉追求衝動を公的に認められた報酬や表彰へと誘導した。国家を中心とした名誉の制度的整備によって新たに強調されたのは名誉のヒエラルキー的性質であって、特定の主君とその個別臣下の関係のみならず、このヒエラルキー内での上位者と下位者の関係が一括で指定されたのである。徳川の官僚組織はこの名誉ヒエラルキーとは別物だったが、それと切り離すことはできなかった。官僚組織の上級の役職は通例として名誉順位上級の者が占め、下級職には下級名誉の者がひしめいていたのである。

臣下たちは礼節（礼）の体系で定義される身分のヒエラルキーへと編成された。サムライ組織の名誉体系が、行動規定のヒエラルキーへと表現され翻訳されたことに注目することが重要である。その結果、徳川のサムライ社会では礼儀正しさや作法の良さが政治的重要さを獲得し、サムライの様式化された礼儀は単に育ちの良さや修養を示すのではなく、直接的で明白な権力の慣用形《イディオム》だったのである。

私は徳川国家におけるサムライ組織のこの体系を「臣下の官僚制」と呼ぶことにする。徳川サムライのヒエラルキーの形式上の組織構造はサムライ主従関係の由緒ある神話をくっきりと反映していた――例えば、名誉称号の名は武人の地位の名から来ていることがしばしばあった。サムライ文化内部の象徴性と覇権政治との緊密な結びつきは、伝統再解釈の際の選択の幅を限定した。同時に、その結果つくられた組織の場は官僚制と君臣制の二つの性格の混ぜ合わせとなって深い文化的矛盾を抱え込み、それが却って徳川のサムライの知的創造性の源泉となった。徳川のサムライの社会的かつ職能的立場が、サムライ――つまり徳川支配下の恒久平和らしきもののなかで存在している戦士――であることの本当の意味は何なのか、という問題を絶えず提起したのである。

名誉文化の場は複雑多層な意味を包含しており、個々のサムライはそれぞれ自分の目的に合わせて名誉を再解釈するために名誉関連の象徴的慣用句《イディオム》を総動員することができた。さまざまなイデオロギー陣営の真摯なサムライたちが、外見上は矛盾を抱えている自分の社会環境をなんとかして理解しようと、さまざまな知的処方を行なった。

本章で私は、私が「臣下の官僚制」と名づけたものの下での典型的な公式名誉体系の内部機能を記述しよう。この「臣下の官僚制」こそが、サムライ名誉文化の再編成のための最も重要な制度的な場を提供したのだった。サムライの組織はさまざまな大名や将軍の家ごとに顕著な違いがあった。以下の記述が不完全なものであることは明らかだが、ここでの私の意図は、徳川のサムライ組織の重要な特徴の社会学的記述を概略的に示すことなのである。

サムライ身分の三つの指標

徳川の名誉体系を正確に理解する鍵は、徳川のサムライ社会のサムライ臣下ヒエラルキーの内部に並行的に存在していた三つの主要な身分指標である。三つとはすなわち、①名誉順位（格）、②政府内での役あるいは地位（職）、③収入（俸禄）であった。これら三つの指標は相互に関連し合っていた。(1)

政府内での地位（職）は通例、サムライの家それぞれの名誉順位（格）と照応しており、これらの「格」は多かれ少なかれ世襲的なものだった。名誉順位が高ければ高いほど――すなわち生まれつく家の順位が高ければ高いほど――政府のなかで高い役職に就任する傾向があった。徳川時代を通じて、サムライ身分の男たちは原則的にはまだ戦士だったから、緊急事態に果たすべき軍務を割り当てられていた。臣下には、米の生産高単位である「石」で量られて大名から下される彼の基本収入（俸禄）に応じて、しかるべき人数の兵士と装備を集める義務があった。有事となれば、臣下は各々の主君の軍隊に対して決められた数の兵員と補給物資を献納するよう要請された。しかし徳川の平和《パクス・トクガワ》という永続的な政治的平穏のなかで、この軍事義務が発動されることは滅多になく、その結果、サムライの「家」に付いていた収入（俸禄）は国家から授けられる世襲特権に変化してしまった。そこで世襲収入の額もまた、もう一つの名誉指標と見なされたのである。サムライの収入は、原理としては、政府内の地位を通して稼いだサラリーと考えられてはいなかった。「格」の高い者が高い「俸禄」を得る傾向があったことは一般的には真実だが、名誉順位の高い役人が相対的に低い収入だったケースもままあった。(2) 収入と名誉順位との照応は通常、役職と名誉順位の相関よりは弱かった。

これら三つの指標は、通常このように相互に緊密に関連し合っていて、その組み合わせが主君の家のなかでの各臣下の相対的地位を示したのである。これら三つの指標間の照応は必ずしも常に厳格に固定されてはいなかったから、その結果、低い生まれのサムライにも高い順位へと昇る機会は幾らかあった。これから私が論証してゆくつもりだが、全体として厳格なシステムのなかにこうした柔軟性が存在することが徳川のサムライ組織の特徴であって、安定した身分本位の階層構造とダイナミックで業績本位の経営管理とを結合させる潜在力は、ここから生まれたのである。

名誉と礼節の体系としての君臣制度

サムライ社会における階層化の最も基本的な原理は名誉順位、すなわち「格」であった。政府のなかでの地位（職）とは対照的に、名誉順位は臣下の家族の世襲身分と強い繋がりがあった。名誉順位、収入、政府内での地位の三つは相互に密接に関連していたけれども、サムライ組織のなかでの相対的な地位の決定要素として最も基本的なものが「格」だったという事実によって、徳川政府の構造について幾つかの重要な特徴があらわになる。実際のところそれは、徳川の君臣制度がサムライ社会の身分名誉体系になったことを示しているのである。

各臣下の「家」の名誉順位はもともと、主君の家との歴史的関係を表わすものと理解されていた。換言すれば、主君の家の起源が戦国時代にあったとすると、臣下の先祖がその主君の家の興隆に対して行なった過去の貢献は現在の彼の名誉順位に大きく影響したのである。事実、多くの大名の家では、名誉順位の最高位は限られた家系にだけ与えられることがしばしばだった。世襲家系の外部から来て新たに抱えられた臣下の名誉順位は、旧来からの多くの高順位家族間の不安定なバランスを崩すことがないようにと、主君によって慎重に指定された。

多くの大名領国で、特定の名誉称号はもともと軍事組織のヒエラルキーに由来するものだった。徳川国家は徳川時代初めの激烈な軍事競合を経て出現したから、幕府と大名の家の統治機構ももともとはそれ自体軍事組織以上のものではなかった。この初期形態の政府では、非軍事的機能は最小限のものであって、それらも主として大名の家の軍隊のための必要物資や基盤整備を効率よく行なえるよう設けられていたのだった。このようにして、大名の各家では常に軍事組織や戦闘のための緊急配備の一覧表にしたがって職員を配置しており、これらの一覧表で使われる称号が主君の家のヒエラルキー上での個々のサムライの身分順位を示していたのである。

大名領国の軍役称号は、本来は戦時緊急事態で使用することを意図したものだったけれども、それらは次第に実際の軍事的機能を示すよりも名誉順位として用いられるようになった。それと言うのも、軍隊の介入を必要とするような危機が徳川社会の平和な表面を波立たせることなど滅多になかったからである。谷口澄夫は岡山藩に関して、この状況をこう記述している――「藩主は各家臣について、仕官当初の藩主との関係の親疎・軽重・譜代・新参の区別、個人的才能や累代にわたる奉公の品、などを勘案して、基本的には軍事的組織に編成して、藩主に対する家臣としての主従関係の在り方を規制するとともに、家臣団社会における各家臣相互の序列を設定したわけである。……かかる社会構造的な体制をここでは格制とよぶことにしたい。……格制は軍事的編成に基づく身分的秩序を示すもので、藩体制における家臣団構造の基本的骨格であった。(3)」

例えば長州・毛利公の家では、五千人以上のサムライ（足軽を含む）が七〇もの名誉順位に分けられた。(4) これら七〇の順位のなかには、寺院や神社を監督する機能に由来する「寺社組」など、非軍事的起源の称号も含まれていた。しかしながら、名誉順位の大多数は軍役称号と結びついていた。例えば「大組」（七つの主要な身分分類のなかの第三順位で一三七八人のサムライに与えられていた）と呼ばれる順位は騎乗する兵士の身分と関連し、緊急の際には大名戦闘軍の中核となった。「寄組《よりぐみ》」、つまり「核の部隊」（第二順位で六二人に与えられていた）は「大組」サムライ戦闘部隊の中堅指揮官たちであった。これらの「格」は本来軍事的機能から発したものだったが、称号はいたるところの大名領国で単なる名誉順位となり、大名臣下の組織のヒエラルキーにおける各サムライの地位を正確に記述したのである。その結果、特定の「格」の名目的な意味とそれを保持する者の実際の政府内機能との不一致が普通に見られるようになった――例えばあるサムライが「小銃隊将校身分で賄方役人」ということがあり得たのである。(5)

徳川の名誉順位の名称は、必ずしも常に軍役の称号から出来ていたわけではない。国内が長らく平和であったことから、藩国家は公式に認可された礼装や、城内での正式な席の配列や、行政官の地位などからも名称を借りて、特定の地位に相応しい仕方で「格」を表わした。とりわけ、臣下のヒエラルキーの厳格な秩序は城内での席の配列（礼席）のなかでその視覚的形態を表わした。この席の配列は正式の儀礼の際に主君に挨拶する序列を正確に決めており、その目的は名誉の究極の源泉たる主君への各個人の親近性を象徴的に表現することだった。下位のサムライは通常、主君に正式に挨拶することなど許されてはいなかった。事実、多くの大名領国では領主に謁見を許される家臣とそうでない者との間に厳格な区別があったのである。

サムライ臣下のライフスタイルに対しては、「格」の体系のなかでの彼らの地位に応じて細かい規定が設けられた。これらの詳細規定には臣下同士の正式社交活動（例えば正式な挨拶の慣習）の礼儀作法や、公式の服装規定や、正しい贈答や、婚礼や住居のスタイルや規模、等々が含まれていた(6)（図8）。

名誉順位のヒエラルキーは、政府内での職能的地位と完全に一致しているのでは決してなかった。幕藩体制の官僚と軍隊の職のヒエラルキーは、儀礼的な名誉順位からは外れた、命令と責任の連鎖として存在していた。こうした分離にもかかわらず、身分の階層化はサムライの社会化の形態を厳格に規定しており、そのことによってサムライ組織全体の統制に役立ったのである。礼節の厳格な規則（通常「礼」の体系と呼ばれる）は、公式儀式の場で名誉順位に応じて強制され、「礼」体系はさらに服装規定から話し方や作法慣習にいたるサムライの社会生活のすべての面に浸透したのである。これらの礼節に関する規則の幾つかの主要部分は公式の布告によって強制され、その他の部分は不文の礼儀慣習から発展した。成文不文の行動法典は相ともに、精密で眼に見える身分の差異化を社会的行事のすべてにわたって指令したのである。

かくして、主君から扶持米を受け取る下位のサムライ臣下の個人としての日常は、通例極めて単純かつ地味なものであって、権力と栄光の生臭い場面からは遠く隔たっていた。彼の身分は支配階級の一員とされてはいるが単に象徴的なものにすぎず、そこから得られる物質的・政治的福利は多くはなかった。彼は日常生活において慎ましやかな物腰と作法を装うが、「目上の人」の前ではそれが卑屈さにまで達することもあったのだ。

公式の「礼」体系の違反は罰則がともなっていた。例えば一六八九年のケースでは、会津藩のサムライが江戸城の外で主君に対して儀礼上不適切なおじぎをしたことで処罰された。このサムライは立ったままの姿勢で軽く膝を曲げておじぎをし、その場に跪かなかったのである(7)。

この体系には、誇り高きサムライにとっては日常的な苦闘となるような明白な倫理的矛盾が内在していた。「礼」の規定にしたがって行動すれば——すなわち、社会的身分の相対的な違いに作法を合わせて目上の人の前で卑下すれば——、

図8）　徳川のサムライ同士の儀礼的挨拶。この図が描いているのは17世紀後期の元旦の路上での挨拶。下位のサムライは遜って跪き、高位のサムライは立ったままで挨拶を返している。『四季風俗図巻』

愚かな、あるいは不道徳な主人や先輩と関わらねばならぬ状況におかれることは眼に見えている。そんな人間にまでも忠誠と謙譲をもってしたがわねばならぬのか？　先輩に対して、この人の人柄はこれほどの敬意を捧げる値打ちが本当にあるのかどうかを疑うことなく、上品で慎み深い作法など実行できるだろうか？　もしも外面的な行動と内面的な判断とを分けることができるというなら、これは内面化された名誉意識や誇りや自尊心と矛盾しないだろうか？　サムライ社会を外面的に定義された礼節規定で組織しようという徳川の戦略は、サムライ衆に対して本格的かつ深刻な道徳問題を突きつけたのである。

官僚制と名誉順位

理論上すべてのサムライは緊急事態には戦士として仕えることになっているが、平時で厳密な意味での軍務に配置されたのは、これらのサムライの一部だけだった。軍務といってもその多くは警護に立つだけだった。残りのサムライはたいてい文官の地位に就いていた。この武官と文官の区別には曖昧な部分があったことは確かである――正式には軍の部署に配属された者が行政職を持っていたり、あるいは私的立場で主君を補佐したりしたことがよくあった。(8)不幸なことに行政ポストは、ハロルド・ボライソが述べているように、たいていは「ショーウィンドーの飾り付け」だったと言うのは、「それほど数多くのサムライの奉仕を必要とするほど仕事はなかった」からである。(9)徳川社会には、多くのマンパワーが必要な学校、監獄、警察といった公共サービスに類するものがなかった。実際にする仕事がない役人たちも世襲の経済的・社会的特権は受けつづけたのだが、それは君臣制度というものが、緊急事態になればすべての臣下が軍人として活動態勢に入って必要な軍隊を編成するという想定の上に構築されていたからである。

こうした複雑さや限界性にもかかわらず、徳川時代中頃までには、徳川幕府および大きな大名の家で高度なサムライ官僚制が特に目につくようになってきた。この官僚制においては、各部署には通常はっきり定められた仕事の仕様と、責任範囲と、これらの義務遂行のため割り当てられた特定の予算とがあった。すべての調査、決定、命令は独自に定められた語彙、文体、書体を用いて行なわれる官僚的文書処理システムを通して実行された。この文書処理の精神は徳川社会の他の部分にも重大なインパクトを与えた。さまざまな布告が文書の形で外部の社会に送付されたのみならず、庶民階級の村役人や町役人も、サムライの当局者に向けて過大な分量の文書を提出することを求められた。これらの文書は農業生産の総括報告書やさまざまの嘆願書から、家族届や犯罪報告書に及んだ。これらすべては、それぞれに適切と思われる書式で作成しなければならなかった。

臣下‐身分のヒエラルキーと政府の官僚制とが複雑に合体した結果、行政業務の効率的運営に明らかに問題が生じた。なぜなら「格」（名誉）体系の硬直的本質が、業績本位の人員補充原理の採用を妨げたからである。政府内の特定の地位の適格者であるためには、通例、それに相応しい名誉称号を有することが必要だった。それぞれの「格」には、ある範囲の地位がそれに照応していた。例えば先の長州藩のケースに話をもどせば、「大組」の「格」順位を保有する者に適当だと考えられた政府内の地位は一四三種あったことが分かる。[10] 理論的に言えば、「大組」以下の順位のサムライたちは、上位へと昇進しない限りこれらの地位には不適格だったのである。その結果、新しい行政職を制度化することが必要になった時はいつも、その地位に相応しい名誉順位の決定が徳川の当局者がなすべき最優先事項となった。

大名政府における相対的な名誉の地位は本来生まれによって決まってしまったから、徳川の当局者は政府で優れた仕事をするようサムライを動機づける方法を工夫しなければならなかった。本来、中世のサムライは武勲を立てることへの強烈な衝動を持ち、戦場での抜きん出た活躍がそのまま栄光や、名誉や、物質的報酬につながることをよく弁えていて奮起した。こうした旧来の業績本位のエトスは、厳格な身分本位の序列体系の導入によって完全に否定されたのだろうか？

この見かけは厳格な体系の運営には、幾分かの柔軟性が組み込まれていた。本来的にサムライの家の付着物であった基本収入や名誉順位とは違って、官僚の職務は世襲ではなかった。高い順位の家の生まれではあっても、生まれの特権がそのまま重要職務の獲得を意味したわけではなかった。実際、場合によっては、低い名誉順位の有能な若者が仕事上の能力を買われて政府内の高い地位に昇進することがあり得た。その場合に彼は形式上高い身分の家の養子となることがあり、これが彼の昇進を容易にするのである。また徳川時代後期には、大名の財政問題山積となったために、経済・社会政策に特段のヴィジョンを持った問題解決能力のある人材を昇進させることが必要になった。これに加えて、徳川国家の絶対制的性格はしばしば異例の昇進を可能にした。大名は領国では究極の権威を持っていたから、大名個人の特定のサムライに対する愛顧は、時として慣例の境を越える例外的な昇進という結果になった。しかしながら、異例な形の昇進が定常的な人事を決めていたわけではないと言うのは、そういうことをすれば、現状の保全を組織の基本原理とするサムライ社会に常に深刻な政治的緊張が生まれたからである。

徳川時代中頃、当局は次第に複雑になってゆく政府機構を効率よく運営するため、ヨリ能力本位の採用と昇進の方法を導入する必要に迫られた。幕府と多くの大名領国では、責任の重い役人への報酬として政府職務への臨時付加給制度を導入した。サムライの基本収入は通例として世襲であり、これは官僚としての奉仕に対する報酬とは考えられていなかった。しかしながらこの臨時給与制度が、サムライがその職務に在任中、彼の家の基本収入を補ったのである。

国家中心の名誉への移行のなかで、中世的心性の遺産である高い名誉を求めるサムライの熱望は決して拒まれたのではなかった。正確に言うなら、名誉を授与し伝授する新たな国家中心のメカニズムが、サムライ個々人の名誉やサムライの家の名誉を、国家目的促進の方向に即して変容させたのである。大名政府でも「行政官の任命に当たって『業績』をはっきりと認知」する傾向が明らかに見られたが、「実際の適用よりも業績理念のほうが先に広まった」のである。[11] それぞれの家の「格」は世襲であることが多かったが、個人の努力によって名誉順位と収入とを上げる機会も、やはりないわけではなかった。普通の下級役人身分の者は家老の地位まで昇ることはできないが、父親よりは一段上の順位と収入へと昇れる希望はあった。仮にこのような昇進が達成できなくても、儀式の場でヨリ栄誉ある礼装をする特権など、名誉順位が同列の者に認められているより幾らか上の象徴的代償で報いられることもあったのである。

通常サムライたちは自分自身の昇進を、自分より高い名誉順位の誰某の地位と比較するのではなく、同じ順位の同輩の地位と比較した。同じ世襲身分の者が競い合う場の内部では、名誉順位と収入の外面上瑣末的な調節も現実的な競争の温床となったのである。このようにして徳川の体制は、なおもサムライの業績志向のエトスを喚起することができたのだが、肉体的な力と忍耐力によって戦場の栄光を求める本能は顕著な変容を蒙って、服装や城内席次の変更といった地味で抑制された争いへと変わったのである。

臣下官僚制の文化的矛盾

身分志向の名誉順位体系の制度化は、徳川国家が名誉の基準の決定権を徐々に独占してゆく過程であった。生き生きとしたサムライ名誉文化は、個人としてのサムライの情緒的主観に深く根を下ろしていたのだが、それは今や国家中心の名誉の制度的配置という束縛のなかに閉じ込められてしまった。人間の関係は外に向けて名誉を誇示する席次、服装、石高など、これら名誉を象徴するオブジェ同士の関係に変わってしまった。至高の自尊心にもとづいたサムライの伝統的名誉は、精神的、社会‐経済的土台を失いつつあった。サムライの情緒的全人性や尊厳との結びつきが弱まってしまった。サムライに強制される外的規範として提示された名誉の客観的基準は、真摯なサムライたちに対して、これらの生活条件の意味の内面的理解にいたる新しい方法を構築するよう迫った。

国家中心の名誉概念の発展のもう一つの側面は、各々の大名国家それ自体が名誉の場になったことである。サムライ個人の名誉の標準を高度に可視的な形で決定し、配分したのは国家であった。サムライ各人の名誉は常に主君の「家」の名誉に付着していた。もしも臣下の一人が公に恥辱を被ることがあれば、危殆に瀕するのは彼の名誉だけではなく、主君の名に恥辱をもたらしたことでも非難されるのである。

徳川のサムライの文化的逆説は誰にでも目に見える形で現われていた。国家の官僚制と君臣制度――これら二つは本来それぞれの機能的・イデオロギー的方向がまったく異なる制度なのだが――の組織面での緊密で切り離し難い相互関連のために、徳川時代のこれら二つのサムライ組織は、通例としての官僚制あるいは君臣制度に固有の特質とされるものからは顕著に異なる特徴を示した。手短かに言えば、徳川国家の官僚制の内部機能は、主君に対する臣下の相対的な社会的自律性を前提とした論理にもとづく、主従関係の伝統的・人格的側面の影響を受けていた。また徳川の君臣制度のほうも、サムライがますます非人格的で管理的な文化を発展させている官僚組織に毎日関わることによって、避け難い影響を被ったのである。

　にもかかわらず、理論的にも実際的にも、大名領主自身から下級の番兵にいたるまで、彼らサムライは戦士という共通の立脚点を持つがゆえに、すべて名誉の共同体に参加していたのである。根底から層分けされたサムライ衆の本質を考えれば、この文化的連帯は幻想であったが、しかしその象徴的重要性の持続は顕著であった。言い換えれば、位に関係なくすべてのサムライは同じ文化の慣用句《イディオム》にしたがって生きていた。これらはまた名誉や秩序の問題をめぐる彼らの判断を左右したばかりか、客観世界そのものについての彼らの認識の濾過装置ともなったのである。それは心的幻覚のようなものかも知れないのだが、にもかかわらず名誉文化は個人としてのサムライに、サムライ同胞への帰属感を供給したのであった。

　私は以下の二章で幾人かのサムライ個人による、徳川社会におけるサムライの文化的アイデンティティーの思想的再解釈の試みを検証しよう。

14　葉隠——死の礼讃と個人の名誉

「武士道」の起源

個人が名誉精神を自在に、あるいは攻撃的に表明することに対する国家の規制が強まるにつれて、一部のサムライたちは平時におけるサムライという存在の意味についていっそう真剣に熟考し始めた。「武士道」（「サムライの倫理」あるいは「サムライの道」）という有名な言葉が実際に造語されたのは、徳川時代初期のことにすぎない。この語は——あたかもそれが歴史的現象としての最初の出現以来のサムライ階級の総称であったかのように——近代日本人によって主としてサムライ文化の象徴と見なされてきたのだが、この言葉は中世には使われたことがなかったのである。サムライの道は「武士道」という語の出現以前から存在していたが、道徳的振舞いへの思い入れをめぐっての、構造を備えたイデオロギーとして意識的に表現されたことは滅多になかった。中世の日本では戦士の「行動」こそが彼の内的価値の最も雄弁かつ可視的な表現だったのであり、サムライの心情や信条の奥処《おくか》には、断固たる行為は美辞麗句に勝るものだという暗黙の了解があった。「武士道」という語の発明と広まりは、徳川のサムライ社会の新しい文化風土を象徴している。すべてのサムライが道徳的理想に真剣に入れ込んだわけではなかったが、日常世界を理解しようと望んで自分たちの生きる意味を探求した多くのサムライがいた。徳川時代には、日本の歴史上初めて、サムライ知識人を生み出す豊かな社会的土壌が整えられ、耕されたのであった。

多くの徳川のサムライたちが都市有閑階級の生活に新しい満足を覚えている時に、鍋島公の領地であるはるか南の佐賀藩で、サムライの倫理を写し出す驚くべき文書が生まれつつあった。『葉隠』として知られるこの書物は、隠棲したサムライ・山本神右衛門常朝《やまもとじんえもんつねとも》（一六五九—一七一九）が同輩の田代又左衛門陣基《たしろまたざえもんつらもと》に語ったことを編纂したものと、これらの談話をめぐる山本の考察が付けられている。最も有名かつ攻撃的な「武士道」喚起の書である『葉隠』は、飼い馴らしの運命に甘んじていた大多数のサムライに対する抗議表明だった。常朝は彼のサムライの理想を、洗練され首尾の整った規範体系をつくり上げるよりも、現実のサムライの行動を物語ることで表現する。著者はこの方法で、哲学的な表現では不可能だったと思われる心情を記述した。

その特異な表現と思想とによって、『葉隠』は第二次世界大戦以前の日本の軍国主義者や右翼超国家主義者たちに愛読されたのだが、彼らはこの本を真のサムライ精神を体現したいと願う兵士にとっての最高の行動指針と考えていた。付言すれば『葉隠』は、戦後の有名作家の一人・三島由紀夫のインスピレーションの源だった。(1) 三島の自決——将校たちを彼のナショナリスト運動に向けて「覚醒」させようと陸上自衛隊本部に乱入した後切腹した——は世界中に報道された。したがって、平和志向の現代日本人の大多数は、情緒的に不安定な過激派との連想から、この書を概ね無視するか、あるいは公然と批判するかである——この書の思想に同意することは時代後れの軍国主義志向の証拠だと見られているのである。『葉隠』に対する戦後日本の一般的態度に同調して、西欧の学者たちもこの魅力的な書物を「真の」サムライ多数派の声を伝えない、過激派サムライ倫理の表明としか考えない傾向があり、それ以上の研究を拒んでいるのである。

こうした月並みな意見とは対照的に、私は『葉隠』を複雑な論考、すなわち徳川のサムライの「民俗心性《エスノメンタリティー》」の多様性を映し出す作品だと考えている。この書物は一八世紀にサムライという存在が抱え込んだ緊張感と内面的に格闘した者によって表明された、サムライの自己認識をめぐる最も鋭敏な思索の一つである。『葉隠』が持つこの次元は、徳川の秩序の出現によってサムライにのしかかってきた逆説的な緊張のことを考慮することなしには、十分理解できないのである。『葉隠』の教えは、概ね徳川の知識人サークルの範囲にとどまっていた。『葉隠』の急進的な哲学と当時の地方政治に対する常朝の歯に衣着せぬ批判は、この書を疑いもなく危険なものとした。編者の陣基はこうした周縁性を承知していて、こんな注記を残した——「此の始終十一巻は追つて火中すべし（この一一巻の書物は後で火に投げ入れなければならぬ）。」

こうして、儒教志向の主流の動きとは異なって、『葉隠』の影響力は佐賀藩内に限られていた。その地理的遠隔さのために、常朝が唱えた死の礼讃という過激思想は、一八世紀の江戸その他の先進地域の教養人的サムライの心性とは混じり合わなかった。これは単に地理的な不利――佐賀は日本南西部の奥まったところである――にのみ因ることではなく、この著者の死の強迫観念への反合理的熱狂ぶりが、徳川のサムライの大多数にとってあまりに急進的すぎたからでもあった。佐賀藩の内部でも、『葉隠』は禁書ではなかったが、公に推奨されはしなかった。この書物は私的に回読されただけで、鍋島のサムライの文化的風土形成に与えた影響もその範囲にとどまっていたのである。

　この書物の特質が周辺的かつ私的であるということが、徳川サムライの把らえ難い民俗心性を研究する現代の研究者にとって利点となる。ここにはサムライの行動について、正式なサムライ著作では読むことのできない生《き》のままの、弁明的でない記述や裏書きがたくさんある。一九四五年以後幾年もの間、『葉隠』は日本では人気のある研究主題ではなかった。ところが最近の日本研究では『葉隠』がおおいに引用され分析されていて、その理由はそこに徳川サムライの規範があるからではなく、新世代の学者たちがそれを徳川サムライ固有の心情の歴史資料として価値あるものと見なしているからである。[2] この観点からすれば、絶対的忠義の強調や死への特異な固執といった『葉隠』が規定する倫理の研究では、これらの緊張状況への概念的回答として不十分である。それよりも私たちは、これほど過激なイデオロギー的解釈を生み出した情緒的領域の深さと強さを直視しなければならない。著者の道徳的規定の背後にある動機や彼がそこにいたり着いた手段を検証することで、すでに私たちが失ってしまった世界を歩き回っていた際の彼の個人意識や感情の理解へと、私たちはたどりつくことができる。こうして『葉隠』は民俗心性の歴史の豊富な資料として役立つのである。

『葉隠』と死

　この書の持つ尋常ならざる力は、サムライのエトスの最も危険な部分――死の強迫感の試練のなかでの階級の名誉と個人の自尊心の融合――を呼び覚まし揺さぶる、その原理主義的調子からくる――

必死の観念、一日仕切り成るべし（究極の事件としての死を黙想することから一日を始めなければならぬ）。毎朝身心をしづめ、弓、鉄砲、鑓、太刀先にて、ずた〳〵に成り、大浪に打ち取られ、大火の中に飛び入り、雷電に打ちひしがれ、大地震にゆりこまれ、数千丈のほき（崖）に飛び込み、病死、頓死等の死期の心を観念し、朝毎に懈怠なく、死して置くべし（毎朝怠りなく死んだ自分を考えよ）。(3)

もともと瞑想法による自己修練は、サムライ文化にとって新しいものではなかった。戦場であれ刺客によってであれ突然の、あるいは狂暴な死の危険に付きまとわれていた中世のサムライの一部の者は、この高いストレスに対処する宗教的な修練を行なっていた。こうした修練は瞑想や念仏などによって、彼らが死の究極的な危機の覚悟を持てるようにした。(4)しかしながら常朝にとって、死とは高貴なサムライなら常に覚悟しておくべき計算ずみの危険や予期せぬ偶発事件などではなく、まずはサムライとしての本当の修行の第一関門だったのである。名誉ある死に方を学ぶことを通して、平時戦時を問わず真のサムライの心構えに到達することができる。さらに、真のサムライとして生きることができるのは合理的な計算なしの心の状態、常朝が「死狂ひ」つまり「死へと向かう熱狂」と呼んだ心性を養うことによってのみである。そして徳川時代には公然の敵対関係など実質的には存在しなかったから、このことはサムライが平時に戦士として生きるのは自分の心に死の訓練を施すことによってだけであることを意味したのである。サムライとして生きるとは、たとえ想像上であれ、日ごとに死と向かい合うことであった。このような行動の理想を掲げることはエキセントリックではあろうが、精神的である。しかし、こうした死狂いの誕生は、中世のサムライの自分の死に対する態度とは微妙に異なっていた。

『葉隠』が書かれたのは徳川時代中頃で、この時期にはもう実戦を経験したサムライなど実質的にはいなかった点に留意することが重要である。徳川のサムライは徳川「臣下官僚制」に囚われて文化的二重拘束《ダブル・バインド》状況に直面したが、この書はそのようなサムライ存在についての著者なりの再解釈と考えれば最もよく理解できる。全般的に合理主義的な儒教のサムライ再解釈――私は次章で検討するが――とは対照的に、『葉隠』が提示するのはその対極、すなわち、戦闘的で感情エネルギーが充満したサムライ名誉文化の再形成である。

『葉隠』の攻撃的かつエキセントリックな外面の下にあるものを見極めて適切に評価するために、私たちはまずこの並外れた書物を、常朝が執筆した当時の歴史的背景を踏まえて研究しなければならない。

『葉隠』の歴史的背景

『葉隠』の原稿は宝永七年と享保元年の間（一七一〇―一六年）、すなわち常朝が主君の死後の引退生活をしている時に形が整ったと言われている。常朝は立派なサムライの家に生まれついた。彼の父と祖父とは鍋島公の忠実で有力な臣下であった。彼らは武勲を立てて名を上げ、幾つかの有名な戦闘で名誉ある活躍をした(5)。常朝の祖父・中野神右衛門清明は鍋島公の臣下で、典型的な戦国時代のサムライだった。父は山本家の養子となったが、大坂の陣の戦闘や島原の乱に参戦していた。常朝が生まれた時父は七〇歳で、息子には厳格な武人教育を施した。しかし常朝自身に実戦の経験はなく、彼の経歴も彼を平凡な官吏の地位以上のものに押し上げることはなかった。彼は直属の家来として主君に仕えたが、その出発は小姓、後には秘書や文書扱いの役人となった。

常朝は本物の戦士の生活を熱望していたのだろうが、戦場での英雄的行為で名声を求めることが非現実的になったことは明白だった。実際、主君・鍋島光茂公の御側役として長年仕えた後も、常朝は栄光ある殉死を選ぶことさえできなかった。すでに寛文元年（一六六一）に、光茂が殉死を禁止してしまっていたのである。光茂の叔父・直弘の死を追って三六人のサムライが自殺を計画しており、光茂はこれを防ぎたかったという事情があって、彼はやむを得ず禁令を出したのであった。この決定は幕府の殉死禁止令に先んずること三年だった(6)。そこで主人・光茂公逝去の後、常朝は英雄として死ぬ代わりに剃髪し、亡き主君への忠義を示すべく「追腹の覚悟にて」隠遁生活に入ったのである。

皮肉なことには、常朝が幼少の頃から仕えてきた主人・鍋島光茂公は藩政の構造を効率よく官僚化した新たな合理化政策を数多く導入したことで有名だった(7)。光茂は明暦三年（一六五七）、第三代佐賀藩藩主となった。祖父の勝茂公の遺業を継いで、光茂は藩政構造の合理化を推進した。臣下たちを厳格なヒエラルキーへと組織し直し、役職のそれぞれに明確詳細な業務の割り当てを行なった。さらに彼は「家格《かかく》」（家の名誉順位）の制度を強化・厳格化した。佐賀藩では、たいていのサムライは君主から「知行」（領地）を受けつづけていたが、光茂は臣下に対する藩政府の力を強化するために、できる限り藩直轄課税の土地の割合を増やそうとした。元禄八年（一六九五）の光茂隠居の後、第四代綱茂もこの官僚型藩政の制度化を推進し、身分ヒエラルキー体系の改良に努めた。

『葉隠』が書かれたのは、佐賀藩におけるこうした官僚制の発展が頂点に達した時期であった。当時の政治的流れに対する著者の強烈な怒りが、往時の直茂公や第二代勝茂公の政体への郷愁や鑽仰と混じり合っていた。あの頃はまだ、サムライは真の戦士魂によって生き、主君と臣下の関係はこれほど疎遠でも非人間的でもなかった、と彼は思った。

官僚化が進行するこの時代にあって、『葉隠』は戦士の名誉の伝統を保持することに深い関心を持っていた。常朝は武人にとっての名誉を「恥」とも「恥辱」ともよんだ（ともに名誉を知るがゆえの「不名誉」の意味である）。「恥」を避けることこそ『葉隠』の中心的な道徳規範であった。常朝は己の「恥」など思ってみたこともなく、規律のない、享楽志向の生活に満足していた当時のサムライたちを心底怒っていた。そのようなサムライが「行当りては恥をかき、夫《それ》も恥とも思はず、……」という事実を彼は慨嘆したのである。(8)『葉隠』における「恥」は単に他人の間での評判、受けとる人間の外側にある問題ではなく、サムライ自身の存在に深く根差したもの、内面の尊厳の問題なのであった。「恥」に対して絶えず警戒することを通してのみ、サムライは威厳と自尊心を保つことができたのである。

喧嘩の行動哲学

『葉隠』は現代の日本では、死の礼讃と戦闘的なストイシズムを唱える「サムライの道」の本だと考えられている。ところが実際には、『葉隠』一一巻の大部分のページは抽象的な哲学問答ではなく、サムライがやってのけた個人的活躍のおもしろい話で埋められている。『葉隠』のサムライ物語の多くは常朝によって語られたものである。(9)しかし『葉隠』の編者である田代陣基も、『葉隠』流サムライの道に相応しい多くの話を当時の資料から追加した。この本が賞賛と愛情をもって述べている個人たちは、当局から下りてくる価値や規則をおいそれとは受け容れない類いの連中だった。そしてこの教えの最も神秘な部分、すなわち死の礼讃はサムライの行動哲学と分かち難く絡み合っていて、それはこうした生き生きした物語を通して具体的に語られている。

『葉隠』には、サムライの名誉意識と法や秩序の要請とが真正面からぶつかり合う「喧嘩」、ないしはそれに類する不意の危機に巻き込まれたサムライの物語が数多く載っている。例えば『葉隠』は、同僚が路上で喧嘩に巻き込まれたと聞いたサムライの反応ぶりを、鮮やかに描写している。事件の現場に駆けつけた時、同僚はすでに殺されていた。彼はその場で挑戦し、直ちに同僚の二人の敵を殺した。戦いの後、争いごとで同僚の加勢をしたのは違法だといって、奉行はサムライを非難した。サムライは誇らかに答えて、名誉の権利は法律に優先すると主張したのであった——

御法を背き、掟を破り候と仰せ聞けられ候へ共、全く法を相背かず、掟を破り申さず候（法に背き掟を破ったと非難されるが、私は法に背かず掟を破ってもいない）。其のいはれは、人間は申すに及ばず、一切の生類に命惜み申さぬものは御座無く候。私も別して命はおしく御座候（本当のところ、人間はもとより、あらゆる生き物に命を惜しまぬものはない。私も命は惜しい）。去り乍傍輩の喧嘩いたし候と申す沙汰を、空しく聞かずして罷り在り候ては、武士道を取り失ひ候儀と存じ、其の場に駈け付け候（しかしながら「同僚が喧嘩に巻き込まれた」というのに聞き流していたのでは武士道を失うことになると思い、その場に駈けつけたのだ）。傍輩討たれ候を見候て、おめ〳〵と罷り帰り候はゞ命は生き延び申すべく候へ共、武士道は捨《すた》り申し候（同僚が殺されたのにおめおめと帰ってきたのでは、命は生き延びても武士道はすたってしまう）。武士道を相守り候て、大切の一命を捨て申し候は（私が武士道を守って大切な命は捨てようと決心したのは）、武士の法を守り、武士の掟を背き申さゞる為に候（武士の法を守り掟に背かぬためである）。一命の儀ははや其の場にて捨て置き申し候（自分の命はさっさとその場に捨てたのだ）。早々御仕置仰せ付けられ候様願ひ奉る（だから一刻も早く御仕置下さるようお願いいたします）[10]。

この個人にとって、サムライの法は国家の法より上位にあるものだった。サムライの法は、ここでは「道理」すなわち理性の原理のことではない。この男としては、恥を受けるわけにはいかぬのでこれ以外の振舞いはできない、と主張しただけである。この物語にはっきりと見てとれるのは、威厳をまとった名誉への中世サムライの熱望と似ていなくもない、挑戦的な名誉意識である。名誉志向の心情への献身を言い募ることで、この誇り高きサムライは国家役人の面前で個人主義的な道徳判断を打ち出すことができた。

ここで引用した類いの話は、徳川のサムライにとって喧嘩が重大問題であったことを生き生きと示している。常朝にユニークな道徳哲学の構築を促したのは当時の徳川のサムライの多くが共有していた差し迫った道徳的ジレンマ、すなわちサムライの名誉観念に対して、表面的には止めどなくつづく平和とサムライ生活の官僚化とを如何にして折り合わせるか、というジレンマだった。例えば『葉隠』のなかの以下の有名な行《くだり》を正当に理解するには、喧嘩両成敗の法によってサムライが抱え込まされたジレンマのことを考慮しなければならない——

武士道と云ふは死ぬ事と見付けたり。二つ〳〵の場にて、早く死ぬかたに片付く計《ばか》り也（二つに一つを選ぶ時はいつも、ただ真っ直ぐに死へと向かうほうを選べ）。別に子細なし。胸すわつて進む也。図にあたらぬは犬死などと云ふ事は、上方風[11]の打上りたる（うわべだけの）武道成るべし。二つ〳〵の場にて、図にあたる様にわかる事は及ばぬ事也。我人、生る方が数奇《すき》なり。多分数奇のかたに理が付くべし。若し図に迦《はづ》れて生きたらば腰抜け也（狙いを誤ってなお生きていたら、おまえは臆病者だ）。此さかひ危き也。図に迦れて死にたらば犬死気違也。恥にはならず。[12]

この最初の一文「武士道と云ふは死ぬ事と見付けたり」は、サムライ精神を簡潔に要約しているという理由から、二〇世紀の日本軍国主義者と超国家主義者によってスローガンとして使われてきた。第二次世界大戦中、この文言は日本の兵士たちを絶望的な戦闘へと駆り立てた。しかし、よくよく検討してみると、この文言は見かけほど単純ではない。

引用した一節は、常朝が頭に描いていたのが喧嘩両成敗の具体的状況だったことは明らかだ。徳川のサムライは喧嘩に巻き込まれる危険な可能性に絶えず身をさらしていたので、喧嘩両成敗が規定する処罰を受ける可能性があった。一方で法と秩序の尊重、他方でサムライの名誉感と自尊心の保持、この二つの間の深刻な相剋がこの一節の背景説明である。事件の現場で生き残ろうが死のうが、喧嘩となれば大抵サムライは死ぬことになるのだ。戦うことを選べば、理由や事情の如何を問わず、喧嘩両成敗の法によって彼は死刑に処せられるだろう。忍耐の道を選んで仕返しをしなかった者は形の上では生き延びたことになろうが、通例サムライ社会のなかでは永遠の恥さらしとなったのである。サムライが合理的思考をすれば生きる欲望が勝つのは当然のことで、その結果は最も恥ずべきことになる、と常朝は考えた。緊急状況のなかでサムライが歩むべきより善い道について冷静に分別するなど無益だ。命への無用な執着は、サムライが危機の瞬間に自分の命を絶対的に支配するのを妨げるだけだ。こういうわけで、断固として死を選ぶよう気持ちを訓練するほうがいいのだ。

常朝はある箇所で喧嘩での振舞い方について論じている――「打返し（反撃）の仕様は、踏み懸けて切殺さるゝ迄也。是れにて恥に成らざる也。仕果《おほ》すべきと思ふ故、間に合はず、向ふは大勢などと云ひて時を移し、しまり止めに成る相談に極るなり（結局何もできずに終わるのだ）。……時の行懸りにて勝負は有るべし。恥をかゝぬ仕様は別也。死ぬ迄也。……曲者《くせ》と云ふは、勝負を考へず無二無三に死狂ひする計りなり。是れにて夢覚むる也。」(13) 常朝はその場で死ぬよう励ますが、彼の真の狙いが勝つことにあるのは明らかで、それは死を覚悟することで達成できるのだ。常日頃の修練で死を瞑想している者だけが、こうした結果に到達できるのである。

このように論理的に話を進めた延長で常朝は、有名な四十七士を、行動を決断するまでに時間をかけ過ぎたと言って批判する――「又浅野殿浪人夜討も、泉岳寺にて腹切らぬが落度也。又主を討たせて、敵を討つ事延々也。若し其内に吉良殿病死の時は残念千万也。上方衆は智恵かしこき故、褒めらるゝ仕様は上手なれ共、長崎喧嘩の様に無分別する事はならぬ也。」(14) 四十七士に対する他の批判者たちとは違って、常朝は彼らが法を無視しているから非難したのではない。彼が突きつけている問いはこうだ――もしも殺された主人の仇を討とうと決めたなら、主人が死を申し渡された後、なぜ直ぐに決起しないのだ？

人間の自己保存本能を抑制するのは、もちろん容易なことではない。自己抑制の力を増進するために、死ぬ技術を日ごとに磨くことの勧めが常朝の論述の主軸となった。彼は繰り返し述べる――「毎朝毎夕改めては死に〳〵、常住死身に成りて居る時は、武道に自由を得、一生落度なく家職を仕果《おほ》すべき也。[15]」死ぬことはサムライ本来の二つの目標、すなわち武を極めることと主人に仕えることとを正しく効率的に――こだわり過ぎることなく――成就できる唯一の方法だった。『葉隠』が含意しているのは、「己に対して死んでいること」が人を自由に生きさせる――日常の生と結びついた欲望のしがらみから、健全な判断を損なう欲望から、自由に生きさせるということである。日ごと死を想う者は主人への奉仕に全精力を捧げることができる。彼は土壇場で間違うことがないから、真の戦士たり得る。「常住討死の仕組に打部《はま》り（常に戦場での死の心構えで生きれば）、得《とく》と死身に成り切て（完全に死体となりきって）奉公も勤め、武篇も仕り候はゞ、恥辱有る間敷候。[16]」

常朝の真に名誉あるサムライへの熱望は、正しい死に方の修得と分かち難く繋がっていた。彼の思考には内的な論理と一貫性があり、深遠な仏教の教理の反映があったのは事実である。主な違いは、仏教における「自己放棄」の理想は限られた自己（の意識）への執着を離脱するという精神的な目標――そしてその意味では「新たに生まれる」ための「この世の死」というキリスト教の観念とそれほど違ったわけではない――のほうにより多く向けられていた、という点である。そこで神秘へと向かう普遍的傾向への呼びかけが、日常の営みに深い意味を与えようと希求している人びとの間に聞く耳を見出したのは当然だった。こうして常朝は、彼の言う「死狂ひ」によってサムライの奉公の効能を高めるシステムを構築したのである。

主従関係の再定義

『葉隠』の達成したものがサムライの間での熱狂的で狂暴な本能的行動への激励や刺激だけだったとしたなら、徳川時代の後の日本社会へのそのインパクトは実際よりはるかに小さなものだったに違いない。この本が戦前の日本軍国主義に役立ったのは、『葉隠』において死の礼讃と公共の善への忠実で有効な献身という理想とが結合した——そしてさらには、この結合を真のサムライの道と定義したからである。

「忍ぶ恋」としての奉公

主従関係概念の再構築にあたって、常朝は徳川の君臣制度の現実に対して生き生きとした人間的・感情的絆を取りもどそうと試みた。彼は主従関係における忠義を、二人の当事者間の絶対的な結合感情にもとづいた高度に個人的な絆と考えた。私たちがこれまで見てきたように、この種の強烈な個人的・感情的絆は徳川におけるサムライ世界の官僚化以前の、中世形態の君臣関係に見出されるものである。しかし常朝の理想とする主従関係は、中世の君臣関係への真っ直ぐな回帰ではなかった。重要な違いは『葉隠』が君臣関係の交換の側面——「御恩」(義務)と『奉公』(奉仕)の形態——を廃絶してしまったことである。その代わりに強調されたのが、主人からの如何なる見返りも期待せずに従者の側が絶対的に献身することであった。

社会‐経済的な自律性を誇っていた中世サムライとは異なって、常朝は徳川の臣下の極度に従属的な立場を「御家中下々迄皆殿様のものにて候」[17]と言って是認し、祝福さえしたのである。こうした理解に立って、臣下たる者絶対不動の忠義をもって主君に仕え——主君に仕えるとは自己を殺すこと——、そのことによって自己中心的な本質と自己保存の本能的欲望とを克服しなければならないのである。常朝によれば、この自己否定の精神状態は「死狂ひ」、すなわち「死へと向かう熱狂」によってのみ達成できる。交換の観念は、主人への強い無私の感情的絆と対比すれば、不純な動機に染められているとして斥けられた——「知行御加増、金銀過分に拝領ほど有難き事はなく候へ共、夫よりは只御一言が忝《かたじけな》くて腹を切る志は発《おこ》る物也(知行の加増や金銀をいただくことほどありがたいことはないが、それより主君のただ一言に感動して腹を切るまでの奉公の志が生じるものだ)。」[18]

常朝はこの意見を、彼自身の主君との関係のエピソードを語って説明した。彼はある機会に、主人から直接温かい感謝の言葉と、それに添えて控え目な贈り物——主人自身の布団と夜着——を受けて深く感動した。彼はそのことで心動かされ、過ぎ去った昔をこう嘆く――「哀れ、昔ならば、此の蒲団を此の夜着を被り、追腹仕るべき物と」[19]云々。

ここで常朝の理想が、単なる「幕藩」国家組織の心性が生んだイデオロギー的副産物ではなかったと述べておくことが重要である。徳川のサムライは、構造的にますますがっちりと国家の官僚的ヒエラルキーに組み込まれてゆき、したがって彼らの祖先が持っていた社会‐経済的自律性を奪われていった。実際のところ国家は、徳川のサムライ臣下をその機構に取り込んだがゆえに、彼らの絶対的忠誠を要求したのであった。しかしながら常朝の絶対忠義の強調は、こうした政治的・組織的現実から派生したものではなかった。それどころか彼の狙いは、個人としての主人とその臣下との間に強烈な人と人の絆を蘇らせることだった。

実際、常朝はこの心情の激しさを明確にするために、従者が主人に対して持つべき献身と忠義のアナロジーとして「忍ぶ恋」、すなわち「秘めた恋」という言葉を用いた。「恋の部《はま》りの至極は忍恋也。[20]」常朝の用語法で「忍ぶ恋」とは、誰かを恋しながらその人に想いを知らせない、つまり如何なる見返りも互恵性も期待しないことであった。臣下の心構えは「恋の心入れの様成る事なり。情なくつらきほど思ひを増し、適《たま》にも逢ふ時は命も捨つる心に成る、忍恋などこそ能き手本なれ。一生云ひ出す事もなく、思ひ死する心入れは深き事也。[21]」したがって、忠義のサムライは主人から、物質的であれ名誉的であれ、如何なる報酬も期待してはならなかった。サムライは彼の真実の忠義と奉仕とを、主人に知ってもらうことさえ望んではならないのだった。常朝はこれを「認知なき奉仕」、彼の言葉で「陰の奉公」と呼んだ。『葉隠』という書物の表題は「草の陰で」と訳せるのだが、これも同じ着想からきているのかも知れない。

常朝が主従間の強い感情的結びつきについて書く時、理想的な主従関係の描写がエロティックな比喩を含むことがよくあった。秘めた恋というイメージが私たちに想起させるのは、常朝が生きていた時代は男同士の恋愛が異常や倒錯ではなく、しばしば相互信頼や、名誉や、相手の内面的資質への評価に立脚した純粋な人間的絆と考えられていたということである。徳川の大衆文学に描かれたサムライ同性恋愛の表現《アイコノグラフィー》法では、愛する者と愛される者の間の忠誠を強調し、愛のためには命を捨てるほどに名誉ある忠誠を重んじた。このような文芸ジャンルで最も有名な例は井原西鶴のサムライ短編シリーズで、常朝も当然に『葉隠』のなかで引用している。[22]常朝は基本的に、少年と年長の愛人との関係は二人だけの間の相互信頼と信実とにもとづいていなければならないという見解に同意していた。もっとも、常朝は秘めた恋が男色を意味するかどうか、この文脈では明確にはしていない。

しかしながら常朝は『葉隠』の別のところで、男色についておおっぴらに議論している。例えば、彼は鍋島藩の「衆道（少年愛）の元祖」とされるサムライの言葉を引用しているが、その内容は、愛人のために命を失うことはこの愛の形にとって究極の理想である、というものである。(23) このような文化風土においては、主君に対する臣下の献身的な奉仕と忠義とが同性愛の色調を帯びるのは予測がつくことであった。幾つかの実例では、男同士の間の献身的な愛は比喩以上のものとなった。主人亡き後「殉死」したサムライたちは多くの場合、主人と性的関係があった。こうして、主君‐臣下関係の理想の形、すなわち、二人の男同士の強烈な個人的結びつきが、完璧な同性愛のロマンティックなイメージに似てくるのも不思議ではなかったのである。

常朝が主従関係を個人的・献身的間柄として再解釈したことは、無償の「秘めた恋」という理想を含めて、大方の徳川のサムライにとっての行動の基準、態度の基準としては非現実的なことだった。『葉隠』が書かれた頃のサムライ社会で同性愛はいまだ正常な社会生活の一部とされてはいたが、そのような関係を公にすることは、官僚機構の非個人的機能と抵触するがゆえに、まずい形と考えられることが多くなっていた。一部の大名領国では、少年の誘拐やレイプ事件を起こす同性愛行為を禁じようともした。(24) さらに、サムライたちが非人格的な徳川臣下官僚機構にしっかりと組み込まれてゆくにつれ、領主との個人的な愛情関係などというものは大多数のサムライにとってますます非現実的なものとなっていった。しかし、どれほど非現実的であったにせよ、献身的な奉仕を熱狂的な武人の名誉意識と結びつけたことによって、『葉隠』は徳川日本におけるサムライ文化の強力な焦点移動《リフォーカス》の代表例の一つということができる。

現代の読者には臣下側の一方的な献身や従属が強調され過ぎていると取られるであろうが、『葉隠』が描く主従関係の理想像の観念は逆説的に、他人に奉仕することを選ぶ者の自由意思の力を重視した。そのような献身と忍耐の生き方を決意したサムライは、自分の自由な選択を実行していたのだ。常朝の「忍ぶ恋」の教えは、政府機構のヒエラルキーのなかでの従属の現実を受け容れざるを得ない一部の誇り高きサムライたちの、心の琴線に触れたに違いない。主人の絶対的権威への服従を理想として高く掲げることで常朝が逆説的に構築していたのは、サムライの個人主義的で自己主張的な自我を取りもどして再確認する道徳的枠組みであって、これこそサムライの名誉の中世的伝統の遺産であった。同時に、徳川社会の社会的・政治的構造によってサムライに強制されていた絶対的な忠義を臣下としての自由な道徳的決断へと組み立て直すことによって、『葉隠』の論理は主君へのサムライの服従を正当化し直したのであった。

サムライの名誉文化を再生しようとする常朝の方法は、戦士のエトスの自己主張的で潑剌として誇り高い側面を非難することなく、サムライの名誉心情と主君の権威との間に調和をつけることであった。忠義と奉仕とが「忍ぶ恋」と定義されれば、見かけは単純な服従の行為が名誉と尊厳の内面の美徳となった。この秘めた恋は物質的であれ名誉上であれ報酬というものを期待してはならないのだから、人の名誉の外からの評価はサムライの内なる名誉に従属しなければならなかった。常朝はこうした言葉ではっきり述べたのではなかったが、彼の思想の論理的帰結からすれば、サムライの内的美徳こそが彼らの誇りと名誉の卓越した源泉でなければならなかった。

常朝は絶対的な忠義忠誠を主張したが、『葉隠』のサムライ理想像はルーティン仕事だけを忠実にこなす魂なき追随者ではない。それどころか彼は、主君に最善と信ずることを主張する勇気とエネルギーを備えた政治的にアクティヴな、熱血行動人である。『葉隠』では、サムライ忠義の表現として最も価値あるものの一つは、主君に反対することである。「忠節の事、御心入れを直し、御国家を堅め申すが大忠節なり。」[25] もし主人が臣下の諫言に耳を藉さなくても、サムライは耐え忍んで幾度でも試みなくてはならない。『葉隠』は責任ある反対の声を発することを評価するがゆえに、良きサムライは最高位の長老（家老）への昇進を望むべきだ、という見解をとっていた。この種の適切な昇進に与ってこそ、下位の者は主人に本心を語ることができる。[26] こうして、公的なヒエラルキーの官僚機構上の順位を昇りたいという徳川のサムライの望みは、常朝によって十全に受けとめられたのである。しかしながらこれは、自らは出世の大望の実現にあまり成功しなかった者から出た言葉として、いささか苦い味の忠告ではある。

諫言の行為それ自体に常朝が与えた高い評価は、サムライ倫理をめぐる徳川時代の他の多くの議論に反映されている。この事実は官僚化が絶えず進行していた時期の徳川のサムライの間で、個人として能動的に政治に関わる姿勢と行為を守ろうとする深い底流があったことを示している。名誉ある諫言のテーマは、『葉隠』のような土着的な「武士道」の文献のみならず、儒教のサムライ知識人の著作においてもおおいに強調されていた。概して両者ともに、諫言の行為は高潔なるサムライの道徳的義務であると述べていた。しかしながら諫言はまた、過大な義務の重圧に取り巻かれた文化のなかにあって、サムライたちが活発なる道徳的自律性の意識を回復させる仕掛けでもあった。

もし私たちが日本の状況を中国のそれと比較するなら、中国の儒教古典もまた、上位者と下位者の間のある状況の下では、諫言の行為を評価していたことに気づく。中国の文献も一般的には、儒教的士大夫たらんとする者は己の道徳意識の赴くところにしたがって統治者に抗弁するよう勧めた。主君が従臣の諫言を拒否した場合となると、中国の著者たちは単に主君の元を去れ、と勧めた。この態度は「孝」、すなわち中国の儒教が定義する子としての献身の徳の絶対的尊重とは、くっきりとした対照を示している。同じ状況でも親‐子関係が関わると、子は長上者に対して三度まで否と言うことを許された。三度抗弁した後もなお親が子の立場を拒絶したら、「孝」の徳を信奉する子であれば親の意思に従わねばならなかった。日本では徳川官僚制の下で生まれた倫理が、家来が問題主人から離脱することを許さないという点で、中国流の「孝」の定義と似ていた[27]。諫言が功を奏さなければ、臣下のサムライは幕藩国家体制の内部ではもはや寄る辺を失ってしまった。『葉隠』の著者は鍋島公の権威に反逆することなどは唱導しなかった。むしろ彼は「孝」を「忠」、すなわち統治者への忠誠から導かれるものと考えていた[28]。鍋島の家の至上性と永続性を第一とすることは臣下からの諫言の前提条件であったし、どれほど粘り強い主張であっても、それはこの限界の内側でのみ表明されたのである。

誇り高きエゴと国家の法

常朝は「若年の時より、一向に『殿の一人被官は我也、武勇は我一人なり（主君の唯一の臣下は私だ、真の武人は私のなかにいるのだ）』と、骨髄に徹し思ひ廻し候」と言った[29]。このような個人意識と自尊心とは『葉隠』のサムライ心情の基盤であった。『葉隠』に登場するサムライのなかで最も好まれ賞賛されている一人は斎藤用之助で、彼こそ真の「戦国」サムライ、我の強いその個性が行動で証明される類いの人間である。用之助は鍋島直茂公の有力な臣下として名を馳せていた。彼は誰もが認める偏屈者だった。例えば、鉄砲の競技会で腕前を披露するよう命じられた時、用之助は空に向かって撃っただけだった。彼が声高に言うには、これまで固定の的など撃ったことはないが、生きた的なら外したことはない。「私が戦場で立派に働いたからこそ、主君は今も生きていらっしゃるのだ！」(30)

このサムライの自己主張と単刀直入な男っぽい態度は、別のエピソードにも愛情込めて描かれた。要約すれば――

用之助の家計は貧しかったので、ある日、夕食の米がないと妻が泣いていた。用之助が言うには、「女であっても、サムライの家の者が米がないとて涙を流すとは情けない。米ならたくさんある。少し待っておれ。」それから用之助は年貢米をいっぱい積んだ荷馬車を強奪して言うには、「米を我が家へ持って行け。私は斎藤用之助だ。……受け取り証を渡しておこう。」刀を抜いて脅されたので、百姓たちは全部の米を用之助の家へ運んだ。用之助は意気揚々と妻に言った、「ほれ、米はこんなにある。存分に使いなさい。」

用之助は自分がしたことを当局に隠そうとはしなかったので、当局は当然彼に死罪宣告を下した。有罪宣告の知らせは直茂公にも届いた。当時すでに隠居していた直茂は、戦国時代には用之助と多くの戦闘をともにしたのだった――

直茂公はこの知らせを聞くや、涙を流して妻に向かって嘆き始めた。「おまえ、聞いてくれ。用之助が死罪になる……彼の戦闘技術のお陰で私たちは今も生きて、殿と言われて安穏に暮らしているのだ……用之助は我が最強の兵士だったし、彼の名は幾度も名誉に輝いた。この男を米なしで放っておいたのは、私の大罪だ……」老いた主君とその妻とは、止めどなく泣きつづけた。(31)

当時は直茂の息子・勝茂が藩政を継いでいたが、両親に免じて用之助を赦免したのであった。この物語は多くの意味で、『葉隠』が最も尊んでいた世界を象徴的に表現するものである――主君は臣下の値打ちを深く理解し、さらには、用之助の仕出かした追剝ぎの意味が分かるほど賢かったのであり、二人の深い感情的な絆は戦闘の最中で撚り上げられたのであった。しかしながらそれは、徳川時代の半ばに生きていた『葉隠』の著者にとっては、失われた美しい世界だったのである。

しかしこうした優れた特質にもかかわらず、『葉隠』に示された断固たる自己中心性や自己尊重の意識には、それなりの限界があった。サムライの抵抗精神や道徳的自律性は私的レベルの道徳に閉じ込められて、普遍的な政治哲学には発展しなかった。サムライの法と国家の法の矛盾は、サムライの死によってのみ解決された。用之助は戦士として正しいと信ずる振舞いをした。しかし同時に彼は国家の法を受け容れて、自ら進んで当局へと名乗り出たのである。彼の赦免を可能にしたのは、年老いて隠居した主君とその妻の涙だけだった。前に引用した、友人の喧嘩の応援に駆けつけた無名のサムライのケースを思い起こしてみよう。この男は裁きの場で堂々と主張を展開し、「サムライの法」は国家の法令に優ると述べた。しかしながら、誇らかで説得的な論述にもかかわらず、その男は弁明をこう締め括ったのであった──「早々御仕置仰せ付けられ候様願ひ奉る。」国家の法に対するサムライの法の優越性は、サムライの私的振舞いのレベルでのみ有効なのであって、現実の統治形態を変更できるやも知れぬ超越的原理には発展していかなかった。両レベル間の矛盾は、『葉隠』の世界では、常にサムライの意思的な自決で解決しなければならなかったのである。

鍋島「ナショナリズム」

『葉隠』の哲学の基調にあるものは、鍋島愛国主義である。これが常朝を極めて誇り高いが狭量な、鍋島至上信仰へと導いている。サムライのあらゆる行動は主人と国の両方のために行なわなければならないのだが、この国すなわち「御国《おくに》」とは佐賀藩という政体、あるいは鍋島の家を意味していた。「御被官ならば（臣下であるなら）余所の学問無用に候。国学[32]得心の上にては（藩の来歴や故実を修得すれば）、余の道も慰みに承るべき事に候（他の地についても楽しみとして学ぶがよかろう）。」[33]ここで「国学」とは鍋島藩の伝統、すなわち「御家御長久」の基を築くために尽力した鍋島の「御先祖様方の御苦労御慈悲」[34]の歴史を意味している。鍋島の臣下にとって、他の知識など必要ないのだ。「釈迦も孔子も楠も信玄も、終に竜造寺・鍋嶋に被官懸けられ候儀これ無く候へば（臣下として入ったのではないのだから）」、常朝の主張では、彼らの教えなど鍋島の家にはそぐわないのである[35]。

『葉隠』の鍋島愛国主義は、常朝が時おり見せる主人・光茂への批判と関連がある。光茂は江戸育ちで、鍋島藩の当主になるまで国を知らなかった。彼の無知は徳川幕府の政策の結果であって、これにしたがえば藩主を継ぐ大名の息子は江戸に住まねばならなかったのである。しかし常朝の視点から見れば、光茂が始めた合理的な政策のすべてが、鍋島の伝統に対する光茂の無知に起因していると思われたのである。

『葉隠』の論理はサムライの心性の基部で起こっていた変化、すなわち忠義の場が主君その人から「藩」という政治組織体そのものへと移行したことを反映している。この意見は、徳川の君臣制度の内部では「流行後れ」の人間的親密さや個人的絆を取りもどそうと絶望的な努力をしていた常朝のことを考えれば、矛盾して聞こえるかもしれない。しかしながら、常朝が「秘めた恋」というような文言を用いた時に求めていたのは、人間的な絆が尊ばれ護られていた今は失われた親密な世界を、時代錯誤的に再構築することだけではなかった。彼はサムライが道徳的自律性や人格的尊厳を個人として保持することができる社会関係の回復をも、求めていたのである。これらの理由から、常朝は道徳的行為としての諫言と心的志向としての「秘めた恋」との両方を重視して、理想の臣下像をつくり上げたのである。

しかし主君自身が理想の主人ではなく（これが普通だが）、忠義なサムライの奉仕の本当の価値を理解しない場合には、臣下の一生は終わりなき失望の連続であった。もちろん、「秘めた恋」という心構え――つまり、奉仕への報酬を求めない道徳的な行為としての忠義――が『葉隠』でこれほどまでに強調されたのは、まさにこうした状況を考えてのことだった。常朝はサムライの献身的奉仕の基盤としては、物質的かつ世俗的名誉の報酬を否定したけれども、情緒的、人間的な認知の力というものは正当に評価しており、彼の文言によれば、「只御一言が忝くて腹を切る志は発る物也。」もし主人が従者に向かって情緒的認知の一顧だに与えてくれぬとしたら、どうすれば忠実に奉仕をつづけられよう？　常朝はこの問題を、主君一身より一段高い価値のあるもの、すなわち主人の「家」をサムライ忠義の対象として導入することで解決しようとした。個人としての主君は死すべきものすべてと同じく誤謬と非永続性を持っているが、彼の家の秩序は永続的と見なし得よう。そういうものとして、主人の家はサムライにとっての永続性と安定性を体現していた。常朝が佐賀藩の創始者・鍋島直茂を理想化し、さらに彼と忠勇の臣下との関係をも理想化したのは、こうした脈絡においてであった。家の理想的な創建ということが、『葉隠』の道徳的シナリオの本質的な部分であった。

『葉隠』には組織に対する忠誠への移行が明確な議論として出ているわけではないが、徳川時代中頃までには「『藩』愛国主義」、すなわち地方の大名国家に向けての一種の愛国的心情が生まれつつあった。この心情のなかでは「御国」(つまり、国)が、サムライの忠誠と誇りの焦点だった。大名個人が特に有能でも賢明でもない場合でも、国の伝統は彼を通して永続的なものとなった。主従間の人格的・情緒的絆を重んじる枠組みの内側で、主人一身よりも鍋島政体のサムライ政府そのものを尊ぶ心情が並行して存在していたこと――このことこそ『葉隠』の特に重要な心情である。

徳川時代後期には、多くの大名地方国家でこの「藩」愛国主義が生まれ、一種の地域ナショナリズムへと成長した。(36) 忠誠と集合的自己確認の対象が、大名領主一身の権威からより抽象的・組織的概念である「家」や「藩」へと移行した。組織機構への官僚としての義務よりも主従関係の人間的絆を重んじる『葉隠』のような本のなかにさえ、私たちはこうした傾向が始まったことを観察できるのである。

さらに私たちは、『葉隠』は変わりゆく世界の意味を把らえるにあたって自分を新しい環境に適応させるのではなく、これこそ本物の戦士の世界だと自分が認識したものを回復しようとして苦闘したサムライの作品だ、と結論することができよう。『葉隠』が企図したこと――すなわち、国家の法と正面から衝突することなしに生き生きとした戦士精神を取りもどすこと――は、本来的には極めて難しいことであり、『葉隠』はサムライの道徳的自律性を救おうとする一方で、主君の絶対的権威をも護ろうとしていたのである。主君への絶対的な忠義は、如何なる報酬も期待することなく「秘めた恋」を通して、献身的奉仕という困難な生き方に入ったサムライ臣下の道徳的選択として再定義された。『葉隠』は主君の絶対的権力と「幕藩」国家の法に対する服従とは受け容れたにもかかわらず、サムライを国家の官僚機構の歯車の歯にしてしまうような国家の規律的側面は拒絶した。サムライが誓約義務上相反する要請のどちらかを選ぶよう迫られた場合に『葉隠』が下す独特の指示は、合理的な思考を停止して「死狂ひ」の世界へと身を投げよ、というものだった。

一九世紀の全国的危機の深まりのなかで、この書物は鍋島のサムライの間で人気を増し、多くの私的読書サークルが出来た。しかしながら、こうして徳川時代の終わりに読者が増えたにもかかわらず、『葉隠』は佐賀藩においてさえサムライのための公式の学校では採用されなかった。[37] 当局者にとってみれば、『葉隠』タイプのサムライ臣下——直情的に暴力へと走る自己主張的な、「死狂ひ」的な狂信者《ファナティック》が公式の徳川官僚機構の世界に摩擦なく適合するはずなどなかったのである。

しかしながら、こうした限界性と周辺性とにもかかわらず、『葉隠』は近世国家体制の文化風土に関して、官僚的な徳川サムライの心にも非合理的な戦士精神がいかに深く埋め込まれていたのかを思い起こさせてくれるよすがである。『葉隠』の命ずるように振舞うことのできたサムライはほぼいなかろうが、この書物にはサムライ社会内部の少数派の心と共鳴し合う力があった。この本は、徳川のサムライの世界で最小限度の尊厳と誇りとを持って生きようと望んだ誠実な人間の、絶望的な努力の書と考えられよう。平和な徳川社会のなかで、サムライの戦闘的エトスは次第に飼い馴らされ軟弱化されていったが、完全に根絶やしになったわけでないのは、それがサムライの自尊心・自負心と結びついていたからである。名誉文化のこの狂暴な要素は、こうして確かに潜勢力を保持して、社会的風潮の変化とともに再びその姿を現わす。「名誉か秩序か」の問いに深遠な回答を出そうとして、『葉隠』は日本文化に一つの「時限爆弾」を仕かけたのであった。

15　儒学派サムライとポスト儒学派サムライ

『葉隠』で述べられた過激派の立場とは対照的に、徳川時代の儒教思想は、心の問題と行動原理を公に論議しようとしたサムライたちに、受け容れやすい多くの慣用句《イディオム》を提供した。儒学の概念は思索するサムフイたちに、共通の思考概念のセットと倫理的な討論のための議題とを与えてくれた。一般的に言って、儒学が再定義するサムライ道徳は、名誉を評定する基盤として内面の道徳資質を重視する一方で、これと対照的に、時代後れの武人的定義は軽視したのである。儒教には既存の階層的社会秩序を支持する傾向があったから、公的・共同的な責任や忠誠の美徳を推奨した。儒教道徳哲学のこうした側面が、サムライ文化の遺産を社会的に受け容れ可能な目標や責任能力へと向け直すことに力を藉した。さらには、儒教のさまざまな学派が唱えた能力主義的考え方も、業績・能力についての戦士的定義を修正して学力や行政能力などもっと知的な側面を重視する方向へと向け直すことに役立った。もっともこの後者への移行は、サムライを功績をベースにして政府機構の高い地位へと昇進させるのを妨げていた身分重視の基本原理を徳川体制が決して捨てようとはしなかったことから、深刻な妨害を受けた。

日本の歴史のなかのこの時期の儒学は、思想の学派として統一されていたわけではなく、どちらかと言えばさまざまに分裂していた。徳川の儒学諸派の豊かで多様な思想的貢献は、サムライ文化の発展に及ぼしたその効果と併せ、それ自体として十全な検討に値するのであるが、本書の企図する範囲からして、私はその諸側面をここで十分に考究することはできない。本章で私は、サムライの修身に対する儒学特有の貢献の実例をほんの幾つか紹介し、その影響の範囲を境界づけてみよう。

こうした貢献はあるにせよ、徳川のサムライ文化に対する儒教思想の影響はしばしば過大視されて、西欧の読者を誤解させるまでにいたっている。ヨリ正確に言えば、徳川幕府は林派の新儒教《ネオコンフューシアニズム》（朱子学）を新しい統治の哲学として意識的に採用したという神話がかなり流布しているのである。この神話によれば、初代将軍徳川家康は儒教の政治哲学をイデオロギー的道具として選び、日本の道徳的支配を強化した、というのである。家康の戦略というこの観点の背後には、国家の道徳規制はどれも、支配を支える道徳上の全体合意を導き出すために常に権力が戦略的・意図的に行なうものだ、という暗黙の理論的前提がある。幸いなことに、徳川思想史の最近の学説はこの広く流布した神話に挑戦し、徳川儒教と政治の関係についてよく均衡のとれた、資料的な裏付けも十分な代替像を提出している。この研究は当時の実際の思想的論説を注意深く再検討するとともに、徳川の権力構造と新儒教との特定の関係を調査することによって成し遂げられた。(1)

ヘルマン・オームスの初期徳川の政治イデオロギー研究に詳細に述べられているが、徳川幕府はその発展の最初の段階では、全体を統括するイデオロギー戦略を持っていなかった。初期の幕府は公式イデオロギーとして新儒教を意図的に選択したのではないし、儒教思想が徳川統治構造の合理的な再構築を始めたのでもなかった。「すべての証拠が示すところでは、新儒教が初期の徳川幕府によって特別に支持すべき伝統だと認識されたことなど決してなかった……」とオームスは述べている。(2) 彼はつづけて、「歴代将軍は全体イデオロギーを打ち出すことに関心などなかったが、林家のほうが後になってそうした解釈に引きつけられたのは、それを幕府内での地位確保争いの武器にしようと思ったからであった」と述べている。(3) 家康が断固たる決意をもって新儒教を幕府の公式イデオロギーに選んだ、という信仰がこれほどにも広まったのは、林派がこの神話を意図的に促進したからであり、現代の学者はもとより、徳川後期の著述家たちも事実の正確な説明と思うようになったというのだ。

代々の家長が徳川体制下の儒学者として世襲の地位を保持していた林学派でさえその地位を認知してもらうために激しく闘わなければならなかった時に、この時期の他の儒学者が、「聖人の教え」といっても「異国の」哲学にすぎないではないかという見解と闘うことがどれほど困難なことであったかは、想像に難くない。受け容れ可能な人生哲学としての儒教にもっと高い関心を払わせるために、彼らは一七世紀サムライ社会を覆っていた反知性的文化風土とも闘わなければならなかった。例えば徳川初期の優れた儒学者・中江藤樹は一六四一年頃の状況を、学問に打ち込んでいるサムライを批判する常套句は「がくもんすきたる人はぬるくて（微温的で）武用《ぶよう》の役《やく》に立がたし」[4]だったと記していた。そうした批判を恐れて、藤樹自身も儒学書を読んだのは夜だけだった。儒学者たちのさまざまな学派の道徳的指導性の積み重ねと、サムライ名誉文化に対する彼ら自身の再定義（拒絶ではないが）を通して、中国の聖人の「道」を「その異国的諸要素を中和する」ことで体制に受け容れさせようとしたのであった[5]。代表的な政府当局者や個人のサムライが、これら中国からの輸入物の有用性を徐々に発見するにつれて、儒教イデオロギーと儒教思想の慣用句《イディオム》とが徳川の日本で影響力を持つようになったのである。

徳川初期の儒教に関する歴史見直し派《リヴィジョニスト》学者の発見は、今では日本および西欧の知識人歴史家に概ね受け容れられているが、サムライの「喧嘩」に関して本書でこれまで述べてきた私の発見ともうまく関連する。紛争解決のためにサムライが私的に暴力を行使することに対する為政者の態度は、初期においては矛盾だらけだった。もしも幕府が意図的に道徳規制の戦略を実行していたのだったら、徳川の政策策定者たちは名誉関連暴力やサムライの法律違反者に対してもっと断固たる制裁措置を講じていたはずだった。将軍も大名も、少なくとも初期においては、道徳再建のための明確な理論的基礎づけなど持ってはいなかったというのが公平である。幕府とそれに従属する大名政府は、サムライという存在の新たな定義をめぐる倫理的全体合意に最後にはたどりついたけれども、それは「公儀の御威光」問題を左右したさまざまな形のサムライ行動への対応というプロセスを通してだけであった。

儒教がサムライ階級の飼い馴らしを始めたのではなかったし、この体制の発端から幕府お気に入りのイデオロギーだったのでもない。一般的に言って、儒教思想がはっきりとした影響力とそれに照応する制度的支援を獲得したのは一七世紀も後期になって、第五代将軍綱吉の頃だった。この頃を境に徳川の思想的言説の主勢力の地位は、仏教から儒教へと急速に入れ替わった。そうではあっても、この思想的移行の迅速さは当時の政治上の変化のスピードに歩調を合わせていたのではなかった。以下の分析で私が試みるのは、サムライ飼い馴らしに対する儒教の影響を否定するのではなく、文化的発展の形態のより正確な説明を提示することである。この発展を理解するために私たちはまず、道徳の指導者である日本の儒学者が生き、社会的認知を求めて苦闘していた時代の文化的・制度的特質から検証していかなければならない。

徳川儒教の制度的弱点

日本文化に対する儒教の影響の道程は、日本の隣国への言及なしには十分に見定めることはできない。ある観点から見れば、中国、日本、朝鮮の諸文明は儒教的東アジアとして一括りにすることができよう。こうした一般論を前提にして欧米の一部の観察者は、道徳規律の日本的基準は儒教伝統から来ている、さらに、歴史的に有名なサムライの克己心も同じく儒教の副産物である、という性急な結論に達してしまった。しかしながら子細に検討してみると、儒教思想を借用してそれを文化に統合した日本の経験は、中国や朝鮮の場合とはまったく異なったものだったことが分かる。

中国の場合、儒教は哲学あるいは宗教伝統以上のものであり、社会に深く根づいた多くの制度を包含していた。例えば、込み入った国家儀式、親族慣習、家族儀礼のすべては中国儒教文明のなかで重要な役割を演じていた。もっと大事なこととして、儒教カリキュラムにもとづいた文官国家試験（科挙）が、儒教文明の形式と内容双方の守護者として重要な役割を果たしたのである。中国儒教のこうした制度的側面は朝鮮においても歓迎された。李王朝（一三九二―一九一〇）の下で、朝鮮国家は中国モデルの文官国家試験制度を確立した。それに加えて、李王朝の為政者は彼らが儒教の理想と考えるものに近づけるべく、政府機構と教育の改革を行なった。朝鮮の家族儀礼はいっそう儒教式に似通い始めた。朝鮮の統治形態は世襲の支配階層の存在という点で中国とは異なっていた。中国では、少なくとも理論的には、生まれながらの貴族というものがなかったが、李王朝の朝鮮は両班《ヤンバン》という特権身分に支配されていた。こうした階級構造の違いにもかかわらず朝鮮政府は、新儒教の中国の理想に少しでも近づこうと、数多くの制度的変革を行なったのであった。(6)

しかし、こうした中国や朝鮮とは対照的に、徳川日本の為政者はエリート登用の正式の入口としての儒教文官試験制度を利用しなかった。徳川時代を通じて儒教の影響力がその絶頂にあった時でさえ、幕藩国家は科挙に相当する開かれた文官登用試験制度も、儀式導入による儒教思想の具体化も、いずれの利用価値をも考慮しなかった。その代わり日本の為政者は、単に儒教の道徳的慣用句《イディオム》を正式ではないやり方で利用しようとした。さらに言えば、日本民衆の土着の慣習には儒教の影響は深く浸み込まず、家族儀礼にせよ親族慣習にせよ、大幅な変化は起こらなかった。こうして日本は儒教の道徳的教えという一つの次元は採用したけれども、その社会制度面での本格的輸入は行なわれなかったという事実から、日本における儒学者にとっては繰り返し問題が生ずることになったのである。直接的な政治目的に役立つものだけを選択的に借りてくることで、徳川の為政者たちは日本が（少なくともまだ理論的には）戦士の社会でありつづけることを望んでいたかのようであった。

日本における儒教思想は、徳川時代以前には、比較的にマイナーな思想勢力だった。五つの禅寺院で構成する有名な五山の知的サークルでは真剣に論議されていたけれども、日本の儒教はライバルである仏教や神道と違って、それ自身の独立した寺院や中心施設を全国に持っていなかった。儒教の道徳的慣用句《イディオム》が古代以来広く日本人に知られていたことは確かであるが、その社会的・制度的影響力は深くもなければ体系的でもなかった。徳川時代以前のサムライ階級メンバーに対して、儒教が広範な影響力を持たなかったことは理解できる。その制度的基盤が弱体であったことは、徳川幕府あるいは大名家に抱えられた最初の儒学者たちは仏僧のように剃髪するか、医者の髪形に切るかして、サムライとはっきり違った格好をするよう要請されたという事実によって象徴されていた。このようにして髪形は、儒学者が徳川の政治的ヒエラルキーのなかでは何の地位も保証されてはいなかったことを視覚的に示していたのである。彼らの姿格好は見る者たちに、彼らが「名誉社会」の正式メンバーではないこと――すなわち、「本当の」サムライではないことを告げていたのである。

これらの学者に対する体制の態度が何を意味していたのかは、徳川の儒学者・佐藤直方によって次のように記されている――「予年来嘆く事あり。学問を一芸として、儒者医者仏者天文者軍法者（軍事理論家）歌者（歌人）俳諧師陰陽師（易者）碁所の類と、一同に思ふは、口惜しき事也。」(7) 直方の慨嘆は儒学者に対する日本の態度と、それと対照的な中国での位置との驚くべき違いを反映している――中国では儒学が、政府内でエリートの地位に到達する王道として確立していたのである。

日本の儒学者たちが直面した最も深刻な障害は、彼らが相手にしているのが中国のマンダリンのような学者集団というより、戦闘者という集合的アイデンティティーで定義されたエリート階級だという事実だった。儒教倫理の主な教義は元来中国の士大夫（官僚知識層）に向けられたものであり、彼らは民衆を治めるために自尊克己を教えられたのであった。特に、徳川の知識人に深い影響を与えた中国儒教の一形態は、皇帝の絶対的権威の下で文官国家試験制度が確立された宋王朝で興った新儒教《ネオコンフューシアニズム》（宋学）であった。[8] この宋の儒教思想は、中国儒教は軍事に対して高い価値を与えていなかったがゆえに、徳川国家の価値のヒエラルキーと衝突したのだった。

言うまでもないことだが、世襲身分の日本のサムライ戦士と、文民国家試験の競争を通して計画的に選別された中国の官僚知識エリートとは、おおいに異なる文化のなかに住んでいた。国家試験の難関を突破するために、中国のエリートたちは子供の頃から儒教古典を厳しく勉強しなければならなかった。彼らの社会では、儒学は権力へのほとんど唯一の登竜門であった。これら中国民衆の指導者たる士大夫とは、理念的には、彼らの学問とそれに関連した道徳的権威の力で無学な民衆を治める道徳哲学者兼政治家であった。対照的に、徳川日本のエリートたちは、その集合的アイデンティティーが学問よりは軍事的価値にもとづいていたサムライだった。まさに戦国時代の終わりまで、サムライにとって得意絶頂の業といえば、戦闘で敵の軍勢に遭遇し、相手側の最も勇敢な戦士を倒し、その敵の首を抱えて帰って味方の大将に報告することだった。全国平定の後の一七世紀初頭でも、初期徳川のサムライの多くは、卓越した勇気で栄えある手柄を立てて未来幾世代にもわたる勇名を残すことを夢見ていた。儒教学問とその教養人的修身は、生まれつきの戦士の心性とはそりが合わなかったのである。

その結果、大方の日本の儒学者たちは、徳川の社会制度を儒教的価値に沿って変えようとするのではなく、日本を支配する戦士階級に合わせて儒教の教えを変容させようと苦闘したのだった。こうした学者たちは幾つもさまざまな修正を試み、儒教制度のあるものは「異国的」、あるいは日本の慣習とたいへん違っているかも知れないと譲歩した上で、しかし中国の聖人たちの教えは個人がしたがうべき信条としては普遍的な価値を持っていると主張した。日本の儒者たちは、例えば仏教の葬式（儒教の葬儀にはしたがわなかった）や、サムライの間の同性愛関係や、「家」の継続を確保するために血族外から男子を養子にする慣行といった、堅固に出来あがった習慣に公然と反対はしなかった。こうした徳川の文人儒者たちは通常これらの土着の慣習が聖人の教えにそぐわないことを認めていたが、儒教の影響力を拡大するために、熊沢

蕃山（一六一九—九一）言うところの「小戒（小悪）」にある程度の寛容さで対応したのであった。(9)

徳川幕府への朝鮮からの外交使節団メンバー——彼らは教養ある儒教知識人だった——が後世の歴史家のために観察記を残してくれていて、日本社会の慣習や儀式はとうてい正しい儒教的なスタイルとは言えないと明言している。(10) 一七一九年の朝鮮通信使を務めた高名な学者・申維翰《シンユハン》は、日本には儒教社会の文化的・儀式的基盤がないと述べた。彼はまた男の同性愛——新儒教の正統的観点からすれば不自然と考えられていたが——について、ある日本人儒学者と交わした興味深い会話を記録している。同性愛の風習や関係が盛んなのを見た申維翰は、この日本の風習は陰と陽（ネガティヴとポジティヴ）という相補的力を信ずる儒教に反するものだと批判した。彼は日本の学者に「世間に、どうしてひとり陽だけがあって陰なく、しかして相感じ相悦びうることがあろうか」と言った。日本の儒学者は微笑しながら「学士（あなたのような学者）はまだその楽しみを知らざるのみ」と答えた。維翰はこのような尊敬すべき学者からのこのような答を遺憾に思ったが、これは彼の意見では、この悪習が日本ではそれほど蔓延していたことを示すものだった。(11) これと対照的に、日本の儒者は一般的に、この盛んな風習をさほど注目するには値しない小さな問題と見なしていた。彼らは聖人の教えを広めることに精力を注ぐほうを好んで、こうした個別の慣習に対する反対キャンペーンなどしなかった。(12) 確固とした倫理的態度は、この社会では座りがよくなかった。倫理や規範を論じても、徳川の儒学者は土着の慣習を、なかには厳格な儒教原理から逸脱するものがあるにもかかわらず、全部そっくり否定することはなかった。彼らは意識的無意識的に、もっと日本人の口に合うようにと儒教の内容を修正したのであった。

儒教の規範を日本の「現実」に合うように編成し直した知識人側のこのリアリズムは、徳川儒教の明確な特徴であり、儒教の日本への柔軟な適合という点でおおいに貢献した。この観点からすれば、徳川の儒教思想の発展は一つの帰化のプロセス——すなわち異国の思想様式を日本の社会状況や範疇へと移し替えるプロセス、と理解するのが最も正しい。日本の儒教は社会集団（この場合はサムライ支配階級）を超越する究極的な宗教的価値になったことは決してなく、その集団内部ですでに行なわれている道徳の質を高めるために賢く用いることのできる哲学と受けとめられたのであった。日本における儒教思想と世俗権威とのこの相対的な力のバランス——あるいはもっと一般的な言い方をすれば、政治目的達成の手段となりがちな日本の宗教の傾向こそ、サムライの文化的変容過程で焦点を当てるべき最も重要なポイントの一つである。

徳川のピラミッド型政治体制における儒学者の相対的な地位の低さは、徳川儒教思想の弱さと強さの両方の源泉だった。まず初めに彼らの社会的地位の低さは、彼らの大部分が下級サムライの出であるか、サムライ階級の周辺グループから出ていたという事実と関連があった。徳川時代の名の知られた儒学者のリストを点検してみると、その大多数がサムライ社会の周辺から出ていたことが明らかになる——彼らは浪人の息子たちか、医者（サムライ社会にとって周辺的とされていた）か、浪人そのものかであった。[13] その結果、公式のサムライの学校で教師として雇われるようになった徳川時代後期においても規律上の問題が絶えず発生したというのは、名門のサムライの子弟たちは、下級サムライ出の教師への服従をえてして嫌ったからである。[14] こうして儒学者は徳川時代を通じて、文人としての高い使命感と、世襲の名門サムライ家族に支配された体制の下で生きるという政治的現実との間で、引き裂かれていたのであった。

しかしながら日本の儒学者の地位の低さは、彼らにある程度の知的柔軟性を与えている。清帝国の知識官僚エリートとは違って初期徳川の儒者の大多数は、自分たちの現在の地位を正当化し維持する手段としてよりは、「それを変えるか、少なくともその曖昧さを幾分か解消する手段として」、哲学を頼りにした。[15] 外面的に見て、大名を取り巻く権力サークルの内側で影響力を行使するという点では彼らの社会的地位の低さは欠点となったが、同時に、この地位の低さのお陰で柔軟な観点を持つことができ、それは制度的な要塞と化した儒教の特徴である教条主義とは一線を画するものとなったのである。[16] 徳川の儒学者の社会的地位の持つこうした次元が逆説的に彼らに有利に作用して、厳格な儒教の経典を日本の民衆の社会的・人間的必要性に合わせて再解釈することを可能にし、それを促進した。[17] 儒教の道徳哲学の非サムライ民衆への広まりと庶民からの儒学者の誕生とは、こうした脈絡でのみ可能だったのである。

学者の社会階級上の地位の一般的な低さにもかかわらず、他に上昇手段を持たない野心的な男にとって儒教学問は跳躍板として役立った。優れた学識で名声を博した者は、家族的背景は貧弱でも、大名から好条件で召し抱えられた。例えば地方大名の息子の教師として雇われた者は、息子が成人した暁には、若き領主の政治顧問として幾らかの影響力を発揮できるかも知れなかった。加えて、大名に所属しなかった学者でももし十分に名が通ってさえいれば、私塾を開いて学生からの授業料で生活を支えることができた。結局のところ、経済が次第に商業化されてゆくこの平和な徳川時代というものは、日本の歴史を通じて初めて、自立した学者が仏教僧院と貴族の公式庇護の外側でも財政的に生き延びることができるようになった時代だった。

徳川の社会制度がその成熟形態に達した中期後期徳川時代の視点から幕府初期の儒学の社会的立場を類推すると、儒教の影響の強まった中期後期徳川社会では新儒教の主要な道徳的価値——すなわち組織への忠誠、ヒエラルキー的社会倫理、公的責任の引き受け、自己修練の維持、そして美徳の内面化など——が国家の政治装置と実にうまく嚙み合ったように見え、政治的強制と全体合意《コンセンサス》との相互依存ぶりはあたかも初めから計画されていたかに思えるかも知れない。しかしながら、この外見上の一致は遅ればせに表面に出てきたもので、知的技術を社会上昇と自己実現の道具として使おうとした儒学者たちの弛まぬ努力の結果であり、また当局者たちが統治という仕事における新儒教哲学の有用性を徐々に発見していったからでもあった。

要約すると、徳川日本への制限つき儒教の移入は日本の社会‐文化的発展にポジティヴな影響を与えた——柔軟で多様な知的活動と、学問的に役に立つ儒教慣用句《イディオム》の日本的翻案とが可能になったのである。もしも徳川の儒教がエリート登用のための唯一の「門番」として制度的な優位を獲得していたとしたら、その結果としての道徳領域への国家規制ははるかに厳格で抑圧的なものになっていたであろうし、非正統派の知的・文化的活動を窒息させる効果を持っただろう。林派は幕府の庇護という援助を受けたけれども、他の儒学の諸派や仏教諸宗派やさまざまな知的・文化的試みも、概して容認されていた。宗教的・知的発展のこのような分権的パターンは、開国後の一九世紀における西欧の科学と文明に対する日本の迅速で柔軟な反応の助けになっていたかも知れない。この意味で、日本の急速な近代化を東アジアにおける「儒教のサクセスストーリー」の一例と片づけることには疑問の余地がある。

義務の礼讃

私はこれまでの分析で、徳川の儒教が盛んになるにいたった制度の領域の特質を述べてきた。徳川独特の軍事国家が先立って出現したことで制限を受けたのは、社会的領域だった。この観点から見れば、『葉隠』の著者やその同時代の儒者たちは、徳川国家の制度的領域によってつくり出された一連の矛盾や逆説的緊張を共有していたのであり、彼らはたとえ部分的にではあっても、それを自らの知的努力で解決しようとしたのである。この一連の緊張とは、『葉隠』の場合は平時における戦士が陥る苦境であり、徳川の儒学者の場合は儒教思想を武人の心性に向けて翻訳することだった。しかしながらサムライの再編にあたっては、この二つのいずれもがサムライ階級の特権を否定したわけではなく、サムライの集合的アイデンティティーの核心部分だった名誉の心情に異議を唱えたわけでもなかった。こうしてサムライをめぐる徳川儒教の解釈は、儒教による戦士文化の完全な再編成というよりは、前者と後者二つの伝統の間の興味深い相互作用として出現したのである。

この文化の相互作用を特によく示す例について考察してみよう。サムライのアイデンティティーを新儒教的に転調する傾向をはっきりと示した日本の儒学者の一人は、山鹿素行（一六二二―八五）だった。素行は学識豊かな儒学者だが、元来は軍事問題（兵学）の優れた講話者として同時代の人びとに名を知られており、彼の生涯かけての願いは、当時の兵学を彼の理解にもとづく儒教の世界観に沿って再構築することだった[18]。こうした背景の下で、サムライであることの意味の再定義が素行の仕事の中心テーマとなったのである。

彼の『山鹿語類』では、議論の大半が「サムライの道」（士道）に費やされている。素行はサムライの役割と中国官僚知識エリート（士大夫）のそれとを、ともに「士」（教養人士）という言葉で括りながら、道徳的指導による統治という面でのサムライの社会的役割の正当性を強調している――すなわち、サムライは一般民衆の道徳水準を上げることと政治を指導する能力とを通して、社会の倫理的理想を実現するのである[19]。山鹿素行はまたサムライに対し、威厳をもって振舞うよう勧めた。サムライのあらゆる振舞い、あらゆる言葉づかいは他の階級の尊敬を集めるように統御され、訓練されねばならないのだった。しかしながら素行が描く模範サムライは、道徳主義的な性格と振舞いを持つ真面目で学者然としたものではなかった。この一七世紀の学者にとっては強烈な性格、彼が「大丈夫ノ気象」（強く偉大な男の性格）と名づけるものこそ、彼の完璧なサムライ像の唯一最重要の要素であった。この「大丈夫ノ気象」がとりわけ含意していたのは、道徳的な理想を追い求める勇敢で自己向上的な行動だった。[20] 素行の強く偉大な性格の重視と個人主義的な態度の評価には、『葉隠』の名誉志向のエトスに共通する要素があった。素行にとって武人としての勇気は、サムライの道徳的性格の形成に必要な道具であるがゆえに、聖人の道の本質的な部分にもかなうものだった。

素行の描く理想のサムライ像と『葉隠』の模範との間には、顕著な違いもあった。儒学者としての素行は、『葉隠』の著者にとって中心的な重要性のあった親密で情緒的な主従関係の世界に何の魅力も感じていなかった。その実例を挙げれば、素行は殉死というものの道徳的な正当性を認めず、それを主従間の男色関係のいかがわしい結末と見ていた。軍事的な義務の遂行における臣下の献身の動機は、公的な価値や組織の道徳的理想であるべきで、私的な情緒的愛着などであってはならないのだ。素行はまた、前の世代の好戦的・競争的激情は内面的に強い個性を築き上げる仕事に向けられねばならぬと信じていた。『葉隠』の情緒的世界にあっては、名誉を志向する心情の最も純粋な形は合理的な配慮を一切停止する行為の直情性に表われた。これと対照的に、山鹿の「強く偉大な男」（大丈夫）は、理性と調和しながら道徳的理想の達成に意図的に奮闘する意志的な個人であった。理想の戦士は常に内面の名誉意識（羞恥）をもって身を処し、自分が正しいと考える目標に向かって思慮深く進んでゆくのである。

素行の議論の基本的な前提は社会的責任の分担、すなわち「職分」（「職」は仕事の務めまたはその地位、「分」は「分担」）の理論からきていて、社会集団はそれぞれに特定の仕事の務めと社会的責任とを担うべきだとされた。この理論にしたがえば、サムライはその「職分」が一般民衆を治めることであるがゆえに、ほかの職分のメンバーより高い道徳基準を示さなければならないのであった。より大きな社会についての素行の理解の脈絡では、とりわけサムライというものは学問や武術の他に道徳的資質を備えていなければならなかった。素行の意見では、立派なサムライなら有徳の人間になることを願うはずだった。[21] 高貴な道徳性の手本としてのサムライというこの定義は、基本的に儒教のさまざまな学派が共有していた。この理解から一本の共通の糸が繰り出されたが、それは憐れみをもって民衆を治め、よく自制するようサムライに勧めた儒教の教えから編み上げられたのであった。

山鹿素行はまた忠義の対象は「国家」、すなわち生身の主君ではなく非人格的な組織でなければならないと主張した。彼の有名な言葉、『山鹿語類』のなかのおそらくは最も有名な一行はこうである――「人君は天下万民のために立《テ》二其《ノ》極《ヲ》一たるゆゑんにして、人君己が私する所にあらざる也（人の君たる者はすべての民の福利のために存在するのであって、君たる者が国を私有してはならない）。[22]」この確信に合わせて、大名の家は「国家」を代表したが、この組織機構はそこに住む民衆、それに依存する民衆の利益のために活動すべきものであった。したがって、大名の家の世襲的臣下であったサムライは、自らを主君一身に所属する家来であるよりは国の従僕と見なさねばならないのである。

一瞥すると、山鹿素行の統治主権の定義には西欧民主政の理想を想起させるものがある。実際、素行の理想主義は民衆に仕えるサムライの公共的責任を強調していて、そうした近代的見解に近いように見える。しかしそれを歴史の脈絡のなかで子細に検討してみれば、統治の本質についての素行の理解は徳川国家の基盤、すなわち他の階級に対するサムライの特権的・世襲的支配に異議を唱えていたのではなかったことが分かる。言ってみれば、山鹿がサムライに高い道徳性を求めた理由は、まさに彼のエリート主義の信念からでたものだった。

徳川の儒教がサムライ文化全体への貢献となった重要な領域の一つは、国家の本質と社会的ヒエラルキーに関する考察であった。林学派の政治的教義は社会のヒエラルキー的秩序――暗黙のうちに徳川政治体制そのものと同一視されているのだが――を根本的な宇宙原理として重要視した。新儒教林学派の祖・林羅山（一五八三―一六五七）はこう書いた――「天ハタカク地ハ低シ。上下差別アルゴトク、人ニモ又君ハタフトク、臣ハイヤシキゾ。[23]」この思考体系においては、人間社会のヒエラルキー的秩序が自然そのものの秩序と同じとされている。言い方を換えると、人間のヒエラルキーは普遍的宇宙秩序の反映なのである。

林羅山とその信奉者たちはまた分にふさわしい行動ということを重視したが、そのふさわしさは世界のなかで人が占める地位によって決まるのであった。人の地位についてのこうした理解は「理」（原理）、すなわち新儒教が定義する宇宙、その永遠なる自然の法則にもとづかなければならない。羅山の著作には独創的な思想家の特徴である強烈な確信の響きというものがなく、彼の道徳哲学も要するに将軍のお取り巻き連中のなかでの出世活動の産物だとしてしばしば批判の対象となった。そうは言うものの、個人の美徳をヨリ大きな世界観に結びつけようとした彼のグループの努力は、それまでは体系的・包括的な道徳哲学を持っていなかった日本の土着のサムライ文化への貢献となったのである。自生のサムライ文化はそれまでいつも、規範的ないし思索的な哲学を体系的に明瞭に述べるよりは、心情ないし反射的行動という形で自らを表現していた。徳川の儒教が推奨した、例えば忠義のような美徳の多くは、いかにも洗練されない形でサムライ文化の慣用句《イディオム》のなかにすでに存在していたのだが、いかんせんそれらはより大きな体系的な世界観との結びつきを欠いていた。例えば人間性の基本や宇宙の構造といった原理についての議論・論争を通して個人道徳の規範を構築することは、サムライ社会にとっては第一級の知的革新であった。徳川社会の慣習や規範的慣行が儒教的世界観と衝突した時、羅山は儒教からの定義のし直しによって「現実」を変えようとはせず、また、この衝突を弁証法的哲学発展への理論的な出発点に転換することもなかった。

羅山の妥協とは別の行き方があった。社会秩序のヒエラルキーを宇宙の神秘的法則と同一視した林学派とは対照的に、徳川時代中期の有力な儒学者・荻生徂徠（一六六六―一七二八）は、社会秩序についてのヨリ合理的なアプローチを展開した。[24] 例えば徂徠は、林学派流の忠義を取るに足りない存在の自己犠牲的献身にすぎぬと批判した――「御身ハ主君へ被二差上一、無物《なきもの》と被二思召一候由（主君に従属する限りこの身を無いものと考える）、是ハ今時はやり申候理屈ニ候得共（これは今日流行の理屈ではあるけれども）、聖人之道に無レ之儀ニ候（決して聖人の道ではない）。[25]」徂徠からすれば、忠義の倫理はもっと原理的な人間の美徳に基盤をおかねばならぬもの、「人之事を吾身の事の如くに存」ずる真摯で深い確信にもとづくべきものであった。[26]

こうして他者を自分の「鏡像」として共感的に見ることが、徂徠にとっては理想的な政治的地位を決める基盤であった。主人の務めは民衆を指導し治めることであり、それに対応する臣下の義務は統治の仕事において主人を補佐することである以上、主人への忠義は全般的な倫理スタンスのほんの一側面と見なすべきである。こうした観点からすれば、公的義務へのサムライの献身は、政治的に活動的な個人の道徳的選択の結果としての倫理的態度から生まれ出るべきものである。サムライの政治上の奉仕の原動力として機能すべきものは自己を抹消する無名人ではなく、強烈な個人なのだ。徂徠がこうした論法を広げていってたどりついた結論は、予想通りだが、政府機構のヒエラルキーにおける主人と臣下および同僚サムライ同士の関係は官僚機構内部の仕事の機能的分配と考えられるべきものであって、人間の本質に内在する階層性の反映などではない、というものであった。

忠義の美徳はサムライの歴史を通じて、家来の信頼性を増やしたいという目的からいつも主人階級によって強調されてきた。しかしながら徳川国家のような統合された政体の下では、臣下とその直属の主君との間の個人的愛着というレベルでのみ表明される盲信的忠義の美徳は、来るべき社会的秩序にとっては危険だった。四十七士のなかの急進メンバーが表明したエトスと、彼らの個人的な忠義観をめぐる論争とを思い起こしてみよう。忠義をめぐる儒教の解釈はヨリ合理的かつ内面的であって、上位者への服従がイデオロギーとしての宇宙的基盤に結びついている（林学派の）場合にせよ、統治のための合理的な官僚機構と見る（徂徠学派の）場合にせよ、徳川国家へのサムライの従属を強化した。荻生徂徠の哲学は日本人の学者によってしばしば近代政治理論の先駆と見なされる合理的要素を含んでいたが、その彼でさえサムライ階級の優越性は不問に付していたという事実は、歴史のこの時点、すなわち徳川時代中期における儒教の徳川的衰弱ぶりの顕著な特徴を示しているのである。[27] 実際、宗教的あるいは道徳的な教えを政治目的のために柔軟に使用することは、日本の全歴史を通じて観察されることである。

サムライ飼い馴らしへの徳川儒教のもう一つの重要な貢献は、サムライの業績本位の態度を強化したことだった。儒教思想はサムライの武人としてのプロフェッショナリズムを平時にふさわしい能力本位型統治の方向へと再編成するのに役立った。前から言われていた政体についての儒教的理解と、為政者の責任をサムライに割り振った社会分業の哲学とは、当然のことながら統治に役立つ人間の能力に高い価値を与える結果になった。こうした展開に関連して、学識と統治能力による業績基準の再定義が行なわれた。確かに自生のサムライ文化は、戦場の基準で量られる達成や卓越への強い奮闘を教え込んできた。こうした軍事面での業績本位のエトスは、徳川儒教との出会いを通して、学識と政治能力という新領域で正当性を獲得したのである。

こうして更新された競争的エトスを象徴したのが、徳川後期の著作に現われる「勉強」という言葉であった。もともと「勉強」という語が現われたのは儒教古典であって、人間の道を学ぶひたすらな努力を意味している。現代日本語では、「勉強」は最も普通に学習や研究を指して使われる。しかしながら、この単語の二つの漢字「勉」と「強」の含意は、学問とは努力（苦しみのことさえ）のプロセスであり、集中的な努力と自己修練によってのみ可能になるものだ、ということである。言葉を換えれば、「勉強」は辛い努力と競争的心性で特徴づけられる学習態度を象徴するのである。徳川社会における「勉強」という語の出現は、「学ぶこと」が社会的競争の手段――持続的かつ集中的な「勉強」の努力によってのみ勝ち得られる、名誉を目当ての戦いであると考えられ始めたことを反映している(28)。

しかしながら、能力本位の態度と競争の重要性の認識がこうして新たに生まれたにもかかわらず、徳川の官僚制は（大名と幕府の両政府レベルで）能力のみにもとづいたシステマティックな人員補充や昇進の制度をつくり上げなかった。身分に基礎をおく原理がサムライ階級の社会組織を支配しつづけ、サムライ個人の昇進に関する決定の第一要素は依然として家族の血統であった。その結果として能力主義は、身分本位の徳川サムライ・ヒエラルキーの日常的現実の内側で理念レベルにとどまる傾向があった(29)。

儒教は最終的には、中期後期の徳川時代の日本文化におけるイデオロギー的・制度的優位を達成したのだが、それは幾人かの新たな強力で高貴な身分の庇護者を得て、生きた倫理体系の積極的な再構築とその普及に携わった多くの儒学者たちの努力を待って実現したのであった。近世日本のサムライ教育機関の歴史は、道徳的改革活動とその後援活動の統合を示している。

徳川の教育についてのロナルド・ドーアの先駆的な仕事が刊行されて以後、西欧の読者は徳川のサムライの教育的関心と日本社会におけるさまざまな学校体系の存在とについてよりよい理解を持つようになった(30)。私たちは儒教と中国古典の原文とがこれらの学校体系、とりわけサムライの学校で、カリキュラムの核をなしていたと認識するにいたっている。これらの学校に通った生徒は儒教の教材で読みを習った。しかしながら、幕藩当局はサムライの教育を当初から促進したという、欧米でよく広まった見方とは対照的に、この発展は実は非常に遅かった。徳川時代の終わりまでに、およそ二六〇の大名領国のうち、公式のサムライ学校を設立したのは二一五国であった。この印象的な数字も、これらの学校のうちで一六六七年以前に設立されたのはわずか四校、一七一五年までがわずか一〇校だったという事実で相殺されてしまう。[31] 二一五国から以上を差し引いた残りの大名領国にサムライ学校が出来たのは一八世紀も後半になってからだった。この時期まで多くの大名領国には学校がなく、サムライの子弟は基本的に個人指導で教育されていたのである。

儒教サムライ学校の初等生徒のための教授法の基本は概ね伝統的なものだった――教師が生徒にテキストを音読させ、その後そのテキストのよく知られた解釈を暗記させた。この教授法は思想の深い意味を追求するよう生徒にしむけることをめざしたものではなかったが、高水準の自己規律を養うのには役立った。さらに、サムライ学校への出席はすべての大名領国で強制されていたのではなかったが、特に長男に対しては強力に推奨された。

こうしたサムライ教育体系の制度化は、少なくとも部分的には、徳川時代後期の深まりゆく社会的矛盾に対する徳川当局の反応であった。不満の存在を典型的に表わしていたのが、米に依存していた徳川の支配体制を根底から脅かした農民反乱の顕著な増加だった。農民反乱の数と規模は、一八世紀後期と一九世紀に著しく増加した。この国内危機に直面するなかで、徳川当局はサムライ官僚の士気と統治能力を改善することに多くの注意を向けたのであった。[32]

サムライ精神と儒教精神

儒教の貢献と限界についてのこれまでの分析は私たちを核心的な疑問へと導く――どんな要因によって、徳川のサムライ文化の内部に変化が生じたのだろうか？　もしもサムライ文化が現存のヒエラルキー的秩序への戦士階級の献身を強固にした新儒教イデオロギーの影響を被ったのだとすれば、非順応派の主張あるいは政治的行動主義が生まれる余地はほとんど皆無のように思われる。私たちが現代の通説となっている徳川文化の理解、すなわちサムライ衆への儒教の影響をとりわけ強調する見解を認めるならば、徳川時代の終わりにサムライの間であれほど顕著に沸き起こった政治的熱狂や戦闘的イデオロギーへの関心の説明がつかなくなる。

政治的不安定現象についての部分的説明は、徳川儒学そのものの特質にある。徳川時代の儒学者は、冷静な道徳主義や思考と社会秩序における自己抑制のみを重視する理論志向の知識人の集まりでは決してなかった。彼らの著作をよくよく検討してみれば、哲学的な道徳主義のベールの下に、情熱的行動への衝動と燃えさかる個人意識が包含されているのを見出すのである。卓越した徳川知識人の多くは儒教から受け継いだ論理的熟練を、土着サムライ文化の慣用句《イディオム》に表明された強烈な個人的自律感覚と結合させた。伝統的なサムライ精神は首尾一貫した思考体系としてではなく、心情、エトス、心性として記述することができる。そのために、儒教的世界観ないし道徳哲学をサムライが信奉することが彼の戦士文化の放棄あるいは取り替えを要求することにはならなかった。むしろそれは彼のパーソナリティーの最深部にとどまって彼の情熱や自律自尊行動の源泉となったのである。その結果私たちはしばしば、これらサムライ知識人の作品のなかに、戦士の精神と儒学者の訓練された知的能力とが融合しているのを発見するのである。

新井白石（一六五七―一七二五）は幕府の政治問題への影響力という点で、たぶん最も成功した徳川儒学者の一人だった。[33]該博な知識と自らの堅固な政治哲学を持つ白石は、第六代将軍家宣およびその後継者・家継の有力な助言者となり、一七〇九年から一七一六年にかけての幕府政治で重要な役割を演じた。しかしながら白石の自伝『折たく柴の記』を読むと、経験豊かな合理主義と教養豊かな儒学の人に潜む強烈な武人的熱情に感銘を受けるのである。

例えば白石が一八歳、一六七四年一二月に起こったある事件について語る時、彼は自分がサムライの喧嘩に加わろうと決意したことを誇らし気に書いている。その月の終わり頃サムライの喧嘩が起こり、二組に仲間割れしてしまった。片方の組に付いた連中は皆、白石の父の長年の友人だった。彼らは白石の家族の良き友人だった関という名の男の家に集まり、相手と戦いに出かけようと決めた。この時白石は、あるしくじりを咎められて主君の命令で家に蟄居していた。白石としても家族が喧嘩に巻き込まれている以上、汚名を避けるためには適切に反応しなければならなかった。彼は書いている――「こざかしきやつ（小才の利く男）一人、その家にさしつかはして、『人々かしこにむかひて、すでに戦を合すと見ば

(すでに合戦がはじまったと見たら)、はしり帰りてつげよ。……』……(自分は)はだには鏁《くさり》(鎖帷子)をきて、衣服あらためて、……まつ。」

幸いなことに両派は、白石が戦いに馳せ参じるべく実際に屋敷を出る前に、仲裁者のお陰で妥協に達した。翌日、関の息子の一人が彼のところにやって来た。白石はその息子の非難と自分の応対をこう物語る――「(関の息子は)『きのふ人給りしは、そこも来りたすけむとおもひしにこそ(昨日はあなたも助けに来ようとしていたのだと思いました)』といふ。『さこそおもひつれ(そう思っていた)』と答しかば、『当時勘気を蒙りて(現に今勘当を受けて)、家にこもり居し人、屋形の門をばいかにしてかは出来《いできた》らむと思ひし』ととふ。」(白石の居所は城の土塁のなかであった。)

白石が訪問者に説明したところでは、城外に通じる門の一つを老夫婦が警備していた。彼はこの老夫婦に、自分は死ぬために出てゆくが、彼らが警備している門から出ていったなどと誰にも言うには及ばぬ、と告げるつもりだった。しかしもし必要であれば、この老夫婦を殺し、鍵を盗み、自分で門を開けようとも決意していた。そこで関の息子は重大な質問をした――もし白石が主君の命令で囚われているのに逃亡し、さらに悪いことに門番の老夫婦を殺しでもしたら、それは罪に罪を重ねることではないのか? 彼の行動は主君の命令を二重に破ったことになるではないか。白石はこう答えた――

当時我もし勘気をも蒙らざらむに、人々のかゝる事ありと聞て、ゆきてたすくる事なからむには、たとひ戸部《こほう》ものたまふ事こそなからめ(主人は何もおっしゃるまいが)。内々には我ふるまひをよしとは思ひ給ふべきかは。さらば、勘気をかうぶれる身也といふとも、手がし足がしゐれられたるにもあらばこそ(手枷足枷をされているわけではないのだから)、それに人々の戦死せんをよそに聞て、我ひとり家にこもり居たらむには、事を公義によせて(勘気を受けていることを口実に)、幸に死をまぬかれたる也とこそ人も思ふべけれ。とても横紙をやぶらむに、何条主の勘気をも憚るべき(どうしても無理非道を通すことになるのだから、どうして主君の勘気などはばかっていられよう)。我またおとなしき(家老)ほどの年齢にもあらむには、なすべきふるまひもあるべけれど、いまだはたちにだにもみたぬ我身也。されば、かくおもひ

たちし事、たゞこれ我身の恥なからむ事をおもひしのみ也。(34)

白石は関の息子への答えを強い言葉でこう結んだ――「人びとの謝し給ふべき事とも思はず（人びとから感謝されるようなこととは思わない）。」彼が戦いに加わろうと決意したのは彼自身の誇りの問題だった、というのがこの含意である。儒教思想の修練を積んだ学者が、目上の者への忠誠よりも武人の名誉や同僚からの評価のほうに高い価値をおいたことに、現代の読者は驚くかも知れない。サムライの喧嘩の分析で見てきたように、土着のサムライ文化は集団内の仲間関係を重視し、他から攻撃を受けた時に友や同僚を見捨てることは、サムライにとっては、主君への不忠と同じく恥ずべきことであった。危機に臨んで仲間を助けられなかった者は、自立した名誉あるサムライと呼ばれる権利を失ったのだ。実際白石は、サムライのこの仲間関係重視が忠義の徳に矛盾するとは考えなかった。忠義は、彼の意見では、機械的な従順さとは違って、弱さを見せることを潔しとしない自律的で競争的な精神の媒介を通して表現されるものであった。臣下はそうした強い人格を備えている場合のみ、主君に正しく仕えることができるのである。

白石の自伝からのこのエピソードに表われたエトスと、『葉隠』の多くの物語との類似性も瞠目すべきものである。実のところ、白石の伝記のなかの他の多くのサムライの物語は、『葉隠』のページに出ていてもおかしくないものだった。白石の心性の特徴であった武人の精神は彼の自伝のどこにでも現われているが、例えば彼が刀をサムライの名誉の最重要のシンボルだと論ずる行《くだり》である。このテーマは白石の父が彼に語った話にとりわけ明瞭に出ている。白石の父が旅をしていた時のこと、一人の旧友と巡り合ったが、サムライだった彼は今は浪人で、貧しく山の麓に住んでいた。父はその夜は友人の粗末な小屋に泊まり、火を焚きながら自分たちの過去や現在の境遇を語り合った。夜も更けた頃、その浪人は一組の竹筒を取り出し、端を開けて、なかから彼の刀を引き抜いた。二本の刀はともに、鋼の飾りを付けた氷のように燦いた。老いた兵士は白石の父に言った、「むかし身に随《したが》へし物ども、なにかは惜む所のあるべき（昔身に付けたものはことごとく手ばなしても惜しくはない）。されど、又我力のつゞかむほどは、せめては刀脇差一腰づつは身から離すまい）。(35)」力のつづく限りせめて刀脇差一腰ずつは身から離すまい）。」刀の光沢の燦きは、この老人のサムライとしての内なる誇りの輝きであった。こうした類いの逸話は、サムライの階級としての名誉意識が一人の個人の自尊心そのものとなっていたことを雄弁に語っている。白石はこのサムライの精神を武人の名誉を通して表現された自尊心と強烈な個人性として理解しており、彼は自伝でそのようなエトスを共有していることを誇っていたのである。

白石はこの自伝を、幕府政治の中枢から追放された後、隠居生活のなかで書いた。彼は自分が幕府で立案したことが、新しい指導者の下で一つひとつ廃棄されるか覆されるのを見守っていた。父の話に出てきた刀の象徴はおそらく、自ら逆境にあってなお已《や》まぬ彼の反抗心を表わしていた。多くのサムライの知的思考のなかで、戦士としての強烈な熱情のエネルギーは道徳信条の探求へと向かったのだが、また儒教の道徳追究を基本で支えたのがサムライとしての誇りの意識であることもしばしばだった。

時には幾人かの儒教の教師が、サムライの敢闘精神の涵養によって生まれた熱情をより合理的・道徳的方向へ誘導しようと試みた。しかしながら、そうした試みは部分的にしか成功しなかった。なぜなら徳川の儒教は、戦士の支配を信じることに基礎をおいている徳川の社会秩序の現実を退けることができなかったからである。儒教の教師たちは、サムライ階級の支配という政治的現実をそのまま認めている限り、サムライ名誉文化の情緒的次元に根本的に切り込むことはしなかったし、できもしなかった。その結果として、儒教知識人が儒教の教えの力だけでサムライを道徳的な官僚へと変身させることは困難だった。君臣制度の構造から切腹儀式の保持まで、徳川の制度的複合《コンプレックス》の全体がサムライに向けて混成メッセージを送りつづけた。一方でこの体制は、勇敢なる戦士としての名誉志向の誇りを披瀝せよというメッセージを伝え、他方では、官僚的秩序の要請に合わせて従順や順応の美徳を修練せよと勧告したのである。サムライ飼い馴らしの過程で旧来の思考から新しい心性へと完全に切り替えることになぜ失敗したのかは、こうした相矛盾するメッセージの混在によって基本的な説明がつくのである。サムライの伝統的なエトスの声は、弱められはしたが完全に沈黙させられたのではなかった。

サムライの名誉文化は、競争的な戦士たちの社会で自らを支える情緒的な力として始まったことを想起することが重要である。それは本質的には徳川時代までエトスとして継続したのであって、哲学としてまとまっていたのではなかった。

内省的で複雑な思想の体系へと、それ自身で発展してゆくことはできなかった。こうした理由からサムライ精神は、さまざまな政治的立場や哲学がそれぞれの目的を実現する際の、情熱的な行動に火を注ぐ機能を果たすことができたのである。こうした理由から、一九世紀西欧帝国主義の脅威とともに深まった社会的危機に際して、サムライの競争的な戦士文化から生まれた心情が幾つもの相異なる思想の学派から表明されたのであり、それらのなかには王陽明の伝統に立つ儒教イデオロギー、社会的行動への起爆剤となる直観的傾向の学派が含まれていたのである。

徳川時代後期に出現したさまざまな政治イデオロギー（国学派の一部や王陽明派や水戸学派など）を調べてみることは、思想史の領域では魅力的な主題だが、本書の範囲を越えてしまう。(36) 以下の節で私は、徳川時代後期において徳川幕府の崩壊とその後の明治維新につながった新しい政治状況のなかで起こった、サムライのエトスと政治イデオロギーの一種の融合現象の例を一つだけ提供しよう。

サムライのエトスと国家の危機

明治維新や近代化に包含された大きな社会変化は、概ねサムライ階級の内側から起こったものだ、というコンセンサスが歴史家の間にはある。新しい人びとの階級が旧来の支配階級に取って代わるという世界の歴史にめずらしくない激烈な社会変動や革命の例とは異なり、終には明治維新へと導かれた幕末の不穏状態はサムライ階級内部の党派闘争に端を発し、結果的にはサムライたちの日本社会での特権的地位を失わせたのであった。長くつづいた徳川幕府の瓦解を招来した政治的・経済的な状況については多くの優れた研究があって、本書で私が追える主題ではない。サムライ名誉文化との関連で私たちが留意しておかねばならないのは、徳川時代もこの最終段階にきて社会変化を求める多様な急進的主張が公にされ、それらはイデオロギー的にはさまざまに異なっていたが、当時のサムライ社会の内部で急速に広がった伝統的な名誉志向の心情に色濃く染まっていた、ということである。

サムライの名誉文化は、彼らの集合的および個人的アイデンティティーとともに、その長い歴史の数世紀にわたって変わりゆく社会環境に呼応して絶えず創造され、更新されてきた。徳川時代の終焉にあたって、日本最初の西欧帝国主義との遭遇が引き金となって国家の危機感が広くゆきわたり、それが長く眠っていたが決して完全に消滅はしていなかったサムライの戦士のエトスを呼び覚ましたのである。西欧大艦隊の到来、アヘン戦争のニュース、そして中国——儒教の帝国——の敗北が日本人の間に切迫感を醸成して、サムライが本来持っていた戦士という集合的アイデンティティーを蘇らせたのであった。

幕府は外国に対して国を開くべきだという西洋諸国の主張は、多くの徳川サムライの名誉心情を脅かした。当局としては嫌いやながらも西側の要求を受け容れざるを得なかったのだが、ヒエラルキーの全レベルのサムライが幕府の行動を、日本の独立に対する恥ずべき妥協だと言って攻撃した。「大将軍にして蝦夷の征服者」(将軍の正式称号「征夷大将軍」)としての将軍の権威の神話が、この時点ではっきりと論議の俎上に乗せられた。多くのサムライが空想的な攘夷運動に走ったが、思慮深い者たちはすぐに圧倒的に優位な西欧の軍事テクノロジーを向こうに回して日本伝統の孤立主義《アイソレーショニスト》政策に固執することの愚を悟った。これらのサムライたちは国際関係の政治的現実を受け容れたけれども、日本が西欧から要求を押しつけられたという事実は国の誇りに対する屈辱的な汚点であった。

ここで強調すべき重要な点は、激動の時期を通じてサムライたちは、国の安全に対する西側の威嚇を彼ら個人の誇りと自立に対する攻撃と感じていたことである。蘇った名誉意識によって、彼らはこの時点で政治的行動主義——終には徳川政府の崩壊をもたらしたたくさんのイデオロギー的試行や急進的な社会運動——のほうへと向かった。徳川時代の終わりに「本当の」切腹——つまり「扇腹」ではない——が、特に急進的な政治活動者の間で復活したのも、決して偶然ではなかろう。

一九世紀中期の最も急進的な理論家の一人である吉田松陰(一八三〇—五九)の哲学のなかに、サムライ文化の内面化された観念が変化を求める切迫感を正当化するために用いられているのを認めることができる。松陰は歴史的に反幕府運動の中心地であった長州藩の下級のサムライの家に生まれ、二九歳の若さで処刑された(37)。幕府は松陰の急進的な政治思想と行動のゆえに彼に極刑を課した。松陰の生涯は短かったけれども、彼はこの時代の人びとの心を最も激しく揺さぶった教師となった。彼の粗末な私塾に集まった学生の多くは、後に明治維新で活躍する有名な政治活動家になった。松陰の著作は若き教師の理想主義的な内面の声、日本の国家危機に対する切迫感と一体化した際立って戦士らしい名誉意識を示している。松陰はしかしながら、軍事行動をただそれだけのために重視するような素朴急進主義のサムライではなく、徳川の哲学的発展の豊かな結実を取り入れた教養ある一九世紀知識人であった。

松陰はしばしば「恥の一字は本邦武士の常言にして、恥を知らざる程恥なるはなし」と言った(38)。しかしながら彼の名誉感情は、「世間」すなわち現にある社会秩序のなかでの個人のうわべの名声とはまったく関係がなかった。松陰独特の恥の哲学は、以下の抜粋に明確に述べられている――

> 或ひと問ふ、罪と恥と孰《いず》れか重き。曰く、罪は身にあり、恥は心にあり。身にあるの罪は軽く、心にあるの恥は重し。今草茅韋布《そうぼういふ》（在野の人民）の士妄りに朝政を論議し官吏を誹謗するは、分を越え職を踰《こ》ゆるの罪固《もと》より恕すべからず。然れども其の心を尋ぬる時は、或は国家を憂ひ或は道義を明かにする如き、深く咎むべきに非ず(39)。

松陰のサムライ概念には、深く内面化された名誉意識がある。彼は名誉を定義し直して、人間の尊厳の源泉、よりよき社会秩序のための政治行動を通して表現される個人性への誇りであると規定した。罪の文化（内面志向的）と恥の文化（外向的）の違いを概念的に強調して有名になったルース・ベネディクトとは違って、松陰は恥を深く内面的なものと定義した。ここから始めて彼は、名誉の慣用句《イディオム》に立脚して政治行動の論理を組み立てていったのである。松陰の思想のなかでは、政治行動に促されて人がその正しい「分」（役割）の境界を踏み外すことなど、真の問題ではない。人が自分の原理にしたがって行動できないことこそ、いっそう恥ずべきことであり、したがって、いっそう重大な過ちなのである。この思想の発展は、社会変革のためにサムライの自生の伝統を培った徳川サムライ文化の注目すべき達成であった。松陰はこう説明した――

恥は吾が心にあることにて、尊位（名誉ある地位）を汚《けが》し富禄（世襲の収入）を糜《ついや》して道を行ふこと能はずんば、何の面目かあらん。類を充《ひろ》めて義の盡くるに至れば、即ち盗と云ふべし（そういう恥知らずが増えて社会の道徳原理が失われれば、窃盗も同然だ）。且つ罪と云ふものは外に顕はるる如しと云へども、其の一身に止まる。恥と云ふに至りては心に在りと云へども、其の害民に及ぶ。(40)

これらの言葉が明確に示しているのは、堅固に内面化された名誉意識は政治的行動主義を刺激する可能性がある、ということである。「草莽」のサムライは全国レベルの政治とは無関係の仕事を宛てがわれた卑屈な身分なのかも知れない。しかし松陰はそうした「草莽」のサムライを激励して声を上げさせた。彼らの行動が定められた社会的責任に反する場合は、現在の社会秩序にしたがってそれは罪とされるであろう。しかしそうした行動は、その動機が国の将来への真摯な関心からきている限り、道徳的に悪いということは決してない。もしもサムライが、国の法律を犯すことを恐れるあまり自分の政治的意見を表明しないとなれば、彼はそのことで魂のなかに恥を抱え込むことになってしまう。内なる恥に蝕まれた人間が、自立する人間として社会で同僚に顔向けできようか？　松陰は名誉の慣用句《イディオム》を賢くつくり直すことで、伝統的に特定の社会秩序と同一視されてきた身分ヒエラルキーを突き破ることができた。内なる恥の感覚と、潔く原理に則って行動することとが最も大事な名誉の尺度であるとするなら、サムライ社会内部での身分の違いなど一体どんな意味があろうか？

厳格なサムライの家に生まれた者として、松陰は主人への忠義の徳というものを信じていた。一九世紀までには、公共的責任という面での儒教的サムライ道徳はすでに公の議論のなかで広く受け容れられた観念となっていた。サムライの倫理としても儒教の上からしても重要な忠義の問題が、急進的政治行動主義に立つサムライ思想家にとっての難問であった。潜在的な矛盾があることは明白だった――公共的な責任を引き受けたことに由来するサムライの政治上の意見が主人の意思と違った場合、サムライは如何に行動すべきか？　この思想的問題に対する松陰の解答は、忠義の徳の再定義を含んでいた。松陰が信ずるところでは、自分の確信にもとづいて主人に対して繰り返し諫言することこそ、本当の忠義の形である。こうして、道徳的には明らかなディレンマも、思慮深いサムライを身動きできなくさせることはない。松陰は書いている――「君に事《つか》へて遇はざる時は諫死《かんし》するも可なり、幽囚（牢死）するも可なり、饑餓するも可なり。[41]」松陰は忠義それ自体を否定したのではなく、それが政治的行動主義を制約することがあってはならない、と信じていたのである。

　松陰の政治哲学は忠義の徳なしでは成立しないから、彼は議論の中心点として新たな場を設けなければならなかった。イデオロギー的な議論における新たな忠誠の焦点として天皇が登場するのは、松陰の場合だけではなく、この時代の他の多くのサムライ知識人の政治思想とて同じだった。この時期における日本の国柄と天皇体制に関する錯綜した思想の展開について論議することは本書の範囲を越えてしまうが、このような状況で天皇という象徴がサムライ階級に対して国家としての名誉の新たな場を提供するようになったことを、私たちは認識しておかなくてはならない。この脈絡からすれば、松陰の思想的営為はこの時代に例外的なものではない。天皇を名誉ある日本国の至高者と見なすことで、サムライはその忠義の対象を新しい方向へもっていくことができたのである。

　松陰はある意味で夢想者であって、どうすれば歴史に自分の名を残せるかをいつも考えていた。H・D・ハルートゥニアンがかつて指摘した通り、「吉田松陰は多くの不安を抱えていたが、彼が最も恐れたのは自分の死が誰の注意も惹かないことだった。[42]」実際、徳川当局の手によって殺される可能性が出てきた時、幕府役人の尋問に違う答え方をしていたら死なずに済んだのかも知れなかったのに、松陰は悲劇的な運命から決して逃れようとはしなかった。ある日本人の歴史家が書いているのだが、松陰は「現在をのみ生きているのではなかった。目前の利害を計較するのではなく永遠を生きようとした。[43]」

　松陰のヒロイズムは、私たちに、絶望的な激戦のさなか、名誉ある名を保持するために自決を選んだ中世戦士のことを思い起こさせる。確かに、松陰の著作全体に高揚した名誉観が鳴り響いている。多くのサムライたちは徳川体制末期の混沌のなかに生きる意味を見出そうと苦闘しつつ、サムライの歴史から発した文化的神話が強い象徴力を持っている限り松陰のロマン的幻想に加わったのであった。松陰の著作やその早すぎる死に均しく触発された子弟や友人たちは政治行動への呼びかけに進んで応じ、彼らの多くは後の混乱のなかで死んでいった。明治の近代国家建設にいたる現実の政治展開は、激動の時代の危険を越えて生き延びる抜け目のないリアリストのサムライ政治行動者たちによって指導され実現されていったのだが、それでも状況がまったく絶望的だった時に事の成否を問わず変革への行動を起こした幾人かのサムライたちがいたのであった。幾世紀にもわたる社会的発展を反映するサムライ文化の神話的な豊かさが若きサムライ行動者・松陰の心に蘇り、さらにそれが明治維新をもたらした戦闘的な政治行動グループに加わろうとしていた他の多くの者たちの想像力を燃え上がらせる役目を果たしたのだった。

VII

名誉型個人主義と名誉型集団主義

16　統制と変化・二つの主題

徳川時代におけるサムライの政治的・社会的飼い馴らしは二重の文化的影響をもたらした。まず一つには、飼い馴らしのプロセスのなかで注目すべき文化的な焦点移動《リフォーカス》が達成された——つまり、個人がそれぞれ自分のアイデンティティーの意識を、制度が定めた役割や責任と調和させるように導いていく精神風土が確立されたのである。名誉文化のこの焦点移動が自前の精神的資源となり、それが後に工業化への国家的努力を払う局面で組織の連帯と能率を高めるために十全に利用されることになった。

しかしながら同じプロセスがもう一方で徳川のサムライたちに、彼らの名誉型心情の最も躍動的な部分——すなわち、自律性へ向けての攻撃的な熱望を抱きつづけさせたのだが、これは中世に起源を持ち、彼らの自尊心や個人意識と直に繋がっていた。こうして彼らの自己定義のなかに深く浸透した名誉と尊厳の化合物が、相異なるイデオロギー陣営のサムライ個々人に共通の情熱源を提供したのであったが、彼らの行動の社会的・政治的形態はその他の点ではおおいに違っていた。これら二つの文化的主題がつくり出した緊張が、今度は徳川のみならず明治から現代にいたるまでの時期を通じて、文化的・知的創造力の源となったのである。

歴史的証拠をつぶさに検討してみると、サムライの名誉文化は二つの重要な主題——統制《コントロール》と変化《チェンジ》——と格闘したことが分かる。「統制《コントロール》」という言葉で私は二つの構成要素を表わす。第一の要素が関係するのは個人的レベル、すなわち長期的な目標を達成するために短期的な欲望を自ら規制することである。第二の要素は統制の組織的側面に関係するもので、個人の衝動や欲望を社会的・組織的に定義された目的に調和させることである。統制の第一の形態は死後の輝かしい名声に対する戦士の強い欲望へと焦点を合わせることで、すでに中世の名誉文化の伝統にはっきりと具現されていた。克己と武人としての偉業へ向けられたこの初期のエトスは、やがて徳川時代にはもっと組織のなかで協力し合い、公的な責任を果たす形態へと方向を変えられたのであった。

第二の大きな主題である「変化《チェンジ》」は、サムライ文化においては、威厳や誇りと結びついた自己主張の表現のなかにしなやかな個人意識がはっきりと現われてきた時、その存在が明らかになった。個人意識は勇気と熟慮の能力と深く関連しており、この二つは変化を始動するのに必要である。なぜなら個人主義的な考え方をする人間は、人びとを社会に順応させて既定の方向、大勢が向かうほうへと導く社会的圧力に抵抗できるからである。『葉隠』の場合に示されたように、「たとえ首を切られることになろうとも、してはならぬことは私はしない」というような意思言明に要約されているのは、確固たる名誉心と自尊心に裏打ちされた個人の自立と誠実さという、熱烈なサムライ意識である。この種の強烈な自己意識は、適切な社会目標にうまく結びつけられれば、社会的変化への始動に役立つ。サムライ文化のなかの統制と変化という双子の主題の共存と結合は、日本の文化伝統を理解するための重要な鍵である。

この二つの主題はまた、資本主義の精神をめぐるマックス・ヴェーバーの概念においても主な要素となっている。ヴェーバーの見解では、カルヴィン派の予定調和説《プリデスティネーション》の教義――何人、誰が選ばれるのかは、人の行動や意図と無関係に神によって既に定められている――は資本主義的心性になじみやすい二つの重要な態度を生み出した。その第一は、ピューリタニズムに典型的に見られる最後の審判への断固たる専念が、自己を抑制し長期的目標に専心する態度の涵養を促したということで、この態度はピューリタンの毎日のライフスタイルのなかで節約、自己否定、職業への献身として現われるのだが、それはこの世での仕事の成功が来世での神の救済へと選ばれる際の指標になるという想定にもとづいている。短期的目的を志向する規律の概念とは対照的に、ピューリタン文化における統制の主題は長期的目標へと向けられ、そういうものとして社会の全レベルにおける合理的な計画と資本の長期的蓄積とに適していた。

ヴェーバーの議論に含まれていた第二の態度は個人主義に関係する。ヴェーバーによればプロテスタンティズム――特にカルヴィニズム――の特徴は宗教上の個人主義にあって、これは信仰者は彼自身と神との間の媒介者を必要とせず、したがってこのような信仰者は自恃独行を重んずる精神風景を持っているという確信からきているのである。神との直接対話を通して定義される人格というものの内面的理解と結びついたピューリタンの心性は、意図して個人の良心のみによって決められる行動を促すエトスをつくり出す働きをした。その結果、ピューリタン型プロテスタンティズムが優勢な社会には、自分の最善の判断にしたがい自分自身のイニシアティヴによって投資と技術革新を行なうことのできるリスクを恐れぬ個人が住みつく傾向がある、とヴェーバーは考えたのであった。

まったく違う文化の行列表《マトリックス》から、日本のサムライもまた自己統制や長期的目標、さらにはリスクをとることも恐れない個人主義的態度を助成する社会をつくり上げた。これら統制と変化の主題の内的論理が日本では違っており、それ自体の言葉で述べなければならないことは確かである。さらに、サムライに特徴的な心的態度をつくり出したダイナミズムの源はヴェーバー的な特定の宗教や知的立場の内的論理の検証からでは定義できず、むしろ「経路依存的《パス・ディペンデント》」な歴史現象として理解しなければならないことに、私たちは留意する必要がある。

国家形成とサムライの変容・再論

幾世紀にもわたるサムライの歴史を旅してきた後で、サムライの歴史的変容を総括しておくと、読者がこの節の理論的内容へと移ってゆくのに役立つであろう。私がこれまで論じてきたように、日本の国家形成の独特の軌道は、社会集団としてのサムライの長い長い変容過程――つまり、彼ら内部の権力構造の再編成と他の社会集団との関係の変化のプロセス――と密接に結びついていたのだが、これこそがサムライの文化的変容を正しく理解する鍵なのである。この社会構造の変化が直線的な因果関係で自動的にさまざまに相関した文化変動の結果を生み出したわけではなかったが、にもかかわらずそれは基盤となる制度上の行列表《マトリックス》を提供して、変化を起こす行為者たる個人はこの制度的環境のなかで文化の再編成へのさまざまな貢献を行なったのである。

サムライが連続的に変容してゆく過程としての数世紀を眺めてみると、私たちはそこに、階級としてのサムライの経済的・政治的発展と関連したサムライ文化の発展の幾段階かを識別することができる。サムライ名誉の進化は複雑な模様のタペストリーを構成しており、その文化的発展が生起した歴史的・社会学的次元は**表1**に簡潔にまとめられている。数世紀にわたる複雑な社会変化を読者に鳥瞰的に見ていただくために、私はこの表の各項目にはサムライ階級の変容の基本的な特徴をほんの一つ二つずつ掲げるにとどめた。

サムライ変容の第一段階の特徴は際立った独特の文化の出現であり、これに依拠したサムライ集団の組織構造の変化発展が直截な影響力を発揮したのであった。中世の戦士国家の構造は半集権的であったが、その権力は社会的に自律性を持っていた領主たちを調停し連繫させることに基礎をおいていた。この局面では、サムライ名誉文化に独特のさまざまな慣習は、社会的地位の独自カテゴリーとしてのサムライ出現のプロセスを反映していた。中世サムライ主従関係の政治的・経済的システム、サムライの「家」の統治権者的特質、武人のエトス、そしてサムライによる他階級に対する覇権の確立などが密接に絡み合いながら中世の名誉文化を創出したが、これは攻撃的な競争に高い価値をおくものだった。その結果サムライに与えられた戦士階級としての文化的アイデンティティーと、これに付随して彼らが暴力の行使を名誉ある行為として正当化し高く評価したこととは貴族文化と鋭い対照をなし、この明確な社会的差異が今度はサムライが政治的覇権を獲得するのに役立ったのである。サムライ社会のなかに猛烈に競争的で、好戦的で、自己誇大的な名誉文化が制度として定着したのは、日本における社会発展のこの段階であった。

鎌倉時代末期のサムライのヒエラルキー崩壊の後、第二の移行期はいわゆる戦国時代で、打ちつづく戦乱が中央集権的な徳川国家の出現へと展開した時期にあたっている。この時期までに貴族の権力は明らかに衰退したが、農業社会からの組織的抵抗は顕著に増大した。このプロセスのなかで、旧来の中世的な君臣関係、すなわち、緩やかに組織され社会的自律性を持つ土地所有エリートのネットワークは厳格な階層構造を持った制度へと変容し、このヨリ強固でヨリ組織的な形態の君臣関係が、やがて後の徳川による統治の基礎となったのである。戦国大名は徹底した階層構造をつくり上げただけではなく、ヨリ効率的な軍事マシーンを建設するために彼らの組織を合理化した。私が論じたように、君臣関係の変化は一六世紀に起こった軍事技術革命がもたらした結果の一部でもあった。中世の合戦の構造――自前で武装した戦士同士の一騎打ち――との対比で言えば、戦国大名が求めたのは戦略的な部隊展開を計画し実行するための、臣下に対するヨリ強

表1　サムライの再編成

	鎌倉（1190—1333）		戦国（15世紀後期—16世紀）	徳川（1603—1867）
	時代			
国家形成	サムライによる最初の準中央政府		戦国大名による地域的国家形成の過渡期	「新封建制国家」への平定と統合
階級関係	軍事専門家としてのサムライが貴族を制覇		貴族の完全な凋落と村民レジスタンスの増大	サムライ階級の勝利と非サムライの非武装化
君臣関係の特徴	個人的関係・比較的に自律性を持つ臣下	⇨	ヒエラルキー的君臣制度への過渡期・「出口の多い状態」	ヒエラルキー的臣下官僚制・「出口のない状態」
君臣関係の経済基盤	「荘園」制	⇨ 解体と再編成 ⇨	知行・「貫高」制	世襲の俸禄あるいは大名管理の知行
「家」の構造と君臣関係	臣下の「家」の政治的自律性と「総領」制	⇨	臣下の「家」の政治的自律性の減退始まる・単子相続制の導入	大名の「家」による臣下の「家」の支配・大名による相続の認可
軍事の特徴	騎馬サムライによる一騎打ちと私的軍隊		軍事技術と軍隊組織の革命	サムライの軍事機能が名目的・象徴的となる
名誉文化	暴力と自律性への誇りに基盤をおく名誉		栄えある名誉文化としての軍事力行使	階級の証としての名誉の危機と「焦点移動」

固な統制であった。

私はまたこれまでの分析で、日本の君臣関係におけるダイナミックな権力移動をもたらした基本的要素、すなわち土地所有を中心とする君臣関係の経済的基盤と、サムライの「家」の内部構造とを強調してきた。しかしながら、アルバート・ハーシュマンの「出口・発言・忠誠」の理論を援用すれば(1)、戦国武将の間でつづいた内戦はサムライ臣下たちに「出口」のオプションを取る――つまり、現在の主人を去って新しい主人へと走る機会（出口から退場しやすい状態）を提供したがゆえに、臣下に対する統制を強めようとした大名の試みには明らかな限界があった。封建領主たちが臣下に対して厳しい統制を課すことができるようになった（出口から退場しにくい状態）のは、徳川体制の下に大名が国内の平和と統合を達成してからのことであった。階層構造パターンの君臣関係によって戦争マシーンを合理化することで、階級としてのサムライは他の社会集団との闘争に勝利を収め、彼らの封建支配形態を効果的に再編成した。非サムライ階級は後には武装解除され、将軍とその連合の大名は部分的に分権化された、しかし階層構造的には統合された国家を構築した。近世における国家形成のこのように明白な軍事的性格が、後の日本の文化的発展に決定的な影響を及ぼしたのであった。

中世日本とは対照的に、徳川国家ははるかに中央集権化され統合された像を示しているが、にもかかわらずその政治的・経済的基礎は本質的に封建制的であった。その結果生まれた「臣下官僚制」は、普通のサムライ個人のみならず幕府当局をも困惑させるような内在的な文化的矛盾を抱え込んでいた。徳川時代における文化の持続、変化、そして再編成というプロセスを通して発展するこの第三段階の研究は、サムライの文化的変容のメカニズムが極めて複雑な様相に立ちいたったことを示している。徳川のサムライは、近世のサムライの日常生活が大幅に変わってしまったにもかかわらずすでに高度に制度化されていたことで持続していた武人的サムライ文化を受け継いでいた。徳川国家の形成によって生まれた新しい秩序は、秩序と組織と順応の徳を重視する社会的・制度的領域をつくり出した。こうして、サムライ名誉文化はかなりの程度「焦点移動《リフォーカス》」が行なわれたのだが、それは戦士階級の身分的至高性の象徴的表現であるがゆえに、その本質的な部分は存続したのであった。

日本の国家形成の独特な軌道とサムライ再編成の道筋は、「統制」と「変化」という双子の主題がサムライ文化のなかで、なぜ、どのようにして現われ、そして発展したかを説明してくれる。とりわけ日本のエリート層における一方で競争的な個人性、他方で秩序正しい順応性、この二つの希求を共存させている徳川版文化複合体《コンプレクス》の起源は、徳川国家形成の際立った特質を考慮することなしには正しく理解することができないのである。

国家形成が文化にもたらした結果を正確に評価するには、世俗文化の領域への宗教権力からの介入を考慮にいれなければならない。このことは名誉文化の研究においてとりわけ重要なのであるが、その理由は、名誉文化というものはその本質からして超越的な価値体系との深刻な衝突を起こしやすいからである。名誉は定義上、ある社会集団（想像上の名誉共同体）の世論から出てくる価値を尊重するのだが、一方普遍宗教は人間の社会集団の規範体系の境界を越えた至高の価値を教える。しかしながら、日本では普遍宗教がサムライの倫理体系に対して深刻な異議を唱えたことはなかった。日本の仏教も神道も、世俗の権力に対抗できるほど強くて自立的な「公的権力」を代表する強力な制度的権力中枢を発達させなかった。部分的には宗教組織と国家との間の制度の力の相対的な不均衡のお陰で、また部分的には日本の地理的な位置と長きにわたる徳川の孤立主義時代のお陰で、日本では土着の対抗イデオロギーは発展せず、名誉文化の道徳的根源を変えたかも知れぬ西欧のイデオロギー（キリスト教、あるいは啓蒙的人道主義など）を本格的に輸入することもなかった。したがってサムライ名誉文化は、集合的なアイデンティティーと連帯とを強化しようとする社会集団の内在的な文化的・イデオロギー的資源として自己発展を遂げた。近世日本に制度的公権力としての強力な中央集権的宗教権威が不在だったことは、名誉文化の保持には好都合な条件となったのである。

このことは、サムライ文化の内容が宗教その他の規範的な体系の影響をまったく受けなかったということを意味するのではない。実際のところ私たちは、サムライが自分たちの文化的自信を強めて、変転する政治経済学に適応するという目的のために、宗教的な教えから引き出された文化的資源を自由に活用する傾向があるのを確認することができる。

この時点では、日本の歴史では実際には起こらなかったが、もし近世の国家形成の歴史が違ったコースをとっていたら起こり得たかも知れぬ歴史の別シナリオを幾つか検討してみることが有益かも知れない。こうした社会学的練習問題は、対照という手段によって、日本の近世国家建設の際立った特徴を明確化するのに役立つのである。

例えば私たちに思い描くことのできるシナリオの一つは、土地所有エリート層の社会的自律性と封建制特権とが近世の国家建設のプロセスのなかで保持され拡大されて、最後には一種の議会制度の形成を支持するにいたる、というものである。この代替案は、近世の日本でまったく非現実的なシナリオというわけではなかった。中世後期に、各サムライの「家」が自らの内部を再編成して、先祖の土地への支配権を強化したことを思い起こしてみよう。「家」同士に新しい形の連合が生まれた――「一揆」である。これらの組織は、多数決によって全体合意をつくることで実効ある同盟を形成した。中世後期のこれら一揆組織は自立した土地所有サムライを抱え込み、相互利益を護ることを望んだ富裕農民をもしばしば巻き込んで、力強く大規模な水平的同盟を形成した。もしもこの一揆組織が現地の有力土地所有エリート層に権力を与え、構造を与え、彼らを統合することができたなら、日本の近世の国家形成はおおいに違った道筋をたどっていたであろう。さらに文化領域においては、一揆が本来的に土地所有エリート層の連合である限り、名誉文化もまた栄えつづけたであろう。相互に平等主義的で水平的な構造を持つ政治同盟のパターンで形成された名誉文化だとしたら、それが縦の階層構造に依拠する協同的な、国家中心的な形態へと変形されることは容易ではなかったであろう。

例えば中世後期の日本で盛んだったさまざまなタイプの地方権力機構が全国規模の同盟へと合体していかず、近世まで地方の形態を持続した場合を仮定してみよう。中央の権力がこれらの地方権力中枢に干渉することなくそれのみで拡大したのであれば、徳川期の歴史は中国帝国のそれに似ていたかも知れない。科挙で選ばれた士大夫を官僚としてしたがえて中央集権化した中国国家は、理論上は常に全国を統治してきたが、実際上は地方レベルでは、地域の宗族や私的軍事集団が人びとの身を護ったのであった。中国ではいつも、中央国家と私的な地方権力機構（これが地方住民の日常生活を現実に支配していた）との間の機能的な隔たりが非常に大きく、中央と地方権力構造との恣意的で無秩序な結びつきによって、地方の権力構造の実際は私的な力に支配されやすかった。もしもこのパターンが日本で、徳川の国家建設が下位の権力機構を統合することなく進行していたならば、名誉文化は地方氏族への忠誠という形をとり、それはいつも名誉に関連した暴力をともなっていたことであろう。

現実には、私たちが見てきた通り、中世における国人層のサムライの力の増大は皮肉な結果をもたらした――サムライは自分の土地への支配権を確保しようとして、地域のもっと強力な権力保持者たちに服従した（つまり地方大名の臣下に加わった）のであった。こうして、地方のサムライたちの社会的自律性を制限しながら彼らを最終的に取り込んだのは戦国大名たちの垂直的構造を持った軍事マシーンであって、水平的同盟の「一揆」タイプの組織ではなかった。その後の徳川のサムライの――およびその名誉文化の――飼い馴らしは、日本の近世の国家形成がこのような発展コースをとったからこそ可能だったのである。徳川体制は、サムライの「家」が土地の保有を基盤とする初期の社会的自律性保持の伝統をそのまま持続するのを許さなかった。その結果、名誉文化はサムライの集合的アイデンティティーの中心的要素ではあっても、その内容ははるかにヒエラルキー的秩序の価値へと改変されたのである。さらに、徳川の国家形成がサムライ階級の垂直的統合の形をとって水平的パターンではなかったという事実から、ヒエラルキー的価値体系が社会全体に浸透していく環境が生まれた。徳川国家の形成を導いた社会過程は、このようなサムライ体制の際立った特質と相俟って、徳川のサムライ文化の再編成に決定的なインパクトを与えたのであった。

徳川政府のつくり上げた新しい封建制構造は、近世の日本商業経済が盛んな発展ぶりを示していたにもかかわらず、正規の政治過程の内部における商人階級の権力保持の可能性を閉ざしてしまった。もしも一六世紀の戦国大名たちが共倒れの内戦を一七世紀まで引きずっていたとすれば、あるいは、もしも日本が孤立主義《アイソレーショニズム》が採れる可能性の少ない無防備な地政学的位置にあって当てどない状況変化にさらされていたとするなら、国家の権力と資本組織の権力との関係はおおいに違っていただろう。大規模な戦争を遂行するに必要なだけの財政をまかなうには商業資本の協力なしにはできなかったかも知れないし、近世の商人たちが国際貿易にも関与しつづけていれば、日本の商人階級は政治力を獲得し、政治過程にも介入することができたであろう。しかしながら徳川経済の本格的な商業化は、堅固な軍事国家が確立する以前には起こらなかった。徳川の商人たちは歳出と歳入の歩調が合わない大名に融資をすることで相対的な影響力を幾らか増したのであるが、こうした経済力基盤の改善も、大名がサムライ以外の者を政府の地位から除外しつづけたために直接政治に参画する道は閉ざされていた。発展の道筋がこのようであったために、近世の日本はその後の社会発展における資本主義的経済秩序のほうへと向かうことができなかったのである。

要するに私たちが見てきた通り、日本の武人階級はその社会的機能は大きく変容したものの、一九世紀後期の工業化の直前まで独占的な支配階級にとどまりつづけた。こうした政治支配の連続は日本の名誉文化を維持する決定的な条件となった――この文化の表現はその間に深い変化を被ったけれども。結果として徳川時代は、競争的ではあるが独特の協同性を持つ名誉文化が出現したという、日本歴史の決定的な局面を示しているのである。

この国の第二次世界大戦後の驚くべき経済成長を見て以来、比較社会学者たちは近代日本の歴史的ルーツを突きとめることの重要性に気づいていた。にもかかわらず彼らが、現代日本の「徳川のルーツ」の議論を越えてゆくことは滅多にない。バリントン・モアやペリ・アンダーソンのような比較歴史社会学者は、彼ら自身の学問的目的から日本の発展に関心があるのだが、やはり基本的な説明要素の源としては概ね徳川日本に焦点を当てている。中世日本の特徴的な社会風景と、その後の徳川の国家形成に先行する基本的な制度の再編成とが、比較社会学の著作のなかで系統立って分析されたことはこれまでほとんどなかった。徳川時代が日本の歴史の重大局面であることに私も同意するけれども、近世の過剰重視は、日本の社会発展の特徴的な軌道を説明するための十分な力とはならない。中世から近世へかけての社会的移行を比較論的に考量することと、徳川の国家形成の比較論的意味を明確にすることとが、日本の歴史経験のよりよい理解の手助けになると私は信じている。

中世から近世国家への移行と、それが徳川幕府の組織構造にどのように移し変えられたかを比較論的に理解することは、私が本書でその概略を述べてきたサムライ文化の研究のみならず、日本特有の社会的経験の他の多くの面の理解のためにも決定的に重要である。例えば「統合的ではあるが分権的な」徳川国家の構造は、以前には自律的だった中間的社団組織を再編成して社会管理のための半自律的な代理人《エイジェント》としたのであったが、ここには近代日本の組織形態の原型の創造という広い意味合いがある。徳川の下で改定され焦点移動《リフォーカス》したサムライ文化は、非サムライ階級の文化や制度にも著しい影響を与えた。例えば徳川の下での君臣関係の改変と、その結果としての主従関係の新しい倫理とは、徳川時代半ばから繁盛し始めた徳川の大商家に組織的・イデオロギー的なモデルを提供した。主人の「御家」に対するサムライの服従倫理は、長期雇用制度を基盤にした封建制的ヒエラルキー組織を典型的に発達させたこれら大商人の家の必要にうまく適合した。日本の近世国家形成への道筋についての私の説明が刺激となって、日本の近世の社会変容の成り行きに関して社会学者の間で論議が起こることを私は望んでいる。

文化の変化と国家形成

文化の産出に重要な影響力を及ぼす要因を歴史的な「経路《パス》」に帰着させることは、文化的資源はいつも社会変化を受けとめるだけの一方的な受容器にすぎない、ということを意味しているのではない。文化はいったん制度化されれば、個別行為者の行動決定や、その選ばれた行動の進行過程に対して、微妙な、また時には直截な、さまざまな影響を及ぼす。

私の歴史探究が示しているのは、徳川国家の下でのサムライの文化的再構築は社会の構造変化によって自動的に引き起こされたのでもなければ、急速にもたらされたのでもなかったということである。徳川のサムライ文化の実際の焦点移動《リフォーカス》は概ね、自分を取り巻く世界の急激な変化をなんとか理解しようとした多くのサムライ個々人の苦闘と努力の積み重ねの結果起こったのである。中世に成立した旧来の文化的神話は、徳川の臣下官僚制構造に浸透し、驚くべき持続力を示したのである。さらにそれは当時の民衆サムライ文学のレンズを通して、象徴的に美化され大衆化されたのであった。

徳川時代の社会的行為者は、徳川の覇権によって引き起こされた社会－政治的な環境の変化を理解しようと最善をつくしたけれども、彼らの反応ぶりや文化的順応は政治の変化に追いつきそこなったことがしばしばあった。個々のサムライが新しい社会環境に対して順応するにせよ反抗するにせよ、それぞれの私的目的のために、旧来の文化的慣用句《イディオム》と思うものを利用することができたという事実が、文化的移行の過程をかなり複雑なものとした。それに加えて、自分がおかれている社会制度的な行列表《マトリックス》の全体像を理解する個人の能力には、明らかな限界がある。自分を取り巻く社会環境のすべての意味や解釈を完璧に考慮しつくすことなど個人にできることではないから、人は必ずしも常に自分の利益に最も適った行動の選択ができるわけではない。このようにして、大きな社会構造変化が個々人の行動の選択に影響する過程は、こうした人間の環境認知能力の限界という不完全なフィルターを通してのみ行なわれるのである[2]。

こうした制約にもかかわらず、自律的に行動して自分の文化を積極的に再解釈する行為者個人の能動的力が驚くほど明白に示されているのは、「伝統的な」サムライの慣用句を自分自身の目的に合うよう捩じ曲げて使った反抗的サムライのケースである。私たちがサムライの「喧嘩」の分析で見た通り、普通の徳川のサムライと国家当局とは、名誉志向の競争的文化の慣用句を共有していた。この意味で、名誉文化の実際の慣行と神話的部分とは、どちらも個々人の世界理解を左右するがゆえに、文化の変容と（部分的な）持続のプロセスにおいては均しく重要なのであった。幕府の役人たちが規制目的を達成したのは、道徳的イデオロギーを頭ごなしに押し付けることによってではなく、サムライの問題行動を試行錯誤のなかで統制していくことによってであった。結局、当局自身も名誉文化の伝統の呪縛から逃れてはいなかったのだ。サムライ名誉文化の新しいスタイルの編成と普及とは、私たちが見てきた通り、通常考えられているほど首尾が整っていたわけでも計画的だったわけでもない。

しかしながら、文化の伝播過程がかなり無計画的だったといっても、徳川国家が文化の領域で重要な役割を演じなかったというのではない。行為者個人の自由意思による決断だけが考慮すべき唯一の要素なのではない。私たちは文化の再解釈についての個人判断を左右する要素として、それを制約するにせよ活性化するにせよ、国家構造の力に注目すべきである。文化の規制における国家の役割は、かくあるべしという直接の定義づけや組織的規制に限られていたのではない。国家形成の過程はさまざまな長期的かつ基本的な社会組織や政治制度の創設や改編を含み、その組織・制度が直接・間接に文化の発展に影響を及ぼしたと言える。徳川の国家形成の文化的貢献として最も重要なのは、その強力かつ安定的な政治的権威によって一連の制度をつくり上げ、維持したことであった。臣下官僚制の組織構造からさまざまな布告・法手続きにいたるまで、サムライ間の正式な交際に求められる礼儀作法から身分の差異を示す視覚的標識にいたるまで、近世におけるあらゆる日本の制度は新封建制国家の暗黙の前提を伝達していた。[3] それぞれの制度自体は必ずしも文化の領域を規制しようという直接的な意図で形成されたのではなかったが、それらが合体すると、行為者の選択や決断を束縛して（「束縛」としての構造）未来の文化的発展のあり得べきコースを制限する一方で、変化と再編をめざす行為者たちに役立つ象徴的な慣用句を提供する（「資源」としての構造）制度的分野を構成するという二重の働きをした。

国家が文化領域に対して権力行使をするメカニズムのことを考える時、私たちは習慣的に、警察による監視や官僚による規制や教育制度など比較的最近の規律強制機関に焦点を当てるが、これらすべては国家が行なう道徳的決定や規制をとりすすめる制度的手段として機能する。マイケル・マンは二種類の「国家権力」があるという洞察に富む分類を行なったが、この国家権力の社会制度的表現のことを「基本構造《インフラストラクチュア》にもとづく調整的権力」と呼び、これと対照的なのが「専制的な権力」で、こちらは制度として定められた折衝や社会集団を通しての媒介などなしに、上から下される一連の措置のことである。(4)日本の中世国家は、国家権力のいずれのカテゴリーにおいても弱体であった。徳川の為政者たちが統一された日本全土で権力を固めた一六〇〇年頃になって、中央政府の「専制的な権力」はかなり増大した。しかしながら私たちは、徳川時代においても、政府の道徳規制施策はこれまで考えられていたほど高度なものではなかったことに留意しなければならない。ヨーロッパの場合とは違って、近世の幕府が全国警察や常備軍や公費の学校制度といった、道徳規制の強力な基本構造《インフラストラクチュア》となる機関を発展させたことはなかったのである。

道徳規制のための国家の基本構造《インフラストラクチュア》にもとづく調整的権力の相対的な弱さにもかかわらず、徳川の新封建制国家が与えたインパクトは、文化の領域において広く浸透し、長くつづいた。こうした広範な影響力が生まれ得たのは、私の考えでは、徳川の国家形成の道筋が独特で、国家はそこで臣下サムライの「家」や、村落や、その他の宗教的、職業的、身分的な諸集団といった現存の、以前は自律的であった社会組織を上手に再編成したからである。これらの組織の自治能力は概して保存されたが、国家の要請に応えるようその構造はつくり直された。これらの社会組織をヒエラルキー的に再編成したことは、それらの社会集団が民衆の日常生活と社会関係とに密接な関係があるがゆえに深い影響力を発揮した。民衆の生活のほんの表面だけに関係しがちな中央政府の直接的な影響力とは対照的に、徳川国家形成過程におけるこれら中間的社会組織の再編成は、文化の再編成における民衆の自律的な活動に大きな影響を及ぼし、それに限界と可能性を与えたのであった。

文化の領域に対する国家形成のインパクトは、必ずしも計算ずくの道徳規制やコンセンサスづくりの結果として明確に定義できるわけではない。むしろ国家形成の文化的インパクトは通例、国家によって規制された行動と個人によって生み出された行動との総和を示す。国家の役割を国家機関による直接的な道徳規制という計測可能な形に閉じ込めることは、国家形成の社会‐政治的次元と文化的次元の相互関係の重要さを極めて過少評価するものと言えよう。

サムライ名誉の「表現」「場」「源泉」の、焦点移動による統制

徳川の下でのサムライ名誉文化の焦点移動《リフォーカス》の歴史的分析のなかで、私はサムライ名誉文化に関する「表現」、「場」、そしてサムライの名誉の「源泉」というそれぞれ三種類の移動を跡づけた。

第一の移動、名誉の表現の移動は、サムライ名誉の概念の非武人化に相当している。このプロセスを通して、名誉は暴力と連想されることがヨリ少なく、有徳の自己修養と連想されることがヨリ多いものと考えられるようになった。高水準のサムライの武勇と密接に結びついていた名誉文化の中世的形態では、名誉はそれが脅かされた時にはいつでも効果的に暴力を行使できる能力で決まるものとされていた。こうした暴力的名誉観はもはや、徳川の社会ではあたり前のこととしては受け容れられなかった。こうした名誉文化の非武人化が不完全なままだったのは確かだが、それは政府による武力の重視こそが徳川による平定と幕府の正当性を護る唯一の手段だったからである。しかしながら、暴力的な名誉概念の飼馴らしに関するこうした重大な制約があるにもかかわらず、サムライ文化を文明化していこうという全般的な傾向は否定できない。

名誉文化の本質における第二の移動は、名誉がおかれる場の変化で、人間から組織へと移ったのである。中世サムライの社会では、臣下の忠誠の対象は主君自身であり、戦士たちと主君たちとは社会的・物質的な顧慮によって関わり合っていただけではなく、戦闘経験を共有することで感情的にも結ばれていた。しかしながら、中世の戦士同士の行動的な名誉争いは自己中心的な栄光や報酬探しとなりがちであって、自分が所属する軍団での連帯や調和への配慮に欠けていた。

この人間から組織への名誉の場の移動の始まりは、戦国大名の下におけるヒエラルキー的君臣制度の出現にまで溯ることができる。しかしながら、サムライ臣下の基本的条件に重大変化が起こったのは、徳川国家の統合を待ってのことであった。この新制度では、サムライ個々人はピラミッド型の権力構造のなかにきちんと配列されていた。主君とその臣下の

サムライとの関係の人間味は減少し、その男が人生から期待できるものは主君の家の政治機構のヒエラルキーのなかの世襲的地位によって概ね決まったのであった。こうした状況の下では、「御家」すなわち主君の家の組織が臣下の忠誠意識の中心へと移った。徳川のサムライの心のなかでは「御家」は単に主君の家族の屋敷のことではなく、それは運命と責任とを分かち合うべく結ばれたサムライ全部を包含していたのである。「御家」をこのような法人《コーポレイション》として理解すれば、「御家」の長は絶対的な独裁者などではなく、臣下とともに組織の永続的な繁栄に寄与するよう等しく義務づけられた指導者なのであった。私は「法人《コーポレイション》」という語をよく考えた上で使っているのだが、その理由は、サムライ個々人および彼の家の社会的名誉と経済的繁栄とが、彼の主君の「御家」の継続性に依存していたからである。

大名領主自身への個人的な忠誠を犠牲にして捧げられる「御家」組織への忠義の最も典型的な現われの一つは、徳川の大名の家で起こったたくさんのヘゲモニー争いのなかに観察できる。そうした内部抗争は、大名の家の継承問題と政治的ヘゲモニーに関連していることが多いのだが、「御家騒動」と呼ばれていた。主な臣下が派閥を組んで主君（すなわち過誤を犯した大名領主）に引退、時としては屋敷内逮捕（「押込め」、監禁のこと）を強制したケースが、徳川時代を通じて数多く見られた。しかしながら、戦国時代の謀反の臣下とは違い、これら徳川の臣下たちは大名領をおおっぴらに乗っ取ろうとしたのではなかった。彼らは通例、「御家」のために良き為政者となることを約束した大名家の家族の誰かを担ぐとともに、しばしば幕府の支援を求めたのである。

御家騒動の徳川的特質として、こうした内部紛争があからさまな反逆の形をとることは決してなかった。これらの政治的抗争の両当事者は、現領主を護ろうと腐心する者もその対抗者に付く者も、関係者はすべて常に「御家」の末永き繁栄のために立ち上がったのだと主張した。笠谷和比古の研究によれば、興味深いことにかなりのケースで徳川幕府は、反抗家臣団側が明らかに親類大名自体からも支持を受けている時には、それらの臣下の正しさを承認することがあった。このことは徳川時代には、大名の家はその組織に所属する者の集団責任によって永続させなければならないという理解が生まれていたことを示している。(5)

確かに徳川時代を通じて、体制がその組織の基盤として君臣関係の論理を公式に用いている限り、人間から組織へと忠誠対象が完全に移行することはなかった。徳川の臣下官僚制は、その権威を生身で代表する者つまり主君を必要とした。こうして、徳川時代のサムライの一般的な気持ちとしては組織への忠誠に高い価値をおき、主君への個人的な愛着とは一線を画するということだったが、前者が後者に完全に取って代わることは決してなかった。主君への個人的な献身意識の持続は、四十七士の急進メンバーの場合や、『葉隠』の「秘めた恋」の観念に明瞭に示されていた。こうして、徳川体制の下で優劣を競った君臣制度のイデオロギーは複数の忠誠対象を包含し、これらはさまざまなタイプのイデオロギー的再編成に十分使える状態になったのである。

サムライ名誉文化の第三の移動は、名誉の源泉が能力から身分へと変わったことである。日本社会が打ちつづく戦争や抗争の重圧に苦しんでいた時代には、戦士のサブカルチュアはサムライ個人の武勲と、血統とは無関係あるいはそれを越えた能力とを重視し賞賛した。名高い家系は常に尊敬されていたけれども、戦士たちの競争的世界の現実は、中世のいかなるサムライといえども家系の名誉の上だけに胡座をかくことを許さなかった。これと対照的に、徳川のサムライの地位は概ね世襲となり、サムライのヒエラルキーのなかで地位を変えようとしても、努力や業績で左右し得る昇進の可能性の幅は普通わずかしかなかった。

しかしながら、サムライの名誉という武人の伝統は公式に否定することができないという事実のお陰で、厳格な世襲名誉の概念が旧来の能力本位の観念に完全に取って代わるということはなかった。もともとこの武人の伝統、つまり平和を保証するだけの武力実力を持つということこそが、武人としてサムライが他の階級を支配することを正当化したのだった。またそういう武人のたて前が、徳川のサムライが純粋に貴族身分のカテゴリーになることを防いだのである。勇敢な戦士という中世の伝統の連続性のなかでのサムライの理想像は、特権的な血統の出身者に高い名誉を与えていた社会的現実があるにもかかわらず、人間の性格や能力と結びついた価値の体系を持続させた。初期の英雄的なサムライのロマンティックなイメージは、徳川のサムライたちの共感的想像力にとっての魅力を決して失わなかったのである。

男性的な特質としての勇猛さを平時に見せつけることは難しいが、そのかわりに日常における厳格な克己の態度が「勇気の始まり」と見なされるようになった。能力本位の武人的価値を、実際の肉体的戦闘とは直接的関連のない平時の能力と克己のイデオロギーの方向へと定義し直す道程へは、ここからほんのあと一歩だった。学問修業と内面的修養を重んずる新儒教が、新しい男の模範を正当化するための知的慣用句《イディオム》を提供した。名誉の概念はいっそう国家中心となり、それによって名誉の客観的基準が定められ、戦士の攻撃のエトスはサムライのヒエラルキーのなかでの地位その他の特権争いへと方向転換したのである。

重層的な象徴共同体の出現

これらの三つの移動、すなわちサムライの名誉心情の表現、場、源泉の移動のすべてでは、サムライの準拠集団の構造における重大な変化の最中に遂行された。その結果は想像上の重層的な文化共同体、すなわち複層の集合的な象徴準拠集団の出現であった。個人個人の主たる準拠集団が異なれば、その名誉の基準はおおいに違うことがあり得る。私たちが四十七士の例で見たように、近世日本のサムライは重層化された想像上の象徴空間を発達させており、その層の一つひとつには異なった名誉の場と基準とがあった。地方の大名に仕える普通のサムライにとっては、「御家」という集合体が最も重要な象徴準拠集団であった。しかしながら、主人の江戸藩邸に仕える者にとっては、江戸の広いサムライ社会のなかでの評判もまた準拠の重要な象徴的枠組みであった。地方の政体の境界の外側での経験や情報にさらされることを通して、徳川のサムライはサムライの名誉について郷里とは異なった評価をする新しい文化の出現とも関わっていたのである。

将軍の城の内部にはまた公式の名誉共同体があって、そこでは大名の各家の名誉順位の公式評価が行なわれた。この名誉順位や名誉評価の体系における制度上の各層には、それぞれ異なった名誉の場と、それに対応して相異なる強調点や評価基準があった。徳川の知識人の間での四十七士に関する論争は、想像上の重層的名誉共同体の出現によって引き出された現実の矛盾と現実の裏に潜む矛盾とを、極めてドラマティックにあらわにする。徳川の名誉のイデオロギーを特徴づけるダイナミックで弁証法的な発展は、相補的ではない象徴準拠間の衝突、緊張、そして共存を反映していたのである。

重層的な象徴名誉共同体は、徳川国家の分権的だが統合的でもある構造と直接の関連を持っていた。社会集団の下位の単位はそれぞれに、その所属メンバーに対して半自律的な権限行使が認められていたが、しかしそれは徳川幕府のより広い統合の枠組みのなかに置かれていた。このような社会統制システムは、中間的社会組織が持つ自生の自己統治能力を、ヨリ大規模な政体のなかで適切に位置づけることで可能な限り活用したのだが、この象徴的共同体を構成している多様な層のすべては、それなりの正当性と文化的権威とを与えられていたのであった。

公領域と私領域

さてここで、徳川のサムライ・イデオロギーに付随していた公的（公《おおやけ》）と私的（私《わたくし》）の特異な区別を思い起こすことが重要である。公的と私的とのこうした独特の分離形態は、公的領域での責任は相対する私的領域での義務よりももっと重大かつ重要だ、という前提に則っていた。階級としてのサムライは公的な事柄に献身する者と定義されていた。この定義に則って、徳川のサムライの内面のメカニズムが個人としての彼らを促して、社会的に受け容れられた目標や公的責任を私的・短期的な欲望に優先させるよう仕向けたのであった。

公と私の、普通であれば秩序立った区別を攪乱した複雑さは、徳川体制が重層的公領域のヒエラルキーを組み込んでいたという事実にあった。例えば大名の「御家」、つまり家は、そこに属する者にとっては公領域「そのもの」だったが、全国的政体、つまり幕府の観点から見れば、大名の家は「公的」生活の劣位レベルに属しており、半私的と見なすことができた。例えば亡き主君に対する四十七士の忠義が「私的」道義というレッテルを貼られて将軍という優位の公的権威に屈することとなったのは、幕府の視点からであった。一方で徳川体制の下で発達した重層的な権力構造においては、各レベルでの関わりに徳川体制のなかでの役割と責任がある限り、どの領域も真に「私的」とは見なされなかった。同時に、公領域における権威の各層には私的な性格もあった。例えば大名の地方政体は本質的には大名領主の家の延長であり、その政治機構の基本組織は主従関係で成り立っていた。幕府の最高レベルといっても、中央政府は覇者の家の延長にすぎず、その高官は基本的には徳川家の長たる将軍の私的臣下なのであった。対照的に、幕府から臣下のサムライの家にいたるまで、公的権威からの干渉を締め出せるほど強い確実な「基地」は私的領域のどこにも存在しなかったのである。

「公的」領域より低いレベルは頻繁に「私《わたくし》」（字義的には「私的なこと」で通例悪い意味に使われる）として記述され、

高いレベルとされる公領域と対比される。例えば大名の政体に関わる事柄は、幕府が絡む問題との対比では概して「私的」なこととして語られた。大名の政体はその特定の大名に所属する者にとって「公」だったが、臣下のサムライの「家」の家内問題は「私的」な問題とされた。しかしながら「家」それ自体も完全に私的領域にあるのではなかった。サムライの「家」の維持と継続とは、「家」が大名の家への義務の測定単位である限りヒエラルキーの基盤と考えられていたから、「家」は特定の個人に関わる問題について公を体現した。例えば結婚や相続といった家内問題は、臣下のサムライの「家」の継続と維持とに関係するがゆえに、全く私的ではあり得なかった。言葉を換えれば、それらの家内問題は、地方の公領域から成り立っていた地方大名政体の構造的基盤と結びついていたのである。

徳川のサムライの家庭生活への公領域のこうした浸透は、中国儒教の家族倫理とは非常に異なっている。中国の制度は血族関係と家への忠誠に対して、主君や君主に対するよりも、最高の道徳的優先順位を与えていた。日本ではそのヒエラルキー的君臣制度の経験によって、人びとは血族構造の外側に独特の仕方で交換と義務の長期的関係を維持するよう訓練された。日本人は幾世紀にもわたって、直接信頼性の定かでない当事者間での交換関係における信頼を最大化する（文化的かつ社会‐政治的な）制度のシステムを構築しようと苦闘してきた。日本人は、激しく自立的な行為者をヨリ安定した形の社会的ネットワークに調和させて組み込もうという絶え間ない努力を通して、人間存在の社会に埋め込まれた側面に対してヨリ敏感な文化を構築してきたのであった。

こうした特徴を認めたからといって私たちは、日本人が自分の個別性を表現したいという欲望を欠いているなどと想定してはならない。現代における長期雇用契約の慣行は言うに及ばず、徳川の君臣制度の表面上スムーズな機能ぶりしか見ないのであれば、近世の慣行は日本社会に内在する社会関係の「調和的」風土から出現したと単純に思い込んでしまうかも知れない。日本のいわゆる「協調的文化」は社会に内在する価値パターンの単なる反映ではなく、紛争への活発な介入の歴史的結果なのである。私は本書で、交換関係にある多様な当事者たちが「予測し難い人間行動の予測可能性」をさまざまな信頼のメカニズムの制度化を通して増そうとした個別事例史をるる提示してきた。これらの制度の一つがサムライの名誉型忠義という、文化とイデオロギーとからなっていた。

徳川時代における公と私とのこの特異な差異化と、その結果である私的領域の「縮み」とが、却ってサムライの名誉心情を、個人主義的な行為の起動や個性の表出に適した貴重な文化資源にした。そこで私はこの文化資源の第二の側面、私が「名誉型個人主義《オノリフィック・インディヴィデュアリズム》」と名づけているものへと話を進めよう。

名誉型個人主義の概念の変化

サムライ文化における「変化」の主題は、名誉と尊厳と独立の化合物から出てきた。名誉文化にこの「変化」の主題があったればこそ、徳川のヒエラルキー的君臣制度の下においても、サムライの気構えがまったく受け身の官僚になってしまうことがなかったのである。サムライの独立精神に焦点を当てるために、私は名誉文化のこの側面を「名誉型個人主義」と名づけた。サムライ個人主義のこの型は、近代西欧社会における在来の自己定義の理解とはたいへん異なるけれども、個人レベルでの革新とエネルギーの源であって、これが今度は社会一般の変化を生んだのである。

西欧で理解されている「個人主義」という言葉は、概ね一九世紀以来発展してきたもので、この語の意味についての私たちの意識は近代資本主義の下でのこの発展によって規定されてきた。今日の「個人主義」の使用法には重層的な意味が含まれていて、宗教的・経済的分野の言説から政治的・哲学的個人主義の観念に及んでいる。スティーヴン・ルークスはその明晰な個人主義研究のなかで、この語に含まれる基本要素を一一個識別し、各要素にはそれぞれ発展の系譜があるにもかかわらず、それらすべては論理的・概念的に相互連結していると論じている。[6] この近代版の個人主義は西欧の哲学や社会思想で優勢な力を発揮して、近代西欧資本主義のための知的パラダイムを供給してきたのである。

比較論的視点から見た名誉型個人主義

私が「名誉型個人主義」という造語を行なったのは、日本は近代西欧資本主義社会における個人主義という語から普通に連想されるものとは異なったスタイルの個人主義を発展させた、という私の考えを強調するためである。日本社会に

「個人主義」という語を適用することは、日本は個人主義向けの土着の文化資源を開発しなかったという見解を外部からの観察者も日本人自身も慣習的に受け容れてきたがゆえに、一部の読者を驚かせるかも知れない。それに対する私の最初の反論は、日本における順応主義イデオロギーの優勢は個人主義的な表現や行動を支持する対抗文化の資源の同時的存在をあらかじめ排除するものではない、という指摘である。そして実際のところ、過去および現在の日本において、社会的にも個人的にも重大なリスクを冒しながら率先して変化のイニシアティヴを取ろうとする個人としての日本人に、私たちはしばしば巡り合うのである。この観察から私は二番目の反論、つまり、日本は伝統的に明確な形の個人主義を欠いているという、広く流布した観念の論理的欠陥の指摘へと導かれる——この観念は偏見であって、これを論理的に押し詰めた結果は次のような奇妙なパラドックスに陥ってしまうのである。

　第一に、日本には西欧で認められている型の個人主義の明確な形が欠けている。第二に、私たちは個人主義を、変化の引き金となる主要成分と解釈しがちである。これらの二つのポイントが一緒になれば、私たちは日本社会で急速な変化が起こるのを期待していない、という結論に導かれるであろう。しかるに、そしてこれこそパラドックスなのだが、近代日本は急速で根本的な変化の幾時代かを経てきたのである。いったい私たちは、素早い変化へのこの柔軟な能力を示す歴史と、こうした変化を起動する個人主義が欠落しているという意識とを、どう融合させればいいのだろう？

　ここで「名誉型個人主義」の観念が、日本の歴史発展を明確にすることができるのだ。西欧近代の個人主義の観念とは形がまったく異なっていて、一見ほとんどそういうものとは見えないかもしれないが、名誉型個人主義は「変化」のためのメカニズムを提供する——社会の支配的傾向に逆らう道具を、まさに個人に与えることによって。以下に見るように、同じ形の個人主義は実際ヨーロッパの歴史にも見ることができるのだが、しかしそれは初期段階の土地所有エリート層の至上の誇りという形であった。

　現代日本の社会には個人性の観念が欠けているという支配的観念は、かなりの程度までは定義の問題である。もし私たちが近代西欧の個人主義観念——とりわけ私的自我としての「個人」あるいは自由民主政《リベラル・デモクラシー》の基盤としての「個人主義」というありきたりの定義——に超文化的で超歴史的な価値があると仮定するなら、私たちはあっさりと日本の土着文化は比較的に「個人主義」を欠いている、と指摘することができる。しかしながら、一九世紀西欧モデルの個人主義に特有の文化的特徴を比較の基準にして、日本社会にこのように「在庫調べ」的アプローチをしてみても、日本における個性表現の異なったパターンを支え保持している文化伝統の存在を見過ごしてしまうことになるだろう。

もちろん名誉型個人主義の日本的概念――以下に分析するような――は、トマス・ホッブズやジョン・スチュアート・ミルが提示したような西欧の体系に比すべき、個人の自立を定義し賞揚する凝縮した政治哲学を練り上げなかったことを指摘することは重要である。西洋の知的伝統は、その核となる価値を構造的に首尾一貫した体系のなかに包み込み、それを普遍的に適用可能な思考形式に仕上げる傾向を持つのがその特徴である。こうした普遍的哲学を構築しようという情熱は、日本の知的伝統にはあまり見られない特徴だった。大規模な理論的装置や枠組みは欠けていたが、サムライ階級の名誉型個人主義はまず行動のエトスのなかに現われた。このエトスはさまざまなイデオロギー陣営や政治的立場のサムライの、集団の態度および個人の行動の両方にはっきりと刻印を遺したのである。西欧の研究文献とても「個人主義」への言及を一貫した哲学的下部構造を持つ個人主義に限定しているわけではないのだから、私はサムライのエトスを端的に「名誉型個人主義」と記述し、それによって個人性の日本的在り方の主な特徴を摑まえようと思う。

この定義を導入することで、私は名誉型個人主義が日本独特の文化財産だと主張しようと意図しているのではない。実際のところ、領地を持つ者の社会的自律性に基盤をおく名誉型個人主義の原型的形態は、権力的に優位に立つものの名誉という形で多くの文化に見出され、前近代ヨーロッパの貴族文化がこのパターンであり、南北戦争以前の南部白人エリート文化もこれに当てはまるのである。土地所有エリート層の間の名誉型個人主義の概念が果たした社会史的な役割は、私の考えでは、頻繁に分析の対象となる現代資本主義版個人主義に比べて過少評価されてきたのである。適例として、初期《アーリー》・近代《モダン》イングランドの土地所有エリート層のことを考えてみてもよい。チューダー朝時代の土地所有エリートの経済活動の拡大として始まった囲い込み運動は、明らかに、その後の産業革命以後のイギリス社会の大きな変容への道を開いた。もう一つ例を挙げれば、南北戦争以前の南部におけるアメリカ経済発展の基礎固めはまず土地所有エリートによって準備されたのだが、その文化はヨーロッパの名誉型土地所有貴族の文化に似ていたのである。

私の主張はもともと、日本の名誉型個人主義は、土地を所有することへの誇りと平行する形で強固な自己所有意識を獲得した土地所有エリート層の間に育った、自己確信としての「所有的個人主義」の形で出現した、というものである。C・B・マクファースンは一七世紀イングランドで起こった「所有的個人主義」に彼が与えた有名な定義において、一七世紀の個人主義政治哲学と財産所有とを結びつけてこう言った――「(所有的個人主義の)所有的特質は、個人は本質的に自分の人格あるいは諸能力の所有者であって、それらのことで社会には何も負っていない、と考えることに見出される。個人は道徳的全体性でもなければより大きな全体社会の一部分でもなく、自分自身の所有者と見られたのであった。(7)」マクファースンは財産所有の方式と自己理解の方式との間の関連を指摘することで、学問的に重要な貢献をした。しかしながら彼は「所有的個人主義」のモデルをいささか狭く、一七世紀ごろ勃興しつつあった市場経済を前提とした近代的財産所有にもとづくものと規定し、当時のイギリスの思想家の考えもその線で解釈したのだった。しかし所有財産への確固たる支配権を基盤として沸き上がってくる自己自身を所有するという確信は、市場という前提条件とともにしか出現しないものだろうか?

私はマクファースンの定義を拡張することにより、違った種類の所有的個人主義を考えることが可能であると考える。封建日本の土地所有武人エリートによる財産所有は、近代のリベラル個人主義の基盤と普通考えられている市場経済における近代的私的所有とは違っていた。次節で私が論ずるように、日本ではエリート名誉文化は、封建制土地保有のゆえに自らを自足的個人と見なした武人領主階級の内部に出現した。

私の議論は西欧の所有的個人主義をめぐる最近の言説と一致している。例えばJ・G・A・ポーコックは、一七世紀イギリスの政治思想における財産所有をめぐる知的言説が市場経済の出現を前提条件とする場合にのみ出現したとは解釈できないという理由から、マクファースンの議論の部分改定を勧めている。当時のイギリス思想家の間で「所有と個人性の幾つかの在り方に関して」さまざまな議論が闘わされていたが、封建軍事的保有によって定義される財産関係のモデルもその一つであった。したがってポーコックの見解では、「所有する個人には何種類かがあり、所有的個人主義も同様」であった。(8)イギリス資本主義の発展におけるジェントリーの役割を再評価するなかで、オーランドー・パターソンは「所有的個人主義は一つではなく、二つの違った形があった……一つをブルジョア的、もう一つを名誉的と呼んでもいい。マクファースンが強調した要素のすべては、この両方に共通している……。(9)」サムライの名誉型個人主義は、こうして、所有的個人主義の一変形と考えることができる。

しかしながら、名誉型個人主義の中世および徳川の形態には、それなりの明瞭な特徴がある。次に私は、日本の脈絡のなかで「名誉型個人主義」が何を意味したのかを、その文化的発展の二つの段階に即して見てみよう。

名誉型個人主義の中世的形態

サムライの名誉はもともと、自分の持ち分の権力を自ら行使した男たちが抱いた、戦士の誇りの意識として現われた。社会的かつ政治的に見て、中世のサムライの名誉の基盤は彼の「家」の社会的・経済的自立、統治権者としての意識、すなわち、サムライの家は小なりといえど一つの独立国なり、という意識にあった。現代のインテリが静かな書斎で思い描く抽象的な個人概念とは違って、サムライの個人性は領地を持つ者および戦士としての彼の政治的有効性と分かち難く結びついていた。言葉を換えて言えば、彼の社会的・道徳的自律性は他人を服従させる能力と直接関連していたのである。

この型の名誉文化では、権力志向の名誉心情は不可避的に攻撃的な個性の主張と結びついた。高度に競争的な社会環境のなかで、サムライが自分の利益を護るのは容易なことではなかった。理論的に言えば、サムライ領主は敵対的な同等者の侵略から自分の縄張りを防衛し、名誉ゲームではいつも卓越した力を示してその名声を蓄積するものとされていた。さらに加えて領主たちは、なかなか手に負えない農民を押さえつけて彼らから税を取り立てるものとされていた。サムライが臣下の列に加われば間接的に支配力強化に資するところあっただろうが、それでも彼は主人に対して自分の値打ちを証明するために、いつでも武力を披瀝しなければならなかった。したがって、中世のサムライ文化は常に、自立と自己決定への強い願望を包含していたのである。武人領主の名誉は彼の権力の目印であって、必要な機会にはいつでも披瀝して見せなければならなかった。自恃の精神にもとづいた華麗な自己主張スタイルの名誉は、所有物と名声の両方とも護ろうとする武将の奮闘ぶりと結びついていた。こうして私が特に「名誉型個人主義」と名づけたものは、このような脈絡で中世のサムライ社会に出現したのである。

武人領主の職務は、単純に軍事領域や政治活動に限られていたのではなかった。彼の仕事には、財産や天然資源や人材やらの複雑な管理が含まれていた。もっと特別なこととして、彼は自分の土地の農業生産力を改善する手立て――例えば灌漑計画など――を講じなければならなかった。領主の経済活動は、農業セクターに限られてはいなかった。鎌倉時代後期までには、たくさんのサムライ領主が困窮した借り手に高利で金を貸し付けるとか、領地内の市場で行なわれる商業活動から税を徴収するとか、彼らの領地内の商業事業から収入を得ようとした。サムライ文化の競争的要素は戦士たちの経済生活と、経済的利益を護りかつ拡大したいという彼らの熱心さとに深い根を持っていた。さらにこれらの戦士たちは、心底からの自尊意識を己のものとしていたが、これは激しい争いの世界で生存し、戦闘し、生き残った過程における武人の誇りの直截な表現を核として形成されたものであった。この頃には名誉の文化はすでに、名誉とは人がそのために命を捧げることができる何ものかだ、という観念を支持できるほどに進化していたのであった。

しかしながら、サムライの名誉型個人主義の法的根拠は限られたものだったことに注目することが重要である。中世日本の君臣制度は主従間の相互義務を含意していたが、これらの関係が互恵的な契約であると明確に規定されていたのではなかった。確かに中世のサムライ政府は、鎌倉時代に現われた「道理」すなわち妥当性の概念に示されるように、自律性を持つサムライの紛争に法的に介入する重大な機能を委ねられていた。しかしながら、こうした概念上の傾向も主従間の契約という法的抽象観念にまで発展することはなかった。これとは対照的に、一一世紀中期以後のヨーロッパ本来の君臣制度のモデルは、封建法の発展と複雑に絡み合っていた。新たな法典制定がそれまでは杜撰だった領主と臣下の関係をヨリ実質的かつ正確に規定し直し、彼らの相互的な権利にヨリ客観的な規定を与えたのであった[10]。日本の君臣制度は臣下の権利と義務について明確な、法文化された記述をつくり上げることができなかった。結果として、君臣制度のなかでの中世サムライの自律性は、主として世襲した土地への直接支配を基盤とした現実の――法制度上ではない――社会的・経済的自立に依存していた。所有的個人主義が中世日本に現われたのはこうした社会基盤からであった。

サムライ領主の名誉型個人主義は、現存する効果的な社会関係の内部においてのみ発展することができた。政治的に言って、社会的自律性を達成するというサムライの課題の最も困難な側面は、それを実現できるのがヒエラルキー的な政治同盟に加入することを通してだけだ、ということだった。ヨリ権勢のある人の臣下の列に加わることは自分の領地に対する統治権強化に常に役立ったけれども、この関係は同時に彼の自律性を制約した。しかしながら、権力を行使することに確固として根ざした名誉型個人主義に対する願望は、組織された軍団によってのみ実現することができた。この意味で、中世のサムライの名誉型個人主義は、もともと社会的次元が付随した心情であった。ピューリタン起源の宗教的個人主義でさえ、それが盟約の観念、すなわち神に対して一体となった宗教共同体の関係を包含する限り、間違いなく社会的側面を持っていた。カルヴァン派の教義の社会的次元は、宗教的個人主義の内向的形態と結びついて、清教徒たちを社会改革と政治活動へ参加させる熱情の源泉となった[11]。同じようにして、中世のサムライの名誉型個人主義は、社会的に容認された目標、すなわち名誉ある君臣制度と結びつくことによって、社会的に影響力のある価値となった。個人主義は、それが社会的な価値と効果的に結びついた時はいつでも、大きな社会構造的変化を引き起こす内在的な能力があることに注目することが重要である。

名誉型個人主義の徳川的形態

サムライ名誉文化の中世的形態は、徳川国家の形成によって根本的な脅威にさらされた。徳川の国家形成から派生した新しい制度的束縛の結果、サムライ個人の統治権者的名誉という意識は払拭されてしまった。幕藩国家の形成はサムライの生活の政治的細部を変えたのみならず、人生の進路で期待できること、地位上昇のチャンス、そしておそらくこれが最も重要なことだが、刺激と興奮に満ちた人生経験を享受する機会をも、その根底から限定してしまった。将来の戦争での冒険の可能性が失われただけでなく、新たに出現した制度の束縛によって、サムライたちは自分の可能性の幅は誕生時の身分によってすでに限定されていると認めざるを得なくなった。名誉の基準はヒエラルキー的身分区分という客観的な形式で示されたが、これらは儀式上の差異や式服規定などの目に見える象徴と結びついていた。

受動的な官僚制メンタリティーへと繋がりやすい制度的環境の変化にもかかわらず、名誉志向のエトスはサムライのアイデンティティーの中心を占めつづけ、その熱情は地味な役人の衣装の陰に潜んでいた。日本のサムライ文化は徳川時代の初めまでに、武人文化としてはすでにその成熟に達していた。それはまた当時人気のサムライ文学・語り物などのレンズを通して象徴的に賞賛され、人びとの間に広められていた。またその文化は徳川のサムライ組織の構造に反映されているごとく、さまざまな社会制度としても具体化されていた。こうしてすでに共有された考え方が影響力を持っていたので、徳川のサムライが支配階級としての集合的アイデンティティーを危険にさらすことなしに容認することができる文化変容の範囲には、おのずから限界があった。

　一方ヨリ客観的な名誉の形態へと向かう傾向が強まった結果は、当然のことながら、心理的に疎外感を抱く徳川サムライ集団を生み出した。彼らは公的生活の公式規範に名目的にしたがいつつも、大都市で急速に広がりつつあった洗練された文化に加わることで、私的領域のなかに個人の満足を見出していた。しかしながら、こうした疎外されたサムライの存在も、徳川のサムライ階級が名誉文化という存在論的な深みから完全に切り離されたことを意味するのではなかった。自分が狭い仕切りに閉じ込められた逆説的存在であることの深刻な認識から、自尊心をしっかりと支えてくれるものへの強烈な追求が生まれた。名誉の慣用句《イディオム》はサムライの潑剌たる人格の核心を表出するのに役立ったが、この核心が、彼らの個人性が国家構造あるいは国家目的のなかに完全に組み込まれることに抵抗していたのである。

　徳川のサムライのこの内的抵抗の態度を理解する鍵は、徳川時代の「一分《いちぶん》」という言葉の使い方である。「一分」（字義的には「一部分」、つまり汚すことのできぬ人の誇りの核心部分）は「個人の名誉意識」を意味するが、この時代の文献にこの言葉がたびたび使われたことは、逆境におかれた個人の尊厳と誇りに結びついた名誉心情の存在を示している。[12] 四十七士の手紙のなかの「一分」への数多くの言及を思い起こしてほしい――「……われわれは顔の向けようがないではないか。家のサムライの『一分』が立つように……」といった表現がこの心情を要約している。[13] その概念にはまたそれなりの複雑性があるのだが、一般的な合意としては「要するに人の侮り、人の笑いを受けたとき一分がすたれると考えるのであって、多くの犠牲を払っても一分を立てようとするのは自己の体面を重んじ……るからである。[14]」

「一分」の概念は評判への気づかいと結びついているが、外面的気づかいのレベルだけで自己表明をしたのではなく、

「一分」はサムライの個人的な誇りと自尊心に深く根づいた実在であった。サムライが危機に立ちいたって自分の「一分」が立たないと分かった時には、地方大名権力に立ち向かうかも知れず、あるいは、その決断の結果たとえ相当な危険を背負い込むことになろうとも革新的な思想を支持するかも知れなかった。名誉のもっと順応的な側面を強調してサムライ倫理の中世的形態を変えさせようとする圧力にもかかわらず、サムライ文化の自己主張的特徴が完全に消え去ることはなかった。

「一分」の精神は徳川時代を通じて、さまざまな政治的環境のなかで観察された。あらゆる種類の近世イデオロギーに、その行動上の政策表明とは関わりなく倫理的な起動力を与えたのは、この名誉意識だった。むしろ、名誉の文化は、徳川のサムライの文化的背景の下で――すなわち、無条件の忠誠と服従とがますます強調される状況の下で――精神的・社会的個人性を表明する慣用句を供給することで、次第に貴重な道徳資源となっていったのである。

徳川のサムライはその個人主義的エトスを、西欧のブルジョアジーや知識人がしたような仕方で中心的な価値体系に発展させることはなく、むしろ、少なくとも公式的には、それを忠誠よりも低く位置づけた。さらに、私が「名誉型個人主義」と名づけたものへのサムライの愛着も、例えばキリスト教やカントの普遍的道徳原理の体系に見られるような超越的価値への結びつきを欠いていた。結果的にサムライ個人主義は、彼らの社会集団の内部的な規範を越える超越的価値体系で支えられた倫理的基盤の不在のために、控え目にしか表明されなかった。加えて、この時期のサムライは自立的な経済基盤を欠いていた。個人の自律性を下支えする政治的・経済的な基盤なしでは、中世日本文化の中核をなす疑問の余地なき価値であった個人性への攻撃的な追求も、徳川時代にはその中心性を失ってしまった。こうして徳川の日本では、名誉型個人主義は強い倫理の推進力を持った強烈な心情として文化の内部に存在しつづけたのであったが、その未完成の形態のまま、すなわち理論的・体系的な表明の枠組みを欠いたままだったので、西欧の場合のように首尾一貫したイデオロギーの形をまとうことができなかったのである。

こうした違いにもかかわらず、私たちは徳川のサムライによって表明された個人主義的願望の重大さを過小評価してはならない。絶対服従の倫理を教えられた者でさえ、自立の精神に欠ける者は他者への真の尊敬を失うのだということを同時に学んでいた。気高いサムライなら「一分」あるいは「意地」（誇り）――「自我の基底」を指す表現――を持つという観念は、徳川のサムライ文化のなかでは、個人の行動においても象徴的な表出においても明瞭に認められた。こうした個人主義的な願望は徳川時代には比較的抑圧されていたのだが、サムライの心の奥に密やかな情緒として存在しつづけ、社会的・政治的な条件がその再出現のきっかけをつくった時には、すぐにも表面に現われ出る感情として流れつづけていたのであった。

「統制」と「変化」という文化の二つの主題は、サムライの心のなかで調和して共存することができず、深刻な緊張を生んでいた。組織に順応することも個人主義的な欲求を持つことも、徳川のサムライにとっては社会的・政治的に重要なことと考えられた。普通なら道徳上のジレンマと受けとめられるところだが、この内面の板ばさみは文化的・思想的な創造力と発展のダイナミックな資源として役立った。サムライ知識人たちは懸命な努力を払って名誉志向の二つの要請を満たすような価値体系を定め直そうとしたのだが、そうした試みも緊張の解消には十分な成功を収めなかった。それでも、社会‐政治的な環境変化のなかで、生き生きとした活発な個人意識を保持し、再構築しようとした彼らの奮闘ぶりは意味深いものだった。彼らのさまざまな知的努力は個人としてのサムライたちに、人間存在の社会内的側面と自立的な精神を持つことの重要性とを自覚させたのであった。

とは言っても、日本文化のこうした発展の道程はどれほど独特のものだろうか？　近世における日本での経験とは対照的に、西欧資本主義の発展では新しいブルジョアジー階級の勃興によって文化の覇権を握るものが代わり、それまでの土地所有貴族の名誉本位型エリート文化に取って代わった、と解釈するのが習わしだった。チャールズ・テイラーが指摘するように、「名声と栄光の倫理はここで、社会秩序や政治の安定や善をめぐって（ブルジョア倫理という）たいへん明解なもう一つ別の見解に正面から立ちはだかれることになった。[15]」念のために言っておくと、こうした言い方は成熟までに長い時間を必要とした移り変わりを高度に図式的に要約したもので、違った国では違った仕方で達成されたのであって、その時期もまだ学界の議論の的である。しかしながらここで、比較の基準としてこの西欧の文化的変化の標準モデルを用いると、日本の文化発展の際立った特質が明らかになる。日本中世の名誉型個人主義は、徳川社会の新しい環境に適応することで文化発展の次の局面へとそのまま移行した。日本のエリート名誉文化は、問題の時期を通じて、もう一つ別の階級的基盤に立つ明解なエリート文化の挑戦を受けることも、それに取って代わられることもなかったのである。

しかしたいへんおもしろいことに、最近の幾つかの一七・一八世紀イングランド研究は、貴族の優位ということがその政治的・経済的・文化的ヘゲモニーの持続によって、積極的な役割を演じたことも示唆している。イングランドの資本主義発展の初期の局面では、産業革命への道を準備した社会的・思想的基礎づくりの多くは、実際には土地所有エリートがまだ政治的・文化的ヘゲモニーを保持している間に実施されたのであった。(16) 例えば、J・C・D・クラークの一七・一八世紀イギリス貴族の詳細な研究は、この時期にいたっても旧エリート層の文化的・政治的優位、とりわけ貴族的な名誉理想への固執が顕著であったと主張している。「その活力と権力とは、一八世紀において計り知れない重要性を持っている」とクラークは言う。(17)「このような世界において、入念に守られ万人に共有された掟として決闘作法などの名誉のコードが厳然として存在したことそれ自体、そうした争点が高度に敏感な問題であったことを意味していた。あらゆる侮辱が公であったか、あるいはすぐにも公になってしまった時、被害者側は公に自らの名誉を擁護するために戦うことを余儀なくされたのであった。(18)」啓蒙運動時代のイングランドのエリート文化は単なる名残りではなく、それ以上のものとして経済理論・政治理論の発展に寄与し、その発展はやがて産業資本主義の勃興をもたらしたのであった。イギリスの歴史的経験は、近世における日本の土地所有エリート文化としての名誉型個人主義の持続が特異なことではなかったことを示唆しているように思われる。

サムライ身分の廃止

ここで私たちは、明治政府による階級としてのサムライの解体にともない、名誉文化の特権的社会基盤が失われたことを考えなくてはならない。明治維新(一八六八年)以後、新政府は支配身分であるサムライの特権を廃止したが、これには世襲の俸禄や財産(知行)も含まれていた。サムライは政府の債券の形で部分的な補償を受けたが、他のすべての階級を支配する資格を持つ唯一の階級というサムライの観念は廃絶されてしまった。かつてのサムライはいかなる仕事を選ぼうと自由になり、他の階級に所属する者も公職に就くことができるようになった。こうした職業探検への誘いにもかかわらず、多くの元サムライたちはともかくも明治新政府の下で公職に就くことを望んだ。

徳川の社会支配では中間的社会組織の持つ規律維持能力の活用が好まれていたのだが、こうした間接的なやり方とは対照的に、明治政府は市民たちを政府の下の各種の機関によって直接的に支配しようと決めていた。最新式の官僚制度、全国常備の陸海軍、警察、裁判所、公的学校といった、社会支配の西欧式制度の導入が行なわれた。前サムライ家族の息子たちは、その受けた教育と身に染み込んだ公務意識によって、国家建設の初期段階の貴重な人的資源となっていた。園田英弘によれば、「一八八一年には、前サムライとその家族は全人口の五・三パーセントであった。この少数集団が全部で一六万七五九四の公職ポストのうちの六万八五五六、すなわち四〇・九パーセントを占めていた。さらに高官のポストは、上へ行けば行くほど前サムライがたくさん占め……一八八五年には、中央政府の局長以上の高官九三人のうち、四人が貴族、八八人が元サムライ、そして一人が平民だった。[19]」

加えて、新たに設置された小学校の教員ポスト（一八八一年にはその数は七万八〇〇〇だった）の多くは元サムライが占めたのだが、もし教員ポストをつくっていなければ、明治のジャーナリスト山路愛山が指摘した通り、明治における元サムライの反抗はもっと激しかったであろう。[20]やがて公教育の発達と官吏登用のための能力主義的制度の採用とが本格化するにつれ、サムライ出身でない者の公的生活への参入を顕著に増大させた。しかしながら、日本近代国家建設の第一世代指導者たちは概ね元サムライであったことに留意しなければならないし、そしてエリート的な名誉心情が、明治初期のエリートたちの間で目ざましい表現を見出しつづけたとしても、決して不思議ではないのである。

こうして名誉の文化は、明治維新以後もさらなる発展と変容を経てゆくのだが、しかしながらそれが徳川時代のように特権的なエリート社会集団の内部で、その集団の卓越性を明確にする原理として具現するということはなかった。サムライ名誉文化の遺産はこの階級の解体の後にも残っていたが、それは具体的な生きた制度としてというよりは、ヨリ見えにくい象徴的慣用句《イディオム》としてであった。結果として、現代の日本人がサムライの遺産と接触できるのは、間接的手段と現代的な脚色をした文化形態を通してである。明治維新の後、サムライの象徴体系を再解釈しよう、あるいは操作しようという数多くの組織的あるいは非組織的な努力が行なわれた。伝統の活用や再創造へのそうした試みは、その後の幾つかの歴史環境のなかに見出すことができる――それは例えば、明治時代後期の市民道徳と国民的連帯の増強運動や、第二次世界大戦前の軍国主義教育や、企業への忠誠を教え込む過程を通しての日本社会の戦後的再建などである。本書の範囲では、これらの問題を取り上げることはできない。以下私は日本におけるサムライの象徴体系の文化資源としての活用と拡散について、ほんの二、三の観察を述べるにとどめることにする。

日本が世界政治に本格的に再加入したのが一九世紀後半という遅い時期であったことは、日本がその名誉文化を保持する上で、徳川時代のみならずその後まで、なにかと好都合であった。この再加入がたまたま西欧帝国主義の拡大と重なっていたので、日本は名誉とナショナリズムとの比較的に単純な融合を経験した。一九世紀が後半に近づくにつれて、日本のサムライのエトスの激情的側面が国難意識の広がりで奮い立った。徳川時代の終わりに日本が西欧列強による軍事的威嚇と対峙させられた時、「それまでいわば眠っていた武士精神が復活し」、国難を己の自立と名誉に対する挑戦と見なす気質を育んだ。[21] こうしていったん蘇ったこの名誉志向の心情は、明治維新後再び焦点移動《リフォーカス》が行なわれ、新しい名誉の場へと導かれていった。その新たな場は日本国家の民族国家的《ナショナリスティック》イメージであり、それが個人の経済的向上への新たな刺激とうまく結びついて、栄光と名誉の幻像を把らえる焦点として役立ったのであった。

明治の為政者の下で進行した民衆と社会の力動的関係の表現であるこのイデオロギー的な再編成は、決して一直線の発展を遂げたのではなかった。徳川の下でのサムライ文化の再解釈の場合と同じく、それは複雑な過程であった。明治維新について議論することは本書の範囲を越えるが、この歴史概観のなかで指摘しておきたい重要な点が一つある。サムライ文化は徳川社会において競争主義と能力社会への評価を育んだが、この能力主義的競争主義は、サムライたちが世襲原理とも協調して働かなければならなかったことで重大な妨害を受けた。こうして、幾らか単純化して言えば、明治体制はそれまでの名誉文化の編成から世襲的要素を除去することで、より純粋な能力社会への道を拓いたのである。

徳川時代には、町人や百姓の息子たちには、名誉共同体に参入するという形で本当の社会上昇を遂げる可能性はほとんどなかったことを思い起こしてほしい。庶民は富を蓄積することはできたが、フランス絶対制下におけるように公職売買がきちんと制度化されているわけではないので、彼らの金銭で名誉ある地位を買うことはできなかった。しかし人生に与えられる可能性と部署とを制限される不利益を被っていたのは庶民だけではなく、上昇への強い野心に燃えるサムライも同じように、身分ヒエラルキーのなかで固定された地位に失望していたのであった。すでに私が論じたように、業績志向のエトスと能力主義的価値観とは徳川のサムライ社会においても完全に否定しきれない埋想目標であったし、文化の主題の中心が名誉であるということが社会のすべてのレベルの人びとに、ヨリ高い名誉への秘めた願望を抱かせていた。しかしながら、業績と名誉に高い価値がおかれたにもかかわらず、公式の徳川体制は、努力と経済的成功と社会的名誉とを直接結びつけることは決してしようとしなかった。したがって、明治政府によるサムライ特権身分の廃止とその後の経済成長への国家的取り組みとは、閉じ込められていた上昇欲望の階級縦断的うねりを一時に噴出させたのであった。

新しい流行イデオロギー、すなわち百姓の息子でも勤勉に働いて経済的な成功を勝ち得れば世間に「名」をなすことができるという確信は、この名誉志向の社会の企業家的活動にとてつもない弾みをつけることとなった。明治維新はこうして、日本の民衆の眠れる能力主義的・業績本位的願望を呼び起こし、こうした野心を市場における成功と名誉をめざす新たな情熱へと導いたのである。

例えば、『成功百話』という明治後期の道徳ハウツー本の著者は、当時の野心溢れる読者にこうアドバイスしている——

成功は其人を利し、又国家を利す、故に成功の人多ければ其国富強に、成功の人少ければ其国貧弱に陥るは、古今東西の常理である。茲《ここ》に於て成功するとせざるとは、啻《ただ》に一身一家の栄枯盛衰を左右するのみならず、大にしては国家の興亡を誘致するに至るのである。苟《いやしく》も人間たる以上は奮発して成功に努力せざるべからず、これ人間としての義務にして、自己の利益を増進するのみならず、又国家の利益なれば、名誉の月桂冠を得べし。(22)

この文化の再解釈の局面で、徳川の臣下官僚制の下で発展したサムライの「家」イデオロギーは、明治の家族法と、天皇という父親像を戴く「家族国家」イデオロギーへと容易に転換していった。サムライが自分の「家」の繁栄は主君の「御家」の継続いかんにかかっていることを理解したように、明治の日本人は自分の「家」の繁栄は国の成功と直接連動していると説得されたのである。そのような文句のつけようもない社会的目標のゆえに、世間的な成功をめざす個人の努力を人は容易に正当化することができた。西欧諸国の進んだ経済と同じ地位を獲得しようという強烈な動機を与えられて、日本の新たな国家的名誉文化が、「世間で身を起こすこと」（立身出世）と「富んだ国と強い軍隊」（富国強兵）を建設することに同調しながら、ナショナリズムと名誉との直接化合の触媒となったのである。「情念と利害関係」の間の、すなわち栄光追求の心情と資本主義との間の有効な「化学反応」からエネルギー供給を受けて、名誉文化の日本的形態は産業成長への適応の準備を完了したのである。[23]

前節で示した明治ナショナリストによる名誉の利用といったような、順応と統制の文化的主題を提示したところで、近代日本社会の有名な組織論的特徴に詳しい人は何の驚きも感じないかも知れない。しかしながらサムライ名誉文化は、サムライ以後の時代の道徳的コンセンサスを創出するためだけに用いられたのでは絶対になかった。

西欧に向けての開国の後、日本の知識人は熱心に西欧の哲学を輸入した。明治初期の進歩的な知識人の多くが特に惹かれたのは、個人の価値と自助の精神を強調した西欧自由主義思想派であった。明治知識人の第一世代——日本人に向かって個人主義と市民的自立の西欧哲学を熱心に紹介した福沢諭吉も含まれるが——の多くは、サムライ文化のなかで育った前サムライたちであった。個人主義と自立の西欧的モデルを、自分たちの誇り高き人格意識を表現する魅力的な慣用句《イディオム》だとまず考えたのは、彼ら自身に固有な自意識と個人的名誉の精神だった。彼らは西欧的価値を試しに受け容れてみたものの、やがて日本の伝統的規範と西欧輸入価値とに結びついた二種類の願望の間に横たわる道徳的ジレンマに直面しなければならなかった。しかし同じような個人性と順応との間の心理的相剋と道徳的ジレンマは近代以前の日本にも存在していたことを、ここで強調することが重要である。サムライの間では高度に個人的な自己表現を追求する、エリートの名誉型個人主義のイデオロギー的伝統さえあった。この土着の文化表現の源泉は、明治の文化的変容を通して、新たな象徴的慣用句の資源を西欧から手に入れたのである。西欧モデルの個人主義の輸入を日本的心性の伝統からの完全な革新あるいは決定的離脱と考えるよりも、文化の継続的な発展と再編成の側面を、私たちはもっと注意深く眺めてみなければならないのである。

変化の源泉としての伝統

サムライの名誉という文化複合体のなかに個人主義的要素を確認することは、日本の社会発展をめぐる私たちの理解に重要な社会学的含意を伝えてくれる。私たちが理解する個人主義は常に革新を重視すること、あるいは従来にない思想や行動への駆動を含んでいる。もしも社会の成員すべてが既存の規範的指図や命令にのみしたがっていたなら、そうした停滞からは変化への主導は生まれてこないであろう。こうして、個人主義的な駆動の存在には多くの社会的・経済的含意があると理解されてきた。個人主義的態度を持つ市民の必要数が日本に存在したことは、明治時代の国家建設の成功によって明らかであり、この時には政治、法律、教育の再編成から家族や企業組織の再編成にいたる、あらゆる社会制度の内部における激烈な変化が現われ出たのであった。明治日本はどうしてこれほど迅速に西欧の挑戦に対応でき、比較的短期間のうちに社会を完全に再構築することができたのだろう？

一つの理論的仮説は、明治政府の下での日本は政治的後発国であったから、必要とされる制度のモデルをコピーすることで先進諸国に追いついたのだ、というものである。この仮説によれば、明治の制度建設の経験は社会制度の新たな建設ではなく、西欧モデルの素早い輸入とその賢い修正だという議論になる。近代化への強力な国家指導を行なっている後発国という日本の地位からすれば、日本の工業化のプロセスは資本主義の発展へ向けての個人のイニシアティヴなどなくてもコピーで間に合ったのだ、と主張したい向きもあるかも知れない。しかしながら私たちが留意しなければならないのは、莫大な個人の勇気と覚悟を必要としたのが、まさにこの西欧モデルの輸入事業自体だったことである。日本は西欧の影響を単に受動的に受け容れてきたのではなく、重大な社会的・心理的・肉体的な危険を冒した明治時代の数多くの個人の決意と野心とによって内部から変容したのである。彼らは改造がうまくゆくよう準備をし、内部の反対者を説得し、ついには社会的に容認し得る新たな目標を設定するために、土着の制度を編成し直さなければならなかった。

一例として日本の軍隊の、原型としてのサムライ的形態から近代国家の能率的な常備軍への転換をめざした指導者・大村益次郎の場合を考えてみよう。大村は日本土着の制度を西欧化しようとした他の多くの人びとと同様、一九世紀後期に流行した政治暗殺の犠牲者となった。明治の知識人の多くは、日本の社会改良の最善のモデルを求めて海外で学んだ。そのように巨大な変化を推進しようとする実行者《エイジェント》には、説得的な指導性と固い決意の粘りとが必要である。彼らはサムライ名誉文化の下で育ったか、そうでなくてもその影響をたっぷり受けた人びとであった。そもそも日本に限らずどの国であれ工業化のプロセスというものは、たぶんイギリスは主たる例外として、他国の経験の模倣と改造を含んでいた。後発国の工業化を、個人的存在としての変化の実行者なしに想像することは不可能である。

明治日本の理解をこのように改めることから、現代の日本を他の何の価値にもまして調和とコンセンサスを重んじる、顔のない、つまらない連中の、息の詰まるような集合だとする従来のイメージに対して、私たちは疑問を抱くようになる。普遍的な思考パターンと連結した西欧型個人主義の存在のみが、工業化やその他近代化の諸側面に向かって個人がイニシアティヴを発揮するために必要な前提条件なのではない。私の意見では、名誉型個人主義という土着の文化資源も、明治期の社会の発展的変化をおしすすめる上での一つの大事な文化的要素として働いたのである。と言ってもここで私は、明治以降も名誉文化が支配イデオロギーだったと主張しているのではないし、それどころか私は名誉型個人主義は変化を引き起こす文化資源として機能するための、文化のなかで最も有力なイデオロギーの地位を占める必要はないと考える。それは次の理由からである——変化の実行者《エイジェント》である個々人は単に社会の支配的価値に従っているのではなく、時として彼らは実行者《エイジェント》個人として、自分の目的のために象徴的資源を利用することを選ぶのである(24)。個人行為者は自分の特定の行為のために、文化の慣用句を「規定」としてではなく「資源」として用いる。ある人が文化資源をこのように利用する時、その人が用いる慣用的象徴はその文化の内部で支配的な主題である必要はない。変化の実行者《エイジェント》はその慣用句を自己表現の手段にしてもよいし、着想の源泉にしてもよいし、選択あるいは決断の正当化に使ってもよいのである。

日本の名誉文化は往時と同様今も、西欧型の個人主義イデオロギーが深く根づかない社会で個人がイニシアティヴを取るための文化資源として役立っている。日本の象徴体系のなかで名誉と個人の自尊心とはこれまで常に緊密に関連してきたので、個人性を画する境界への集団的秩序の浸蝕を防ぐ必要もまた、名誉の名において正当化することができる。これは近代日本にもしばしば当てはまることで、集団主義に対して個人の主張を表明する土着の慣用的象徴として、名誉以外の持ち合わせは少ないのである。現代日本が生きた過去と繋がるのは、このような慣用的象徴を通してである。もちろん、今日の日本人一人ひとりの頭と心のなかにサムライが生きていると論ずるのは行き過ぎであろう。事実として、近代日本人は通常、自分たちが古来のサムライの足跡を追って歩んでいるなどとは思っていない。それにしても私たちは、近代日本人が抱く慣用的象徴を戦士だった祖先の思想と感情に結びつけている共通の心情の糸を、たどることができるのである。

私はここで近代の大衆文化のなかの、過去と現在を結ぶ象徴の繋がりの実例を一つだけ挙げておこう。日本が一連の政治スキャンダルで揺れていた一九九二年九月のある日、一人の中年の男が東京の検察庁の表玄関にいきなり幾缶ものペンキを撒き散らした。彼はそれから居合わせた見物人たちに説明を書いた刷り物を配った。独りぼっちのデモ実行者はすぐに逮捕されたが、玄関前の文字を刻んだ石の銘板は黄と白のペンキで汚された——これがマスメディアには恰好の画像を提供することになった。抗議者の行為はこの年最も論争を呼んだ政治スキャンダル、政権党であった自民党の有力者・金丸信の事件について、検察の扱いが甘いことに向けられていた。

大衆向け週刊誌『サンデー毎日』は抗議者とのインタビューを掲載したが、そこには「私は大石内蔵助になって検察にペンキを投げた」といった過激な発言が含まれていた。インタビューでこの男は行動の背後にある動機を、四十七士の例を引き合いに出して説明した。「……赤穂浪士の心境なんですよ。比べるのも恥ずかしい限りですが、大石内蔵助は主君の敵討ちだけで吉良家に乱入したのではない。殿中の刃傷事件で、公儀の不平等な処置に身をもって抗議したからこそ、元禄の民衆が燃えたのでしょう。私も検察首脳に反省を求めるため、リスクを覚悟の上であえて一歩踏み出した、という気持ちだから、英雄気取りじゃない。」

念のために言っておけば、抗議行動の正当化にサムライ文化を直接引き合いに出すのは、現代の日本では必ずしもよくあることではないし、私たちもこの抗議行動者の言葉をそのまま額面で受けとることはできない。しかしながら、サムライの慣用句はその男のパブリック・イメージをつくるには極めて効果的な方法だった。つまりインタビューする側もこのお陰で、イデオロギー政党とは何の繋がりもない普通の、単純ではあるが真っ直ぐな良心の持ち主である一人の男が、自分が正しいと信ずることのために進んで声を挙げたというイメージを伝えることができた。インタビューは温かな調子で書かれていて、その男に対する記者の共感ぶりを示している(25)。

近代日本社会を栄光ある過去に呪縛された不完全な個人の集合体といった、単純化した仕方で描くことはできない。欧米の学者・ジャーナリストなどはともすれば日本の社会発展の進路に対する文化の影響を述べる時、今だに残る「伝統」の力が、例えば年功序列による長期雇用といった日本的組織経営の表面的な形態や慣行に繋がっていると無批判に結論づけがちである。社会的画一性の主たる源泉としての「日本的伝統」があるという予断的イメージは、論理的にもあいまいな観念である。こうした思い込みの影響によって、サムライ名誉の概念を自己犠牲的忠誠の点からだけ考えた人たちもいる。本書が提示した歴史的検証は、それと異なる前提を強く指示する——すなわち、名誉文化は重層的な意味を持ち、これらの層の存在が、さまざまな個人や団体の目的や目標に合わせて「名誉」概念をダイナミックに活用することに貢献したのである。

西欧の日本研究では、例えば終身雇用といった、これまでの日本の社会制度や社会組織に固有な特徴の導入を促した原因を探ることが、絶えず社会学者の興味を惹いてきた。しかしながら、これらの試みがしばしば直面するのは、どのような歴史的因果関係でこのような諸制度が発展したのかという問題である。いわゆる「文化」はこうした現代日本の組織論的慣行の形成に決定的な役割を演じているのかどうか。あるいはこの命題は文化というより社会構造的効果が要因になっていると考えたほうがいいのだろうか——例えば工業化の後発国が急激に先進国に追いつこうとして社会制度を上から変えていく「後発効果」、工業化の過程で起こった労働力不足に対処するなかで出来たとする「労働市場の構造」、さまざまな先進国の制度モデルの「異なる組織モデルの相互干渉」の影響など、さまざまな有力な学説が提出されている。例えば、エレナ・ウェストニーは明治の近代制度建設の実例の幾つか（警察、郵便、その他）のプロセスを検証した後に、徳川の制度的遺産が当時の制度の形状に与えた影響は比較的に弱い、と結論づけた。そして彼女は、独・仏・英などの先進諸国の組織のモデルを輸入した時、それらのモデルが相互に干渉・影響し合って独特の日本的組織が出来たのだ、と主張した。[26] 彼女の個別事例研究の実証主義的検証は、文化の影響力というこの複雑な問題の論議にとって歓迎すべき貢献である。しかしウェストニーが明治時代における徳川文化の影響の分析で述べなかったのは、これらの変化を主導した明治の日本人の心のなかでこの影響がどのような姿をまとったかであり、私がここで強調したのはこの側面である。私が文化的伝統の影響を考える時言及しているのは、近代日本と徳川社会の制度に形態上認められる形態的類似性のことだけではない。むしろ私がこの本で焦点を当てているのは、これらの変化を実行した人びとの態度とともに、社会変化の公式を設定するにあたって彼らが利用することができた文化的資源は何かという問題である。

曖昧に定義された「日本の伝統」という観念で私たちが通例認識するのは、実のところ一連の両刃の概念、すなわち個人の自己表現の目的にも、あるいは逆に人びとを順応主義の態度や行動へと誘う目的にも役立ち得る、多様な文化的慣用句の貯えである。現代日本の市民たちは善かれ悪しかれこれからもこの慣用的象徴の豊かな貯えを、過去と同様未来においても、有用な文化資源として使っていくだろう。

エピローグ——名誉とアイデンティティー

サムライの言葉や行為から現われてくる名誉の最も印象深い主題は、最悪の状況のなかでも深い個人意識を保持しようとする彼らの奮闘ぶりに具現されていた。サムライ文化の人を惹きつけてやまぬ特質は、そのバイタリティーをこの名誉の心情の内的深みから引き出していたことにある。

こうしたエリート名誉文化は今日の世界では極めて稀なものとなってしまったので、私たちの多くは前近代の戦士社会における名誉、尊厳、そして個人性の緊密で複雑な結びつきを想像してみることができない。当時のエリート名誉文化のなかでは、名誉志向のアイデンティティーを創出する社会的名誉のさまざまな要請に対する究極の責任は、全体としての社会にではなくその社会の成員各個人にある、という強い信条が支配的であった。この確信こそ、私が「名誉型個人主義」と呼ぶものを鼓舞した心情の重要な核心であった。この個人主義は、ある特定のサムライ個人が制度的な要請や指定された役割から課せられる制限に絶えず逆らっていることを意味したのではなかった。そうではなくて、「名誉型個人主義」が意味したのは、そういう人物はこうした社会的制限・責任をいつも真剣に受けとめるのだが、といってそれに順応するか否かの究極の判断は他でもない自分自身にあることもわきまえていたということである。名誉あるサムライの行動選択には大いなる自己犠牲、ストイックな忍耐、責任を全うすることが含まれていた。しかし彼はまた公然たる争闘や堂堂たる反逆さえ含む、元気潑剌とした口論や腕力行使へと走るコースも選ぶことができた。この後者のコースが自覚と覚悟を持った心で自由に選択された（と認知された）時、それは周囲の社会から当の戦士の一身の名誉を証するものと考えられた。自己実現のこの最深レベルにおいて名誉と個人性とは親密に結合し、この男の尊厳と戦士のアイデンティティーとが社会的にも一人の人間としても確立されたのであった。

名誉は強烈な感情として経験できるものだが、同時にイデオロギー装置としても機能する。第**1**章で私は、名誉の観念は本質的に時間次元での「信頼」の問題と緊密に結びついていることを述べる出発点として、トマス・ホッブズのあまりよく知られていない概念を援用した。内面的一貫性や同一性の問題が議論に入ったのはこの時点である。政治的に安定した君臣関係のヒエラルキーを構築するために、中世の日本社会は家臣の未来の行動の予測可能性、つまり「信頼」を増す手段として名誉を政治的・イデオロギー的に利用しようとした。こうして主君たちは従者のサムライの信頼性を確保すべく、絶対的忠誠こそ最も賞賛に値する行為だと定義しようとしたのであった。

しかしながら私たちは、こうした社会的・イデオロギー的機能と並行して作用している、名誉心情の人格的・内面的作用を看過してはならない。内面のレベルで、サムライは名誉を有無を言わさぬ感情として経験したのだが、それと同時に名誉こそが、闘争と逆境の時期を通じて人格的な一貫性と自己の尊厳の意識を保ちつづけるのに役立つ内面的資源でもあった。生涯を通じて、彼はさまざまな種類の社会的な行動の選択肢から選ばねばならなかったであろう。中世日本の競争的戦士社会では、同盟を組むのか離脱するのかに関わる特定の行動に対してサムライが行なうあらゆる政治的決断は高度に状況依存的であり、サムライは絶えず錯綜している流動的な政治的、軍事的、社会的状況に対処しなければならなかった。しかし彼は自分が行なったさまざまな決断を、名誉の慣用句（つまり、「男の誇りが他のやり方を許さない」）を用いることで内面的に意味のある、名誉あることとして心理的に正当化できたのである。サムライ名誉文化が実際に表出されたのは、こうした社会的、内面的な名誉利用のダイナミックな相互作用あってのことだった。名誉の利用という現象を通して把握される人間行動の流動性と予測不可能性に留意することが重要である。

サムライ名誉文化は、私たちの歴史的想像力に対して挑戦を突きつける。近代の観点から私たちは、名誉とは自己の外側の存在で旧態依然たるヒエラルキー的な秩序や価値と結びついており、したがって比較的重要でない、あるいは不毛な概念であると見なし、その一方で尊厳や個人性は自己の本質的な構成要素で、純粋な、あるいは真なる自己の想像上の観念である、と考えがちである。その結果、人のアイデンティティーにとって重要なのは後者の諸価値になる。近代性の視点からは、「個人性」は「真なる自己」が表現されたものと定義されるのである。これと対照的に、日本の名誉文化のなかでの自己意識は、社会に埋め込まれている自己意識（つまり、間主観的な視点から考えられた自己）と、ヨリ主観的な自己意識（それ自身の内的視点から眺められた自己）とを近接《プロクシミティー》させるプロセスを通して繰り返し現われたのである。日本で前提されているのは、これら二つの視点の分離ではなく近接なのである。[1] この後者の型のアイデンティティー認知から帰結する規範的含意は、それが間主観的関係のなかでの役割や期待を単にさまざまな目的達成の手段としてではなく、自己実現の本質的要素としてヨリ真剣に受けとめる、ということである。

こうした近接を通してのアイデンティティー形成は、何も日本の名誉文化の専売特許ではない。アイデンティティー形成の本質的要素は、あらゆる社会において、ある程度まで――実際には重要な程度にまで――この近接過程と連動している。自己をめぐる現代西欧の神話の奇妙な部分は、私たちのすべてが非常に単純だが深い感情のレベルで、私たちの本当のアイデンティティーは社会関係から切り離すことなどできないと分かっていることである。私たちは直観的には、私たちは他者と適切に結びつき、他者から評価された時に幸福を「経験」するのだと認めている。それと同時に私たちは、時には多大な感情的・金銭的な犠牲を払って、「真なる自己」という聖杯を探し回っているのである。

名誉と個人性の現今の分極化は西欧に太古から固有の文化的特徴では必ずしもなく、少なくとも部分的には中世社会が幕を閉じた後の時代に起きた顕著なイデオロギー的副産物である。この歴史的移行について語りながら、ピーター・バーガーは「名誉文化の凋落を見た時代はまた、新たな道徳性や新たな人間中心主義、そして特筆すべきことには個人の尊厳と権利を重視する気風の歴史的には前例のない勃興を見たのであった」と書いている。[2] 政治的自由主義、啓蒙ヒューマニズム、西欧文化におけるブルジョアの主導権、そして芸術・文学における私的個人のロマン派的賞揚――これらすべてがさまざまな仕方で、自己発見とは本物の自己を社会によって規定された役割から解放するプロセスのなかにある、という理解に貢献した。名誉の概念は次第に時代後れのヒエラルキー的秩序、囚われの個人に対して望ましくない人工的な制度の役割を課す空っぽの貝殻と連想されるようになった。もちろん、こうした文化の変化は時間をかけてゆっくりと起こり、その移行のプロセスはなだらかであり、その正確な道程は突きとめにくい。こうして名誉は個人性や尊厳のパーソナルな意識との繋がりを失ったがゆえに、今や近代社会においては旧式で表面的な概念のように見えるのである。

現代西欧における名誉の形骸化に普遍的な価値があると誤解している学者は、日本の名誉文化を解読しようとする際に概念上の落とし穴に陥りがちであろう。私が呼ぶところの名誉型個人主義は自己意識というものを、それを生み出した社会関係から切り離した形で前提にしているのではない。これは多分、ルース・ベネディクトによる日本社会の図像学的な記述である『菊と刀』が持つ根本的な方法論上の欠陥であった。いわゆる「恥にもとづいた」日本文化と罪にもとづいた西欧文化という対照を初めて提起したのが、この本であった。この本が書かれたのは第二次世界大戦中で、「アメリカがこれまでに国をあげて戦った敵の中で、最も気心の知れない敵」を理解するという明白な意図を持っていた。[3] ベネディクトは日本を訪れたことはなく、その言葉も覚えなかった。しかしながらこうした限界にもかかわらず、この本には強烈なインパクトがあった。この本が与える力強い印象は主としてベネディクトの並々ならぬ文学的才能のたまもので、その鋭い直感が幾つかの重要な観察を選択し、表現しているのである。しかしおそらくこの古典は、日本社会についての客観的な報告としてよりも、著者の隠された「自己」の定義を映し出す鏡として読まれるほうが良いであろう——つまり、西欧で生まれ育った一人の学者が、自文化の自己概念をいかに無意識に日本人に投影したか、である。

ベネディクトの恥の文化像は、彼女が「名誉」より「恥」という言葉を好んだことが示すように、日本人を多少とも受け身で義務感に囚われた人間として描き出した。不幸なことに、この肖像は堅苦しくて平板である。ベネディクトによれば、日本人が外部から強制された従順さによって社会的な規範や義務に条件づけられているのに対して、欧米人は罪の文化のなかで内面的な良心を育むよう教えられてきた。「真の罪の文化が内面的な罪の自覚にもとづいて善行を行なうのに対して、真の恥の文化は外面的強制力にもとづいて善行を行なう。」[4] 確かにベネディクトは、恥にもとづく文化も内面的次元を持つという点を完全に見すごしたのではなかった。恥の文化の個人の内部にも結局は内面化のプロセスが作用する、と彼女は認識しているように見える。加えて彼女は、日本人も時には過ちに対して強烈な個人的罪悪感の反応を示すことを認めた。しかしながら、彼女の研究の底にあるのは日本人と「われわれ」との基本的な違いをどうしても定義しなければという必要性であった。クリフォード・ギアーツは、ベネディクトのこの点を評して「われわれ／非われわれという主題」が彼女の関心の根底にあったと見なしている。[5] ベネディクトの基本戦略は「恥／外面的vs罪／内面的」という二分法を用いて、二つの社会の違いを強調することであった。

文化の二分法を強調するこのアプローチは、地中海地域を専門とする文化人類学の研究から生まれてきた、名誉についての最近の複雑でダイナミックな見方とはおおいに異なっている。彼らの研究では、名誉の外面的次元と内面的次元の相互作用こそが議論の出発点なのである[6]。これらの人類学者の仕事をベネディクトのそれと比較する時、自分が訪れたこともない社会に対して鋭く透徹した洞察を展開することのできた有能な学者である彼女が、同時にいかにして日本の名誉文化の内面のダイナミックスについてはかくも無頓着であり得たのか、問わずにはいられない。ベネディクトがアメリカ国内に在住する戦時下の日系人のみをインタビューの対象とし、日本国内に暮らす日本人と接触を持たなかったということが、彼女の限界性の一半の説明になるかも知れない[7]。寄せ集めの材料を行きあたりばったりに使うこと――とりわけ伝説やサムライ説話のような歴史資料を歴史的文脈を無視して流用したこと――で、彼女には日本の名誉文化の多面性が見えなくなったのである。しかしながら、彼女の限界は単に接近法や方法論の問題にのみあったのではない。ベネディクトが個人性と名誉とのダイナミックな融合を理解できなかったのは、私の意見では、人間のアイデンティティーの構成についての彼女自身の内なる未検証の仮説に起因しているのである。

ベネディクトはこの一連の仮説のゆえに、彼女のインタビューに応えた日系人が義務や責任について言及すると、それは自己の外部の問題に関してだ、と自動的に考えたのである。彼女はもっと受け身でなく、公式的でなく、あるいは厳格に忠誠的ではない日本人の心性を前にすると、それらを「矛盾に満ちた性格」と見なしてしまったのだ。彼女が書いたところによれば、日本人は「世界のどの国民についてもかつて用いられたことのないほど奇怪至極な『しかしまた』の連発」によって記述し得るのである[8]。「日本人は最高度に、喧嘩好きであると共におとなしく、軍国主義的であると共に耽美的であり[9]、……」「刀も菊も共に一つの絵の部分である[10]。」ベネディクトは彼ら日本人の恥にもとづく文化がこうした「矛盾」――この性格づけの妥当性が当然のこととされている点に注意――を可能にしたと考えた。全体を通して最も論証の弱い最後から二番目の章で、彼女はこう書いた――「西欧人の目を驚かす日本人男子の行動の矛盾は、彼らの子供時代の訓育の不連続性から生じる……彼らは幼児期に自己の主張を押し通す態度を学んだ。……その後さまざまな束縛が加えられるようになったが、それは仲間のものとの連帯性を保つためであって、義務は相互的である。[11]」彼女の結論では、日本人は内面の矛盾を抱えるように運命づけられており、それこそが彼らの文化の型の力なのであった。

日本人の学者たちが、ベネディクトの恥にもとづいた文化の議論にやや差別的な含意を感じたのには、それなりの理由がある。こうした含意は彼女の外面的／内面的の二分法の使い方を、特に「矛盾に満ちた性格」の論証の文脈で検証してみると自然に浮き出てくる。ここで敢えてベネディクトの側の事情も汲んでみれば、彼女は相対的な文化観の必要性を少なくとも彼女なりの言葉で自覚していたのだ、と私は述べたい。[12]一人の文化人類学者として彼女は、個人の行動病理学とは截然と区別された文化パターンの内在的論理の基盤に立って、「矛盾に満ちた性格」を国民としての日本人に帰結させようとしたのであった。彼女は恥の文化より罪の文化に倫理的優越性を認めることを、慎重に避けていた。もしも私が私自身の言葉で『菊と刀』の暗黙のメッセージを要約するなら、それは以下のようになるだろう——「そう、日本人はたいへん奇妙な振舞いをする。でも私があなたに言いたいのは、彼らの行動には彼らなりの理由があって、彼ら自身の文化の倫理基準や論理は冒していない、ということです。」

ルース・ベネディクトの学者として客観的であろうとする、あるいは自分自身の文化的偏見から身を離そうとする試みは、戦時プロパガンダの圧力を考えれば、賞賛すべきものだった。遺憾なことに彼女は自分自身の文化から、言うなれば一歩だけ踏み出そうとしたのである。日本と合衆国の間の文化ギャップの架け橋に部分的に成功したにすぎないという事実に無自覚でいたために彼女は、尤もなことではあるが、彼女が日本人個々人の性格の内面的矛盾と見なしたものに当惑してしまったのである。

ベネディクトが直面した問題は、単純かつ簡潔に述べることができる。いかなる文化であれ、人びとは時として気紛れに、不合理に、あるいは予想し難く行動する。人間は論理の数学的法則にしたがってきっちりプログラムされたロボットではない——まるで違うのだ。そうであってほしくないのだけれど、実際のところある個人の内面的一貫性など、先験的《ア・プリオリ》に前提とすることはできないのだ。自己という観念は常に、個人の個別的な経験やその事情との関連で社会的に構築されるのである。ベネディクトの自己観は、彼女が分析しようと試みた日本人のモデルからは非常にかけ離れている。その違いはありふれた、部分的には非合理な行動に対する合理的解釈をめぐって生じるのである。

ベネディクトは核芯となる自己と、比較的表面的な、相互作用を行なう部分の自己との区別を暗黙のうちに前提している。核芯の自己が人の自分意識の奥処《おくか》に鎮座しているのに対して、自己の相互作用的部分は、他人とともに行なうさまざまな相互作用に応じて私たちが彼らに提示する個性のさまざまな側面として、より手段的な機能を果たすものと考えられている。こうした内なる自己と外的人格《ペルソナ》の区別を明らかにする観察可能な証拠はない。しかしながら、ベネディクトはこの観念とともに成人したがゆえに、無意識のうちに内心で一種の帳簿づけを行なって、あらゆる出会いを二つの元帳に別々に入帳しているのである。ある次元での取引は手近の相互作用に割り振られ、別のものは核芯の自己——あたかも指揮者の如くに相互作用のすみずみまでを監督している人間の内なる本質へと割り振られるのである。

二元的自己というベネディクトの暗黙の仮説とは対照的に、日本人はそのような（彼らの観点から見て）恣意的な分割の必要を感じるようには、文化的に条件づけられてはいないのである。むしろ自己とは、自己‐他者相互作用の一つの極と見られている。したがって、この極の内部に相対的に変化しない核と比較的変わりやすい外部との分裂を仮定する必要などないのである。もちろんある一人をとって見れば、その行動パターンにはある程度の一貫性や連続性があり、通例これが個人の「スタイル」あるいは「パーソナリティー」（自分らしさ）と言われているし、個人がある一定期間にわたって追求する目標の同一性あるいは類似性というものもある。自己‐他者相互作用というものを受け容れたとて、日本人には個人と個人性の社会的次元との間の緊張関係などなかったということを意味することにはならない。繰り返しになるけれども日本モデルは、どの文化においても個人は相異なる環境ではそれなりに違った相互作用を行なうという一般的記述からはずれるものではない。社会に埋め込まれたままの自己意識と、ヨリ主観的な自己意識とを近接《プロクシミティー》させるプロセスは容易ではなく、どの文化においても苦悩をともなうことが多い。日本の状況が違うのは、力強く存在している文化資源のお陰で、社会に埋め込まれている側の自己意識がヨリ鋭敏になり、しなやかな個人性を構築しやすいという点である。

それぞれの個人は、どのような文化に育とうが、主として他者との交渉を通して自分意識を発達させるよう条件づけられている。このプロセスを通して、日常の社会的経験に対する個人の解釈を経由して社会的なるものが個人アイデンティティーの構成要素に取り込まれるのである。この本で私は、サムライ文化の発展と繁栄が、彼らの組織に対して行なわれた絶えざる社会的・政治的改定と並行していたことを示してきた。サムライ個々人はこれらの権力支配下の組織に暮らしつつ、かつ、彼らの集団的文化の創造に参加しつつ、彼らの自己イメージを構築したのである。この意味で、ダイナミックな覇権政治と個人の自己アイデンティティー形成過程とは相互に絡み合っているのである。この二つを理論的にきれいに分けようとしても、適用性が狭められるだけであり、極めて単純化された像になってしまう。本当に私たちは、個人的なものと社会的なものとを客観的に分けてしまうという罠に嵌まらないよう——とりわけこの二つの間に因果的関連を与えたいと思う時には——気をつけなければならないのである。

一つ注意しておきたいのは、私たちは日本式アイデンティティー形成が名誉文化によって引き起こされた、と考えるべきではないということである。しかしながら、名誉と恥という文化主題が——これは明白に自己と社会を連関させるのだが——、人間存在の脈絡依存《コンテキスト・ディペンデント》的本質に対して個人を鋭敏にする傾向はあるだろう。対照的に、もしも西欧の日本文化観察者が「個人性」の堅固な基盤としての「真なる自己」という静的な観念にもとづいて無批判に作業するならば、西欧流のアイデンティティー概念に疑問を投げかけられたり、そんな二分法的自己意識を共有しない人びとを観察したりすると、世界と自己とを安定的で予測可能なものとする定義の根底をゆり動かされて、なんとなく気持わるく不安な衝動にかられるだろう。この異文化に触れたときよく起こる感情的不安感が日本人に投影されると、えてして「不可解な日本人」という欧米によく見られるイメージとつながる。そこでは日本人の堅固さを外面的限界性と定義しつつ、その自発性や個人性は「矛盾」だ、と見なすことになる。

サムライ名誉文化の実相を探究するには、名誉と個人性をめぐる私たちの近代概念の幾層かの覆いを注意深く剝ぎ取っていかなくてはならなかった。名誉についての私たちの見方はあまりにも「文明化」されているので、私たちの多くはそれが暴力とどう共存しているのか理解できない。サムライについての私たちの見方は忠誠の美徳の重視によって強く影響されているので、私たちは裏切り行為の動機が名誉への深い確信にもとづくことがしばしばあったという歴史を忘れてしまうことが多い。私たちの名誉の見方は堅固な社会的カテゴリー、つまり、所与の公的評価のヒエラルキーで定義されているので、それが同時に個人の最奥の存在に根ざしているのだということが容易に理解できない。さらに私たちの個人性の観念はあまりにも私的なものになってしまったので、サムライの個人意識が等しく強烈な統治権力意識と結びついていたことを想像するのが難しい。この一連の探究、つまり、私たちの歴史的想像力の再編成作業の終わりで私たちがたどりついたのは、近代個人のアイデンティティーをめぐる私たちの理解の問題なのである。

最後に、日本の名誉文化の個人性の表現を、単に「他人」と「われら」を分ける思考の文化的パターンの結果としてではなく、私たちすべてが共有しているアイデンティティー形成過程に内在する本質を幾分かでも示しているものと考えるよう、私は提案する。私は社会学的発見用の「名誉」という望遠鏡を使って、サムライが日本に残してくれた文化遺産の探検を試みた。しかし名誉の世界はまた、私たち自身の内にある自己と社会の観念を探り、分析する分光器でもあるのだ。

訳者付記

本書は池上英子著 *The Taming of the Samurai: Honorific Individualism and the Making of Modern Japan* (Cambridge, Mass.: Harvard University Press, 1995) を訳出したものである。翻訳書としての本書の幸運は、著者が日本語のネイティヴ・スピーカーだということ。著者自身が訳稿にくまなく目を通し、必要な修正や補正はもとより、文意が通りやすくなるよう推敲をほどこすなど、訳者を懇切に導いて下さった。それでもなお、私の訳稿にひそんでいた錯誤や、行文の不行き届きや、不快な翻訳臭などがしぶとく残存してしまったとするなら、それらはまさに訳者の責任であることを明記して、大方のご叱正を仰がなくてはならない。

本書の主人公「サムライ」は原著で用いられた‘samurai’の訳語である。‘samurai’は今日どの英語辞書にも登録されている歴とした英語で、訳語としては「武士」と「侍（さむらい）」のいずれを当てることも可能であろう。学術語としては「武士」のほうが多用されているようだが、本書の文脈で指示内容に誤解は生じないと思うので、英語化するほど広くポピュラーに使われている後者を採った。カタカナ表記にしたのは外来語扱いしたのではなく、視覚的に読みやすいからである。本書が今新たに歴史社会学の照明を当てようとしている対象、とりわけ政治的・文化的行為者としての戦士像を、この「サムライ」の語に読み込んでいただきたいと思う。

また、原著の‘early modern’を本書では「初期近代《アーリー・モダン》」と「近世」とに訳し分けた。日本歴史に関する記述では、通例にしたがって後者を用いたのである。今日、さまざまなレベルで歴史叙述の再編成が起こりつつあると観測され、その行きつく先で時代区分もその呼称も変わってゆくであろうが、当面は便法を用いるしかない。

本書の原著は欧米の、かなり専門的な読者に向けて書かれた。一九九五年の刊行以来、彼の地のたくさんの社会学・歴史学・社会史学・歴史社会学・アジア学関係の学界誌は言うにおよばず、『フォーリン・アフェアーズ』や『タイムズ文芸付録』などのクオリティー誌紙がこぞって書評にとりあげ、この分野における本書の達成を高く評価するとともに、いわゆる学術書のラチをこえるおもしろさ、叙述のみごとさを賞賛した。三例から抜粋しておこう——。

イェール大学の社会学者による野心的労作ともいうべき本書は、日本が如何にして西欧諸国と異なるルートで近代化を達成したかという問いに答える本として、アメリカ有数の政治学者・歴史学者から高く評価されている。本書はまた、古代から徳川体制下の変容にいたるまでのサムライ戦士階級の歴史研究として優れており、一つの比較研究として、日本の国家形成を他の幾多の事例と比べて分析することを可能にする。かくして本書は、バリトン・モアのような卓越した歴史社会学者の研究業績に匹敵する位置を占める。……美しい文章で書かれていて、やがて間違いなく世界中の大学で基本図書となるだろう。

——『フォーリン・アフェアーズ』一九九五年一一・一二月号

著者は戦前の右翼ナショナリストによって弘宣された英雄的サムライという伝統イメージを斥けて、サムライ名誉文化の特質とその意味に焦点を当てるとともに、さまざまな社会的・政治的メカニズムの分析を通して、国家ヒエラルキーの内部でサムライが果たした役割を明らかにする。サムライの領主的・軍事的起源や主従関係、戦闘スタイルや掟、名誉・死・恥に対する態度などを考察する各章は豊富な情報を提供するとともに、明晰な文体で書かれている。

——T・L・リチャードソン、『エイジアン・アフェアーズ』一九九六年六月号

池上氏は専門である歴史社会学の分野での自己主張にとどまらず、文化の問題、思想史、心理学、文学へと問題を展開する。これほどの広がりを持つ以上、本書がさまざまな論議を呼ぶことは確実である。……洞察のいっぱい詰まった本書はきっと、日本の歴史学界で長く激しい論議の的となるだろう。……ジャーナリズムでの話題となって、日本の特殊性神話をめぐる甚だしい臆説を正すことができるだろう。

——アン・ウォールソール、『ジャーナル・オヴ・ソシアル・ヒストリー』一九九六年秋号

そして本書は、アメリカ社会学会の一九九七年BEST BOOK ON ASIA（アジアに関する最優秀書籍）賞を受賞した。東《あずま》の狩猟戦士から身を起こし、統治者としての武人エリートを経て今日の企業戦士にいたるまでの、およそ一千年にわたるサムライ文化の系統発生の秘密を「名誉」という鍵でみごとに解き明かした本書は、欧米の日本研究者や日本観察者にとってよりも、当事者である私たち日本人読者にとってこそ、大いなる知的刺激と切実な自己認識をもたらすにちがいない。本書の原題は「サムライの飼い馴らし——名誉型個人主義と近代日本の形成」であるが、サムライを飼い馴らしたのが他ならぬサムライ自身であったという歴史の経路に、この文化の特質の源泉がつきとめられる。それはあの「扇腹」のような滑稽的悲惨に陥る反面、「一所懸命」のエトスを培いつづけて明治維新への飛躍を可能ならしめたものだった。そしてその後も、功名・栄誉を求める情念と、組織や集団の要請・規範への順応とを相乗的に包摂するものとして、この名誉文化は機能

した。堅固な理論の構図のなかにサムライ心情の細密を色彩豊かに描き取った本書は、私たちが生きる現代日本社会の真実をもまた、鮮やかにとらえているのである。

ご多忙中にもかかわらず労をいとわず微力な訳者をご指導下さった著者・池上英子氏に深甚な謝意を表します。この翻訳は日本語ネイティヴ・スピーカーの言葉を同じく日本語ネイティヴ・スピーカーの読者に伝達するという、いささか面妖な役割を果たすものですが、この訳の質から発生するノイズが最少のものであることを切に願っています。この有意義な仕事に私が参画できたのは、NTT出版・島崎勁一氏の知遇によってです。厚くお礼を申し上げます。

二〇〇〇年二月　　森本　醇

grimage," *Ethos* (1990): 279-307 は，ベネディクトは文化的偏見を抱いていたと批判する一部日本人学者に対して，彼女の弁護を試みている．ベネディクトは文化的相対主義者で「あろうとした」のだという限りで，私はクレイトンに同意する．しかしながら私は，ベネディクトは文化的偏見に染まっておらず彼女の日本文化観は救われる，とするクレイトンの熱のこもった言葉には説得されない．ベネディクトは繰り返し日本人は「矛盾に満ちた性格」と言っているのに，クレイトンが決してそのことに触れようとしないのはかなり奇妙で，ぜひ説明してほしいものだ．

Review 51 (April 1986): 273-286.

25.『サンデー毎日』1992年11月1日号，pp.28-29.

26. Eleanor Westney, *Imitation and Innovation: The Transfer of Western Organizational Patterns to Meiji Japan* (Cambridge, Mass.: Harvard University Press, 1987).

エピローグ――名誉とアイデンティティー

1. 日本人のアイデンティティー形成に関する同じような議論が，「文脈依存性」という表題の下に幾人かの日本人学者によって行なわれている．とりわけ参照すべきは，浜口恵俊『間人主義の社会日本』（東京・東洋経済新報社・1982）；"A Contextual Model of the Japanese," *Journal of Japanese Studies* 2 (1985): 289-321. 文脈に依存している自己という着想はたいへん興味深いものだが，この型のアイデンティティー形成が特に日本的だとは私は思わない．社会学における象徴的相互作用とエスノメソドロジー学派は，人間のアイデンティティーと社会的相互作用に関する諸前提を西欧ケースにもとづいてつくり上げたのだ，ということを忘れてはならない．主たる違いは表現や説明の仕方の文化－イデオロギー・レベルに関係している――すなわち，理想の自己という概念の記述の仕方に関わっているのである．Nancy Rosenberger, ed., *Japanese Sense of Self* (Cambridge: Cambridge University Press, 1992) 所収の諸論文を参照．

2. Peter Berger, "On the Obsolescence of the Concept of Honor," *Archives européennes de sociologié* 11 (1970): 340.

3. ベネディクトは開巻第1頁に書いている――長谷川訳『定訳　菊と刀』（前出）ではp.5.

4.『定訳　菊と刀』，p.258.

5. Clifford Geertz, "Us / Not-Us: Benedict's Travels," in *Works and Lives: The Anthropologist as Author* (Stanford: Stanford University Press, 1988), p. 120，邦訳は，クリフォード・ギアーツ／森泉弘次訳『文化の読み方／書き方』（東京・岩波書店・1996）.

6. 例えば，Julian Pitt-Rivers, "Honor," in *International Encyclopedia of the Social Sciences*, ed., David L. Sills (New York: The Macmillan Company and the Free Press, 1968).

7. ベネディクトが直接経験した日本文化はアメリカの日系人からの聞き取りに限られていたのだが，彼らは明らかにアメリカ社会における戦時下の苦境について敏感になっていた．ベネディクトはその被験者たちを，日本は敵と考えられていた時に政府基金で行なわれた調査プロジェクトにおいてインタビューしたのであった．あたり前のことだが，答える側はベネディクトの質問に，もっと気楽な状況の時と比べればはるかに形式的，道徳的な答え方をしたのであった―― Ezra Vogel, "Foreword" to *The Chrysanthemum and the Sword* (Boston: Houghton Mifflin Company, 1989).

8.『定訳　菊と刀』，p.5.

9. 同，p.6.

10. 同.

11. 同，pp.337/339.

12. Millie R. Creighton, "Revisiting Shame and Guilt Cultures: A Forty-Year Pil-

5. 笠谷『主君「押込」の構造』(前出).

6. Steven Lukes, *Individualism* (Oxford: Basil Blackwell, 1973), p. 1, 邦訳は, S・M・ルークス/間宏監訳・江崎幸一ほか訳『個人主義』(東京・御茶の水書房・1981).

7. C. B. Macpherson, *The Political Theory of Possessive Individualism* (New York: Oxford University Press, 1962), p. 3.

8. J. G. A. Pocock, "Authority and Property: The Question of Liberal Origins," in *Virtue, Commerce, and History* (Cambridge: Cambridge University Press, 1985), p. 59, 邦訳は, J・G・A・ポーコック/田中秀夫訳『徳・商業・歴史』(東京・みすず書房・1993).

9. 近く刊行される彼の *Freedom*, vol. 2 (Basic Books) の原稿.

10. Harold J. Berman, *Law and Revolution: The Formation of the Western Legal Tradition* (Cambridge, Mass.: Harvard University Press, 1983), p. 303.

11. ピューリタンの教義と革命のイデオロギーに関しては, Michael Walzer, *The Revolution of the Saints: A Study in the Origins of Radical Politics* (Cambridge, Mass.: Harvard University Press, 1965).

12. 桜井庄太郎『名誉と恥辱—日本の封建社会意識』(東京・法政大学出版局・1971), p.19.

13. 例えば「堀部武庸筆記」,『日本思想大系 27 近世武家思想』(前出), p.188. (本書 224 頁)

14. 桜井『名誉と恥辱』(前出)p.17.

15. Charles Taylor, *Sources of the Self: The Making of the Modern Identity* (Cambridge, Mass.: Harvard University Press, 1989), p. 214.

16. 例えば, J. C. D. Clark, *English Society, 1688-1832* (Cambridge: Cambridge University Press, 1985); Joyce Oldham Appleby, *Economic Thought and Ideology in Seventeenth-Century England* (Princeton: Princeton University Press, 1978); Pocock, "Authority and Property," pp. 51-71; and Mark Girouarad, *The Return to Camelot: Chivalry and the English Gentleman* (New Haven: Yale University Press, 1981).

17. Clark, *English Society*, p. 95.

18. 同, p.109.

19. Hidehiro Sonoda (園田英弘), "The Decline of the Japanese Warrior Class," *Japan Review* 1 (1991): 103.

20. 同.

21. 植手通有「幕末における対外観の展開」,『日本近代思想の形成』(東京・岩波書店・1974), p.243.

22.「成功百話」, 見田宗介「日本人の立身出世主義」,『現代のエスプリ 118 立身出世』(1977):51 に引用されたもの.

23. 名誉志向文化の明治維新以後の展開に関する仮説的論議を検討するには, それなりにもう 1 冊の著述が必要であると私は思っている. したがって私がここで述べる見解は, 最終確定的というよりは示唆的, 説明的なものである. 明治体制下の道徳統制に関しては, 特に Carol Gluck, *Japan's Modern Myths* (Princeton: Princeton University Press, 1985), および色川大吉『明治の文化』(東京・岩波書店・1970) を参照.

24. Ann Swidler, "Culture in Action: Symbols and Strategies," *American Sociological* *tics: Arai Hakuseki and the Premises of Tokugawa Rule* (Cambridge, Mass.: Harvard University Press, 1988).

34. 新井白石「折たく柴の記」,『日本古典文学大系 95　戴恩記・折たく柴の記・蘭東事始』(東京・岩波書店・1964), pp.191-193. 英訳は, Arai Hakuseki, *Told Round a Brushwood Fire*, trans. Joyce Ackrod (Princeton: Princeton University Press, 1979).

35. 同, p.174.

36. 例えば, H. D. Harootunian, *Toward Restoration: The Growth of Political Consciousness in Tokugawa Japan* (Berkeley: University of California Press, 1970). 水戸学派に関しては, Bob Tadashi Wakabayashi, *Anti-Foreignism and Western Learning in Early Modern Japan* (Cambridge, Mass.: Harvard University Press, 1986); Victor J. Koschmann, *The Mito Ideology: Discourse, Reform, and Insurrection in Late Tokugawa Japan, 1790-1864* (Berkeley: University of California Press, 1987). 例えばワカバヤシの研究で論じられ翻訳されている水戸藩の儒学者・会沢正志斎の思想は, 明瞭にこの融合を示している. 国学と民間の動向に関する芳賀登の研究を参照――『幕末国学の展開』(東京・塙書房・1963)および『幕末国学の研究』(東京・教育出版センター・1980). また, 野口『江戸の兵学思想』(前出), pp.221-279, および安丸良夫『日本ナショナリズムの前夜』(東京・朝日新聞社［選書］・1977).

37. 長州藩とその民衆が明治維新で果たした特別の役割に関しては, Albert Craig, *Chōshū in the Meiji Restoration* (Cambridge, Mass.: Harvard University Press, 1961).

38.「講孟餘話」,『定本　吉田松陰全集 3』(東京・大和書房・1972), p.319 ――獄中で書いた講話ノート. 吉田松陰に関しては多くの日本語出版物がある. 日本の学会を概観する文献一覧としては「吉田松陰文献目録」, 所収は奈良本辰也編『吉田松陰のすべて』(東京・新人物往来社・1981), pp.248-264.

39.「講孟餘話」, p.228.

40. 同, p.229.

41. 同, p.24.

42. Harootunian, *Toward Restoration*, p. 246. また, 奈良本辰也「松陰の死生観」, 所収は『吉田松陰のすべて』(前出), pp.206-221.

43. 本郷隆盛「幕末思想論」, 深谷・本郷編『講座日本近世史 9　近世思想論』(前出), p.391. また, 野口『江戸の兵学思想』(前出), pp.281-317, 391.

16. 統制と変化・二つの主題

1. Albert O. Hirschman, *Exit, Voice, and Loyalty* (Cambridge, Mass.: Harvard University Press, 1970), 邦訳は, アルバート・O・ハーシュマン／三浦隆之訳『組織社会の論理構造―退出・告発・ロイヤルティ』(京都・ミネルヴァ書房・1975).

2. この点に関する理論上の論考は, Randall Collins, "On the Microfoundation of Macrosociology," *American Journal of Sociology* 86-5 (1981): 984-1015.

3. John M. Meyer and Brian Rowan, "Institutionalized Organizations: Formal Structure as Myth and Ceremony," *American Journal of Sociology* 83 (1977): 340-363.

4. Michael Mann, "The Autonomous Power of the State: Its Origins, Mechanisms, and Results," *Archives européennes de sociologie* 25 (1984): 185-213.

17. 儒教と徳川商人階級に関しては，Najita Tetsuo, *Visions of Virtue in Tokugawa Japan* (Chicago: University of Chicago Press, 1987).

18. 山鹿の軍事理論と儒教的世界観についての詳しい論考は，野口武彦『江戸の兵学思想』（東京・中央公論社・1991），pp.65-89. 山鹿の新しいサムライ観に関しては，田原嗣郎「山鹿素行における思想の基本的構成」,『日本思想大系 32　山鹿素行』解説（東京・岩波書店・1972).

19.「山鹿語類　巻第二十一」「士道」,『日本思想大系 32　山鹿素行』（前出），pp.30-171.

20. 同，pp.37-40.

21. 同，pp.31-33.

22.「山鹿語類」，所収は広瀬豊編『山鹿素行全集 4』（東京・岩波書店・1941).

23.「春鑑抄」,『日本思想大系 28　藤原惺窩・林羅山』（東京・岩波書店・1975), p.131.

24. 徂徠学派は通常「古文辞学」（古い表現法・統語法の研究）と呼ばれるが，それは徂徠が聖賢の道を学ぶには古典語の知識が必須の前提条件だと信じていたからである.

25.「徂徠先生答問書」，今中寛司・奈良本辰也編『荻生徂徠全集 6』（東京・河出書房新社・1973)，p.190.

26. 同.

27. Maruyama Masao, *Studies in the Intellectual History of Tokugawa Japan*, trans. Mikiso Hane (Princeton: Princeton University Press, 1974), pp, 69-134.

28. 私たちは日本の子供たちに悪名高き「入試地獄」症候群をつくり出した現代日本家庭の教育熱について熟知しているので，儒教の教育体系の制度化が「勉強」という言葉に象徴される「競争的」文化の導入をもたらしたということは，ほとんど当然のことのように感じられる．確かに能力競争は，国家による文官登用試験という形の制度的側面として，中国の儒教伝統の一部をなすものであった．こうした競争性と学問との結合は，儒教の哲学的内容に由来する自然の結果というものではなかった．儒教古典の精神的内容はもとより朱熹その人を含めた新儒者による著作を見ても，彼らが強調したのは有徳な人格の自然な発展と精神の自由であったことが分かる．この点に関しては，Wm. Theodore de Bary, *The Liberal Tradition in China* (New York: Columbia University Press, 1983). 彼らは概ね，道徳的人格形成のために自分の心をコントロールすることを理想として掲げていた．「勉強」という形の競争的刻苦勉励への知的焦点移動（リフォーカス）の詳しい様相については，江森『「勉強」時代の幕あけ』（前出），pp.66-96.

29. Thomas C. Smith, "'Merit' as Ideology," in *Native Sources of Japanese Industrialization, 1750-1920* (Berkeley: University of California Press, 1988), pp. 156-172.

30. R. P. Dore, *Education in Tokugawa Japan* (Berkeley: University of California Press, 1965). 邦訳は，R・P・ドーア／松居弘道訳『江戸時代の教育』（東京・岩波書店・1970).

31. 渡辺『近世日本社会と宋学』（前出），p.16. 石川松太郎『藩校と寺子屋』（東京・教育社・1978)，pp.28-29.

32. Robert L. Backus, "The Kansei Prohibition of Heterodoxy and Its Effects on Education," *Harvard Journal of Asiatic Studies* 39-1 (1979): pp. 55-106.

33. 幕府政治における白石の役割に関しては，Kate Wildman Nakai, *Shogunal Poli-*

-199. 日本語の研究としては，渡辺浩の優れた分析『近世日本社会と宋学』(東京・東京大学出版会・1985)，pp.23-29，および日野龍夫「儒学思想論」，本郷隆盛・深谷克己編『講座日本近世史 9　近世思想論』(東京・有斐閣・1981)，pp.108-151. 対照的に，1950年に日本語で刊行された丸山真男の初期の仕事『日本政治思想史研究』は，徳川体制当初からの公式イデオロギーとして林学派の重要性を強調している．しかしその英訳版への序文では，日本語版と比べて，林学派の役割は重点を弱められたように見える．Maruyama Masao, *Studies in the Intellectual History of Tokugawa Japan*, trans. Mikiso Hane (Princeton: Princeton University Press, 1974) を参照．

2. Ooms, "Neo-Confucianism," p. 496.

3. 同，p. 500.

4. 中江藤樹「翁問答」，『日本思想大系 29　中江藤樹』(東京・岩波書店・1974)，p.85.

5. Nakai, "The Naturalization," p. 159.

6. Ki-baik Lee, *A New History of Korea*, trans. Edward W. Wagner (Cambridge, Mass.: Harvard University Press, 1984), pp. 172-220. 朝鮮の新儒教に関しては，Wm. Theodore de Bary, ed., *The Rise of Neo-Confucianism in Korea* (New York: Columbia University Press, 1985); Martina Deuchler, *The Confucian Transformation of Korea: A Study of Society and Ideology* (Cambridge, Mass.: Harvard University Press, 1993); JaHyun Kim Haboush, "The Confucianization of Korean Society," in Gilbert Rozman, ed., *The East Asian Region: Confucian Heritage and Its Modern Adaptation* (Princeton: Princeton University Press, 1991), pp. 84-110. Ping-ti Ho, *The Ladder of Success in Imperial China: Aspects of Social Mobility, 1368-1911* (New York: Columbia University Press, 1962) は中国の文官登用試験（科挙）の「公明さ」について論じている．比較論的概観としては，Rozman, *The East Asian Region*.

7. 佐藤直方「学談雑録」，渡辺『近世日本社会と宗学』(前出)，p.23 の引用から．

8. 渡辺『近世日本社会と宋学』(前出)，pp.95-116.

9. 日野「儒学思想論」(前出)，pp.117-120. 比較対照として，李氏朝鮮における相続，婚姻，葬礼，祖先崇拝，女性の地位に浸透した新儒教の法制の影響に関して，Deuchler, *The Confucian Transformation of Korea* を参照．

10. 1607 年から 1811 年の間に，朝鮮は 12 回にわたって徳川幕府に使節を派遣した．使節は大がかりであることが普通で，およそ 500 人からなることもしばしばだった．使節は徳川日本に関する豊かな記録を残した．朝鮮使節に関しては，李進熙『江戸時代の朝鮮通信使』(東京・講談社・1987) を参照

11. 申維翰／姜在彦訳注『海游録―朝鮮通信使の日本紀行』(東京・平凡社［東洋文庫］・1974)，p.315.

12. 日野「儒学思想論」(前出)，pp.116-119.

13. Nakai, "The Naturalization," p. 158.

14. 加賀藩のサムライ学校運営の興味深いケーススタディとして，江森一郎『「勉強」時代の幕あけ』(東京・平凡社［選書］・1990)，pp. 208-277.

15. Nakai, "The Naturalization," p. 157.

16. ここで私が言っているのは，儒教の制度的使われ方のことである．中国の新儒教思想家たちが日本のそれと比べて教条的だった，などと言っているのではない．

勇気に乏しいという評判である．

12. 『葉隠　上』（前出），p.27.

13. 同，p.53.

14. 同．

15. 同，p.27.

16. 同，p.60.

17. 同，p.114

18. 同，p.130.

19. 同．

20. 同，p.118.

21. 同，p.129.

22. 同，p.94.

23. 同，pp.94-96.

24. 氏家幹人『江戸の少年』（東京・平凡社・1989）．

25. 『葉隠　下』（前出），p.351.

26. 『葉隠　上』（前出），p.164.

27. 三宅「幕藩主従制の思想的原理」（前出）：1-30；三宅「近世武家道徳における公私の問題」（前出）．

28. 『葉隠　上』（前出），p.37

29. 同，p.129.

30. 同，p.176.

31. 同，pp.174-176.

32. ここでの「国学」とは19世紀日本で盛んになった本居宣長その他の有名な学派（こちらも「国学」だが）のことではない．

33. 『葉隠　上』（前出），「夜陰の閑談」p.19.

34. 同，p.19.

35. 同．佐賀藩の歴史は複雑である．最初に支配したのは竜造寺家であった．しかし，竜造寺高房・政家の死後は，鍋島一族が平和的に首長の地位を継いだ．

36. 例えば，Albert Craig, *Chōshū in the Meiji Restoration* (Cambridge, Mass.: Harvard University Press, 1961) は長州藩における「藩ナショナリズム」について論じている．

37. 藤野編『続佐賀藩の総合研究』（前出），pp.107-111.

15．儒学派サムライとポスト儒学派サムライ

1. 読者がとりわけ参照すべきは，Herman Ooms, *Tokugawa Ideology* (Princeton: Princeton University Press, 1985) である．邦訳は，ヘルマン・オームス／黒住真・清水正之ほか訳『徳川イデオロギー』（東京・ぺりかん社・1990）．また，彼の "Neo-Confucianism and the Foundation of Early Tokugawa Ideology: Contours of a Problem," in Peter Nosco, ed., *Confucianism and Tokugawa Culture* (Princeton: Princeton University Press, 1984), pp. 27-61; および Kate Wildman Nakai, "The Naturalization of Confucianism in Tokugawa Japan," *Harvard Journal of Asiatic Studies* 40-1 (1980): 157

究』(前出), p.216を参照. 尾張藩のケースは, 林薫一編『尾張藩家臣団の研究』(東京・名著出版・1975) および新見吉治『下級武士の研究』(東京・学術振興会・1965), 紀州藩のケースは, 水林「近世の法と国制研究序説」(前出) を参照. このテーマに関する背景については, Harold Bolitho, "The han," in Hall, ed., *The Cambridge History of Japan*, volume 4: *Early Modern Japan;* 木村『下級武士論』(前出), および藤野保『幕藩体制史の研究—権力構造の確立と展開』(東京・吉川弘文館・1961) を参照.

11. R. P. Dore, *Education in Tokugawa Japan* (Berkeley: University of California Press, 1965), p. 312, 邦訳はR・P・ドーア／松居弘道訳『江戸時代の教育』(東京・岩波書店・1970); Thomas C. Smith, "'Merit' as Ideology," in *Native Sources of Japanese Industrialization, 1750-1920* (Berkeley: University of California Press, 1988), pp, 156-172.

14. 葉隠——死の礼讃と個人の名誉

1. Yukio Mishima (三島由紀夫), *The Way of the Samurai: Yukio Mishima on Hagakure in Modern Life*, trans. Kathryn Sparling (New York: Basic Books, 1977).『葉隠』には英訳が幾つかあるけれども単なる部分訳で, 数多くの生き生きしたサムライ物語を割愛してしまっている——例えば, Yamamoto Tsunetomo, *Hagakure: The Book of the Samurai,* trans. William Scott Wilson (Tokyo: Kōdansha International, 1979).

2. 例えば, 水林彪の研究「近世の法と国制研究序説」,『国家学会雑誌』90, 91, 92, 94, 95巻 (1977-1982), とりわけ364-374; 笠谷和比古『主君「押込」の構造—近世大名と家臣団』(東京・平凡社 [選書]・1988).

3. 城島正祥校注『葉隠　下』(東京・人物往来社 [江戸史料叢書]・1968), pp.392-393.

4. 山本常朝はまた禅とも関わりが深かったが, これは堪然という禅僧から学んだのであった. 禅とサムライ階級との関係一般については, 河合『中世武家社会の研究』(前出); 藤直幹『日本の武士道』(大阪・創元社・1956), および『武家時代の社会と精神』(大阪・創元社・1967) を参照.

5. 『葉隠』と山本常朝の伝記に関しては, 藤野編『続佐賀藩の総合研究』(前出), pp. 89-113; 相良亨『武士の思想』(東京・ぺりかん社・1984), pp.166-215; 相良亨「葉隠の世界」, 所収は『日本思想大系26　三河物語・葉隠』(東京・岩波書店・1974).

6. 藤野編『続佐賀藩の総合研究』(前出), p.97.

7. 彼が光茂公に仕え始めたのは9歳の時であった.『葉隠　上』(東京・人物往来社 [江戸史料叢書]・1968), p.163.

8. 『葉隠　上』(前出), p.60.

9. 『葉隠』の全編が山本常朝の談話というわけではない.『葉隠』のサムライの話の一部は田代陣基によって書かれた. どの部分が実際の常朝の会話に当たるのか, 学者の間でも未確定である (この点の諸説に関しては藤野編『続佐賀藩の総合研究』(前出), pp.89-92を参照).『葉隠』のサムライ物語は,『葉隠』の著者あるいは編者が価値ありと認めたサムライの振舞いの, 象徴的な表出である.

10. 『葉隠　下』(前出), p.291.

11. 京都, 大坂を含む地域.「上方」サムライは伝統的に洗練されてはいるが, 威勢とめに書いたとされている．この時期の他の「家訓」同様，酒井公の名を冠して広められた．

31. 同，p.58.

32. 藩主は「喧嘩両成敗」のルールをはっきりと斥けたのではなかったが，このような「状況」の斟酌は明らかにルール本来の形からの逸脱である．

33.「酒井家教令」（前出），p.44.

34. 同，pp.44-47.

35. 国立公文書館内閣文庫所蔵．正確な刊行年は不詳だが，1709年以後と考えられている．ここでの論考は氏家幹人『江戸藩邸物語』（前出），pp.18-24の引用にもとづいている．

36. 新見正朝「むかしむかし物語」（1732-33年頃），所収は『日本庶民生活史料集成8 見聞記』（前出），p.397．この著者は幕府の「富士見御宝蔵番頭」を務めた．80歳を迎えた時，過ぎ去った70年間の社会変化を振り返って記録したのであった．

37. 朝日文左衛門「鸚鵡籠中記」，所収は『名古屋叢書9-11巻』（名古屋・名古屋市教育委員会・1965-1969）．この日記の詳細な研究として，加賀樹芝朗『元禄下級武士の生活』（東京・雄山閣出版・1966）および神坂次郎『元禄御畳奉行の日記―尾張藩士の見た浮世』（東京・中央公論社［新書］・1984）を参照．

38. 名誉を基盤とする他の文化の民族誌的研究からもこの観点は支持される．ワイアット＝ブラウンによる南北戦争以前アメリカ南部の名誉文化の研究は，こうした考えにとりわけ敏感である―― Bertram Wyatt-Brown, *Southern Honor* (New York: Oxford University Press, 1982).

13．国家中心の名誉と臣下官僚制

1. 木村礎『下級武士論』（東京・塙書房・1967），pp.58-59.

2. 例えば，金井『藩政成立期の研究』（前出），p.216，第26表を参照．

3. 谷口澄夫『岡山藩政史の研究』（東京・塙書房・1964），pp.421-422．また，John W. Hall, *Government and Local Power in Japan: 500-1700* (Princeton: Princeton University Press, 1966).

4. 木村『下級武士論』（前出），pp.59-68．長州サムライの組織に関してさらに詳細な論考は，Albert Craig, "The Restoration Movement in Chōshū," in John W. Hall and Marius Jansen, eds., *Studies in the Institutional History of Early Modern Japan* (Princeton: Princeton University Press, 1966), pp. 363-374.

5. 長州藩の肩書きの一例．

6. 紀州藩におけるライフスタイル規制の実例は，水林彪「近世の法と国制研究序説」，『国家学会雑誌』92巻　11・12号（1979）：783-789を参照．

7. 氏家『江戸藩邸物語』（前出），p.40.

8. 金井『藩政成立期の研究』（前出），p.216.

9. Harold Bolitho, "The han," in John W. Hall, ed., *The Cambridge History of Japan*, volume 4: *Early Modern Japan* (Cambridge: Cambridge University Press, 1991), p. 220.

10. しかし，同じ「格」であれば誰もがこれら143の地位につけるというわけではなかった．同じ「格」の者はその収入高である「石」によって区別された．「格」とそれに照応する職制上の役との関係に関しては，松本藩の例を取り上げた金井『藩政成立期の研

12. 大隈『敵討の歴史』(前出), p.158.

13. 平松『近世刑事訴訟法の研究』(前出), p.581.

14. 平出『敵討』(前出), pp.133-141. また, D.E. Mills, “Katakiuchi: The Practice of Blood Revenge in Pre-modern Japan,” *Modern Asian Studies* 10 (1976): 525-545.

15. 徳川初期においては, 司法の手続きは単純で恣意裁量的で, 特別の形式に仕上がってはいなかった. 日本の司法手続きが体系化されたのは18世紀初期, とりわけ八代将軍徳川吉宗の改革によってだった.

16. 平出『敵討』(前出), pp.34-50.

17. 同, pp.151-156.

18. 同, p.155.

19. 同, p.39.

20. 庶民もまた, 登録復讐者になることができた. 直属の藩主を経由して, 幕府の奉行所の敵討ちリストに名前を登録することができたのである. 当局はしばしば, 長上の家族のために復讐を遂げた庶民を「孝」の鑑として賞賛した. 例えば, 道徳的に立派な庶民の公式の名誉リストである幕府の『孝義録』は庶民の復讐事例を掲載し, 報償を与えた. しかし庶民の復讐は通例, さほど「公式」のものとは見なされず, サムライの場合と違って道徳的・社会的責務とは考えられていなかったのである. 具体的に言えば, 庶民の復讐は「家」からの相続に影響しなかった. このような違いを反映して, 庶民からの復讐申請は常に受理されたのではなかった。この違いは, サムライの「家」がいかに堅固に国家体制に組み込まれていたかを示しているのである.

21. François Billacois, *The Duel: Its Rise and Fall in Early Modern France*, trans. Trista Selous (New Haven: Yale University Press, 1990); V. G. Kiernan, *The Duel in European History: Honour and the Reign of Aristocracy* (Oxford: Oxford University Press, 1988); Henry Charles Lea, *The Duel and the Oath* (Philadelphia: University of Pennsylvania Press, 1974, originally published in 1866).

22. 三宅「幕藩主従制の思想的原理」(前出) : 1-30. また, 渡辺浩『近世日本社会と宋学』(東京・東京大学出版会・1985), pp.140-147.

23. 例えば「酒井家教令」,『日本思想大系27　近世武家思想』(前出), p.59.

24. 平松『近世刑事訴訟法の研究』(前出), p.1005.

25. 同, p.988.

26. 同, pp.988-992. 当然のことだが, こうしたケースの存在は非公式の証言を通してのみ分かる. しかし当時も多くの人びとは, サムライはそのように振舞うだろうと考えていた. なぜなら訴追され有罪となれば, その子は「家」の家名と財産を継ぐことが許されなくなるからである. 切腹事例のすべてが公的命令に応じた結果だったというわけではない. 多くの場合, サムライは自分の汚名を雪ぐために, 自ら進んで切腹したのであった.

27. 伊勢貞丈「教令式」, 引用は大隈『切腹の歴史』(前出), pp.107-108より.

28. 毛利家の記録は「赤穂浪人御預之記　毛利家記録」として『赤穂義人纂書　第2』(前出), pp.6-27に収録されている. 幕府の死刑宣告はその象徴的な意味が政治的に重要だったから, これらの四家は切腹が正規の手続きにもとづいて行なわれるよう細心の注意を払った.

29. 「赤穂浪人御預之記」(前出), pp.23-24.

30. 「酒井家教令」(前出), pp.44-62. この教訓は, 兵学者の佐枝政之進が酒井公のた

28. 「復讐論」,『赤穂義人纂書　第1』(前出), pp.41-42.

29. 『近世武家思想』(前出), pp.272-370.

30. 同, pp.378-380.

31. 井原西鶴「発明は瓢箪より出る」, 麻生磯次・冨士昭雄訳注『対訳　西鶴全集 8 武家義理物語』(東京・明治書院・1976), p.58. (西鶴の刊行は 1688 年.)

32. 水林彪「近世の法と国制研究序説」, 所載は『国家学会雑誌』91巻5号 (1978) : 373.

12. 名誉の手続き化

1. 伊勢貞丈「貞丈家訓」を参照,『日本思想大系 27　近世武家思想』(前出), p.99.

2. 日本思想における「天」の概念の変容をめぐる水林彪の研究を参照——「近世の法と国制研究序説」,『国家学会雑誌』90巻 (1977) : 8-10.

3. 平松義郎『江戸の罪と罰』(東京・平凡社［選書］・1988), p.40. また, 平松『近世刑事訴訟法の研究』(前出) ; 石井良助『江戸時代漫筆—江戸の町奉行その他』(東京・井上書房・1959) ; 平出『敵討』(前出) ; および大隈三好『敵討の歴史』(東京・雄山閣出版・1972).

4. 大名は自分の司法権限において臣下を処罰することができた (自分仕置). 比較的自律性のある知行を受けていた幕府旗本と大名の上位臣下も, 自己の領地内の百姓衆に対して幾らかの規律的権限を揮うことができた. しかし彼らが行使する司法権は, 幕府の法全体に対して従属すべきものとされていた.

5. 「無礼討ち」は幕府の名高い法令である「公事方御定書」(1742年) 9条71項に正式に定義されている. この重要な刑法は八代将軍徳川吉宗が定めたものだが, 徳川の統治の(一種の) 司法上の「合理化」と専門化の象徴と考えられた. しかしながらこの法令は, (実際上はともかく原則としては) 幕府の司法機能に関わる限られたメンバーの役人だけの秘密の行使に委ねられていた. 本質的にこの法令は, 既成の法や前例を集成・編纂したものであった. 慣習法としての「無礼討ち」は「公事方御定書」制定よりずっと前に確立していたに違いない.

6. 平松『近世刑事訴訟法の研究』(前出), p.573.

7. 勝俣鎮夫「中世武家密懐法の展開」,『戦国法成立史論』(前出), pp.3-35.

8. 石井『中世武士団』(前出), pp.86-100 ; 関口『日本古代婚姻史の研究　上』(前出), pp.116-288.

9. 勝俣「中世武家密懐法の展開」(前出), pp.12-27.

10. ジェンダーと名誉の問題をめぐって参照すべき研究は, J. K. Campbell, *Honour, Family, and Patronage* (Oxford: Oxford University Press, 1964); John Davis, *People of the Mediterranean* (London: Routledge & Kegan Paul, 1977); D. D. Gilmore, ed., *Honor and Shame and the Unity of the Mediterranean* (Washington, D.C.: The American Anthropological Association, 1987); M. Herzfeld, *The Poetics of Manhood* (Princeton: Princeton University Press, 1985); S. B. Ortner, "The Virgin and the State," *Feminist Studies* 4 (1978): 19-33; J. G. Peristiany, ed., *Honour and Shame* (Chicago: University of Chicago Press, 1966); J. Schneider, "Of Vigilance and Virgins," *Ethnology* 9 (1971): 1-24.

11. Davis, *People of the Mediterranean*, p. 95.

いる．しかし川島が研究した個別ケースでは，「喧嘩両成敗」法がいまだに現代日本の法意識に影響を及ぼしていることは明らかである．

6. 浅野長矩公には子供がなく，大学はすでに事件の前から正式に法定推定相続人に指名されていた．

7. 田原嗣郎『赤穂四十六士論―幕藩制の精神構造』(東京・吉川弘文館・1978)，pp.3-4.

8. 「堀部武庸筆記」(敵討ちグループの急進メンバーが書いた)，所収は『赤穂義人纂書補遺』(東京・国書刊行会・1910)，pp.1-100．同じテキストが『日本思想大系 27 近世武家思想』(東京・岩波書店・1974) にも収録されている．私は以下の引用では『近世武家思想』を用いる．

9. 例えば安井彦右衛門は「上野介首を御覧被遊候よりは，御祖父之御家を〔御〕起し被成候事，いか計御亡君之御悦たるべく候……」と言って激高する急進派をなだめようとした――『近世武家思想』(前出)，p.194.

10. 元禄十五年十月五日 (1702 年) の大石の手紙，「堀部武庸筆記」(前出) p.210 に記録されている．

11. 「堀部武庸筆記」(前出)，p.193.

12. 同，p.194.

13. 同，p.203.

14. 同，p.205.

15. 例えば，母に宛てた大高源吾の手紙「大高源吾臨東下贈母氏之書」，『赤穂義人纂書 第 1』(前出)，p.413.

16. 「堀部武庸筆記」(前出)，p.187.

17. 同，p.188.

18. 大高源吾の手紙，『赤穂義人纂書　第 1』(前出)，pp.413-414.

19. 「堀部武庸筆記」(前出)，p.207.

20. 同.

21. 同，p.209.

22. この考えは大石の書いたものに繰り返し表明されていた．例えば「江赤見聞記」に収められている彼の手紙を参照．これは事件の展開について未詳の著者が編纂した記録であるが，この著者は個人の手紙など特別の情報に接し得る浅野家内部の関係者の一人とされている――『赤穂義人纂書　補遺』(前出)，p.231.

23. 田原『赤穂四十六士論』(前出)，p.30.

24. 「評定書　座存寄書」，これは四十六士の処分に関して幕府枢要から出された報告書とされていて，元禄十五年十二月二十三日の日付がある――『赤穂義人纂書　補遺』(前出)pp.148-149.

25. 荻生徂徠「擬律書」，所収は『赤穂義人纂書　補遺』(前出)，p.150．また，徂徠の「四十七士論」，『近世武家思想』(前出)，p.400 を参照．

26. 公私の区別に関しては，三宅正彦「幕藩主従制の思想的原理―公私分離の発展」，所載は『日本史研究』127 (1972)：1-30；三宅正彦「近世武家道徳における公私の問題」，『近世武家思想』(前出) 月報；安永寿延『日本における「公」と「私」』(東京・日本経済新聞社・1976)．私はこの問題を第 16 章でも扱う．

27. 「四十七士論」，『近世武家思想』(前出)，p.387.

26. 同，p.110.

27. 手紙は中康『切腹』(前出)，p.105 に引用されている.

28. 松田修『刺青・性・死―逆光の日本美』(東京・平凡社・1972)，pp.260-285.

29. 藤野保編『続佐賀藩の総合研究―藩政改革と明治維新』(東京・吉川弘文館・1987)，p.97.

30. 大隈三好『切腹の歴史』(東京・雄山閣出版・1973)，p.158.

31. Clifford Geertz, "Deep Play: Notes on the Balinese Cockfight," in *The Interpretation of Cultures* (New York: Basic Books, 1973), pp. 412-453, 邦訳は，C・ギアーツ／吉田禎吾ほか訳『文化の解釈学』1・2（東京・岩波書店・1987).

11．四十七士の復讐

1. 同時代に書かれたものの膨大さは，四十七士の仕返しが喚起した深甚な感情的反応の反映である―― Donald Shively, "Tokugawa Plays on Forbidden Topics," in James Brandon, ed., *Chūshingura: Studies in Kabuki and the Puppet Theater* (Honolulu: University of Hawaii Press, 1982); *Chūshingura: The Treasury of Loyal Retainers*, trans. Donald Keene (New York: Columbia University Press, 1971).

今日の日本においてもこの物語は映画，テレビドラマ，小説で繰り返し繰り返し新しく取り上げられている．この復讐物語と現代日本人にとっての魅力の特質に関しては，この事件の現代的意味をめぐる刺激的な論考がある―― Henry D. Smith, "Rethinking the Story of the Forty-Seven Rōnin: Chūshingura in the 1980s"（これは1990年のコロンビア大学の近代日本セミナーで発表された)．また，佐藤忠男『忠臣蔵―意地の系譜』(東京・朝日新聞社・1976).

2. 目付・多門伝八郎の回想（「目付」はサムライや大名の規律監督に当たる幕府の役人)．伝八郎は浅野が刃傷沙汰に及んだ直後，現場検証のために呼び出された．彼はまた，当局に対して，浅野への切腹命令が直ちに下された問題について上申書を提出した――「多門伝八郎筆記書」，『赤穂義人纂書　第1』(東京・国書刊行会・1910)，pp.306-319.

3. 梶川頼照の報告．彼はその場で浅野を抑えようとし，引き離そうとした．梶川はまた，当日の勅使お迎え役の一人だった．「梶川氏筆記」，『赤穂義人纂書　第2』(東京・図書刊行会・1910)，pp.267-273.

4. 尾藤『日本の歴史 19　元禄時代』(前出)，p.306.

5. 裁決が，反撃を控えた者は処罰しないという「喧嘩両成敗」のそもそもの意味に則ったものであったことを考えれば，これは興味深い反応であった．「喧嘩両成敗」の効力はその後も徳川時代を支配したのみならず，今日においても法文化の微妙な慣行に見られる通り，日本社会の特色として生きつづけている．例えば，「喧嘩両成敗」という観念の背後には，抗争に巻き込まれた両当事者にはそれぞれ幾ばくかの落ち度とともに，喧嘩すべき幾ばくかの正当な理由があるはずだという推定があった．法学者の川島武宜は交通事故に関する戦後の幾つかの民事事件を分析してみて，当事者双方にある程度の過失を認める傾向のある現代日本人判事の判決には，いまだに「喧嘩両成敗」の思考法の影響があることを指摘した――川島武宜『日本人の法意識』(東京・岩波書店［新書］・1967)，pp. 143-153．一般論として私は，日本の近代の法慣習をそうした伝統文化の遺産によってのみ説明できるとは考えず，社会構造的原因をも注意深く検討しなければならないと考えて京・創文社・1959)，p.64.

10. 英語で書かれた「かぶき」研究として参照すべきは，例えばDonald Shively, “Bakufu *versus* Kabuki,” *Harvard Journal of Asiatic Studies* 18 (1955): 326-356; “Sumptuary Regulation and Status in Early Tokugawa Japan,” *Harvard Journal of Asiatic Studies* 25 (1964-65): 123-164.（シャイヴリーの諸研究の焦点はもともと演劇としての「かぶき」であって「かぶき者」ではない.）この絵の分析に関して私が参照したのは，守屋毅『「かぶき」の時代―近世初期風俗画の世界』（東京・角川書店・1976)；森谷勝久「豊国祭臨時祭礼と加茂競馬」，所収は『近世風俗図譜 9　祭礼 2』（東京・小学館・1982)，pp.86-95；氏家幹人「守山日記に見る「かぶき」終焉の時代像」，所収は西山松之助先生古希記念会編『江戸の芸能と文化』（東京・吉川弘文館・1985).

11. 尾形鶴吉『本邦俠客の研究』（東京・西田書店・1981)，p.31.

12. 1652年の「かぶき者」取締令の記録による.「徳川実紀」巻三承応元年正月廿日条(1652年)，『新訂増補国史大系　徳川実紀 4』（東京・吉川弘文館・1976)，p.43.

13. 尾藤正英『日本の歴史 19　元禄時代』（東京・小学館・1975)，pp.86-107. 野口武彦『江戸わかもの考』（東京・三省堂・1986)，pp.63-72.

14. 守屋『「かぶき」の時代』（前出)，p.124.

15.「加賀藩史料」慶長十二年（1607年）の記録，公爵前田家編集部『加賀藩史料 2』(大阪・清文堂出版・1980)，pp.27-29. これは年代順に編纂された15巻の加賀藩史の基礎史料である.

16.『加賀藩史料 2』（前出)，pp.72-73.

17.「徳川実紀」巻十九慶長十七年六月二十八日条（1612年)，『新訂増補国史大系　徳川実紀 1』（東京・吉川弘文館・1976)，p.590を参照. また，同事件を記録した同時代史料として「慶長見聞集」巻之六「大鳥一兵衛の事」がある――『日本庶民生活史料集成 8　見聞記』（東京・三一書房・1969)，pp.561-563.

18.「心友記」，『日本思想大系 60　近世色道論』（東京・岩波書店・1976)，pp.8-25. また，井原西鶴の英訳を参照―― trans. Paul Gordon Schalow, *The Great Mirror of Male Love* (Stanford: Stanford University Press, 1990); trans. Callahan, *Tales of Samurai Honor*. また，平塚良宣『日本における男色の研究』（東京・人間科学社出版事業部・1983）を参照.

19. 氏家幹人『江戸藩邸物語―戦場から街角へ』（東京・中央公論社［新書］・1988)，pp.130-160.

20.『加賀藩史料 2』（前出)，pp.610-613.

21. 加賀藩における初期の農地政策，とりわけ「改作仕法」に関する詳細な研究として，若林喜三郎『加賀藩農政史の研究　上下』（東京・吉川弘文館・1970-72）がある.

22. 岡山藩の文書「刑罰書抜」，所収は『岡山県史 24　岡山藩文書』（岡山市・岡山県・1982)，pp.640-642. 私はこの記述に関して，氏家幹人「日常性のなかの武士文化」，所収は網野善彦ほか編『日本民俗文化大系 11　都市と田舎　マチの生活文化』（東京・小学館・1985)，およびこの事件に関して，『江戸藩邸物語』（前出）に負っている.

23. 大道寺友山『武道初心集』，古川哲史校訂（東京・岩波書店［文庫］・1943)，p.33.

24.『会津藩家世実紀 1』，家世実紀刊本編纂委員会編（東京・吉川弘文館・1975)，p.107.

25. 同，p.109.

結論づけるにいたるのである.

14. Joseph Strayer, *On the Medieval Origins of the Modern State* (Princeton: Princeton University Press, 1970), p. 22, 邦訳は，ジョセフ・ストレイヤー／鷲見誠一訳『近代国家の起源』(東京・岩波書店［新書］・1975). また，Brian Tierney, *The Crisis of Church and State, 1050-1300* (Englewood Cliffs, N.J.: Prentice-Hall, 1964).

15. Harold J. Berman, *Law and Revolution: The Formation of the Western Legal Tradition* (Cambridge, Mass.: Harvard University Press, 1983), p. 23.

16. Stanley Tambiah, *World Conqueror and World Renouncer* (Cambridge: Cambridge University Press, 1976).

17. Mann, *The Sources of Social Power* I, p. 24.

18. 例えば，Charles Tilly, *Coercion, Capital, and European States, A.D. 990-1990* (Cambridge: Basil Blackwell, 1990).

19. Gilbert Rozman, *Urban Networks in Ch'ing China and Tokugawa Japan* (Princeton: Princeton University Press, 1973), pp. 237-238.

20. 宮本「1人当り農業産出高と生産諸要素比率」(前出)，p.22.

21. 徳川時代中頃の財政難に直面した幕府と大名は，商人に対する税水準を上げようとし，またその経済活動の規制を強めた．しかし国家財政の基礎は基本的に農業セクターに依存しつづけていたのである．徳川の商業発展を概観する英語文献としては，Johannes Hirschmeier and Tsunehiko Yui, *The Development of Japanese Business, 1600-1973* (Cambridge, Mass.: Harvard University Press, 1975); S. Crawcour, "The Tokugawa Period and Japan's Preparation for Economic Growth," *Journal of Japanese Studies* 1 (1978): 113-126.

10. 名誉か秩序か——国家とサムライの自己決定

1.「翁草」巻之九「毛利安左衛門物語の事」，『日本随筆大成3期19　翁草1』(東京・吉川弘文館・1978)，p.175.

2.「今昔物語」巻第二十五第十，『日本古典文学全集23　今昔物語集3』(前出)，pp.480-483.

3.「身躰（しんだい）破る風の傘（からかさ)」,「武家義理物語」，所収は『対訳・西鶴全集8　武家義理物語』(東京・明治書院・1976)，pp.35-36. 英訳は，trans. Caryl Ann Callahan, *Tales of Samurai Honor* (Tokyo: Monumenta Nipponica, 1982), pp. 51-54.

4. 平出鏗二郎『敵討』(東京・中央公論社［文庫］・1990—オリジナル版は1909)，pp.147-151.

5. Ruth Horowitz, *Honor and the American Dream* (New Brunswick: Rutgers University Press, 1985), pp. 77-113.

6. 同，p.82.

7. Pierre Bourdieu, *Algeria 1960* (Cambridge: Cambridge University Press, 1979), p. 100.

8. 勝俣鎮夫『戦国法成立史論』(前出)，p.248. また，羽下徳彦「故戦防戦をめぐって」(前出).

9.「武家諸法度」寛永十二年六月二十二日（1635年)，『徳川禁令考　前集第1』(東

History of Early Modern Japan. しかしながら私の分析は，徳川の国家形成についてのこれまでの記述と同様，歴史家のそれとは異なった方向づけを持っている．私の分析はもともと，歴史社会学の領域で提起された比較論的問い，すなわち私が第1章で述べた，中世から初期近代への移行がそれぞれの国でその後の社会発展に与えたインパクトの問題に答えようとするものである．

2. M. M. Postan, Marc Bloch, *Feudal Society*, trans. L. A. Manyon (Chicago: University of Chicago Press, 1961) への前書き，pp. xii–xiii. 日本の封建制臣下関係においても（「御恩」と「奉公」という）疑似契約的交換関係が見られるけれども，この法的視点は歴史上の理念型として抽象的な形として意識的に論じられてはいないがゆえに，私たちの比較論の目的には役立たない．これは司法機能が封建政治の中枢となった西欧特有の歴史発展にその基盤を置いている．

3. Joseph Strayer, *Feudalism* (New York: Van Nostrand, 1965), pp. 12–13.

4. R. H. Hilton, "A Crisis of Feudalism," in T. H. Aston and R. H. Hilton, eds., *The Brenner Debate* (Cambridge: Cambridge University Press, 1985), p. 124.

5. Bloch, *Feudal Society*, p. 446, 邦訳は，マルク・ブロック／堀米庸三監訳『封建社会』（東京・岩波書店・1995）.

6. Perry Anderson, *Lineages of the Absolutist State* (London: New Left Books, 1974), p. 18.

7. Immanuel Wallerstein, *The Modern World System* (New York: Academic Press, 1974). 邦訳は，イマニュエル・ウォーラーステイン／川北稔訳『近代世界システムⅠ・Ⅱ—農業資本主義と「ヨーロッパ世界経済」の成立』（東京・岩波書店・1981），同『近代世界システム 1600〜1750—重商主義と「ヨーロッパ世界経済」の凝集』（名古屋・名古屋大学出版会・1993），同『近代世界システム 1730〜1840 s—大西洋革命の時代』（同・1997）.

8. これはすでにジェイムズ・ホワイトが，徳川国家の絶対制的側面を強調した際に提起したことである——James White, "State Growth and Popular Protest in Tokugawa Japan," *Journal of Japanese Studies* 14–1 (1988): 1–25. また，正田健一郎の論考『日本における近代社会の成立　上』（東京・三嶺書房・1990），pp.209–212 を参照.

9. Michael Mann, *The Sources of Social Power* Ⅰ: *A History of Power from the Beginning to* A.D. *1760* (Cambridge: Cambridge University Press, 1986), p. 476.

10. Hans Rosenberg, *Bureaucracy, Aristocracy, and Autocracy: The Prussian Experience, 1660–1815* (Cambridge, Mass.: Harvard University Press, 1958), pp. 14–20.

11. John W. Hall, ed., *The Cambridge History of Japan*, vol. 4 (New York: Cambridge University Press, 1991), p. 18 所収の John W. Hall の序文.

12. Eiko Ikegami and Charles Tilly, "State Formations and Contention in Japan and France," in John M. Merriman, James L. McClain, and Ugawa Kaoru, eds., *Edo and Paris* (Ithaca: Cornell University Press, 1994).

13. 日本の近世の国家形成がアンダーソンのモデルに近似しているように見えるという事実は，徳川日本に関する彼の分析が正しいということを意味しない．彼は徳川日本の政治的集権化の程度を過小評価する傾向があるとともに，幕府に関して，あたかもそれを非集権的ヨーロッパ封建制の典型的な実例になぞらえ得るかのごとく無批判に論じている．彼はこうした仮定の上に，ヨーロッパと日本の封建制がともに資本主義への道を開いたと

の基礎構造—「小農」自立と軍役』(東京・御茶の水書房・1985), および大野瑞男「幕藩制的市場構造論」, 所収は歴史学研究会・日本史研究会編『講座日本歴史 5　近世 1』(前出) を参照.

15. 青木虹二『百姓一揆総合年表』(東京・三一書房・1971). 戦後日本では地方文書掘り起こしの大規模な努力が行なわれた結果, 徳川の集団行動の研究がおおいに進んだ. 青木はこれらの文書を根拠として, 1590年から1877年の間に起こった抗争の一覧を作成した. 英語文献としては, 青木が列挙した紛争を分類しその分布状態を分析したものとして, James White, *The Demography of Sociopolitical Conflict in Japan, 1721-1846* (Berkeley: University of California Press, 1992). 徳川の反乱の概観としては, Eiko Ikegami (池上英子) and Charles Tilly, "State Formations and Contention in Japan and France," in John M. Merriman, James L. McClain, and Ugawa Kaoru, eds., *Edo and Paris* (Ithaca: Cornell University Press, 1994), 日本語版は, 鵜川馨ほか編『江戸とパリ』岩田書院・1995).

16. 日本の前近代農業社会を概観する英語文献としては, Thomas C. Smith, *The Agrarian Origins of Modern Japan* (Stanford: Stanford University Press, 1959).

17. James White, "State Growth and Popular Protest in Tokugawa Japan," *Journal of Japanese Studies* 14-1 (1988).

9. 徳川・新封建制国家 —— その比較論的評価

1. もちろん私は, 本来ヨーロッパの歴史経験に由来するレッテルを日本に適用することに潜む危険を承知している. しかしながら, それらのレッテルがヨーロッパの歴史経験から引き出された理念型を明示するために意図的に用いられるのであれば, 日本の近世の国家形成の特徴を比較論的に弁別するための道具として役立つであろう. これらの概念はヨーロッパのケースから借用したものであるがゆえに, それだけ精密な比較のための直接的な根拠を提供してくれるのである. 確かに, かつてさまざまな形でマルクス主義の影響を被った日本人歴史家たちによって生み出されたあの実りのない議論に私自身も関わろうなどという意図は, 私にはまったくない. とりわけ, 人間の全歴史に適用可能な歴史発展の一般理論が存在するという仮説にもとづいて, マルクス主義の発展「段階」理論を日本の歴史のさまざまな時期にあてはめようと腐心する時, そうした議論はしばしば落とし穴に陥るのである. 私はこの脈絡で「封建制」や「絶対制」などの同じ用語を用いるけれども, 人間社会はすべて同一の普遍的歴史変化をたどるという信条に与しているわけでは決してない. 私が多くを負っているのは, 世界の歴史における日本封建制の評価を試みた西欧の日本社会研究者による以下の諸研究である —— Kan'ichi Asakawa (朝河貫一), *Land and Society in Medieval Japan* (Tokyo: Japan Society for the Promotion of Science, 1965); John W. Hall, "Feudalism in Japan: A Reassessment," in John W. Hall and Marius B. Jansen, eds., *Studies in the Institutional History of Early Modern Japan* (Princeton: Princeton University Press, 1968); Edwin O. Reischauer, "Japanese Feudalism," in Rushton Coulborn, ed., *Feudalism in History* (Princeton: Princeton University Press, 1956), pp.26-48; Peter Duus, *Feudalism in Japan* (New York: Alfred Knopf, 1969). また, ヨーロッパ史の研究者による洞察に満ちた日本封建制論として, Joseph Strayer, "The Tokugawa Period and Japanese Feudalism," in *Studies in the Institutional*

3. 石井良助『江戸時代漫筆１　江戸の町奉行』（東京・明石書店・1989），p.25．これは1719年の数字で，「与力」（騎乗の身分）と「同心」（徒歩の身分）の両方を含んでいる．「与力」と「同心」の数は後期にわずかに増えたが，それでも徳川時代の終わりにようやく326名に達したにすぎない．

4. 大石『江戸時代』（前出），p.66．

5. 日本の幕藩当局は，臣下たちが農業生産からの収入を確保するのを規制しようとした．当局はしばしば農民家族の他地域への移住を制限し，土地の売買を禁止しようとした．しかし実際には，これらの規制は実効性をもたなかった．当局はまた，村が集団として納税責任を負って耕作者の配置を行なっている限りでは，たとえ労働力を構成する個人が交替したとしても，大名の利益には大した損害が及ばないことに気がついた．農地の売買は1643年の幕府令で禁止され，さらに1673年の幕府令は相続に際しての農地の分割を制限した．これらの布令は，生産単位としての小規模農民の保護を意図した幕府の政策として理解することができる．

6. 近世の日本の村落の発展と構造に関しては，水本邦彦の優れた研究がある――「近世初期の村政と自治」，所載は『日本史研究』244（1982）：52-70，および『近世の村社会と国家』（東京・東京大学出版会・1987）．また，Harumi Befu, “Village Autonomy and Articulation with the State,” in John W. Hall and Marius Jansen, eds., *Studies in the Institutional History of Early Modern Japan* (Princeton: Princeton University Press, 1968), pp. 301-314．

7. 村の法令に関しては，前田正治編著『日本近世村法の研究―附録　村法集』（東京・有斐閣・1950）．

8. 塚田孝「近世の身分制支配と身分」，所収は歴史学研究会・日本史研究会編『講座日本歴史５　近世１』（東京・東京大学出版会・1985），pp.269-273．

9. 塚田「近世の身分制支配と身分」（前出），pp.273-284．

10. 平松義郎『近世刑事訴訟法の研究』（東京・創文社・1960），pp.366-401．弾左衛門が下した判決のうち，死罪に関しては町奉行に報告されたが，それ以下の刑罰は完全に弾左衛門の権限によって処断された．

11. Yamamura Kozo, “Returns on Reunification: Economic Growth in Japan, 1550-1650,” in Nagahara Keiji, John W. Hall, and Kozo Yamamura, eds., *Japan before Tokugawa: Political Consolidation and Economic Growth, 1500-1650* (Princeton: Princeton University Press, 1981), pp. 327-372.

12. さまざまな見積もりがある．例えば，宮本又郎「１人当り農業産出高と生産諸要素比率」，所収は梅村又次ほか編『日本経済の発展―近世から近代へ』（東京・日本経済新聞社・1976），p.22．

13. 関山直太郎『近世日本の人口構造』（前出），p.312．

14. 全国規模の市場経済がいつ成立したかについては多くの議論がある――中井信彦『幕藩社会と商品流通』（東京・塙書房・1961）；脇田修『近世封建社会の経済構造』（東京・御茶の水書房・1963）．中井と他の多くの日本人学者が全国規模の市場成熟の時期として17世紀後期の重要性を強調するのに対し，脇田は米の交易状況を検証して全国市場は17世紀初頭だと述べた．私としてはよく発展して半ば自律性を持った「藩」経済の集合と多様な商品生産の増大とを基盤とする，全国市場経済の「成熟した」形態の重要性を強調したい．また，全国市場に関する論議として，佐々木潤之介『増補改訂版　幕藩権力

4. 辻善之助編『多聞院日記4』(東京・三教書院・1938), p.373. これは多聞院英俊の日記の天正二十年十月廿三日の条 (1592年) である. この水争いに関しては, 野々瀬紀美「豊臣政権下の水論と村落」,『ヒストリア』70 (1976): 55-67, および藤木久志『戦国の作法』(前出), pp.151-155.

5. 野々瀬「豊臣政権下の水論と村落」(前出), pp.55-61.

6. 天正十年三月 (1582年) の織田信長の「国掟」より, 藤木久志『戦国大名の権力構造』(東京・吉川弘文館・1987), p.81に引用されたもの.

7. John W. Hall, "Rule by Status in Tokugawa Japan," *Journal of Japanese Studies* 1-1 (1974): 39-49.

8. 「石高」制に関する詳細な研究として, 飯沼二郎『石高制の研究—日本型絶対主義の基礎構造』(京都・ミネルヴァ書房・1974).

9. Totman, *Politics*, p. 43.

10. 個別の大名の家格は, 石高以外にも多くの決め方があった. 世襲を基盤とする家格を引き上げることは, 徳川時代を通じて, 大名家間の熾烈な政治闘争の原因であった.

11. 加藤隆『幕藩体制期における大名家格制の研究』(東京・近世日本城郭研究所・1969), pp.95-235; 進士慶幹『近世武家社会と諸法度』(東京・学陽書房・1989), pp. 64-84.

12. とはいうものの, 幕府が地方大名の反乱農民抑圧を常に支援した, というわけではなかった. 時には農民蜂起は統治責任の十全な遂行に欠けるものとして, 問題の大名やサムライ代官の処罰という結果にいたったこともあった.

13. Totman, *Politics*, ペーパーバック版への序文, p. xiv.

14. 水林彪「近世の法と国制研究序説」1,『国家学会雑誌』90巻1・2号(1977): 31.

15. 金井円『藩制成立期の研究』(東京・吉川弘文館・1975), pp.11-20.

16. 徳川のサムライの家族法に関しては, 鎌田浩『幕藩体制における武士家族法』(東京・成文堂・1970).

17. 1721年の調査結果は2606万5000人だったが, この調査からは除外された身分層・年齢層があった. どの程度除外されたのかについては, 学問的な論争がある. 1721年から1846年にかけて行なわれた18回の調査について, いま分かっている. その結果によると, 徳川時代の後半の人口動向は概ね安定していた. 幕府が行なった人口調査に関しては, 関山直太郎『近世日本の人口構造—徳川時代の人口調査と人口状態に関する研究』(東京・吉川弘文館・1958), pp.123-267.

8. 統合と分権の国家構造

1. 「役の制度」を社会集団の徳川的組織原理として概念化することは, 今日の日本人歴史家の間で徳川の社会構造を理解するための有力な観点の一つとなっている—— Bitō Masahide (尾藤正英), "Society and Social Thought in the Tokugawa Period," *Japan Foundation Newsletter* 9 (1981): 4-6; 尾藤正英「徳川時代の社会と政治思想の特質」, 所収は大口勇次郎編『江戸とは何か2　徳川の政治と社会』(東京・至文堂 [現代のエスプリ別冊]・1985), pp.25-46. また高木昭作の諸研究, 特に「幕藩体制と役」, 所収は『日本の社会史3　権威と支配』(東京・岩波書店・1987), pp.310-341.

2. 大石慎三郎『江戸時代』(東京・中央公論社 [新書]・1977), p.115.

16. Katsumata, "The Development of Sengoku Law," p. 111.

17. 「甲陽軍鑑」より，石井『日本人の国家生活』（前出），pp.106-107に引用されたもの.「甲陽軍鑑」は戦国期の武田一族の記録と信じられて，徳川のサムライの軍事便覧として普及した．本文はおそらく17世紀初期に編纂されたであろうから，武田一族の直接の記録とは考えにくい．しかしながらこの本の記述には，武田軍の複雑な軍事組織や軍事行動に関する正確な情報が含まれている――小林計一郎「「甲陽軍鑑」の武田家臣団編成表について」，柴辻俊六編『戦国大名論集10　武田氏の研究』（東京・吉川弘文館・1984），pp.236-260．この本に収められている色彩豊かな物語は，徳川時代初頭におけるこの伝説的な武田一族軍団の真実を伝えるものと信じられていた．

18. 小和田哲男『戦国武将の生き方死に方』（東京・新人物往来社・1985），p.17．

19. 「松隣夜話」（著者不詳）に記録されている話，近藤瓶城編『改定　史籍集覧　14』（東京・近藤出版部・1902），p.286．

20. 千葉『たたかいの原像』（前出），pp.153-184．

7．徳川の国家形成

1. 公式の「石高」計量にもとづいた集計は，Conrad Totman, *Politics in the Tokugawa Bakufu, 1600-1843* (Berkeley: University of California Press, 1988), p. 33．また，「石高」にもとづいた同様の集計は，John W. Hall, "The Bakuhan System," in John W. Hall, ed., *The Cambridge History of Japan* 4: *Early Modern Japan* (Cambridge: Cambridge University Press, 1991), p. 152．

2. 徳川の大名政体（藩）の発展に関する英文の簡潔な概観は，Harold Bolitho, "The *han*," in *The Cambridge History of Japan* 4, pp. 183-234．また，Harold Bolitho, *Treasures among Men* (New Haven: Yale University Press, 1974)．

3. 日本人歴史家・藤木久志によって「天下惣無事令」と呼ばれている布令は，現実には単一の法令ではなく，秀吉の公的権力の名において日本全土が「惣無事」（あまねく平和）であらねばならぬという彼の重要政策を体現する一群の複合的な布令のことである．これらの布告は通常，秀吉の政庁から直接大名各家に向けてさまざまな機会に発せられた．例えば1585年，九州の大名・島津公へと発せられた布令は，その地方の大名に対して係争領地をめぐる抗争を中止し，秀吉の裁定に委ねるよう命じている．明確に「惣無事」という語が用いられたのは1587年の布令で，関東・奥州両地方の大名に同時に発せられた．村落レベルでの抗争を禁じる布令（喧嘩停止令）は，史料としては未だに一つも確認されていない．しかしそうした布令が存在したことは，当時の多くの歴史記述によって立証できるのであり，例えば以下に引用する「多聞院日記」は当時の人びとに周知のこととして，紛争の私的解決を禁ずる布令に言及している．藤木久志『豊臣平和令と戦国社会』（東京・東京大学出版会・1985）を参照．平和確立に関する高木昭作の一連の研究は直接このテーマと関連している――「公儀－権力の確立」，所収は深谷克己・加藤栄一編『講座日本近世史1　幕藩国家の成立』（東京・有斐閣・1981），pp.151-210；Takagi Shōsaku（高木昭作），"'Hideyoshi's Peace' and the Transformation of the *Bushi* Class," *Acta Asiatia* 49 (1985): 46-77．メアリ・エリザベス・ベリーの秀吉伝も秀吉を平和調停者として描いている―― Mary Elizabeth Berry, *Hideyoshi* (Cambridge, Mass.: Harvard University Press, 1989)．

国のケース・スタディとして，Michael P. Birt, “Samurai in Passage: The Transformation of the Sixteenth-Century Kanto,” *Journal of Japanese Studies* 11-2 (1985): 369-399. 備前国のケースの古典的研究として John W. Hall, *Government and Local Power in Japan— 500-1700* (Princeton: Princeton University Press, 1966). また，16世紀に起こった変化の社会-経済的全体像に関しては，Kozo Yamamura, “Returns on Reunification: Economic Growth in Japan, 1550-1650,” in *Japan before Tokugawa*, and Osamu Wakita（脇田修）, “The Emergence of the State in Sixteenth-Century Japan: From Oda to Tokugawa,” *Journal of Japanese Studies* 8-2 (1982): 343-367.

4. これは従来の一般的な説である．日本における銃の起源，製造，使用をめぐっては日本の専門家の間で多くの議論がある．銃は東南アジアか中国経由で日本にきた，という有力説もある――例えば所荘吉『火縄銃』（東京・雄山閣出版・1964）．宇田川武久はこの問題に関して明確な文献論考を行なっている――『鉄砲伝来―兵器が語る近世の誕生』（東京・中央公論社・1990）.

5. 宇田川『鉄砲伝来』（前出），pp.18-95.

6. Geoffrey Parker, *The Military Revolution* (Cambridge: Cambridge University Press, 1988), p, 24, 邦訳は，ジェフリ・パーカー／大久保桂子訳『長篠合戦の世界史―ヨーロッパ軍事革命の衝撃1500-1800年』（東京・同文舘出版・1995）．また，G. Parker, “The ‘Military Revolution,’ 1560-1660—a Myth?” *Journal of Modern History* 48 (1976): 195-214.

7.「喧嘩両成敗」法に関する主要著作は，三浦周行「喧嘩両成敗法」，『法制史研究 下』（東京・岩波書店・1944）；滝川政次郎「喧嘩両成敗法」，『日本法制史研究』（東京・有斐閣・1941）；細川亀市「喧嘩両成敗法」，『日本固有法の展開』（東京・巌松堂書店・1939）；辻本「両成敗法の起源について」，『法制史研究』18（前出），pp.103-119；石井紫郎『日本国制史研究2　日本人の国家生活』（前出），pp.79-108；および勝俣鎮夫『戦国法成立史論』（前出），pp.247-268.

8. 佐藤進一・池内義資・百瀬今朝雄編『中世法制史料集3　武家法1』（東京・岩波書店・1965），p.117.

9.『中世法制史料集3』（前出），p.197．この法の歴史的背景の優れた解説として，柴辻俊六「甲州法度の歴史的性格」，所収は杉山博先生還暦記念会編『戦国の兵士と農民』（東京・角川書店・1978）.

10.『中世法制史料集3』（前出），p.289.

11. 石井『日本人の国家生活』（前出），p.81.

12. 勝俣『戦国法成立史論』（前出），p.254.

13. 関ヶ原合戦と大坂夏の陣を通じて同じ規定が布告された．「武家厳制録」，所収は石井良助校訂編集『近世法制史料叢書3　武家厳制録・庁政談』（東京・創文社・1959），pp.12-13.

14. 同.

15. Katsumata Shizuo（勝俣鎮夫）, “The Development of Sengoku Law,” trans. Martin Collcutt, in John W. Hall and Kozo Yamamura, eds., *Japan before Tokugawa* (Princeton: Princeton University Press, 1981), pp. 110-111. 本書は戦国法をめぐる文献として，勝俣『戦国法成立史論』（前出）および藤木久志『戦国社会史論―日本中世国家の解体』（東京・東京大学出版会・1974）を収録している.

る論者もいれば，村の構造における富裕農民のヘゲモニーを重視する論者もある．永原慶二『日本封建社会論』（東京・東京大学出版会・1955）を参照．

16. 宮内庁書陵部編『政基公旅引付』（天理・養徳社・1962）．日根野と「旅引付」に関しては，勝俣鎮夫「戦国時代の村落」，『社会史研究』6（1985）を参照．また，柴田実『泉佐野市史』（泉佐野・泉佐野市・1958），pp.113-169；石井進「政基公旅引付に現われた中世村落」，『中世の窓』13（1963年11月）：67-90．

17.『政基公旅引付』（前出），p.117．

18. 同，pp.133-134．

19.「本福寺跡書」中の明誓（1491-1560）という僧の記述，『日本思想大系17　蓮如一向一揆』（東京・岩波書店・1972），p.230．

20. 同．

21. 日本の歴史学においては，中世村落の階層化の進展の結果に関して，「土豪」と「地侍」とは「国人」サムライ領主と分けて考えるべきものとされている．永原慶二によれば，「国人」領主は鎌倉期の「地頭」，もしくは鎌倉幕府崩壊後の社会的動乱期に排他的支配権を拡大しようとした荘園管理者層から生まれてきた．論議の詳細は，永原慶二『日本中世社会構造の研究』（東京・岩波書店・1973）．

22.「土豪」の立場は，村の階級構造のなかで極めて複雑であった．一方で土豪の利害は，彼らから徴税したサムライ領主と対立していた．この脈絡から彼らは，しばしば全村共同体の名において領主に抵抗した．ところが他方で「土豪」は，自家の家来のみならず独立小農民をも支配していた．この関係性の枠組みのなかでは，彼らは「国人」の家来（被官）となってサムライ領主と協同した．後の戦国時代になると，多くの「土豪」は戦国大名直属の臣下となって全きサムライの地位を得ようとした．

23. 三浦周行「戦国の国民議会」，『日本史の研究』（東京・岩波書店・1922），pp.348-360．

6．戦時組織としての社会

1. 大名の発展を類型論的に論じたジョン・ホールの古典的研究がある —— John W. Hall, "Foundations of the Modern Japanese Daimyo," in Hall and Marius Jansen, eds., *Studies in the Institutional History of Early Modern Japan* (Princeton: Princeton University Press, 1968), pp.65-77「戦国大名」に関しては日本に膨大な文献がある．興味ある読者は永原慶二監修・秋沢繁ほか編『戦国大名論集1～18』（東京・吉川弘文館・1983-85）を参照するとよい．ここには，この領域における戦後の日本の学界でのさまざまな観点，論争，発見が集成されている．

2. Nagahara Keiji with Kozo Yamamura,"The *Sengoku Daimyo* and the *Kandaka* System," in J.W. Hall, Nagahara Keiji, and Kozo Yamamura, eds., *Japan before Tokugawa: Political Consolidation and Economic Growth, 1500-1650* (Princeton: Princeton University Press, 1981), p. 27.

3. 戦国大名の下でサムライ臣下たちが次第に自立性を失うにいたったのは，大名とサムライ臣下と村落とが，全般的な経済成長と階級間闘争のなかで複雑な相互作用を行なった結果と考えなければならない．しかしこの問題について，私がここで詳論することはできない．戦国大名の臣下に対する支配力の強化は，領国ごとに大きく違っていた．北条領

究会編『日本女性生活史2　中世』(東京・東京大学出版会・1990);および田端泰子『日本中世の女性』(東京・吉川弘文館・1987).

2. 江守五夫『日本の婚姻—その歴史と民俗　日本基層文化の民族学的研究』(東京・弘文堂・1986), pp.95-186. また, 鷲見等曜『前近代日本家族の構造　高群逸枝批判』(東京・弘文堂・1983), pp.3-222.

3. 関口裕子『日本古代婚姻史の研究　上』(東京・塙書房・1993), p.289.

4. 地方庶民の間にはさまざまな婚姻慣習があった.

5. 和歌森太郎「国史における協同体の研究」,『和歌森太郎著作集 1』(東京・弘文堂・1980), pp.130-135.

6. 鎌倉期総領制度の歴史的概念に関する英文の優れた研究として, Jeffrey P. Mass, *Lordship and Inheritance in Early Medieval Japan: A Study of the Kamakura Sōryō System* (Stanford: Stanford University Press, 1989), especially pp. 58-93.

7. 例えば豊田武は, 早い例として13世紀中期の畑田(かまた)氏で行なわれた長子相続について報告している——『武士団と村落』(東京・吉川弘文館・1963). 対照的に, 大規模な家族には16世紀末まで分割相続を行なっていたものもあった.

8. 確かにサムライの家の娘や妻は, 中世を通じてなにがしかの財産を相続しつづけていて, 中世のサムライの家の抑圧された女たちという単純化された像は誤解を生む. その複雑な実像については, 例えば田端泰子「戦国期女性の役割分担」,『日本女性生活史2 中世』(前出), pp.223-257を参照.

9. 中世の「一揆」に関する英語文献として, David L. Davis, "Ikki in Late Medieval Japan," in John Hall and Jeffrey P. Mass, eds., *Medieval Japan: Essays in Institutional History* (Stanford: Stanford University Press, 1974).「一揆」に関しては膨大な量の研究がある. 興味ある読者は青木美智男ほか編『一揆1〜5』(東京・東京大学出版会・1981) および勝俣鎮夫『一揆』(東京・岩波書店 [新書]・1982) あたりから始めるとよい.

10. 初期のサムライ領主の間で結成された血縁を基盤とする「一揆」は, 通常「党」と呼ばれた. 最も有名な「党」の実例は肥前の「松浦(まつら)党」や紀伊の「隅田(すだ)党」である. これらの「一揆」には若干, 同じ血縁以外のサムライも含まれていた.

11. 勝俣『一揆』(前出), pp.21-22.

12. 藤木久志『戦国の作法—村の紛争解決』(東京・平凡社 [選書]・1987), p.10.

13.「惣村」に関しては日本に膨大な文献がある. 例えば, 石田善人「郷村制の形成」, 所収は『岩波講座日本歴史8　中世4』(東京・岩波書店・1963), pp.35-78;黒田弘子『中世惣村史の構造』(東京・吉川弘文館・1985);永原慶二「中世後期の村落共同体」, 所収は豊田武教授還暦記念会編『日本古代・中世史の地方的展開』(東京・吉川弘文館・1973), pp.321-348. 最近の重要な英語文献として, Hitomi Tonomura, *Community and Commerce in Late Medieval Japan: The Corporate Villages of Tokuchin-ho* (Stanford: Stanford University Press, 1992).

14. 永原慶二「中世経済史総論」, 所収は『日本経済史大系2』(東京・東京大学出版会・1965).

15. 惣村と「公共」領域に関しては, 水本邦彦「村と村民」,『歴史公論』106 (1984);朝尾直弘「惣村から町へ」,『日本の社会史6　社会的諸集団』(東京・岩波書店・1988);および石田「郷村制の形成」(前出). 村の政治への小農民の参加の側面を強調す

pp.540-586を参照.「職人」という語は手仕事で生計を立てている者を意味することから，現代日本語では大工など熟練技能者を指している．しかし中世において「職」(「しょく」あるいは「しき」)は財産権，公的職務，相続権，職業など，はるかに広い意味を持っていた．中世日本封建制の特色を理解するためには中軸となる語であることから，日本人学者たちは長らくこの「職」の意味について議論してきた．例えば，中田薫「王朝時代の荘園に関する研究」,『法制史論集2』(東京・岩波書店・1938)；石母田正『古代末期政治史序説―古代末期の政治過程および政治形態』(東京・未来社・1964)；永原慶二「荘園制における職の性格」,『日本中世社会構造の研究』(東京・岩波書店・1973)；および網野善彦「「職」の特質をめぐって」,『史学雑誌』76-2 (1967)．日本人学者たちはまた，被差別民の起源と発展に関して歴史研究文献を豊富に積み重ねてきている．この領域での研究を少し例示すれば――大山喬平「中世の身分制と国家」,『岩波講座日本歴史8 中世4』(東京・岩波書店・1976)，pp.262-313；黒田俊雄『日本中世の国家と宗教』(東京・岩波書店・1975)；横井清『中世民衆の生活文化』(東京・東京大学出版会・1975)；丹生谷哲一『検非違使―中世のけがれと権力』(東京・平凡社［選書］・1986)．英語で読める良い資料としては Nagahara Keiji (永原慶二), "The Medieval Origins of the *eta-hinin*," *Journal of Japanese Studies* 1 (Summer 1979): 385-403.

37. 池見『中世の精神世界』(前出)，p.25.

38. 私たちは現在，延喜式 (927年) や当時の日記，宮廷文学などから平安朝廷貴族のケガレ除けの複雑な慣習の詳細を知ることができる．参照――山本幸司「貴族社会に於ける穢と秩序」,『日本史研究』287 (1986年7月)：28-54.

39. 黒田『日本中世の国家と宗教』(前出)，pp.127-156；山折哲雄『日本人の霊魂観―鎮魂と禁欲の精神史』(東京・河出書房新社・1976); Neil McMullin, "On Placating the Gods and Pacifying the Populace: The Case of the Gion Goryo Cult," *History of Religions* 27 (1988): 272-274.

40. 宮廷社会におけるケガレ (タブー) の数多くの実例が前出・山本によって報告されている――「貴族社会に於ける穢と秩序」(前出).

41. 例えば，丹生谷『検非違使』(前出)，pp.20-66.

42. 網野『日本中世の非農業民と天皇』(前出)，p.182.

43. 網野善彦『異形の王権』(東京・平凡社・1986)，pp.215-241.

44. 近世までに「穢多」は最も有力な被差別民となっていた．しかし，この集団の出現は「非人」よりは遅かった．「穢多」という語が初めて史料に現われたのは弘安年間 (1278-88年) であった．この語については池見『中世の精神世界』(前出) pp.94-98を参照.

45. Mary Douglas, *Purity and Danger* (London: Routledge, 1966), p. 2. 邦訳は，メアリ・ダグラス／塚本利明訳『汚穢と禁忌』(東京・思潮社・1995).

5. 中世後期における社会的再編成

1. 高群逸枝『高群逸枝全集1 母系制の研究』(東京・理論社・1966)，p.627. また高群逸枝『招婿婚の研究』(東京・大日本雄弁会講談社・1953) および『日本婚姻史』(東京・至文堂・1963)．日本女性史を概観するには以下の最近の諸研究を参照――女性史総合研究会編『日本女性史2 中世』(東京・東京大学出版会・1982)；女性史総合研

20.「平家物語」巻第九「木曾最期」,『日本古典文学大系 33　平家物語　下』(前出), p.181.

21. 大隈三好『切腹の歴史』(東京・雄山閣出版・1973);中康弘通『切腹—悲愴美の世界』(東京・久保書店・1960). しかしながら従来の研究の大部分は,『広文庫』や『古事類苑』に掲げられた基本文献の範囲を越えていないように思われる. 日本の自殺文化一般に関しては, Maurice Pinguet, *La mort volontaire au Japon* (Paris: Gallimard, 1984), 邦訳は, モーリス・パンゲ/竹内信夫訳『自死の日本史』(東京・筑摩書房・1986). また, 千葉徳爾のサムライの民俗史的研究『切腹の話—日本人はなぜハラを切るか』(東京・講談社［現代新書］・1972), および『たたかいの原像』(前出) がある. 後者は多くの切腹の事例をとり上げている.

22. 池見澄隆の計算による——『中世の精神世界—死と救済』(京都・人文書院・1985), p.146.

23. 兵藤裕己「物語としての〈歴史〉」, 所収は赤坂憲雄編『物語という回路』(東京・新曜社・1992), p.8.「太平記」の語りに関してはまた, 五味『武士と文士の中世史』(前出), pp.279-286;永積安明ほか編『太平記の世界—変革の時代を読む』(東京・日本放送出版協会・1987).

24.「吾妻鏡」建久六年三月十三日条 (1195 年),『全訳　吾妻鏡 2』(前出), p.335.

25. 例えば, 井上光貞「中古天台と末法燈明記」, 所収は『日本思想大系 30　天台本覚論』(東京・岩波書店・1973) 付録月報 p.1.

26. 田村芳朗・源了円編『日本における生と死の思想—日本人の精神史入門』(東京・有斐閣・1977), pp.62-119;河合正治『中世武家社会の研究』(前出), pp.95-118. 17 世紀に発達した武芸の特異な哲学が禅の慣用句を重用しているにしても, 一般のサムライ衆にとって禅が宗教的霊感の唯一の源泉であったわけではない. サムライ文化への禅の寄与は, 現在の西欧文献ではしばしば過大視されているように思われる.

27. 柳田國男「物忌と精進」,『定本柳田國男集 10』(東京・筑摩書房・1961), p.220.

28. このことは仏教に不浄観がなかったことを意味したのではないことは確かである. 日本仏教のさまざまな宗派が独自のケガレと罪の理論を発展させた.

29.「太平記」巻第九,『日本古典文学大系 34　太平記 1』(東京・岩波書店・1960), p.310.「太平記」の英訳は, Helen Craig McCullough, *The Taiheiki: A Chronicle of Medieval Japan* (N.Y.: Columbia University Press, 1979).

30.「太平記」巻第九, 同, pp.310-311.

31. 同, p.313.

32. 高橋昌明「落日の朱に染まる番場宿」,『日本史の舞台 4　吉野の嵐　動乱の炎』(東京・集英社・1982).

33. 姜沆/朴鐘鳴訳注『看羊録—朝鮮儒者の日本抑留記』(東京・平凡社［東洋文庫］・1984), p.177.

34. 歴史上多くの社会で, 自前で武装した兵士の出現が上の権威の全き支配に屈することのない自律性を持つ個人による階級形成の始まりとなったことがしばしばあったことに留意しておこう.

35. これら歴史上の被差別民につながるとされ, 現在では通常「部落民」と呼ばれている人びとに対する差別と偏見は, 現代の日本において今なお重大な社会問題である.

36. 特に, 網野善彦『日本中世の非農業民と天皇』(東京・岩波書店・1984) の最終章

34. 同，p.314.

4．名誉ある死の儀式——合戦とサムライの感性

1. 河内祥輔『頼朝の時代——一一八〇年代内乱史』（東京・平凡社［選書］・1990）．保元の乱（1156年）の戦場での死者の数は「不運な」貴族1名を記録するのみ，平治の乱（1159年）でもわずか10名であった．

2. 藤原兼実「玉葉」治承四年五月廿六日条（1180年），『玉葉 2』（東京・国書刊行会・1906），p.409.

3. 河内『頼朝の時代』（前出），p.28.

4. 高取正男・橋本峰雄『宗教以前』（東京・日本放送出版協会［ＮＨＫブックス］・1968），p.31.

5. 藤原定家「名月記」元久元年十一月廿六日条（1204年），今川文雄訳『訓読　名月記 2』（東京・河出書房新社・1977），pp.138-139.

6. 山折哲雄『死の民俗学—日本人の死生観と葬送儀礼』（東京・岩波書店・1990），pp.183-220.

7. 石井紫郎『日本人の国家生活』（前出），pp.48-69.

8. 義経は「日本の歴史上，最も著名で，最も愛されている人物の一人である」——Ivan Morris, *The Nobility of Failure: Tragic Heroes in the History of Japan* (New York: Holt, Rinehart and Winston, 1975), p. 67.

9. 石井『日本人の国家生活』（前出），p.48.

10.「木曾最期」，『日本古典文学大系 33　平家物語　下』（前出），p.180.

11. 季長の巻物は「蒙古襲来絵詞」として知られている．絵と詞書とは，小松茂美編『日本絵巻大成 14　蒙古襲来絵詞』（東京・中央公論社・1978）に所収．参照——石井進『鎌倉武士の実像』（前出），pp.280-300；石井進「歴史的背景」，所収は『日本絵巻物全集 9　平治物語絵巻・蒙古襲来絵詞』（東京・角川書店・1964），pp.25-38；宮次男「蒙古襲来絵詞について」，所収は同じく『日本絵巻物全集 9』（前出），pp.56-72.

12.「吾妻鏡」建暦三年五月四日条（1213年），『全訳　吾妻鏡 3』（東京・新人物往来社・1977），p.214.

13. 五味文彦『武士と文士の中世史』（前出），pp.8-10；千葉徳爾『たたかいの原像』（前山），pp.17-19.

14.「平治物語」，『日本古典文学大系 31　保元物語　平治物語』（東京・岩波書店・1961），p.234.

15. 例えば，Fritz Redlich, *De Praeda Militari: Looting and Booty, 1500-1850* (Wiesbaden: Franz Steininer, 1956).

16.「おあん物語」（1711-30年頃），所収は『日本庶民生活資料集成 8』（東京・三一書房・1969），p.373.

17. 伊勢貞丈，所収は島田勇雄校注『貞丈雑記 1』（東京・平凡社［東洋文庫］・1985），pp.16-27.

18. 平清盛は平氏のなかでも，いわゆる伊勢平氏の出であった．

19.「平家物語」巻第四「宮御最期」，『日本古典文学大系 32　平家物語　上』（東京・岩波書店・1959），p.316.

14. 以下を参照——羽下徳彦「故戦防戦をめぐって―中世的法秩序に関する一素描」,「中世の窓」同人編『論集　中世の窓』(東京・吉川弘文館・1977), pp.111-141；石井紫郎「中世の法と国制に関する覚書」,『日本人の国家生活』(前出), pp.79-108；および中世後期の村の軍隊についての藤木久志の研究『戦国の作法―村の紛争解決』(東京・平凡社［選書］・1987).

15. 勝俣鎮夫『戦国法成立史論』(東京・東京大学出版会・1979), pp.247-276.

16. 鎌倉幕府の司法制度一般に関する概説として, 石井良助『中世武家不動産訴訟法の研究』(東京・弘文堂・1938)；佐藤進一『鎌倉幕府訴訟制度の研究』(東京・畝傍書房・1943). また, Mass, *The Kamakura Bakufu*.

17. 所収は『日本思想大系21　中世政治社会思想　上』(東京・岩波書店・1972), p.15. 幕府がこのような法令を実施できたかどうかは疑わしい.

18. 石井良助『日本不動産占有論―中世における知行の研究』(東京・創文社・1952), p.146.

19. 佐藤進一・池内義資編『中世法制史料2　室町幕府法』(東京・岩波書店・1974)を参照. このような法が6例収録されている.

20. 石井紫郎『日本人の国家生活』(前出), p.86.

21. 石井良助『中世武家不動産訴訟法の研究』(前出), p.65；John Owen Haley, *Authority without Power: Law and the Japanese Paradox* (New York: Oxford University Press, 1991), p. 40.

22. 辻本弘明「両成敗法の起源について」, 所載は『法制史研究』18 (1968)：108.

23. 「北条泰時消息(手紙)」貞永元年九月十一日付(1232年),『日本思想大系21　中世政治社会思想　上』(前出), pp.40-41. この手紙は「御成敗式目」公布直後に書かれたものである.

24. 『日本思想大系21　中世政治社会思想　上』(前出), pp.32-33.

25. 相良亨「日本人の道理観」, 所収は相良亨・尾藤正英・秋山虔編『講座　日本思想3　秩序』(東京・東京大学出版会・1983), p.157. また, 河合正治『中世武家社会の研究』(前出), pp.87-95.

26. 「北条重時家訓」,『日本思想大系21　中世政治社会思想　上』(前出), p.310. 北条重時とその思想に関しては, 桃裕行「北条重時の家訓解説」,『桃裕行著作集3　武家家訓の研究』(京都・思文閣出版・1988), pp.101-245；筧泰彦『中世武家家訓の研究』(東京・風間書房・1967)；石井進「解題」,『日本思想大系21　中世政治社会思想　上』(前出), pp.516-520；石井利雄「北条重時家訓試考」,『日本歴史』322 (1975)：37-45；Carl Steenstrup, *Hōjō Shigetoki: 1198-1261*, Scandinavian Institute of Asian Studies Monograph Series (Copenhagen: Curzon Press, 1979).

27. 「北条重時家訓」,『日本思想大系21　中世政治社会思想　上』(前出), p.310.

28. 同, p.312.

29. 同, pp.313-314.

30. 同, p.311.

31. 「世間」というこの重要概念についての興味深い論考として, 井上『「世間体」の構造』(前出)を参照.

32. 「北条重時家訓」(前出), p.313.

33. 同, pp.312-313.

Press, 1988).

3．君臣制度と名誉

1.「棟梁」の特質と役割に関しては膨大な学問的議論が行なわれてきた．初期の有力な見解を提示したのが石母田正『古代末期政治史序説―古代末期の政治過程および政治形態』（東京・未来社・1964）で，階級間連合形成の媒介者としての「棟梁」の役割を強調している．また，安田元久「古代末期に於ける関東武士団」，所収は安田元久編『日本封建制成立の諸前提』（東京・吉川弘文館・1960）を参照．

2. 鎌倉幕府成立の時期については，日本の歴史家の間で学問的な論議がたたかわされてきた．頼朝が朝廷から「征夷大将軍」に任ぜられたのは1192年であった．しかしこの任命に先立って，彼はすでに行政的・司法的な政庁を鎌倉に開設していた（1184年）．さらに早くは1183年に，朝廷は東国諸国の政治問題の監督権を頼朝に委ねていた．1185年，京都の朝廷は頼朝に「地頭」（荘園管理者）と「守護」（諸国の治安維持者）の任命権を与えた．鎌倉幕府に関する英文の研究としては，Jeffrey Mass, "The Emergence of the Kamakura *Bakufu*," in John W. Hall and Jeffrey Mass, eds., *Medieval Japan: Essays in Institutional History* (Stanford: Stanford University Press, 1988); *Lordship and Inheritance in Early Medieval Japan: A Study of the Kamakura Sōryō System* (Stanford: Stanford University Press, 1989); *The Kamakura Bakufu: A Study in Documents* (Stanford: Stanford University Press, 1976); and Jeffrey Mass, ed., *Court and Bakufu in Japan: Essays in Kamakura History* (New Haven: Yale University Press, 1982).

3. 開発領主として出現した「御家人」は一般に東国型であった．東国と西国の「御家人」の違いについては，五味文彦「守護地頭制の展開と武士団」，所収は『岩波講座日本歴史5　中世1』（東京・岩波書店・1975），pp.101-106.

4.「御成敗式目」第26条（鎌倉幕府法1232），『日本思想大系21　中世政治社会思想上』（東京・岩波書店・1972），p.23.

5.「吾妻鏡」文治三年十一月二十一日条（1187年）．永原慶二監修／貴志正造訳注『全訳　吾妻鏡1』（東京・新人物往来社・1976），p.369.

6.「吾妻鏡」文治三年八月四日条．『全訳　吾妻鏡1』（前出），p.352.

7. 同．

8.「今昔物語」巻第二十五第十三「源頼義朝臣罰安倍貞任等語」，『日本古典文学全集23　今昔物語集3』（前出），p.498.

9. 例えば，「平家物語」巻第八「法住寺合戦」；巻第九「河原合戦」および「木曾最期」，『日本古典文学大系33　平家物語　下』（東京・岩波書店・1960）．

10.「吾妻鏡」文治五年九月六日条（1189年）．『全訳　吾妻鏡2』（東京・新人物往来社・1976），p.109.

11. 和辻哲郎『日本倫理思想史』（東京・岩波書店・1952），特に第2章「坂東武者の習い」．

12. 家永三郎「主従道徳の一考察」，所載は『史学雑誌』62-3（1953）：1-20.

13. こうした区別を示唆したのは佐藤進一である――佐藤進一・大隅和雄「時代と人物・中世」，所収は佐藤進一編『日本人物史大系 2　中世』（東京・朝倉書店・1959）．また，河合正治『中世武家社会の研究』（東京・吉川弘文館・1973），pp.81-87.

36. 永延二年（988年）の文書「尾張国郡司百姓等解」（平安遺文339），竹内理三編『平安遺文古文書編２』（東京・東京堂・1964），p.483.

37. 戸田「初期中世武士の職能と諸役」（前出），pp.269-270.

38. 保立道久「大袋の謎を解く」，『中世の愛と従属―絵巻の中の肉体』（東京・平凡社［イメージ・リーディング叢書］・1986），pp.78-79.

39.「男衾三郎絵巻」詞書，所収は『日本絵巻物全集18』（東京・角川書店・1968），p.47.

40. 梅津次郎「解説」，同書 p.5.

41. 笹山晴生『古代国家と軍隊』（東京・中央公論社・1985），pp.150-196.

42.「三代実録」清和天皇貞観三年十一月十六日条（861年），所収は武田祐吉・佐藤謙三訳『訓読日本三代実録』（京都・臨川書店・1986），p.148.

43. 戸田芳実「中世成立期の国家と農民」，『初期中世社会史の研究』（東京・東京大学出版会・1991），pp.21-36. また，以下を参照――石井『中世武士団』（前出）；河音能平『中世封建制成立史論』（東京・東京大学出版会・1971），pp.78-93.

44. 946年に書かれた公文書（官符）についての戸田芳実の分析による．戸田の分析を参照――「国衙軍制の形成過程」，所収は『初期中世社会史の研究』（前出），pp.120-121.

45.「国衙」の軍隊組織に関しては，以下を参照――石井進『鎌倉武士の実像―合戦と暮しのおきて』（東京・平凡社［選書］・1987），pp.2-57；戸田芳実「国衙軍の形成過程―武士発生史再検討の一視点」，所収は日本史研究会史料研究部会編『中世の権力と民衆』（大阪・創元社・1970），pp.109-150. また，「国衙」の役割とサムライの発生に関しては，上横手雅敬『日本中世政治史研究』（東京・塙書房・1970），pp.39-72.

46. 戸田「初期中世武士の職能と諸役」（前出），pp.248-256.

47. この荘園のケースを紹介しているのは，石井『鎌倉武士の実像』（前出），pp.96-115.

48. 石井進『日本の歴史７　鎌倉幕府』（東京・中央公論社［文庫］・1974），p.45.

49. 石井『中世武士団』（前出），pp.109-112. 日本の歴史における「家」の社会学的意味に関する概論として，村上泰亮・公文俊平・佐藤誠三郎『文明としてのイエ社会』（東京・中央公論社・1979）.

50.「源平盛衰記」陀巻第十六「三位入道芸等」，『源平盛衰記』（東京・国民文庫刊行会・1910），p.390.

51.「今昔物語」巻第二十五第三，『日本古典文学全集23　今昔物語集３』（前出），pp.442-446

52. 例えば「今昔物語」巻第二十六第十七，同，pp.605-614.

53.「今昔物語」巻第二十五第五，同，pp.453-466.

54.「平家物語」巻第九「宇治川之先陣」，『日本古典文学大系33　平家物語　下』（東京・岩波書店・1960），p.169-170.「平家物語」は13世紀初期の編纂と考えられ，著者は当時のさまざまな文書のなかで十数人挙げられている．そのなかでは名前が「徒然草」に登場する隠遁貴族の信濃前司行長（しなのぜんじゆきなが）が最も可能性の高い著者候補と目されている．史料としての「平家物語」の特質に関しては五味文彦の興味深い研究があって，この文学テキストを歴史研究にどう適切に用いることができるかを論じている――『平家物語―史と説話』（東京・平凡社［選書］・1987）.「平家物語」の英訳は，trans. Helen Craig McCullough, *The Tale of the Heike* (Stanford: Stanford University

17. 杉山晴康『日本法史概論』(東京・敬文堂・1984), p.124.

18. 義江彰夫『歴史の曙から伝統社会の成熟へ—日本の通史 1』(東京・山川出版社・1986), p.176.

19. 高橋昌明「武士の発生とその性格」, 所載は『歴史公論』2-7 (1976). また, 高橋昌明「騎馬と水軍」, 所収は戸田芳実編『日本史　中世 1』(東京・有斐閣・1978).

20. 大石直正「東国・東北の自立と「日本国」」, 所収は『日本の社会史 1　列島内外の交通と国家』(東京・岩波書店・1987), pp.228-256.

21. 石井進『日本の歴史 12　中世武士団』(東京・小学館・1974), p.66.

22. 千葉徳爾『たたかいの原像—民俗としての武士道』(東京・平凡社［選書］・1991). また, 以下を参照——五味文彦『武士と文士の中世史』(東京・東京大学出版会・1992), pp.3-40；入間田宣夫「守護地頭制と鎌倉幕府」, 所収は歴史学研究会・日本史研究会編『講座日本歴史 3　中世 1』(東京・東京大学出版会・1984).

23. これは, 戦前の有力な日本人歴史学者の間では, 支配的な見解だった. 文献総括として, 虎尾俊哉『律令国家と蝦夷』(東京・評論社・1975), pp.26-37.

24. 同書, pp.26-37. 漢字の「蝦夷 (えみし)」は「えぞ」と発音されることもある. しかし「えぞ」の語が現われるのは平安中期以後になってからである.

25. 竹内理三「大和朝廷と東国の馬」, 所収は竹内編『古代天皇制と社会構造』(前出). また, 大石「東国・東北の自立と「日本国」」(前出), pp.228-256.

26. 東国の製鉄技術は, 現地で採れる砂鉄を原料に用いる点で, 西国地域とは異なっていた. 福田豊彦「古代日本の鉄と社会」, 所収は東京工業大学製鉄史研究会編『古代日本の鉄と社会』(東京・平凡社［選書］・1982); 福田豊彦「日本古代鉄生産の諸様相」,『日本史研究』280 (1985 年 12 月): 29-51. また, 大石「東国・東北の自立と「日本国」」(前出), pp.234-236.

27. 村岡薫「八世紀末「征夷」策の再検討」, 所収は竹内編『古代天皇制と社会構造』(前出), pp.123-144.

28. 義江『歴史の曙から伝統社会の成熟へ』(前出), pp.175-176.

29. 猿神と勇敢な狩猟者に関する同じような話は同時代の他の文学にも現われていた——例えば「宇治拾遺物語」巻一〇ノ六,『日本古典文学大系 27　宇治拾遺物語』(東京・岩波書店・1960), pp.288-294. この話を分析したものとして, 戸田芳実「初期中世武士の職能と諸役」, 所収は『日本の社会史 4　負担と贈与』(東京・岩波書店・1986), pp.264-265.「今昔物語」中の話に関する分析として, 入間田宣夫「撫民・公平と在地社会」, 所収は『日本の社会史 5　裁判と規範』(東京・岩波書店・1987), pp.167-208.

30. 馬淵和夫「解説」,『日本古典文学全集 21　今昔物語集 1』(東京・小学館・1971), pp.23-31.

31.「今昔物語」巻第二十六第八「飛騨国猿神止生贄語 (ひだのくにのさるかみのいけにへをとどむること)」の要約. 原文は『日本古典文学全集 23　今昔物語集 3』(東京・小学館・1974), pp.552-568.

32. 入間田「撫民・公平と在地社会」(前出), p.182.

33.「今昔物語」巻第二十六第七,『日本古典文学全集 23　今昔物語集 3』(前出), pp.545-551.

34.「今昔物語」巻第二十七第十八,『日本古典文学全集 24　今昔物語集 4』, pp.71-73.

35. 梶原正昭訳注『将門記 2』(東京・平凡社［東洋文庫］・1976), p.154.

2. サムライの出現——古代世界における暴力と文化

1.「さぶらい」という語はまた，地方政庁（国衙）の管轄の下で「弓矢の男たち」として地方長官（国司）に仕えた現地の軍人たちも指していた．「つわもの」「もののふ」はもっと古い言葉である．「もののふ」「つわもの」「武士」「侍（さむらい）」——これらの語は，日本の歴史の初期段階ではそれぞれいくらか違った意味合いを持っていたけれども，ついには同じ集団の人びとを表わすようになった．現今の歴史文献では「武士」という語が最も普通に用いられ，「つわもの」「もののふ」は古典語とされている．「武」は「軍事」を意味し（「学芸」を意味する「文」の反対語），「士」とは下級・中級の貴族を指す．結果的に「武士」の語が軍人一般を指すようになったけれども，それと交換可能な語として「侍」も使われていた．西欧では「武士」よりも「侍」の語のほうがはるかに知られていることを考慮して，私は本書では「サムライ（侍）」を用いることにした．

2. 佐藤進一『日本の歴史 9　南北朝の動乱』（東京・中央公論社・1965），p.193.

3. 例えば，竹内理三編『古代天皇制と社会構造』（東京・校倉書房・1980），p.188.

4.「夷（い）」すなわち未開人とはもともと日本北方地域の人びと，特にしばしば反乱を起こした「蝦夷（えみし）」族を指す語であった．

5. 桜井庄太郎『名誉と恥辱—日本の封建社会意識』（東京・法政大学出版局・1971），p.4.

6. 大伴家持の作によるそうした歌2首が，『万葉集』に収められている．

7. 日本における初期のサムライの起源と特質をめぐる現今の学問的論争の詳細に関しては，日本人歴史家の諸研究についての関幸彦による広範かつ啓蒙的な論考がある——『武士団研究の歩み1・2』（東京・新人物往来社・1988）．

8. より正確には，「律」とは法的あるいは刑法的規定，「令」は行政上の規定である．

9.「職」という語は「もともとは「職務」を意味していたが，私的取引の結果生じた不動産に関する法的に認知し得る利害関係のすべてを意味するようになった……すべての職は当該の土地に関する特定の権利と義務を含んでいた」—— Cornelius Kiley, in “Estate and Property in the Late Heian Period,” in John W. Hall and Jeffrey, P. Mass, eds., *Medieval Japan* (Stanford: Stanford University Press, 1974), p. 111.

10. Elizabeth Sato, “The Early Development of the Shōen,” in *Medieval Japan*, p. 107.

11. 野田嶺志『律令国家の軍事制』（東京・吉川弘文館・1984）．

12. William Wayne Farris, *Heavenly Warriors: The Evolution of Japan's Military, 500-1300* (Cambridge, Mass.: Harvard University Press, 1992); Karl F. Friday, *Hired Swords: The Rise of Private Warrior Power in Early Japan* (Stanford: Stanford University Press, 1992).

13. Farris, *Heavenly Warriors*, p. 7.

14. Maurice Keen, *Chivalry* (New Haven: Yale University Press, 1984), p. 1.

15. 同，p. 2.

16. Neil McMullin, “On Placating the Gods and Pacifying the Populace: The Case of the Gion Goryo Cult,” *History of Religions* 27 (1988): 272-274. このケガレ（穢れ）信仰はサムライも農民も共有していたが，不浄に関する高度に複雑なタブーをこしらえ上げたのは平安中期の宮廷貴族だった．詳しくは第4章を参照．

Evans, Dietrich Rueschemeyer, and Theda Skocpol, eds., *Bringing the State Back In* (Cambridge: Cambridge University Press, 1985), pp. 69-191.

40. Berman, *Law and Revolution*, pp. 295-315.

41. Otto Hintze, "Wesen und Verbreitung des Feudalismus," *Staat und Verfassung: Gesammelte Abhandlungen zur allgemeinen Verfassungsgeschichte*, ed. Fritz Hartung (Leipzig: Koehler & Amelang, 1941).

42. Thomas Bisson, "The Military Origins of Medieval Representation," *American Historical Review* 71 (1966): 1199-1218. また，中世の社会制度で諸団体が発揮した影響力に関しては，Randall Collins, *Conflict Sociology* (New York: Academic Press, 1975), pp. 393-399.

43. Weber, *Economy and Society*, p. 1261.

44. Brian M. Downing, *The Military Revolution and Political Change: Origins of Democracy and Autocracy in Early Modern Europe* (Princeton: Princeton University Press, 1992).

45. 日本とドイツにおける封建制の法制度・政治制度について広範な研究を行なった日本人法制史学者たちは，中世日本における社会的自治の文化的・思想的伝統を肯定的に評価する観点を提起している．例えば，水林彪「近世の法と国制研究序説」，『国家学会雑誌』第90，91，92，94，95巻（1977-1982），および，石井紫郎『日本国制史研究 2 日本人の国家生活』（東京・東京大学出版会・1986）．

46. 農民の財産権と封建領主との互恵関係とが中世ヨーロッパ立憲主義の淵源であったとは，よく言われていることである．

47. 例えば，Giddens, *The Nation-State and Violence;* Otto Hintze, "Military Organization and State Organization," in *The Historical Essays of Otto Hintze*, ed. F. Gilbert (New York: Oxford University Press, 1975), pp. 178-215. また，関連研究については注35を参照．

48. John Brewer, *The Sinews of Power: War, Money, and the English State, 1688-1783* (New York: Alfred A. Knopf, 1989).

49. Norbert Elias, *The Society of Individuals*, trans. Edmund Jephcott (Oxford: Basil Blackwell, 1991).

50. Anthony Giddens, *Central Problems in Social Theory: Action, Structure, and Contradiction in Social Analysis* (Berkeley: University of California Press, 1979), 邦訳は，アンソニー・ギデンズ／友枝敏雄ほか訳『社会理論の最前線』（田無・ハーベスト社・1989）．

51. アルジェリアにおける高度に名誉中心的な文化のフィールドワークに初期の主要な研究の基盤を据えていたブルデューが，「ハビトゥス（habitus）」というキーコンセプトを中心として有力な慣行の理論をつくり上げるにいたったのは単なる偶然ではない．

52. Giddens, *Central Problems*, p. 69.

53. 同．

54. 同，p.71．

55. William H. Sewell, Jr., "A Theory of Structure: Duality, Agency, and Transformation," *American Journal of Sociology* 98-1 (July 1992): 1-29.

33. Hobbes, *Leviathan*, p. 186. 「信頼」は近年の社会学文献においてかなり注目を集めている問題である．特に参照すべきものとして，Allan Silver, "'Trust' in Social and Political Theory," in Gerald Suttles and Mayer Zald, eds., *The Challenge of Social Control: Citizenship and Institution Building in Modern Society* (Norwood, N.J.: Ablex, 1985); Niklas Luhmann, *Trust and Power* (Chichester: Wiley, 1979); Arthur L. Stinchcombe, "Norms of Exchange," in Stinchcombe, *Stratification and Organization* (Cambridge: Cambridge University Press, 1986), pp. 231-267; Bernard Barber, *The Logic and Limits of Trust* (New Brunswick: Rutgers University Press, 1983); Lynne G. Zucker, "Production of Trust: Institutional Sources of Economic Structure, 1840-1920," in Barry M. Staw and L. L. Cummings, eds., *Research in Organizational Behavior* 8 (Greenwich: JAI, 1986): 53-111; James Coleman, "Relations of Trust," in *Foundations of Social Theory* (Cambridge, Mass.: Harvard University Press, 1990), pp. 91-116.

34. Weber, *Economy and Society,* p. 932.

35. 例えば以下を参照—— Charles Tilly, ed., *The Formation of National States in Western Europe* (Princeton: Princeton University Press, 1975); Charles Tilly, *Coercion, Capital, and European States,* A.D. *990-1990* (Cambridge: Basil Blackwell, 1990); Michael Mann, "The Autonomous Power of the State: Its Origins, Mechanisms, and Results," *Archives européennes de sociologie* 25 (1984); Michael Mann, *The Sources of Social Power* I (Cambridge: Cambridge University Press, 1986); Michael Mann, *State, War, and Capitalism* (Oxford: Basil Blackwell, 1988); Anthony Giddens, *The Nation-State and Violence* (Berkeley: University of California Press, 1985); Samuel E. Finer, "State- and Nation-Building in Europe: The Role of the Military," in *The Formation of National States in Western Europe*, pp. 84-163; Gianfranco Poggi, *The Development of the Modern State: A Sociological Introduction* (Stanford: Stanford University Press, 1978); Perry Anderson, *Lineages of the Absolutist States* (London: New Left Books, 1974); Douglas C. North, *Structure and Change in Economic History* (New York: Norton, 1981); Brian M. Downing, *The Military Revolution and Political Change: Origins of Democracy and Autocracy in Early Modern Europe* (Princeton: Princeton University Press, 1992).

36. Norbert Elias, *The Civilizing Process*, vol, 1: *The History of Manners*, trans. Edmund Jephcott (New York: Urizen Books, 1978),; *The Civilizing Process*, vol, 2: *Power and Civility*, trans. Edmund Jephcott (Oxford: Basil Blackwell, 1982), both originally published in 1939; *The Court Society*, trans. Edmund Jephcott (Oxford: Basil Blackwell, 1983), originally published in 1969. 邦訳は，ノルベルト・エリアス／赤井慧爾・中村元保・吉田正勝訳『文明化の過程　上　ヨーロッパ上流階層の風俗の変遷』(東京・法政大学出版局・1977)，同『文明化の過程　下　社会の変遷・文明化の理論のための見取図』(同・1978)，波田節夫ほか訳『宮廷社会』(同・1981).

37. 例えば以下を参照—— Philip Corrigan and Derek Sayer, *The Great Arch: English State Formation as Cultural Revolution* (Oxford: Basil Blackwell, 1985).

38. N. Abercrombie, S. Hill, and B. S. Turner, *The Dominant Ideology Thesis* (London: George Allen & Unwin, 1980).

39. Charles Tilly, "War Making and State Making as Organized Crime," in P.

Problems in the Comparative Analysis of Moral Systems," *Man* 15 (1980): 348.

14. また，以下も参照—— Jacob Black-Michaud, *Cohesive Force: Feud in the Mediterranean and the Middle East* (Oxford: Basil Blackwell, 1975); Bartolome Bennassar, *The Spanish Character: Attitudes and Mentalities from the Sixteenth to the Nineteenth Century*, trans. Benjamin Keen (Berkeley: University of California Press, 1979).

15. Bertram Wyatt-Brown, *Southern Honor* (New York: Oxford University Press, 1982).

16. Harold J. Berman, *Law and Revolution: The Formation of the Western Legal Tradition* (Cambridge, Mass.: Harvard University Press, 1983), p. 55.

17. Mervyn James, "English Politics and the Concept of Honour, 1485-1642," in *Society, Politics, and Culture: Studies in Early Modern England* (Cambridge: Cambridge University Press, 1978), pp. 308-415.

18. Orlando Patterson, *Slavery and Social Death* (Cambridge, Mass.: Harvard University Press, 1982), p. 79.

19. Davis, *People of the Mediterranean*, p. 98.

20. Pitt-Rivers, "Honor and Social Status," in *Honour and Shame*, p. 39.

21. この意味から私は本書では，'honor' の語を分析のための術語として用いているのであって，その結果この語は日本語の特定の単語（例えば「名誉」）だけと照合しているわけではない．名誉型の心情を言い表わすために地域，階級，ジェンダー，社会的文脈などの違いによってさまざまな語が使い分けられている地中海文化の研究に携わる文化人類学者たちも，私と同じやり方であることに読者は留意してほしい．

22. 例えば以下を参照—— Peristiany, "Introduction"; Pitt-Rivers, "Honor and Social Status," in *Honour and Shame;* 井上『「世間体」の構造』；向坂『恥の構造』．名誉と尊厳についてアリストテレスが行なった定式化に関しては，Stephen A. White, *Sovereign Virtue: Aristotle on the Relationship between Happiness and Prosperity* (Stanford: Stanford University Press, 1992), pp. 247-271.

23. Bernard Williams, *Shame and Necessity* (Berkeley: University of California Press, 1993), p. 95.

24. Thomas Hobbes, *Leviathan* (Oxford: Clarendon Press, 1952), p. 150, 邦訳は，ホッブズ／水田洋（改）訳『リヴァイアサン』１～４（東京・岩波書店［文庫］・1992）．

25. Thomas Hobbes, "Philosophical Rudiments concerning Government and Society," in B. William Molesworth, ed., *The English Works of Thomas Hobbes*, vol. II (London: John Bohon, 1966), p. 160.

26. Hobbes, *Leviathan*, p. 185.

27. Max Weber, *The Agrarian Sociology of Ancient Civilizations* (London: New Left Books, 1976), p. 276.

28. Max Weber, *Economy and Society* (Berkeley: University of California Press, 1978), p. 1068.

29. 同，p. 1074．

30. 同，p. 1069．

31. 同，p. 1105．

32. Patterson, *Slavery*, p. 80.

5. Ruth Benedict, *The Chrysanthemum and the Sword* (New York: Meridian, 1974, original edition 1946), 邦訳は，長谷川松治訳『定訳　菊と刀—日本文化の型』（東京・社会思想社［現代教養文庫］・1967）．

6. 土居健郎『「甘え」の構造』（東京・弘文堂・1971），p. 49．英訳は，Takeo Doi, *The Anatomy of Dependence*, trans. J. Bester (Tokyo: Kōdansha, 1973), p. 48.

7. 日本文化における名誉と恥に関する日本人学者たちの著書を例示すれば，作田啓一『恥の文化再考』（東京・筑摩書房・1967）；会田雄次『日本人の意識構造—風土・歴史・社会』（東京・講談社・1970）；土居『「甘え」の構造』；森三樹三郎『「名」と「恥」の文化—中国人と日本人』（東京・講談社・1971）；井上忠司『「世間体」の構造—社会心理史への試み』（東京・日本放送出版協会・1977）；Tamanoi, "Shame, Family"；向坂寛『恥の構造—日本文化の深層』（東京・講談社・1982）．そしてこの主題をめぐる最近の英語論文として，Millie R. Creighton, "Revisiting Shame and Guilt Cultures: A Forty-Year Pilgrimage," *Ethos* 18 (1990): 279–307.

8. Takie Sugiyama Lebra, *Japanese Patterns of Behavior* (Honolulu: University of Hawaii Press, 1976), p. 80.

9. Thomas Rohlen, *For Harmony and Strength* (Berkeley: University of California Press, 1974); 岩田龍子『日本的経営の編成原理』（東京・文真堂・1977），および『現代日本の経営風土』（東京・日本経済新聞社・1978）．

10. Julian Pitt-Rivers, "Honor," in David L. Sills, ed., *International Encyclopedia of the Social Sciences*, vol. 6 (New York: The Macmillan Company and The Free Press, 1968), pp. 42–79. 1950年代後半の地中海地域研究者による再検証以来，名誉概念をめぐってたくさんの理論的，民族誌的著述が現われている．特に参照すべきものを挙げれば，J. G. Peristiany, ed., *Honour and Shame* (Chicago: University of Chicago Press, 1966); Julio Caro Baroja, "Honour and Shame: A Historical Account of Several Conflicts," trans. R. Johnson, in Peristiany, eds., *Honour and Shame*; J. K. Campbell, *Honour, Family, and Patronage* (Oxford: Oxford University Press, 1964); John Davis, *People of the Mediterranean* (London: Routledge & Kegan Paul, 1977); Jane Schneider and Peter Schneider, *Culture and Political Economy in Western Sicily* (New York: Academic Press, 1976); David D. Gilmore, ed., *Honor and Shame and the Unity of the Mediterranean*, a special publication of the American Anthropological Association 22 (Washington, D.C.: The American Anthropological Association, 1987); Jane Schneider, "Of Vigilance and Virgins," *Ethnology* 10-1 (1971): 1–24; Lila Abu-Lughod, *Veiled Sentiments: Honor and Poetry in a Bedouin Society* (Berkeley: University of California Press, 1986); J. G. Peristiany and Julian Pitt-Rivers, eds., *Honor and Grace in Anthropology* (Cambridge: Cambridge University Press, 1992).

11. Anton Blok, *The Mafia of a Sicilian Village, 1860–1960* (New York: Harper & Row, 1974), p. 211.

12. Pierre Bourdieu, *Algeria 1960* (Cambridge: Cambridge University Press, 1979), 邦訳は，ピエール・ブルデュー／原山哲訳『資本主義のハビトゥス—アルジェリアの矛盾』（東京・藤原書店・1993）．

13.「ペフキオット」とはハーツフェルドがフィールドワークを行なっている村に付けた仮名で，ロードス島西部沿岸の低地にある．Michael Herzfeld, "Honour and Shame:

注

はじめに

1. 本書は政治的行為者としてのサムライを扱い，武芸の歴史的発展における彼らの役割については扱わない．いわゆるサムライの剣道なるものは17世紀以後に一部の武芸の達人が発展させた，肉体的熟練を精神的・文化的に洗練してゆく特異なもので，戦場の荒々しい現実とは概ね別ものだった．この剣道は禅仏教の慣用句と精神性を吸収していたがゆえに西欧の学者たちの並々ならぬ注目を集めてきた，サムライ文化の好奇心をそそる側面なのである．しかし本書の焦点は，「軍事的」あるいは「武人の」という形容詞と「領主」という名詞で要約できる二つの主な社会的特徴が結びついて出現したサムライの，階級的アイデンティティーの源泉としてのサムライ名誉文化である．この焦点がカバーする範囲は甚だ広範なので，武芸などの関連の話題は排除しなければならない．

2. 日本の政治学者・丸山真男の批判に対するベラーの応答．『徳川の宗教』ペーパーバック版序文── Robert N. Bellah, *Tokugawa Religion* (New York: The Free Press, 1985), p. xviii. 同書オリジナル版の邦訳は，R•N•ベラー／堀一郎・池田昭訳『日本近代化と宗教倫理─日本近世宗教論』(東京・未来社・1962)．この訳書に上記丸山真男の批評文「ベラー『徳川時代の宗教』について」が収録されている．

1．名誉，国家形成，社会理論

1. Jonathan D. Spence, *The Search for Modern China* (New York: Norton, 1990), pp. 40–45.

2. Ki-baik Lee, *A New History of Korea* (Cambridge, Mass.: Harvard University Press, 1984), p. 175; JaHyun Kim Haboush, “The Confucianization of Korean Society,” in Gilbert Rozman, ed., *The East Asian Region: Confucian Heritage and Its Modern Adaptation* (Princeton: Princeton University Press, 1991), pp. 84–110.

3. Albert O. Hirschman, *The Passions and the Interests* (Princeton: Princeton University Press, 1977), 邦訳は，アルバート・O・ハーシュマン／佐々木毅・旦祐介訳『情念の政治経済学』(東京・法政大学出版局・1985)．また，以下を参照──Charles Taylor, *Sources of the Self: The Making of the Modern Identity* (Cambridge, Mass.: Harvard University Press, 1989), p. 214; J. G. A. Pocock, *Virtue, Commerce, and History* (Cambridge: Cambridge University Press, 1985), および *The Machiavellian Moment: Florentine Political Thought and the Atlantic Republican Tradition* (Princeton: Princeton University Press, 1975).

4. Mariko Tamanoi, “Shame, Family, and State in Catalonia and Japan,” in D. Gilmore, ed., *Honor and Shame and the Unity of the Mediterranean* (Washington, D. C.: The American Anthropological Association, 1987).

マ

ヤ

ラ

ワ

タ

ナ

サ

索　引

叢書「世界認識の最前線」

著者・訳者紹介

池上英子（いけがみ・えいこ）

ニュー・スクール大学大学院社会学部教授。同大学社会変動研究所所長。
東京生まれ。お茶の水女子大学文教育学部国文学科卒業。日本経済新聞社勤務を経て筑波大学大学院地域研究科修士課程修了。ハーバード大学社会学部博士課程で学ぶ。1989年 Ph. D 取得後，イエール大学大学院社会学部準教授，プリンストン高等研究所研究員を歴任，1999年より現職。専攻，歴史社会学，社会理論，文化社会学。

森本　醇（もりもと・じゅん）

本名，森本政彦。フリー編集者・翻訳者。
1937年，北九州生まれ。東京大学文学部イギリス文学科卒業。筑摩書房に在職して，書籍，雑誌，教科書等の編集に携わる。1973〜75年，雑誌『展望』編集長。1993年，同社代表取締役。1996年退任，現在に至る。

名誉と順応——サムライ精神の歴史社会学

2000年3月31日　初版第1刷発行
2000年6月26日　初版第2刷発行

定価はカバーに表示してあります

著　者　池　上　英　子
訳　者　森　本　醇
発行者　吉　田　肇
発行所　NTT出版株式会社

〒153-8928　東京都目黒区下目黒1-8-1　アルコタワー
営業部　TEL 03(5434)1010　FAX 03(5434)1008
出版部　TEL 03(5434)1001　http://www.nttpub.co.jp

印刷　株式会社厚徳社　　製本　矢嶋製本株式会社

ISBN4-7571-4016-9　C0036